U0608248

切利尼自传

启真馆 出品

西方传记经典

切利尼自传

The Autobiography of Benvenuto Cellini

[意] 本韦努托·切利尼 著

王宪生 译

ZHEJIANG UNIVERSITY PRESS
浙江大学出版社
·杭州·

图书在版编目（CIP）数据

切利尼自传 /（意）本韦努托·切利尼著；王宪生
译 . —杭州：浙江大学出版社，2023.2
书名原文：The Autobiography of Benvenuto
Cellini
　ISBN 978-7-308-23293-7

　Ⅰ. ①切… 　Ⅱ. ①本… ②王… 　Ⅲ. ①切利尼（
Cellini，Benvenuto 1500—1571）—自传 　Ⅳ.
① K835.465.72

　中国版本图书馆 CIP 数据核字（2022）第 223693 号

切利尼自传

[意] 本韦努托·切利尼　著　王宪生　译

责任编辑	王志毅
文字编辑	王　军
责任校对	黄梦瑶
装帧设计	王小阳
出版发行	浙江大学出版社

（杭州天目山路 148 号　邮政编码 310007）

（网址：http://www.zjupress.com）

排　　版	北京辰轩文化传媒有限公司
印　　刷	河北华商印刷有限公司
开　　本	635mm × 965mm　1/16
印　　张	33.5
字　　数	418 千
版 印 次	2023 年 2 月第 1 版　2023 年 2 月第 1 次印刷
书　　号	ISBN 978-7-308-23293-7
定　　价	98.00 元

版权所有　翻印必究　印装差错　负责调换

浙江大学出版社市场运营中心联系方式：（0571）88925591；http://zjdxcbs.tmall.com

译　序

西方世界最著名的自传

西方人写自传的历史，可以追溯到古罗马时期。但早期的自传多侧重于内心世界的描写，对于事件的记述较少。如基督教教父奥古斯丁的《忏悔录》，罗马皇帝安东尼的《沉思录》，这些与其说是自传作品，不如说是哲学作品，而且内容枯燥无味，没有耐心的一般读者很难读完。

从文艺复兴时期开始，自传作品不但在数量上大大增加，在形式上也发生了很大变化，不但有内心世界的描写，更有对外部世界复杂事件的记述，可读性有了很大提高，先后出现了英国海军军官佩皮斯的《日记》、法国哲学家卢梭的《忏悔录》、美国政治家富兰克林的《自传》等著名作品。但论精彩程度和在文化史上的价值，没有一部能够赶得上《切利尼自传》。

切利尼是意大利文艺复兴后期著名的雕塑家和金匠，也是十六世纪欧洲风格主义的代表人物之一。他的作品设计复杂，主题多变，追求高超繁细的技巧，风格典雅华丽，其代表作是为科西莫大公制作的珀尔修斯像（现存佛罗伦萨），还有为法兰西国王弗朗索瓦一世制作的盐盒（现藏维也纳艺术史博物馆，被誉为"雕塑界的蒙娜丽莎"，2003 年被盗，博物馆开出 5300 万英镑的天价悬赏捉拿盗贼，2006 年终于找回）。毫无疑问，切利尼虽然比不上米开朗琪罗等超一流的艺术家，凭其作品也会青史留名。但真正使他名满天下的倒不是其艺术品，而是他那著名的自传。换言之，在西方文化史上，他的自传的价值超过了其艺术品的价值，这种现象在名人之中是很少见的。

切利尼的自传是他在五十八岁功成名就之后开始写的，历时4年后搁笔，后来又进行了一些局部的修改和补充。自传的大部分是由切利尼一边干活一边口授，一个十四岁的抄写员记录，只有最后一小部分是由切利尼亲笔撰写。自传写好以后沉寂了一百多年，直到1728年才在那不勒斯出版问世。1771年，英国人纽根特将其译成英语，并题献给了刚成立不久的英国皇家美术院创建人和首任院长雷诺兹。1796年，著名诗人歌德将其译成德语，1822年法译本问世。这时正值欧洲文学艺术的浪漫主义时期，切利尼的自传以其不同寻常的人生经历和鲜活的语言赢得了人们的普遍赞扬，对当时的浪漫派文学艺术家产生了很大影响，如英国小说家司各特、法国小说家大仲马、音乐家柏辽兹等人，都从《切利尼自传》中获益匪浅。歌德在其德译本出版之际这样写道："我从切利尼的忧虑之中看到的整个世纪，要比最清晰的历史记载还要真实。"

从歌德说这句话至今已有两百多年了，在此期间《切利尼自传》畅销不衰，新译本不断出现，仅英译本就有多种。据笔者所知，除了纽根特的译本之外，还有托马斯·罗斯科译本（1822）、约翰·西蒙兹译本（1887）、安妮·麦克唐奈译本（1903）、罗伯特·卡斯特译本（1910）、乔治·布尔译本（1956）、朱莉娅·邦达内拉和彼得·邦达内拉译本（2002）等。多年来，《切利尼自传》一直被誉为西方最优秀的纪实文学作品。1981年去世的美国著名学者威尔·杜兰特，在其十卷本的皇皇巨著《世界文明史》（最后一卷获普利策奖）中，专门辟出一章介绍切利尼及其自传。二十世纪初，在美国出版的五十卷本《哈佛经典丛书》中，《切利尼自传》是其中的第三十一卷，很多传记丛书也都将其收录。另外，世界上没有任何一部传记能像《切利尼自传》那样，被后人改编成那么多的艺术形式，仅笔者所知就有音乐家柏辽兹的歌剧《本韦努托·切利尼》、作家大仲马的小说《切利尼传奇》、1934年拍摄的电影《切利尼和他的风流韵事》、作家威廉·奥克特的小说《匕首与珠宝》和超现实主义画家达利的系列画等。

　　《切利尼自传》广受欢迎的原因，主要是作者以生动的语言描写了自己丰富多彩的人生经历。切利尼写自传的动机与别人有所不同。奥古斯丁、卢梭、富兰克林写自传主要是为了忏悔自己的过错，并通过忏悔来警示世人，因而是属于说教性的。佩皮斯写日记纯粹是为了自娱，根本就没有打算让别人看（原作是用他自己发明的速记符号写成）。而切利尼写自传是为了向世人显示其艺术成就，表白自己的人品，倾诉自己的苦难经历，以便在他死后让人们知道他是个什么样的人，在什么样的情况下做了什么样的事。出于这一原因，我们在他的自传中看不到什么新思想，也听不到多少说教，他偶尔谈到的一些体会和教训也没有什么新意。但读者会对切利尼这个人感兴趣，对他的经历感兴趣，因为切利尼这个人太有个性了，其经历也太离奇了，故事也讲得太精彩了。

　　切利尼于1500年出生于佛罗伦萨，一生在意大利和法兰西各地闯荡江湖几十年，既结交了无数朋友，又得罪了无数仇人，其中既有显赫的王公贵族，也有地痞无赖。他性情暴烈，好勇斗狠，疾恶如仇，动辄发火，对人非打即骂，杀死的人足有几十个（包括在保卫圣天使城堡的战斗中击毙的人数）。他还致伤致残多人，多次被人追杀，多次遭人暗算，多次被捕入狱，多次险些丧命。他生活放荡，是个少有的双性恋者，不知玩弄了多少女人，也不知玩弄了多少男人，私生子的数目恐怕连他本人也说不清楚。他自高自大，目空一切，在他接触到的人中，除了其家人和他钦佩的米开朗琪罗之外，全都被他骂得一无是处，不是"蠢驴"便是"无赖"。他心灵手巧，多才多艺，喜爱艺术，虽历尽坎坷，对艺术的追求却始终未变。为了追求艺术，他不惜和父亲闹翻，和师傅闹翻，和保护人闹翻，甚至不惜生命。他侠肝义胆，古道热肠，为了给弟弟报仇他不惜杀人。为了照料妹妹和外甥女，他不惜抛弃在法兰西的荣华富贵而返回佛罗伦萨。他还多次照料那些向他求助的人。他铁嘴钢牙，能言善辩，说起话来头头是道，教皇和君主都喜欢和他谈话。他讲故事绘声绘色，以鲜活的佛罗伦萨方言把自己丰富多彩的经历描绘得活灵活现。这样一个人，将自己不同寻常的经历毫不隐讳地和盘托出，怎能不让人对他感兴趣呢？

《切利尼自传》除了具有极强的可读性之外，其价值还在于它折射出了文艺复兴时期的文化生活。文艺复兴时期的意大利产生出一大批著名的文学家和艺术家，但切利尼是其中唯一留下自传的人，因而就显得更加珍贵。他的描述涉及众多历史人物和当时生活的方方面面，可以说是反映了当时意大利的全景，其中关于很多人物和事件的描写是独一无二的，因而又具有重要的史料价值，成为每一个研究意大利文艺复兴历史的人都要参考的重要资料。

概括起来，《切利尼自传》反映出意大利文艺复兴的以下几个特点。

文艺复兴时期的人文主义者都是多才多艺的人。切利尼早年跟随父亲学习音乐，长笛吹得很漂亮，后来又学习绘画、金银饰品制作、珠宝镶嵌着色、冲压硬币像章、上瓷釉、石雕、铜像浇铸等技术，各种手工艺活无所不精。尤其是金银饰品制作和雕塑更是出众，被公认为当时意大利最优秀的金匠，也是米开朗琪罗之后佛罗伦萨最杰出的雕塑家。

　　另外，他还是一个优秀的剑客，一个能百步穿杨的神枪手，一个善写十四行诗的诗人，一个故事大王。他在自传中信心十足地说，他有"一种健全、均衡的素质，让我能够随心所欲地完成我乐于接受的任何作业"，他要"使出浑身解数，在所有这些门类中都做得一样出色"。文艺复兴造就了许许多多像切利尼这样多才多艺的人，当时很多传记除了在书中提到传主的主要成就之外，还谈到他在其他方面的研究。从但丁、薄伽丘，到达·芬奇、米开朗琪罗，无不如此。

　　当时意大利最有才能的人逐步抛弃了狭隘的乡土观念，喜爱到外面去闯荡。恰如但丁所说："我的国家是全世界"，"难道我在别处就不能享受日月星辰的光明吗？"切利尼从青年时代起便经常漂泊在外，先后到过比萨、罗马、锡耶纳、曼托瓦、那不勒斯、威尼斯、巴黎。在巴黎期间，法国国王弗朗索瓦一世特许他加入法国国籍。他在自传中说："我知道无论我身在何处，都不会缺衣少食。"研究文艺复兴文化的权威学者布克哈特认为，这一世界主义"就是个人主义的较高阶段"。吉贝尔蒂说："只有那个学识渊博的人才能四海为家；他虽然被剥夺了财产，没有朋友，但他是每一个国家的公民，并且能够无所畏惧地蔑视命运的变化。"这些学者和艺术家的自由流动，促进了学术交流和人文主义精神的传播，打破了中世纪的封建枷锁对人的束缚。

　　当时的人文主义者几乎人人都爱吹牛。切利尼也是一个吹牛大王。他在自传中把自己的每一项成就都极力夸大，夸一个人好简直完美无缺，说一个人坏便一无是处。他周围的朋友对他的赞誉几乎达到了无以复加的程度。如著名学者和诗人瓦尔基听说切利尼病死了，便写了一首十四行诗悼念他，其中有这么几句："君生为艺术家盖世无双 / 到如今撒手去直升天堂 / 就是在先贤中亦无其匹 / 尘世间再无人与君颉颃。"把切利尼抬到了至高无上的地位。

　　这些人爱吹牛大概和意大利人的性格有关，其他国家的人文主义者似乎没有这种习惯。但切利尼的夸张并不破坏读者对他的印象。他所说的事情给人的感觉都是真实的，只不过是他渲染得有些过分而已。读者反而觉得这是一个有血有肉的人，一个有人性的弱点但也不乏可爱之处的人，一个张扬个性、敢说敢为、彻底摆脱了中世纪禁俗主义束缚的人。恰如布克哈特对切利尼的评价那样："无论我们喜欢他或不喜欢他，他依然如故地作为一个近代精神的重要典型而活下去。"

　　意大利人不仅爱吹牛，而且还善讽刺。但丁诗歌中的嘲笑语言有目共睹。佛罗伦萨人个个都像切利尼一样说话尖酸刻薄，一些人捕风捉影式的诽谤中伤让切利尼吃尽了苦头。当然，切利尼本人的伶牙俐齿也没少挖苦贬损别人。当时意大利流行一种以讽刺为主的三行连环押韵诗，切利尼在狱中便写这种诗来讽刺狱中的生活和他的仇人。他还常将讽刺与他善于描写的特长结合起来，往往三言两语便能将一个人物刻画得栩栩如生。如他这样描写一个帮他建房子的人："这个干瘪的矬子手伸出来像个蜘蛛，说起话来像蚊子叫，动作麻利得像蜗牛爬。他总算在一个倒霉的时刻给我运来了石头、沙子和石灰，如果精打细算的话，大概够用来盖一个鸽子窝。"像这样的语言在他自传中俯拾即是。

　　人文主义者对名誉的追求也是非常强烈的。但丁说，人应该追求知识和不朽。彼特拉克承认，他宁愿名传后世也不愿声闻当时。实际上当时传记文学的发展，也是和这一对名誉的追求分不开的。切利尼写自传的动机也是如此。他在自传中开宗明义："世间各色人物，如果他真诚善良，只要做出过业绩或类似于业绩的东西，都应该亲笔为自己立传。"为了追求名誉，他不断学习、创新，既要超越古人，也要超越自己。为了追求名誉，他克服重重困难，一定要制成珀尔修斯像，以便证明自己不但是个优秀的金匠，也是个优秀的雕塑家。他在自传中说："我的珀尔修斯像一旦完成，所有这些痛苦都将转化为齐天的洪福。"他不停地接活儿，接过来马上就开始做，用他自己的话说，他这样做是"既为名，也为利"。

《切利尼自传》生动反映了文艺复兴时期艺术家的处境和地位。从切利尼的描述中可以看出，当时欧洲的艺术家已不再依附于教会，艺术保护人制度已经形成，艺术家接受宫廷贵族特权阶层的委托已成普遍现象。切利尼先是跟着几个师傅当徒弟，学成之后先后为一些枢机主教、贵族、教皇、法国国王和佛罗伦萨公爵效力。身为艺术家，他享有很高的声誉，收入也相当可观，但社会地位并不高。用他自己的话说，像他那样的人"可以和教皇、皇帝和伟大的国王在一起侃侃而谈"，但那是仆人和主子之间的交谈，双方的地位绝对不是平等的。

当时的艺人依附于有权势的保护人，主要是为了得到稳定的收入和承担大型工程。切利尼在法国为弗朗索瓦一世效力时，曾与画家博洛尼亚争夺战神玛尔斯像的制作权，在佛罗伦萨时，又与班迪内利争夺尼普顿像的制作权，因为只有君主才有财力制作这么大的像，艺术家只有作为君主的被保护对象，才有机会施展自己在这方面的才能。像切利尼这样一个恃才傲物的人，居然在其保护人面前毕恭毕敬，竭力讨好，正说明他当时社会地位低下。

但我们还可以看出来，保护人对他的艺术家仆人也要尽量笼络，给他们各种小恩小惠，以便使艺人忠心耿耿地为自己效力而不至于改换门庭。所以，艺术保护人之间对于有名望的艺术家也进行争夺，互相挖墙脚。切利尼走到哪里，都有达官显贵竭力挽留他，劝他为自己效力。他之所以离开罗马到法兰西，实际上是国王弗朗索瓦把他从教皇那里挖走的。当然，不少保护人雇佣艺术家是因为喜爱艺术，但不可否认的是，还有些是在附庸风雅，对艺术并没有什么鉴赏能力，这些人雇艺术家是为了显示自己的实力和地位，用艺术来装潢门面，同时也是为了交际的需要。教皇保罗三世在迎接神圣罗马帝国皇帝查理五世时，不但把切利尼制作的礼物送给了皇帝，连切利尼本人也一并送给了他。这个例子不但说明了艺术家的地位，也说明了艺术家的作用。

《切利尼自传》生动地反映了当时道德观念的堕落和社会治安状况的混乱。文艺复兴时期是欧洲历史上从中世纪到现代的一个过渡时期，当时中世纪的旧观念已被打破，新观念尚未完全建立起来，造成了社会腐败堕落和暴力事件层出不穷。另外，意大利人特殊的复仇性格和族间仇杀传统，也是一个重要原因。实际上在文艺复兴初期，这种状况便已出现。如罗马每天夜里都有人被谋杀，其中包括主教和高级教士。教皇英诺森八世的侄子是在光天化日之下在大街上被人刺杀的。那个时代给人的感觉是人命很不值钱，杀人如同儿戏。切利尼提到，有人对拉斐尔的画说了一些难听话，拉斐尔的学生便打算将他杀掉。著名传记作家瓦萨里夜里挠痒时，不小心从睡在旁边的一个工匠腿上划拉下来一块皮，这个工匠便存心把他杀掉。如果不是有人劝阻，切利尼杀死的人恐怕更多。教皇听说切利尼杀人之后甚至说，像切利尼这样的人"是不必受法律管制的"，可见当时的法律是个什么概念。

切利尼长年为教皇效力，对教廷神职人员的腐败十分了解。当时欧洲宗教改革刚刚开始，广大教徒反对教会腐败的呼声很高，按说教会应有所收敛。但从切利尼的描述中可以看出，教会依然是我行我素。教会的肥缺照样随便送人，教皇拥有私生子，很多僧侣染上梅毒（值得注意的是，梅毒是十五世纪末才在欧洲出现）。修道士沦为最不受欢迎的阶层，屡教不改的游手好闲者、没有出息的人才热衷于削发为僧。

　　文艺复兴时期，城市里的性关系混乱是非常普遍的现象。在欧洲其他地方，大多数人还都是以土地为生，因而早婚早育盛行，性关系较为稳定。而在城市里，早婚则对为事业而奋斗的人不利，结果造成老夫少妻现象增加，而这样一种婚姻模式则是性关系混乱的一个重要根源。切利尼本人的经历很能说明这一问题。他年轻时跟着几个师傅学手艺，虽收入丰厚却一直单身，这就为他过放荡的生活创造了条件。他直到六十多岁才结婚，五十六岁时还因搞同性恋而入狱。从他的自传中可以看出，他特别喜爱招收年轻漂亮的小伙子做徒弟，这些小伙子到头来大都成为他的同性恋伙伴。他还喜欢在作品中表现神话传说中的同性恋题材，如宙斯和该尼墨得斯、阿波罗与雅辛托斯等。当时像切利尼这样搞同性恋的绝不是个别现象。在法兰西，性关系更是混乱。切利尼在法兰西期间，曾指责其女友与别的男人有染，他的女仆听到后对他"嗤之以鼻，说这种事何足挂齿——这不过是法兰西的风俗。她敢肯定，在法兰西，没有一个丈夫是不戴绿帽子的"。

　　除此之外，切利尼在自传中不经意地提到的一些事情，也都有重要参考价值，如司法程序、经济收入状况、意大利人对待外国人的态度、宗教习俗、医疗水平、社交聚会、教皇的影响力、巫术、政治斗争、邮政通信、铸造工艺、丧葬礼俗、实物交易等。可以毫不夸张地说，《切利尼自传》就是关于十六世纪意大利的一部百科全书。

　　切利尼的原著是用佛罗伦萨方言写成，中译本前四个版本依据西蒙兹的英译本译出。本版为第五个版本，也可以说是个新译本，在西蒙兹译本的基础上，又依据朱莉娅和彼得的译本重译了一遍，同时参考了布尔译本。为了再现原作的风格，中译本用的是口语体，必要时用了较为通俗的方言。面对这部经典名著，译者战战兢兢，如履薄冰，勤奋砥砺，锤炼再三，努力以学者的良知和心血，换取历久不衰的文化效益。在翻译过程中，译者一会儿被逗得捧腹大笑，一会儿被感动得热泪盈眶，这一经历在翻译界恐怕也是不多见的，由此可见《切利尼自传》的感染力。但要把切利尼的方言土语翻译好实在不容易，他的俏皮话和骂人的词儿几十个都不重样，尤其是那首三行连环押韵诗，让译者吃尽了苦头。译者掩卷之际，产生了与法文本译者欧仁·普隆相同的感觉：切利尼的语言"如此地道、如此有独创性、如此诙谐，简直无法翻译"。

王宪生

十四行诗引言

这一本自传中充满痛苦，
我写它是为了感谢天主。
他给我带来了生命灵魂，
期待我建功业大展宏图。

是天主为我把厄运征服，
使人生多荣耀仁厚诚朴；
他让我表现出如此美德，
和我比人人都相形见绌。

而当我意识到年华虚度，
志不坚禁不住浮名引诱，
这时候才感到无限凄楚。

我知道悔恨也于事无补，
在这个美丽的托斯卡纳，
来去都受欢迎心满意足。

我一开始写这本传记是自己动笔，这从一些篇页上可以看出来，但我觉得这样太浪费时间，好像没有一点意义。后来我碰见了皮耶韦——格洛彭人米凯莱·戈罗的儿子①，一个大约十四岁的小伙子，一副病恹恹的样子。我就让他为我代笔，我干活儿的时候就向他口述我的生平。我非常喜欢这样做，活儿干得更欢了，也更出活儿了。这样我就把写作的负担推到这个孩子身上，希望我能把故事一直讲下去，脑子里记住多少就讲多少。

                                                    ——本韦努托·切利尼

---

① 1557 年 7 月 29 日的一份文件显示，切利尼把写作的任务交给了这个人。——英译注（以下用 † 代替）

目　录

卷一

1

世间各色人物，如果他真诚善良，只要做出过业绩，或类似于业绩的东西①，都应该亲笔为自己立传，但不要在四十岁以前承担这一大工程。我今年已经五十八岁，又回到老家佛罗伦萨，自然就想到要做这件事。很多不幸遭遇我仍记忆犹新，事实上每个人都遇到过麻烦，可就现在来说，我遇到的麻烦要比以往任何时候都要少得多。不仅如此，我觉得现在是我一生中精神上最愉快、身体最健康的时候。我仍然记得一些愉快的往事和巨大的灾难，想起这些我就感到非常吃惊：我居然大难不死，活到了五十八岁，而且托天主的福我还能活下去。

2

当然，那些有一技之长并辛勤劳作的人已经扬名立万，仅凭这一技能就足以成为名人。但人家咋做我也咋做，我就打算以自夸的口气来讲述我的生平。夸耀的种类很多，但首先是说你家门第悠久而且富有才华。

我名叫本韦努托·切利尼，父亲是乔瓦尼师傅，祖父是安德烈亚，曾祖父是克里斯托法诺。我母亲是伊丽莎白夫人，斯特凡诺·格拉纳奇的女儿。父母都是佛罗伦萨人。

古代的佛罗伦萨人都是可靠的人。我们找到了他们写的编年

---

① 切利尼用的这个词是 le virtù，指的是和英雄业绩、有用的行为，甚至艺术创作有关的特殊品质，这些品质让人展现出非凡的技能、独创性或能力，并取得优异成绩。在马基雅维利的政治思想里，这个词指的是领导人表现出的特殊技能和能力，能够在一个市民社会里维持秩序、保持稳定或成功建立新制度。†

史，据乔瓦尼·维拉尼 ① 记载，佛罗伦萨城显然是仿照美丽的罗马城建造的。圆形剧场和公共浴室的一些遗迹仍依稀可辨，就在靠近圣十字大教堂的地方，朱庇特神庙就位于现在的老市场。圆形神殿 ② 仍然矗立在这里，原是为战神玛尔斯建的庙宇，现在则是奉献给圣乔瓦尼 ③ 的洗礼堂。这些建筑物有目共睹，毋庸置疑，但比起罗马的要小得多。建造者据说是恺撒大帝和一批罗马贵族，菲耶索莱陷落后他们就在这里建造新城，每人负责建造一幢建筑物。

恺撒手下有一名军衔最高、最勇敢的军官叫菲奥里诺，来自离蒙特菲亚斯科内两里 ④ 远的切利诺村 ⑤。菲奥里诺在菲耶索莱山下安营扎寨，就是现在的佛罗伦萨一带，以便靠近阿尔诺河，为军队提供方便。所有的士兵，还有与这名军官有往来的人，当时常这样说："到菲奥伦泽去。"一是由于这个军官名叫菲奥里诺，二是由于他的军营一带盛产鲜花。⑥ 恺撒建城时，觉得这一名称最好听，也最恰当，而且鲜花又能带来好运，就将这一城市命名为佛罗伦萨。恺撒还希望以此向这位勇敢的军官表达他的喜爱，是他将这名军官从一个卑贱的位置提拔上来，并亲手培养成出类拔萃的人物。

那些有学问的词源发明家和研究者考证说，佛罗伦萨因坐落在"流动的"阿尔诺河畔而得名 ⑦，这种说法是站不住脚的。比如

① 乔瓦尼·维拉尼（约 1275—1348），佛罗伦萨商人，政治人物，著名历史学家，与好几家主要银行有联系，著有《佛罗伦萨编年史》，从早期一直写到 1346 年，佛罗伦萨从但丁到 1348 年黑死病期间的主要信息均来自这部编年史，好像也是切利尼喜欢的一本书。†
② 也叫"万神殿"。——中译注（以下用 ‡ 代替）
③ 即圣约翰，佛罗伦萨的保护圣徒。‡
④ 这里和下文提到的长度单位"里""尺""寸"均为英里、英尺、英寸，不再一一标注。‡
⑤ 菲奥里诺这个人物维拉尼等人倒是提到过，但来自切利诺村却是切利尼虚构的。†
⑥ 在意大利语里，"菲奥伦泽"（Fiorenze）与"菲奥里诺"（Fiorino）和"花"（fióre）发音相似，与"佛罗伦萨"（Firenze）发音也相似。‡
⑦ 在意大利语里，"佛罗伦萨"在早期叫作"Fluenzia"，与"流动的"（fluente）一词谐音。‡

说，罗马坐落在"流动的"台伯河畔，费拉拉坐落在"流动的"波河畔，里昂坐落在"流动的"索恩河畔，巴黎坐落在"流动的"塞纳河畔，但所有这些城市的名称都不一样，看来这些城市是依照其他方法来取名的。

由此我们找到了答案，认为我们的祖先是一个杰出人物。我们还发现，在意大利最古老的城市拉文纳，也有我们切利尼家族的后裔，那里很多人都出身高贵。比萨也有一些切利尼家族的人，在基督教世界的许多地方，我都发现过他们的踪迹。这个国家①当然也有，仍然是职业军人。不久前，一个叫卢卡·切利尼的小伙子嘴上还没有长毛，就和一个名叫弗朗切斯科的军人决斗。弗朗切斯科来自维科拉蒂②，经验丰富，勇猛过人，过去经常与人比武。卢卡手握利剑，凭借过人的武功战胜并杀死了对手，其胆量与武艺令旁观者无不咋舌，本来大家以为会有相反的结果。所以，我对自己是勇士的后裔深感自豪。

现在，我凭借自己的业绩和艺术为家族赢得了荣誉，获得了现在的地位，这虽然并不十分重要，我还是要在适当的地方一一讲述。我为自己出身贫寒却为家庭打下了荣誉的根基而感到骄傲，这比出身显赫却以丑行给祖宗脸上抹黑要强得多。那么，现在我就从我是如何顺乎天意而降生开始讲述吧。

3

我祖上住在瓦尔达姆布拉③，在那里有大量产业，由于政治派系争斗而到那里避难，日子过得像小领主一般。他们全都从军，

---

① 指托斯卡纳大公国，接替了佛罗伦萨共和国。†
② 位于佛罗伦萨附近。†
③ 位于托斯卡纳西部，靠近阿雷佐。†

极为勇敢。

当时他们的一个幼子名叫克里斯托法诺，与某个朋友和邻居结下深仇大恨，双方家长都介入其中，觉得克里斯托法诺点的这把火极其可怕，有烧毁双方家庭的危险。家庭里的几位长者考虑到这种情况，就决定让我祖上将克里斯托法诺遣送出去，对方把那个与克里斯托法诺争斗的年轻人也打发走。对方将那个小伙子送到了锡耶纳，我们家把克里斯托法诺送到了佛罗伦萨，在靠近圣奥尔索拉修道院的光明路上①给他买了一座小房子，还在里夫雷迪桥附近给他买了上好的地产。

克里斯托法诺在佛罗伦萨娶妻生子，几个女儿先后出嫁，几个儿子就在父亲去世后分了家。其中一个儿子名叫安德烈亚，分得了在光明路上的房子和其他一些财产。安德烈亚也成了家，生了四个男孩。老大叫吉罗拉莫，老二叫巴尔托洛梅奥，老三叫乔瓦尼，后来成为我父亲，老四叫弗朗切斯科。

这位安德烈亚·切利尼擅长建筑，并以此为职业②。乔瓦尼，也就是我父亲，比他几个兄弟对这一行当更感兴趣。维特鲁威说过，要想成为一个优秀建筑师，就要懂点音乐并善于设计③。因此，乔瓦尼在掌握了绘画之后就开始学习音乐，不但学会了音乐理论，还能熟练地演奏维奥尔琴④和长笛。他学习历来勤奋，几乎足不出户。

他们有一个邻居名叫斯特凡诺·格拉纳奇，他有好几个女儿，个个如花似玉。也是天意如此，乔瓦尼看中了其中一个叫伊丽莎

---

① 切利尼出生在六号，靠近现在的一个皮货市场，离洛伦佐大教堂不远。†

② 安德烈亚是个砌砖匠或石匠，但在意大利文艺复兴时期，很多工匠没有受过任何专业训练就从事建筑业。实际上当时的艺术家、建筑师和其他工匠很难区分，尤其是在文艺复兴初期。†

③ 切利尼和当时的很多艺术家一样，熟悉古罗马建筑师维特鲁威的《建筑十书》，这部拉丁语著作于1414年被重新发现，1487年以后有多种刊印的版本流传。†

④ 文艺复兴时期流行的一种弓弦乐器。‡

白的姑娘，对她一往情深，便向她求婚。由于两家是近邻，双方家长彼此熟识，婚事很容易就确定了，双方都觉得自己的安排十分妥当。

两位老人先是同意这门婚事，随后就商量嫁妆问题，但在这件事上产生了一点小分歧。安德烈亚对斯特凡诺说：

"我儿子乔瓦尼是佛罗伦萨最棒的小伙子，也是整个意大利最棒的小伙子。我要是在这之前安排他成婚，就能得到佛罗伦萨像我这样的人家所得到的最像样的嫁妆。"

斯特凡诺回答说："你有一千个理由，但我有五个女儿，还有五个儿子，钱数我已经算好，只能拿出恁多。"

乔瓦尼在外面偷听了一阵子，这时突然闯进来说：

"父亲啊，我所求的、所爱的是那姑娘，不是她家的钱财。那些想用妻子嫁妆来填满腰包的人，非倒霉不可！你总是夸我是个有才干的人，我就是拿不到你所期望的那么多，我就不知道如何养活妻子、不能满足她的需要吗？现在我告诉你，女人是我的，嫁妆你就拿走吧。"

安德烈亚·切利尼脾气有点暴躁①，听了这话非常恼火。但几天以后乔瓦尼就完了婚，再也没有向女方多要嫁妆。

婚后夫妇一双两好，恩恩爱爱度过了十八年，一直巴着能生养个一男半女。在婚后的第十八年，由于医生呆笨无能，乔瓦尼的妻子流产了一对双胞胎男孩，不久以后再次怀孕并生下一女，以我奶奶的名字给小女孩取名为科萨②。

两年后，她又一次怀孕。孕妇都有莫名其妙的想望，她这次的想望和上次怀孕时一模一样，大家就确信她还会生个女孩，并商定以我姥姥的名字给小孩取名为雷帕拉塔。碰巧她在1500年万

---

① 切利尼肯定遗传了他祖父的脾气。†
② 生卒年为1499—1528年，和当时的很多妇女一样死得早。†

圣节①凌晨4点半②分娩。接生婆知道，孩子的父母都以为会生个女孩，就把婴儿洗了洗，用上好的白亚麻布包好，蹑手蹑脚地来到我父亲乔瓦尼跟前，说：

"我给你送来一份你意想不到的厚礼。"

我父亲本是个明白人，就踱着步回答道：

"只要是天主送给我的礼物，我都珍惜。"

他打开襁褓，亲眼看见一个男婴，这完全出乎他的意料。他双掌合拢高高举起，望空祷告说：

"天主啊，我衷心感谢您，这礼物对我太珍贵了，让他受欢迎吧。"

在场的众人也乐不可支，问他该给孩子起个啥名，乔瓦尼只是这样说了一句：

"让他受欢迎——就叫本韦努托③。"

这样名字就定了下来，洗礼时就给我取了这个名。承蒙天恩，这个名字我一直使用至今。

4

我大约三岁的时候，祖父安德烈亚·切利尼还健在，已经年满百岁了。有一天，人们正在改建厨房的一条下水管道，谁也没注意一条大蝎子从下水道里爬了上来，掉到地上后又钻到一条板凳下面。我看到蝎子后就跑了过去，把它拿了起来。蝎子很大，

---

① 实际上切利尼不是出生于11月2日，而是3日，星期二。生日不寻常，命名不寻常，这是文学上庆祝大英雄和艺术天才降生的惯用手法，如瓦萨里《艺术家列传》里关于米开朗琪罗出生的描写，还有文艺复兴时期其他主要人物的描写。†
② 当时意大利延续了古代希伯来人的计时方式，也就是以日落时分为零点，所以四点半就是日落四个半小时之后。‡
③ Benvenuto，意大利语"受欢迎"之意。†

我把它握在小手里，它一边伸出蝎子尾巴，一边露出蝎子张开的双钳。人们讲述说，我欣喜若狂地跑向爷爷，喊道：

"爷爷，看我的小螃蟹。"

爷爷一看是一条蝎子①，差点儿没有吓昏过去，他太替我担心了。他连哄带求，要我把蝎子给他。可他越求我，我握得越紧，哭喊着谁也不给。

父亲当时在屋里，听到哭喊声就跑了出来。他也慌了神儿，不知道如何防止这条毒虫伤害我。就在这时，他一眼看见一把剪刀，就一边哄着我，抚摸着我，一边剪掉蝎子的尾巴和双钳。一场灾难过去之后，他认为这是一个好兆头。

我大约五岁时，有一次我父亲乔瓦尼待在我们家的一个小房间，里面有人在洗东西，还有一大堆栎树柴火在燃烧。父亲手握维奥尔琴，一个人站在火堆旁边拉边唱。天气很冷。他漫不经心地望着火堆，突然发现大火中央燃烧最旺的地方，有一个蜥蜴状的东西在玩耍。他马上明白了这是什么东西，就让人把我和姐姐喊过去，用手指着那东西给我们看，然后狠狠地打了我一耳光，我顿时号啕大哭。他却若无其事地哄着我，对我说了如下的话：

"乖孩子，我打你不是因为你犯了错，我只是叫你记住，你在火里面看到的那个蜥蜴是条火蛇②。据我所知，这种东西以前从来就没有人见到过。"

说到这儿，他吻了我，还给了我一些钱。

---

① 切利尼既说是螃蟹，又说是蝎子。罗西认为，这两种动物都与切利尼的星座有关。巨蟹座象征着上升，天蝎座象征着占支配地位。切利尼在整部自传里都强调司命星对他的负面影响，导致他多次遭遇不幸。†

② 西方传说中一种生活在火里的爬行动物。据亚里士多德的说法，它不仅能避火，而且能灭火。文艺复兴时期，彼特拉克等诗人也常在诗歌里提到这种动物。‡值得注意的是，切利尼未来的保护人法兰西国王弗朗索瓦一世的标志就是火蛇，另外还有一句意大利格言"扬善惩恶"。†

5

父亲开始教我吹长笛和唱歌。像我这个年龄的儿童，一般都喜欢吹口哨一类的玩意儿来娱乐，而我对音乐却有一种说不出来的反感，吹长笛也好，唱歌也好，只不过是为了顺从父亲而已。

当时我父亲制作了木管风琴和斯皮奈琴①，是人们所能见到的最漂亮、最完美的乐器，另外还有最好、最漂亮的维奥尔琴、鲁特琴②和竖琴。他是个能工巧匠，不仅能制作乐器，在制造吊桥、磨坊器具和其他机械方面也有精湛的技艺。在象牙工艺方面，他是第一个技术真正过硬的人。但他喜爱音乐，音乐成了他第二个妻子，也许是因为他在吹长笛上花费时间太多，执政团③的笛手们就把他请去与他们一起演奏。他就这样与乐手们在一块儿玩了一段时间，一开始只是自娱，后来架不住他们软缠硬磨，终于加入了他们的乐队。

洛伦佐·德·美第奇和他儿子皮耶罗④本来很喜欢他，但后来发现他一心扑到笛子上，荒疏了他那天赋很高的技艺，就把他从乐队里除了名。

父亲非常生气，觉得这是对他极大的侮辱。但他马上就重新投入艺术创作，用骨头和象牙制作了一面镜子，直径大约有一肘尺⑤，上面雕刻有人像和叶子，设计与制作工艺俱佳。镜子呈车轮

---

① 一种小型的羽管键琴。‡
② 一种类似琵琶的拨弦乐器，当时流行于欧洲和阿拉伯一带。‡
③ 佛罗伦萨共和国的最高行政机构，由九名成员组成，以抽签方式遴选，任期为两个月，执政团首领被称为正义旗手，办公地点在领主宫。‡
④ 即"高贵的"洛伦佐·德·美第奇（1449—1492）和他儿子皮耶罗·德·美第奇（1472—1503）。†
⑤ 古代西方的一种长度单位，从肘到中指端的长度，大约有五十厘米。‡

形，中间是玻璃镜，四周有七个圆形部件，代表"七种美德"①，用象牙和黑骨雕成并连接在一起。整个镜子连同"七种美德"处于平衡状态，轮子转动时，"七种美德"也随之转动，其底部放置的重物使它们保持垂直。父亲粗通拉丁语，就在玻璃镜四周写上一句拉丁文，大意是"命运之轮随意转，美德之躯卓然立"：

Rota sum：semper，quoquo me verto，stat Virtus.

此后不久，他又加入了乐队。

这些事情有的发生在我出生之前，但我都听说过，不想把这些事漏过去。

那时，执政团的音乐家全都从事着最体面的职业，有些人甚至是丝绸和羊毛大行会②的成员。出于这个原因，父亲对干这一行一点也不觉得丢人。他对我最大的愿望，就是让我成为一个伟大的长笛演奏家。而我在世上最讨厌的事，就是听他谈论这个伟大的计划。他说我有天赋，如果我愿意这样做，就可以成为世界上最杰出的人。

---

① 中世纪基督教教规中的三种"神学美德"信仰、希望、博爱，再加上柏拉图的四种"自然美德"公正、刚毅、智慧、节制，合称"七种美德"，在艺术作品里常人格化。‡

② 佛罗伦萨共和时期，自由民按其职业分属于大行会和小行会，无论是在政治地位还是社会地位上，大行会均高于小行会。大行会最初有十二个，后来减少到七个，小行会最初有九个，后来增加到十四个。加入行会不仅可以获得财富，而且还是参政议政的必要条件，因为共和制的城邦国家以经济寡头统治为基础。只有厂主或老板才能加入行会，普通工匠是没有资格加入的。丝绸和羊毛大行会是最古老、最受尊重的行会之一。†

6

如前所述，我父亲是美第奇家族的忠实仆人和好朋友。皮耶罗被流放时①，把很多最重要的事情委托给我父亲办。后来，尊贵的皮耶罗·索德里尼②执政时，我父亲还是乐队成员。索德里尼知道我父亲非常有才能，开始任命他为许多重要工程的技师。只要索德里尼在佛罗伦萨掌着权，他就对我父亲极为器重。

这时我还很小，父亲让我骑在别人肩膀上吹长笛。我经常和宫里的音乐家们一起在领主宫前面演奏，我看着乐谱演奏最高音部，一名差役让我骑在他肩膀上。正义旗手，也就是我刚才提到的索德里尼，很喜欢逗我说话，给我糖果吃。他常对我父亲说：

"乔瓦尼师傅，除了音乐之外，你还要教孩子学习其他手艺，这些手艺给你带来了那么多荣誉。"

父亲回答说："除了演奏和作曲以外，我不想让他学习别的手艺。如果天主能让他活的时间长，我希望在音乐这一行使他成为世界上最了不起的人。"

听了这话，一名老执政官③对他说：

"乔瓦尼师傅，照正义旗手的话去做！除了做一名优秀音乐家以外，他就不能再干点别的吗？"

过了一段时间，美第奇家族卷土重来④。他们一回来，枢机主

---

① 皮耶罗把比萨和里窝那割让给了法兰西国王查理八世，1494 年 11 月 9 日被逐出佛罗伦萨。†
② 皮耶罗·迪·托马索·索德里尼（1452—1522），1502 年当选为佛罗伦萨共和国正义旗手，1512 年被亲美第奇派免职。尼科洛·马基雅维利从政即是在索德里尼执政时期，索德里尼失势后，马基雅维利也丢掉了权力。†
③ 执政官为行会成员，由各区选出，与旗手一起组成执政团统治佛罗伦萨。†
④ 1512 年 11 月 4 日，皮耶罗的两个兄弟在西班牙军队的帮助下重返佛罗伦萨。†

教，即后来的教皇利奥①，就给了我父亲很多好处。

美第奇家族流亡期间，美第奇宫里盾徽上面的球画被抹掉了，然后又在球画的位置画上一个大红十字，这是佛罗伦萨市政府的徽记。美第奇家族回来以后，马上就把盾徽上面的红十字清除掉，又重新画上红球和金黄底色，装饰得极为漂亮②。我父亲生来就有些诗才，还有一点预言家的禀赋，这肯定是上天赋予他的才能。这个盾徽揭幕时，父亲在其下面写了四行诗：

> 盾徽藏在十字下面，
> 那是天主仁慈象征，
> 从此仰起胜利笑脸，
> 希冀荣披彼得斗篷。③

这首小诗传遍了整个佛罗伦萨。

几天以后，教皇尤利乌斯二世④驾崩。枢机主教德·美第奇去了罗马，随后当选为教皇，成为慷慨大度的利奥十世，出乎所有人的意料。我父亲把他的四行预言诗送给新教皇，教皇就派人给他送信，要召他到罗马，说这样对他有好处。但父亲不想去，结果不但没有得到好处，雅科波·萨尔维亚蒂⑤一当选为正义旗手，

---

① 乔瓦尼·德·美第奇（1475—1521），"高贵的"洛伦佐的二儿子，1513 年 3 月 14 日当选为教皇，称利奥十世。†
② 美第奇家族的盾徽有不同的解释，有人认为球象征着药剂师的玻璃杯，有人认为是硬币，象征着典当行。†
③ 这里的彼得指耶稣的十二门徒之长、罗马教会的首位教皇圣彼得，在西方艺术作品里常被描绘成一个身披金黄色斗篷的慈厚老人，所以诗的最后一句就是预言美第奇家族要有人登上教皇宝座。‡
④ 朱利亚诺·德拉·罗韦雷（1443—1513），1503 年当选为教皇，米开朗琪罗、布拉曼特、拉斐尔的保护人。†
⑤ "高贵的"洛伦佐的大女婿，新任教皇的姐夫，1514 年当选为正义旗手。†

就把他在宫里的职务解除了^①。

出于这一原因，我开始从事金匠这一行当，一边学习金匠技艺，一边演奏乐器，不过这很不合乎我的心愿。

7

父亲把这一打算告诉我时，我求他每天给我留出一段固定时间用来绘画，其余时间我都用到演奏音乐上，唯一目的就是让他高兴。听到我的这一请求，他回答说：

"这么说，你是不喜欢吹长笛了？"

我回答说不喜欢，因为音乐艺术与我脑子里想的东西相比显得太低劣了。

我这一成见让仁慈的父亲无可奈何，不得已他把我送到骑士班迪内利^②的父亲开的作坊。他叫米凯莱·阿尼奥洛，是来自皮兹迪蒙特的金匠，技艺十分娴熟。他出身并不显赫，父亲是个卖炭商^③。这并不是班迪内利的耻辱，他是第一个为家庭赢得荣誉的人——他要是靠诚实手段赢得荣誉就好了。无论情况如何，我现在没有理由再谈论他。

我在米凯莱·阿尼奥洛那里才待了没有几天，父亲就把我领走了，他感到没有我在他跟前就活不下去。我就这样继续演奏长笛，一直演奏到十五岁，心里很不痛快。我要是描述这一时期经历的所有重要事件，包括遇到的生命危险，诸位看官一定会惊叹

---

① 切利尼父亲与美第奇家族的矛盾，预示着后来切利尼与其保护人科西莫的诸多纠葛。†

② 班迪内利（1493—1560），真名叫布兰迪尼，十六世纪佛罗伦萨最著名的雕塑家之一，1530年被查理五世册封为圣雅科波骑士。他是切利尼与米开朗琪罗的竞争对手，所以切利尼在本书中对他多有不敬之词。†

③ 米凯莱·阿尼奥洛·布兰迪尼，来自基安蒂的贾伊欧莱，属于锡耶纳，并不是来自皮兹迪蒙特，其父亲是个金匠，不是卖炭商。†

不已。但为了避免啰唆，而且我还有很多话要说，这些事件我就不再提了。

我十五岁时违背父亲的意愿，到一个金匠作坊里当徒弟，师从一个名叫安东尼奥·迪·桑德罗的人，外号叫金匠马尔科内。他是个非常优秀的工匠，也是一个大好人，做任何事都表现得慷慨大方。父亲不让他像对待其他徒弟那样发给我工钱。我是自愿选择这门手艺的，可以满足自己的愿望，在设计艺术上花多少时间都行。所以我心甘情愿地干这一行，我那优秀的师傅对我做的活儿也极为满意。他只有一个私生子，经常对这个私生子发号施令，以免除我的差事。

从事这门艺术是我最大的愿望，或是我对它有天生的爱好，或是二者兼而有之，反正我在几个月之后，就赶上了这一行中优秀的徒弟，甚至是最优秀的年轻徒弟，并开始收获劳动果实。

尽管如此，我也没有忘记好几次演奏长笛或短号，以此来取悦我仁慈的父亲。他每次听我演奏时都老泪纵横，并由于满足而长吁短叹。我出于孝心就经常给他这一满足，装出也喜欢音乐的样子。

8

那时我有一个弟弟①，比我小两岁，性情极为鲁莽暴躁，后来成为公爵科西莫之父②、杰出的将领乔瓦尼·德·美第奇学校里一名优秀的军人。小伙子当时大约十四岁，我比他大两岁。

---

① 焦万弗朗切斯科或乔瓦尼·弗朗切斯科（1504—1529），人称"笛手的儿子切基诺"。†
② 乔瓦尼·德·美第奇（1498—1526），佣兵队长，为教廷效力，人称"黑旗乔瓦尼"，因为其士兵都打着黑旗。†

有一天是星期天，日落之前大约两个小时，他正好来到圣加洛门和平蒂门之间，和一个二十岁左右的年轻人决斗。两人都拿着剑，我弟弟极其勇敢地向他发起进攻，重创他之后就逼到他跟前。当时有一大群人在场，其中好几个人都是弟弟对手的亲属。眼看形势对他们的人不利，他们就拿出弹弓打他，其中一个弹丸击中了我那可怜的弟弟，打在了他头上，他立即倒在地上昏死了过去。

碰巧我当时就在旁边，可没有朋友在场，手里也没有武器，就冲他大声喊道：

"快跑！已经够本儿了。"

而不幸的是，就像我刚才所说的那样，他倒在地上像死了一样。我马上跑过去，拿起他的剑站在他跟前，挡住了几剑和一阵石子的袭击。我一直没有离开弟弟，直到几个勇敢的士兵从圣加洛门赶过来，救我们离开那帮疯狂的暴徒。看到这么一个年轻人表现出来的勇气，这几个士兵都惊叹不已。

我以为弟弟已经死了，就把他背回家，费了好大工夫他才苏醒过来。待他痊愈之后，八人公安委员会① 判我俩流放六个月，到佛罗伦萨以外至少十里远的地方。而在此之前，我们的对手已经被判流放好几年。我对弟弟说：

"跟我走吧！"

我们就这样告别了父亲。父亲没有给我们钱，他没有钱，只能给我们祝福。

我去了锡耶纳，去找一位被称作弗朗切斯科·卡斯特罗师傅② 的大好人。有一次我从父亲那里跑出去，找到这位好人，在他这里干了好几天金匠活儿，直到父亲派人把我叫回去。这次我找到

---

① 由八名法官组成，佛罗伦萨的重要法庭，维持法律和秩序。†
② 卢卡人，金匠，在锡耶纳大教堂效力。†

弗朗切斯科，他一眼就认出了我，马上就给我找活儿干。找到活儿以后，他给我一间房，也不收房租，让我在锡耶纳逗留期间居住，想住多长时间都行。我和弟弟一块儿搬进来住，打算在这里干个一年半载。弟弟已经开始学习拉丁语，但他还太年轻，没有学习本领的意识，时间都让他游荡过去了。

9

枢机主教德·美第奇，也就是后来的教皇克莱门特七世 [①]，经我父亲请求把我们召回佛罗伦萨。我父亲有一个学生，这个家伙受其邪恶本性的驱使，向枢机主教建议把我送到博洛尼亚去，让我跟着那里的一个大师学习音乐，以提高我的演奏水平。这位大师名叫安东尼奥，在演奏乐器上确实是一把好手。枢机主教对我父亲说，如果把我送到博洛尼亚，他会给我写推荐信并给予帮助。父亲对这一天赐良机高兴得要死，毫不犹豫地就把我送去了。我也很想见见世面，也就欣然上路。

一到博洛尼亚，我就跟着一个自称笛手埃尔科莱师傅的人干活儿，开始凭手艺挣钱。同时我每天都要去上音乐课，几个星期以后，演奏那可恶的乐器竟然进步很大，但我在金匠手艺上进步更大。枢机主教没有给我一点帮助，我就和一个博洛尼亚书稿装饰匠住在一起，他名叫希皮奥内·卡瓦莱蒂，家住在巴拉甘圣母街 [②]。我在这里开始绘画，为一个犹太人干活儿，他名叫格拉齐亚迪奥，我从他手里挣了不少钱。

[①] 朱利奥·德·美第奇（1478—1534），朱利亚诺·德·美第奇的私生子，1523年当选为教皇，艺术保护人。†

[②] 希皮奥内·卡瓦莱蒂（1519—1523），在圣彼得罗尼奥大教堂效力，他住的这条街现在叫巴拉卡诺街。†

过了六个月，我回到佛罗伦萨，我父亲原来的学生、那个叫皮耶罗的笛手非常生气。为了让我父亲高兴，我就到皮耶罗家里去，和他弟弟吉罗拉莫一块儿演奏短号和长笛。吉罗拉莫比皮耶罗小几岁，是个很善良、很有德行的人，和他哥哥大不一样。

有一天，父亲来到皮耶罗家里听我们演奏，对我的表演感到欣喜万分，赞叹道：

"我要不顾所有人的反对，一定要把你培养成一个优秀音乐家。"

皮耶罗倒是说出了实话：

"你的本韦努托如果能投身于金匠业，将来得到的名利会比吹笛子多得多。"

一听这话我父亲就很生气，他发现我和皮耶罗的观点完全一样。父亲动了肝火，冲皮耶罗吼道：

"你以为我不知道？是你在我的希望之路上设置重重障碍，是你让我丢掉了在宫里的职位，对我恩将仇报。我让你得到了职位，你却让我丢了职位。我教会了你所有的演奏技巧，你却不让我儿子听我的话。你记住我的预言：我不说几年了，也不说几个月了，我敢说用不了几个星期，你就会因为忘恩负义而把自己毁了。"

皮耶罗回答说：

"乔瓦尼师傅，多数人一老都会有点疯，你也是这样，我并不感到奇怪。你把所有财产都挥霍一空，一点也不考虑你子女的需要。而我恰恰相反。我留给子女很多东西，他们完全可以救济你的子女。"

我父亲反驳道：

"坏树从来不结好果，而只能结出坏果。我再告诉你，你这个人坏，你的子女会又傻又穷，会卑躬屈膝地向我的子女乞求施舍，我的子女才华出众，也极为富有。"

说完这话，我父亲就离开了皮耶罗家，两人都嘟嘟哝哝地说了些气话。我站在父亲一边，就和父亲一块儿走了，对父亲说我随时准备报复那个恶棍对他的侮辱，只要他允许我学习设计艺术。父亲回答说：

"亲爱的孩子，当年我也是个优秀画家。但你在繁重的劳动之后为了消遣，为了我这个父亲对你的爱，我生了你、养了你，教你学会了最值得称道的技艺，你哪怕是为了消遣，是吧，你就不能答应有时候会摸一摸笛子，摸一摸富有魅力的短号，痛痛快快地吹它一阵子，享受一下音乐的乐趣吗？"

我答应会这样做，出于对他的爱我会非常乐意。好心的父亲就说，我所拥有的杰出才华，就是对仇人羞辱的最有力的报复。

说过这话还不到一个月，前面提到的那个皮耶罗在学习路上他家的一幢房子里建地窖。有一天，皮耶罗和几个朋友站在一楼正在建的地窖边上，他开始谈论起他师傅，也就是我父亲，他正重复着我父亲的那一番话，我父亲说他会毁了自己。这话刚一出口，他站的地板突然塌陷。这或是因为地窖建得差，或是由于天主的神力，他老人家并不是非要等到星期六才还债的。和他一齐掉下去的有石头和砖块，把他的两条腿砸断了，而和他在一起的朋友都站在塌陷处的边缘，一点也没有受到伤害。大家都惊叹不已，尤其是他刚刚以轻蔑的语气重复过那一预言。

我父亲听到了这一消息，就拿着剑去看皮耶罗，当着他父亲——领主宫的小号手尼古拉奥·达·沃尔泰拉的面说道：

"噢，皮耶罗，我最亲爱的学生，对你的不幸我深感悲痛。但你应该还记得，不久前我是提醒过你的，而且我还说过你我孩子之间的关系，这些话总有一天也会应验的。"

不久以后，忘恩负义的皮耶罗因伤重而死，撇下一个放荡的妻子和一个儿子，几年以后这个儿子就到罗马去找我乞求施舍。

我给了他一些钱，一是因为我生性慷慨，二是因为我含着泪回想起皮耶罗当年优裕的生活状况，那时我父亲就预言，皮耶罗的孩子有朝一日要向他那有才华的孩子乞讨。

这件事我已经说得够多了。但愿任何人都不要嘲笑一个他不该侮辱的好人做出的预言，因为那不是他在说话，他是在为天主代言。

10

这一时期我一直干金匠这一行，以这种方式帮助我那善良的父亲。如前所述，他另一个儿子，也就是我弟弟切基诺，已经掌握了拉丁语的基础知识。父亲的愿望是想让我这个大儿子成为大音乐家和作曲家，让小儿子成为博学的大律师。但他无法改变我们的天性，结果我投身于设计艺术，仪表堂堂的弟弟则成为军人。

切基诺还是个毛头小伙子，刚从了不起的乔瓦尼·德·美第奇阁下的学校里上完第一课回来，他到家的时候刚好我不在。他合适的衣服比我少，就找到姐姐妹妹，几个人瞒着父亲，把我又新又漂亮的斗篷和紧身上衣给了他。我还要说一句，这些漂亮的衣服都是我自己挣钱买来的，另外我还资助了父亲和几个贤惠的姐妹。

我发现自己受了蒙骗，衣服被弟弟拿走了，就想把衣服要回来，但又找不到弟弟。我质问父亲说，我总是乐意尽力帮助他，他为啥能容忍他们这样不公正地对待我。父亲回答说，我是他的好儿子，但另外一个浪子又回头了①。他又说，自己有好东西就应该拿出来一部分帮助没有的人，这不仅是义务，而且是天主的戒

①　典出《圣经·路加福音》15：11-32。‡

律，我要看在他面子上容忍这一不公，天主会给我锦上添花的。

我真是一个不懂事的年轻人，反驳了我那可怜的父亲，然后把我剩下的粗劣衣服和几枚硬币收拾好，径直向城门走去。我不知道哪扇门通向罗马，结果来到了卢卡，又从卢卡去了比萨。

我到比萨时大约十六岁。我来到中央桥旁边一个叫鱼石的市场附近，在一家金匠作坊门前停了下来，聚精会神地观看师傅的一举一动。师傅问我是谁，是干啥的。我告诉他，我也是干他这一行的。这个大好人让我进了他的作坊，马上就给我找活儿干，说：

"你面相善良，我相信你是个正派老实的小伙子。"

他拿出一些金银和宝石，让我干起活儿来。

第一天的活儿干完以后，晚上他就把我带回他家。他家里有漂亮的妻子和孩子，生活条件很不错。想起好心的父亲会为我感到悲伤，我就写信告诉父亲，说我住在一个好心人家里，他叫乌利维耶里·德拉·基奥斯特拉师傅①，是个最了不起的人，我正和他一起制作很多漂亮而又贵重的东西。我还希望父亲振作起来，我正竭尽全力学艺，凭借我的技能，很快就会给他带回收益和荣誉。

仁慈的父亲马上就回信说：

"亲爱的孩子，我是这样爱你，我要是不顾及面子的话，马上就会动身去找你，但我是最看重面子的。我要是不能像以前那样每天都见到你，就会感到两只眼睛看不见光线似的。我一定履行职责，将全家都培养成具有诚实美德的人，你也一定要好好学艺。我希望你能记住这句简单的话并遵照执行，永远也不要忘记：

---

① 乌利维耶里·迪·菲利波·德拉·基奥斯特拉，比萨金匠，1513—1515 年在比萨大教堂效力。†

无论你身居何处，不要偷，诚实做人。"

11

这封信落到了我师傅乌利维耶里手里，他瞒着我看了一遍。后来他承认看过这封信，说：

"如此看来，本韦努托，你那善良的面孔并没有欺骗我，你父亲的这封信落到了我手里，我看了以后深信不疑，证明你父亲是个相当诚实可敬的人。你就在这里住下去吧，就像在你父亲家里一样。"

在比萨逗留期间，我参观了公墓①，在这里见到许多漂亮的古董，即石棺。在比萨的其他一些地方，我也见到不少古文物。只要我把作坊里的活儿干完，有几天或几小时的空闲，我就去认真观看。师傅很喜欢到我的小房间里去看我，发现我把所有时间都用来勤奋学习，就开始像父亲一样喜爱我。

我在比萨待了一年，挣了很多钱，完成了好几件精美贵重的金银器皿。这对我鼓舞很大，我立下雄心壮志，争取更大的进步。

与此同时，父亲不断给我写信，以乞求的口气让我回去，而且在每一封信里都嘱咐我，让我不要荒废了他煞费苦心教我的音乐。一看到这儿，我就会突然放弃一切回去的念头，我恨透了那可恶的音乐。我在比萨整整一年，觉得像是生活在天堂里一样，在这里我从来也没有吹过长笛。

到了年底，我师傅乌利维耶里有事要到佛罗伦萨，想把一些金银废料②卖掉。比萨的空气对健康不利，我身上有些发烧，烧还

---

① 位于比萨大教堂和斜塔附近，以十四和十五世纪的壁画而闻名。†
② 托斯卡纳人都很节俭，切利尼及其同事也是这样，把贵金属、珊瑚、象牙等珍贵材料的碎屑收集起来，以弥补一些原材料的费用。†

没有退，我就陪着师傅上路了。到了佛罗伦萨，我父亲极为热情地接待了我师傅，并瞒着我恳求他不要再把我带回比萨。

我病了将近两个月，在这期间父亲给了我最精心的照料和治疗，嘴里不停地说，他好像要过一千年才能见我把病治好，然后就可以听我演奏音乐了。他粗通医道和拉丁语，与我谈论音乐时，他就用手指把着我的脉。他一提演奏音乐，就感到我的脉象大变，这让他经常感到沮丧，然后就含着眼泪离我而去。

看到他大失所望的样子，我就让我一个妹妹把长笛拿来，我的烧虽然一直没有退，但吹长笛并不费劲，对我是不会有啥妨碍的。我吹奏时指法和运舌法十分娴熟，父亲突然来到我面前，一千遍地为我祝福，说我走了以后，他觉得我在演奏技巧上大有长进。他还要我继续演奏下去，不要放弃如此精湛的一门技艺。

12

我的身体康复以后，就回到老朋友马尔科内那里，就是那个领着我走上挣钱之路的能工巧匠，我用这些钱帮助了父亲和全家。

大约在这个时候，有一个雕塑家名叫皮耶罗·托里贾尼[1]，在英格兰待了很多年以后回到佛罗伦萨。他是我师傅的好朋友，所以我每天都去看望他。他看了看我的绘画和制作的物品，对我这样说：

"我来到佛罗伦萨要招收年轻人，能招多少就招多少，我承担了国王[2]的一项大工程，要找一些佛罗伦萨老乡来帮忙。我看了你

---

① 皮耶罗·托里贾尼（1472—1528），佛罗伦萨人，在英格兰为国王亨利八世效力，1518 年在威斯敏斯特大教堂为亨利七世修建陵墓。后移居西班牙，受到宗教裁判所的追捕，据说服毒自杀身亡。托里贾尼在佛罗伦萨曾与米开朗琪罗·博纳罗蒂打架，把米开朗琪罗的鼻梁打断了，因而被逐出佛罗伦萨。†
② 英格兰国王亨利八世。‡

的工作方法和设计草图，觉得你更适合做雕塑家而不是金匠。我
要做一件很大的铜制品，你跟着我干，我会让你技艺娴熟，也会
让你富有。"

这位托里贾尼一表人才，神态高傲，样子更像军人而不是雕
塑家。尤其是他那令人赞叹的手势和洪亮的嗓门儿，再加上紧锁
眉头的习惯，足以让任何勇士望而生畏。他每天都喋喋不休，大
谈他在英国人之中的豪行壮举，在他眼里英国人都是畜生。

有一天，他也同样谈起了米开朗琪罗·博纳罗蒂①。当时他看
到我画的一幅画，临摹的是最有才华的画家米开朗琪罗的一幅草
图②。这幅草图是米开朗琪罗向世人展示的第一件杰作③，足以证明
其无与伦比的才能。他作这画是与另一个画家列奥纳多·达·芬
奇④竞争的，达·芬奇也创作有一幅草图。这两幅草图都是为领主
宫会堂准备的，描绘的是佛罗伦萨人占领比萨的场面。令人钦佩
的列奥纳多选择了描绘一个骑兵作战的场面，包括缴获的一些旗
帜，其风格之神圣令人叹为观止⑤。米开朗琪罗·博纳罗蒂描绘的
是一些步兵夏季时在阿尔诺河里洗澡，画面上表现的是警钟响起

---

① 米开朗琪罗·博纳罗蒂（1475—1564），佛罗伦萨最著名的艺术家，切利尼的
偶像。切利尼希望自己的金属塑像能胜过米开朗琪罗的大理石雕像。†
② 1504 年米开朗琪罗为壁画"卡希纳战役"而画的草图，画的并不是 1406 年占
领比萨。所谓的卡希纳战役，实际上只是 1364 年的一次小规模冲突，比萨人
与围城的佛罗伦萨人之间的战斗。米开朗琪罗接受了正义旗手皮耶罗·索德里
尼的委托为领主宫作壁画，因而画了这幅草图。该草图极为有名，很多艺术家
临摹，原画和切利尼的摹本都已散失。†
③ 实际上是米开朗琪罗接受公共赞助人委托而画的第一幅画，在此之前他已经完
成了一些主要雕塑作品，如罗马圣彼得大教堂里的《圣母怜子像》，还有佛罗
伦萨市政广场上的《大卫像》等。†
④ 列奥纳多·达·芬奇（1452—1519），1500 年从米兰回到佛罗伦萨，制作了三
件重要作品，这幅草图是其中之一。†
⑤ 列奥纳多并没有选择壁画的主题，是佛罗伦萨政府为他和米开朗琪罗指定的主
题。列奥纳多画的是 1440 年安吉亚里战役的一个场面，交战双方是佛罗伦萨
人和米兰人。壁画荡然无存，但草图保存了下来。†

时，赤身裸体的男人纷纷跑去拿武器那一瞬间的情景，其姿态各具风采，从古至今的艺术品无一达到如此高超的水准。如上所述，列奥纳多的设计也是精美绝伦。

这两幅草图有一幅在美第奇宫，另一幅在教皇房间里 ①。只要这两幅画完好无损，就是全世界的楷模。后来，天才的米开朗琪罗为教皇尤利乌斯建成了那座伟大的教堂 ②，但其功力还达不到原来的一半，他的技艺再也没有达到他早年习作的水平。

13

现在再接着说皮耶罗·托里贾尼。他手里拿着我的画说：

"我和米开朗琪罗小时候，经常到加尔默罗修会圣母玛利亚教堂去，在那里学习马萨乔小礼拜堂的绘画 ③。米开朗琪罗喜欢戏弄在那里绘画的每一个人。有一天他专门招惹我，我火气发得大了一些，握紧拳头一下子打到他鼻子上，我感到指关节下面的骨头和软骨陷了进去。我给他留下的这一印记，他要一直带到坟墓里去。"④

听了这话，我对托里贾尼恨得要死，因为我每天都欣赏天才的米开朗琪罗的杰作。这样一来，我不仅不想和他一块儿去英格兰，连看他一眼也让我受不了。

① 米开朗琪罗的草图存放在现在的美第奇 – 里卡迪宫，列奥纳多的草图存放在新圣马利亚教堂里教皇的住所中。†
② 梵蒂冈的西斯廷教堂。拱顶壁画是教皇尤利乌斯二世委托绘制的，后来米开朗琪罗又为教皇保罗三世绘制了《末日审判》。†
③ 即加尔默罗修会圣母玛利亚教堂的布兰卡奇小礼拜堂，1424—1428 年马萨乔在这里创作壁画，文艺复兴时期很多意大利艺术家来这里学习。米开朗琪罗在这里的一些绘画保存至今。†
④ 瓦萨里在托里贾尼传里也提到这件事，但瓦萨里将其归咎于托里贾尼妒忌米开朗琪罗的天才，不是因为受到戏弄而生气。†

我在佛罗伦萨期间，一直都在学习米开朗琪罗的高雅风格[1]，对这一风格的追求我从来都没有放弃过。

大约在这个时候，我与一个可爱的小伙子建立起亲密无间的友谊。他和我同岁，也干金匠这一行，名叫弗朗切斯科，是菲利波的儿子，最杰出的画家菲利波·利皮修士的孙子[2]。通过相互交流，我们的友谊与日俱增，后来到了不分白天黑夜都形影不离的地步。他家里仍放满他父亲的优秀作品，画的都是罗马最漂亮的古物，装订成好几本画册，看到这些画我就喜爱得不得了。我们在一起大约有两年时间，情同手足。

在此期间，我做了一个银浮雕，有小孩手那么大，是为一个男人做的腰带扣，当时男人的腰带扣就有这么大。我用古代风格在上面刻了几片叶子打成的结，还有一些儿童像和其他极为好看的人面装饰像。这件物品我是在一家作坊里制作的，师傅名叫弗朗切斯科·萨林贝内。金匠同行们看了以后，无不称赞我是这一行当中最有才华的年轻工匠。

有一个木雕匠名叫焦万·巴蒂斯塔，人称"塔索"[3]，正好和我同岁。有一天他对我说，如果我想去罗马，他很乐意与我同行。这话是我们刚吃过午饭时说的，还是出于那个原因，也就是演奏音乐，我正生着父亲的气，于是就对塔索说：

"你是个只说空话不办实事的人。"

塔索回答说：

---

① 切利尼所说的"风格"后来演变为所谓的"风格主义"，在很大程度上受到米开朗琪罗作品的启发。切利尼可以说是一个典型的风格主义者。†

② 焦万弗朗切斯科·利皮（1501—?），菲利波·利皮（约1457—1504）的儿子，画家，完成了马萨乔在布兰卡奇小礼拜堂未完成的一些壁画。也是著名画家菲利波·利皮修士（约1406—1469）的孙子。†

③ 焦万·巴蒂斯塔（1500—1555），当时最著名的木雕匠之一，制作了佛罗伦萨劳伦蒂安图书馆的天花板，由米开朗琪罗设计。他本人也设计了佛罗伦萨新市场的凉廊（1547—1551）。†

"我也正和母亲生气。如果我有足够的钱到罗马，就再也不回来锁我那可怜的小作坊门了。"

听到这话，我对塔索说，如果他待在佛罗伦萨是因为钱，我口袋里的钱足够我俩到罗马了。

我们就这样边说边往前走，不知不觉来到了圣皮耶罗 – 加托利尼大门 ① 前。我对他说：

"塔索朋友，来到这座城门完全是天意，我们俩谁也不知道会到这里。既然到了这里，我的旅程好像已经过半了。"

我俩都拿定了主意，往前赶路的时候相互说着：

"今天晚上还不知道父母会咋说哩。"

我俩就商量好，不到罗马就不再想他们。我俩把围裙系到后背上，几乎是一句话也不说，一直走到锡耶纳。

到了锡耶纳，塔索说他脚受伤了，不想再往前走了，要我借给他钱回家。我回答说：

"要是把钱借给你，我自己往前走钱也不够了，离开佛罗伦萨以前你就应该考虑好。你要是因为脚疼才半途而废，那我们就找一匹返程的驿马 ② 到罗马去，这样你就没有借口了。"

我雇了一匹驿马，看到他一言不发，我就向通往罗马的城门走去。他看我铁了心要去，就在我后面大老远的地方一瘸一拐地慢慢磨蹭，嘴里还一直不停地嘟囔着。

到了城门，我很可怜这位同伴，就等着他，把他扶到马鞍上，说：

"我们要去罗马，却没有勇气走过锡耶纳，明天朋友们会咋说咱哩？"

好心的塔索说，我说的是实话。他是个可爱的小伙子，又是

---

① 即现在的罗马纳门，从佛罗伦萨去罗马必须走这道门。老名称来自附近一座教堂，现已拆除。†
② 返程的驿马租金较低。†

笑又是唱，这样伴随着歌声和笑声，我们一路来到罗马。这一年我十九岁，这个世纪也和我同龄。

一到罗马，我马上就到一家作坊里干活儿，投靠一个人称"费兰佐拉"的师傅①。他名叫乔瓦尼，来自伦巴第的费兰佐拉，是一个最擅长制作大容器和金银餐具一类大件物品的金匠。我把腰带扣模型拿给他看，那是我在佛罗伦萨萨林贝内的作坊里制作的，他看了以后极为高兴。他旁边还有一个徒弟名叫詹诺托·詹诺蒂②，已经跟着他干了好几年了，是佛罗伦萨人。他转身对詹诺托说：

"这个佛罗伦萨人懂点行，而你啥也不懂。"

我认出了詹诺托，就替他说了句话，他去罗马之前我们常在一起绘画，是很要好的伙伴。可他被师傅的话激怒了，就干脆说不认识我，不知道我是谁。我一听很生气，冲他喊道：

"詹诺托啊，你这老朋友——难道我们不是曾在某某地方一块儿画画，一块儿吃饭，一块儿喝酒，一块儿在你乡下的家里睡觉吗？我并不是要你替我向你师傅作证，他是个诚实的人，我希望我这双手就足以向人证明我是个啥样的人，根本不需要你帮忙。"

14

我说完这话，性子急躁的费兰佐拉师傅就对詹诺托说：

"你这个混蛋，这样对老朋友说话，你不感到羞耻吗？"

---

① 乔瓦尼·德·乔治斯，罗马金匠行会的高级职员，来自阿尔达的费兰佐拉，在皮亚琴察地界，不是佛罗伦萨附近的费兰佐拉。†
② 詹诺托是历史学家多纳托·詹诺蒂的兄弟。多纳托·詹诺蒂是米开朗琪罗的好朋友，十六世纪意大利重要的历史学家，与身为作家的切利尼有些相似之处。二人都出身于低贱的匠人，都用佛罗伦萨方言写出了具有重要价值的历史和文学作品。†

然后他又转过脸来，和气地对我说道："欢迎到我的作坊来。就照你说的做：用双手证明你是个啥样的人。"

他给我一件很漂亮的银器让我加工，是给一位枢机主教做的，一个椭圆形的小盒子，从圆形神殿门前的石瓮上临摹下来的。除了临摹之外，我又加上了自己创作的很多漂亮的人面装饰像。师傅高兴地拿着它四处给同行们看，向人夸耀说，这么好的一件物品出自他的作坊。银器约有半肘尺大小，可以放在桌子上用作盐盒。

这样，我在罗马挣了第一笔钱，其中一部分我寄给了我那善良的父亲，剩下的留作自己用，供我到罗马各处学习古文物。钱花完以后，我还得回到作坊里干活儿。而我那个伙伴焦万巴蒂斯塔·德尔·塔索，在罗马没停多久就回佛罗伦萨了。

我又接了一些新活儿，做完之后突然心血来潮，想改换门庭。这是有人鼓捣我做的，是一个叫帕格罗·阿萨格师傅①的米兰人。我师傅费兰佐拉先是与这位阿萨格大吵一架，当着我的面辱骂阿萨格。这时我就护着新师傅，说我生来是自由的，所以想要自由地生活；你没有理由怪罪阿萨格，更没有理由怪罪我，你还欠着我好几枚硬币；我是个自由工匠，想到哪儿就到哪儿，我没有伤害任何人。

我的新师傅也插进来辩解说，他并没有让我到他那里去，我要是回到费兰佐拉作坊里他会非常高兴。我回答说，我并不知道自己是咋得罪人了，既然我干完了活儿，我就能自己做主，不欠任何人的人情。谁想要我去干活儿，谁就应该来求我。

一听这话，费兰佐拉大叫道：

"我不想求你干活儿，以后你再也别到我这里来了。"

① 保罗·达萨格，金匠行会成员，其作坊在罗马圣埃利吉奥教堂附近，文献记载有他在1521—1522年的活动，卒于1563年之前。†

我提醒他欠我的钱，他就嘲笑我。我说，既然我能像他看到的那样熟练地使用工具干活儿，我也能同样熟练地用剑来要求支付我的正当劳动报酬。

我们正在斗嘴，一个老人走了过来，他叫安东尼奥师傅，圣马力诺人 [1]。他是罗马最杰出的金匠，曾是这位费兰佐拉的师傅。他听完我的表白——我当然有意让他听明白——马上表示支持我，让费兰佐拉把钱付给我。争论更加激烈了，费兰佐拉师傅是个了不起的剑客，远胜过他当金匠。但理智占了上风。我据理力争，最后他还是付了我钱。后来我和费兰佐拉又言归于好，经他请求，我做了他儿子的教父。

15

我继续在帕格罗·阿萨格师傅那里干活儿，挣了很多钱，大部分我都寄给了我善良的父亲。

到两年末尾，经我父亲请求，我回到佛罗伦萨，再次投到弗朗切斯科·萨林贝内门下，在他这里挣了很多钱，不停地下苦功提高技艺。我与弗朗切斯科·迪·菲利波重叙旧情。尽管那该死的音乐使我行乐过度，但我从来没有忘记在白天或夜里抽出几个小时学艺。

这时，我用银子制作了一把心形钥匙，当时人们就这样称呼这种物品，是一种三寸宽的带子，用浅浮雕做成，也有一些圆雕小人物像和其他图案，通常由新娘佩戴。这件活儿我是为一个叫拉法埃洛·拉帕奇尼的人制作的。付给我的工钱虽然很少，但我得到了很多荣誉，远远超过了我理应得到的报酬。

---

[1] 安东尼奥·迪·保罗·法布里，人称"圣马力诺的安东尼奥"，金匠，在罗马效力，最终成为拉斐尔的继承人之一。†

在此期间，我跟很多佛罗伦萨人在一块儿干过活儿，结识了很多金匠，其中有一些有德性的人，就像我第一个师傅马尔科内那样，也有一些名声很好但实际上想毁掉我、一有机会就狠心掠夺我的人。一旦发现这种人，我就与他们翻脸，把他们当成小偷和恶棍。

有一个金匠名叫焦万巴蒂斯塔·索利亚尼，对我很友好，让我住进他的作坊。该作坊位于新市场一角，在兰迪银行附近。我在这里做了好多漂亮的小物件，收入十分可观，可以不费力地帮助家庭了。

这引起了我前任师傅中两个坏蛋的妒忌，也就是萨尔瓦多雷和米凯莱·瓜斯孔蒂[1]。他们在金匠行会中拥有三家大作坊，生意十分兴隆。我发现他们对我不怀好意，就向几个诚实的朋友讲述了这件事，说他们披着伪善的外衣盗窃了我的东西，也该知足了。这话传到了他们耳朵里，他们就威胁我，说我会对自己说过的话感到后悔。但我这个人根本就不知道啥是害怕，也就没有搭理他们。

16

有一天，我碰巧倚在他们之中一人的作坊旁边。他马上就喊叫起来，对我又斥责又吓唬。我回答说，如果他们对我尽了义务，我肯定会说他们的好话，就像说诚实的人那样，而他们一点也不诚实，所以他们应该抱怨自己，不应该抱怨我。

我正站在那里说话，他们的堂兄弟盖拉尔多·瓜斯孔蒂也许是受他们的唆使，埋伏着等待一头牲口走过来。这头牲口身上驮着砖头，走到我跟前时，盖拉尔多突然把砖头推到我身上，把我

---

[1]　二人为堂兄弟，属于佛罗伦萨一个重要的金匠家族，在城里有三家作坊。切利尼曾赞扬过萨尔瓦多雷的技术，说他是个多面手，尤其善于制作小件物品。†

砸伤了。我马上转过身去，看到他在笑，就狠狠地一拳打到他太阳穴上，他立即昏倒在地像死人一般。我转向他堂兄弟俩说：

"对付你们这号胆小如鼠的窃贼就得这样！"

他们仰仗人多还想对我动手，我怒火中烧，拿出一把小刀喊道：

"谁要是走出这个作坊，另一个就快去找神父来听忏悔，找医生已经没有用了。"

这话果然镇住了他们，谁也不敢再去帮他们的堂兄弟了。

我刚走，他们家的老少爷们儿就跑去找八人公安委员会，指责我拿着剑在他们家作坊里攻击了他们，这种事以前在佛罗伦萨还从来没人听说过。

八人公安委员会把我传唤过去了。我来到他们面前，他们开始严厉训斥我，对我大吼大叫——我想部分原因是他们看见我穿着斗篷，而瓜斯孔蒂家的人则穿长袍戴兜帽，就像有教养的人那样[1]。但另外还有一个原因，我的对手曾到这些官员家里去过，和他们私下里交谈过；而我在这方面毫无经验，和谁也没谈过，只相信自己有理。我说，我受到盖拉尔多如此猛烈的攻击和凌辱，盛怒之下我只是打了他一耳光，我觉得不应该受到这么严厉的训斥。

耳光二字我刚出口，八位法官中的普林齐瓦莱·德拉·斯图法[2]就打断了我的话：

"你打了他一拳，不是一耳光。"

这时铃响了，我们都被叫到法庭外面，普林齐瓦莱转向他的同事为我辩护说：

---

[1] 当时，佛罗伦萨公民如果在白天只穿斗篷，会被认为是生活放荡的表现。†

[2] 潘多尔福·普林齐瓦莱·德拉·斯图法（1489—1566），美第奇家族的追随者，1510 年参与推翻皮耶罗·索德里尼的阴谋，但没有成功。†

"注意，各位大人，这个可怜的年轻人很单纯，承认自己打了一耳光，他是觉得这没有一拳严重。而在新市场，打一耳光要罚款二十五斯库多①，而打一拳则基本上不处罚。这个年轻人很有才华，以自己不懈的劳动来供养其贫困的家庭。愿天主保佑我们城市有很多这样的人，而不是缺少这样的人。"

17

这些法官中有几个共和派成员，头上戴着翻卷过来的兜帽。他们轻信了我仇人的谗言，因为他们都是修士吉罗拉莫派的人②，想草率地将我投入监狱，狠狠地惩罚我。但好心的普林齐瓦莱阻止了他们。结果他们判罚我四蒲式耳面粉③，面粉被施舍给了一座禁闭很严的女修道院。

我又被喊了进去。普林齐瓦莱要我不要说话，以免惹他们不高兴，服从判决就是了。他们又训斥我一通，把我交给了大法官。我嘴里一直咕哝着"那是一耳光，不是一拳"，惹得八人公安委员会大笑不止。

大法官要我们双方都出保释人，但只有我被判罚四蒲式耳面粉。我感到自己被痛宰一刀，但我还是马上叫人去找我一个表兄弟，他叫安尼巴莱师傅，是个外科医生，利布罗多罗·利布罗多

① 当时意大利流通的金币或银币。‡
② 吉罗拉莫·萨沃纳罗拉（1452—1498），多明我会改革家，政治领袖，其政治论文《论佛罗伦萨政府的组成》抨击了美第奇家族的寡头统治形式，1497年被教皇亚历山大六世逐出教会，次年在市政广场上以火刑处死。吉罗拉莫死后，其政治追随者仍然穿着与众不同的衣服，头戴兜帽。切利尼虽然与美第奇家族素有恩怨，但他并不支持美第奇家族的反对者。实际上美第奇家族的一个支持者还设法帮助切利尼免遭八人公安委员会更严厉的处罚，说明美第奇家族的支持者与反对者之间的斗争，已经渗透到佛罗伦萨日常生活的方方面面。†
③ 八人公安委员会的档案显示处罚得更多，切利尼被罚了十二蒲式耳面粉，不是四蒲式耳。†

利先生 [1] 的父亲，我想让他给我做保释人，但安尼巴莱拒绝了。我气得七窍生烟，肚皮鼓得老大，就决定铤而走险。

从这件事情上可以明显看出，星象与其说是影响我们的行动，不如说是强迫我们采取行动。一想起这个安尼巴莱欠了我们家那么多人情，我就气不打一处来。我起了邪念，再加上我生性有些暴躁，就一直等到法官们去吃饭。

就剩下我一个人了，我发现八人公安委员会的卫兵没有注意我，我就气冲冲地离开了宫殿，跑回我的作坊拿起一把大匕首，一口气跑到我仇人家，那既是家又是作坊。

我发现他们正在吃饭，那个挑起事端的盖拉尔多向我猛扑过来。我照着他胸部就刺了过去，刺穿了他的马甲和紧身上衣，一直刺到衬衫，但丝毫没有伤到皮肉。我感到手在往里推进，听到了衣服的撕裂声，就以为他受了重伤。看到他瘫倒在地上，我大声喊道：

"你们这帮逆贼，今天我要把你们统统杀光！"

他爹、娘和姊妹几个以为世界末日到了，就跪到地上，声嘶力竭地向我求饶。我看他们没有抵抗，盖拉尔多四脚朝天，躺在地上像死人一样，心里想再攻击这几个人实在太不光彩了。

但我还是余怒未消，就飞快地跑下楼梯来到街上，发现这一家十几号人，有的拿着铁锹，有的拿着粗铁管，有的拿着铁砧，还有的拿着锤子和棍棒。我来到他们中间，像一头发疯的野牛一样，眨眼光景就把四五个人打翻在地，我自己也倒在地上，不停地挥舞着手里的匕首，一会儿对准这个，一会儿对准那个。那些没有倒下的人拼命挥舞着双手、锤子、棍棒或铁砧打我。

但仁慈的天主有时会干预这种事的，他老人家命令我们不要

---

[1] 1570 年 12 月 18 日，切利尼在一份文件里提名利布罗多罗·利布罗多利为他的遗嘱执行人和继承人。†

伤害到对方一丝一毫①。我只不过是把帽子丢在了那里，被我的仇人夺走了，他们先是把帽子扔到一旁，然后每个人都用武器击打它。后来他们检查了一下自己人，发现没有一个人受伤。

18

我向新圣马利亚的方向走去，正好碰见修士阿莱索·斯特罗齐。这个人我并不认识，我求这位好心的修士看在天主分上救我一命，我犯了一个大错。好心的修士叫我啥也不要怕，即便是做了世界上的任何错事，在他的小密室②里都是绝对安全的。

大约一个小时以后，八人公安委员会召开了特别会议，对我做出了人们听说过的最可怕的处罚，并宣布严惩那些知道我下落或包庇我的人，不管他是什么地位或身份③。

我那善良、可怜的父亲找到八人公安委员会，双膝跪倒在地，求他们宽恕他那不幸的年轻儿子。这时，一个愤怒的法官站了起来，摇晃着他那翻卷过来的兜帽，对我父亲说了如下难听的话：

"起来起来，快滚，明天就把你儿子押到乡下吊死④。"

我可怜的父亲仍斗胆答道：

"天主是咋裁决的，你们就咋做，不得有一丝一毫的过分之处。"

那个法官又回答说，天主肯定是像他刚才所说的那样裁决的。

父亲说："你肯定不知道天主的意愿，这我就放心了。"

---

① 实际上据当时的文件记载，切利尼伤害了盖拉尔多和巴尔托洛梅奥·萨尔瓦多雷二人，巴尔托洛梅奥是跑过去救盖拉尔多的。这件事发生在 1523 年 11 月 13 日。†

② 修道院里供修士居住的斗室。‡

③ 1523 年 11 月 13 日，切利尼被判处死刑。1527 年 2 月 20 日，米凯莱、盖拉尔多·瓜斯孔蒂与切利尼父子达成和解。当然，切利尼犯法可不是一次两次。1523 年 1 月 14 日，切利尼因"淫乱行为"而再一次被罚十二蒲式耳面粉。†

④ 佛罗伦萨执行死刑至少要在城墙之外一千肘尺。†

父亲离开那里以后来看我。和他一起来的还有一个与我同岁的年轻人，此人名叫皮耶罗·迪·乔瓦尼·兰迪①，我俩简直比亲兄弟还要亲。

这个小伙子在斗篷下面佩一把上好的剑，穿有一副漂亮的铠甲。他们找到我之后，勇敢的父亲向我讲述了事情的经过，还有八人公安委员会对他说过的话。他吻了我的前额和双眼，给了我衷心的祝福，说：

"愿天主的神力和仁慈保佑你。"

他把剑和铠甲递给我，亲手给我穿戴好，然后又说：

"好孩子，有了这套装备，你可要保住性命，要不然你就完了。"

在场的皮耶罗·兰迪不住地流泪，给了我十个金斯库多，我让他从我下巴上拔掉几根毛，那是我这个男子汉初生的短须。修士阿莱索将我装扮成一个行乞修士，并让一个助理修士与我做伴。

我离开了修道院，从普拉托门出了城，沿着城墙一直走到圣加洛广场。然后我上了蒙图伊斜坡，在我路过的第一片房子中的一间里见到一个名叫胖子的人，他是贝内代托·达·蒙特·瓦尔基先生②的亲兄弟。我马上甩掉修士服，又成为一个普通人。

我和胖子骑上早已等候在那里的两匹马，连夜赶往锡耶纳。胖子又返回佛罗伦萨找到我父亲，告诉他我已逃到一个安全的地方。父亲一听欣喜若狂，好像过了一千年才再次见到那个侮辱过他的法官。父亲碰到他时，对他这样说：

"你看，安东尼奥，只有天主才知道我儿子会有啥事，而你却

---

① 佛罗伦萨一个重要银行家的儿子，切利尼最忠实的朋友之一。†
② 贝内代托·达·蒙特·瓦尔基，批评家，历史学家，学者，1527 年受公爵科西莫委托开始撰写《佛罗伦萨史》，描述 1527—1538 年的事件，正好是美第奇家族在佛罗伦萨重新掌权的时间。瓦尔基是切利尼的好朋友，也认为意大利语好于拉丁语。†

不知道。"

安东尼奥回答说："等他下一次落到我们手里再说！"

父亲最后说："那我就等着感谢天主，愿天主保佑我儿子不落到你们手里。"

19

我到锡耶纳以后，等候着去罗马的信使，和他一起上了路。渡过帕利亚河①以后，我们遇到一位信使，正传递新教皇克莱门特七世②登基的消息。

到罗马以后，我到金匠桑蒂师傅③的作坊里干活。桑蒂已经去世，但他一个儿子继承父业，成了作坊的主人。这个儿子不在这里干活儿，而是把所有活儿都交给了一个年轻人，此人来自耶西，名叫卢卡·阿尼奥洛④。卢卡·阿尼奥洛是个农民，从小就在桑蒂师傅家干活。他个头不高，但身材很匀称，是我到这时为止所见到的技术最熟练的工匠，手艺高超，设计精美。他只做大件物品，也就是极精美的容器和盆之类的物品。

我到这家作坊以后，开始为一个西班牙人萨拉曼卡主教⑤制作一些烛台，在工艺许可的情况下，烛台雕刻得尽显奢华。乌尔

---

① 台伯河的一个支流，在奥维多附近注入台伯河。†
② 即枢机主教朱利奥·德·美第奇，1523 年 11 月当选为教皇。†
③ 桑蒂·科拉，罗马金匠，也是教皇的执权杖者。†
④ 显然是桑蒂师傅的助手。依据当时的习俗，金匠作坊可以由外行人继承，但要由达到行会会员标准的工匠经营。†
⑤ 弗朗切斯科·德·卡布雷萨伊·波达迪拉，卒于 1529 年，1517 年到罗马参加拉特兰宗教会议，一直待到 1527 年罗马遭到洗劫，和教皇克莱门特七世一起躲进圣天使城堡避难。切利尼为他做的活儿都没有保存下来。实际上切利尼在 1528 年之前做的活儿都没有保存下来。†

比诺人拉斐尔的一个学生名叫詹弗朗切斯科，外号"美术家"[1]，是一个很有才能的画家。他与前面提到的那位主教有交情，就让我得到了主教的赏识，这样我就从主教那里接到很多活儿，挣了很多钱。

在此期间，我常出去绘画，有时在米开朗琪罗的小礼拜堂[2]，有时在锡耶纳人阿戈斯蒂诺·基吉[3]家，他家里收藏有很多无与伦比的绘画，由最杰出的乌尔比诺人拉斐尔亲笔所绘。一般我逢节日去，当时在这座房子里居住的是吉斯蒙多·基吉先生[4]，也就是前面提到的阿戈斯蒂诺的兄弟。见到像我这样的年轻人到他们家里去学绘画，他们感到很自豪。

吉斯蒙多先生的妻子待人彬彬有礼，长得花容玉貌。她发现我经常到她家里去，有一天她就来到我跟前看我画画，问我是个雕塑家还是个画家，我回答说是金匠。她说，我的画远非一个金匠所能为[5]。她让一个侍女拿来一个钻石百合花给我看，钻石镶嵌在金子上，精美绝伦。她让我估量一下价值，我估价为八百斯库多。她说我估得非常准确，然后又问我能不能将宝石镶嵌得更好一些。我说我很乐意这样做，然后就当着她的面开始画设计图。与这样一位美丽动人的贵妇人交谈，我感到极为愉快，结果我设计得异常漂亮。

---

① 焦万·弗朗切斯科·彭尼（1488—约1528），拉斐尔的助手，后来是朱利奥·罗马诺的助手，其才华虽然不如罗马诺，但拉斐尔还是把自己的作坊遗赠给他们二人。†

② 即西斯廷教堂。†

③ 阿戈斯蒂诺·基吉（1465/6—1520），教会银行家，极为富有，也是罗马的艺术保护人。†

④ 吉斯蒙多·基吉，阿戈斯蒂诺的兄弟，1507年娶了锡耶纳领主潘多尔福·彼得鲁奇的女儿苏皮西娅·彼得鲁奇，当时锡耶纳还没有并入托斯卡纳大公国。†

⑤ 切利尼一辈子都想成为像米开朗琪罗和拉斐尔那样的艺术家，他也自认为不亚于其他任何艺术家，但他最初选择的金匠行业通常被认为较为卑微，其他艺术家或资助人也诋毁他的才能。†

设计图完成后，另一位长得很美的罗马贵妇来到我们这里。她本来在楼上，这时下楼来问波尔齐亚夫人①②在这儿干啥。波尔齐亚夫人微笑着答道：

"我在欣赏这位能干的年轻人绘画。他不但长得漂亮，心眼也好。"

我有了一点自信，但还夹杂着一些腼腆。我红着脸说：

"在下不才，愿随时为夫人效劳。"

波尔齐亚夫人也微露羞涩地说道：

"你当然知道我想让你为我效劳。"

她把百合花递给我让我拿走，又从口袋里拿出二十金斯库多给我，说：

"就照你画的设计图那样给我嵌宝石，同时保留原来嵌宝石的金子。"

这时，那位罗马贵妇说道：

"如果我是那个年轻人，我就拿着宝石逃走。"

波尔齐亚夫人回答说，美德与邪恶是无法并存的，如果他这样做的话，实在与他那老实人的美好形象格格不入。然后她转过身去，拉着那位罗马贵妇的手，面带最甜美的微笑对我说：

"再见，本韦努托。"

我又待了一会儿，继续绘画，临摹乌尔比诺人拉斐尔的朱庇特像。

我画完离开那里以后，就开始制作一个小蜡模型，以展示宝

① 波尔齐亚夫人是苏皮西娅·彼得鲁奇的妹妹。切利尼的叙述在这里出了差错：吉斯蒙多·基吉的妻子肯定是苏皮西娅，切利尼一直在和她说话。那个罗马贵妇下楼以后，一直和切利尼说话并委托切利尼重新镶嵌金百合的妇女突然变成了波尔齐亚。无论是切利尼还是瓦尔基，都没有发现这一错误，是何原因不得而知。†

② 从上下文来看，切利尼可能是从一开始就把苏皮西娅和波尔齐亚夫人这两姊妹闹混了，所以一直把波尔齐亚夫人当成是吉斯蒙多·基吉的妻子。‡

石嵌好以后的样子。我把模型拿给波尔齐亚夫人看，她还是和那位罗马贵妇在一起，两人对我的作品极为满意，对我也非常友好。我也不知从哪儿来了勇气，当场表示宝石完成以后，会比原来镶嵌的效果好一倍。

这样我就着手干，十二天以后就嵌好了宝石。如前所述，作品呈百合花形，上面装饰有人面像、儿童和动物图像，上彩也极为精美，因而构成百合花的钻石看上去效果倍增。

20

我制作这一物品期间，卢卡·阿尼奥洛表现得很不耐烦，关于他的才能我在前面已经说过。他一而再再而三地对我说，如果我像开始时那样帮他制作大件银器，就会得到更多的名利。我回答说，只要我愿意，我任何时候都能制作大件银器，但像我目前正干的这件活儿，并不是每天都能接到的，而且干这样的活儿赢得的荣誉，也不会比大件银器少，挣的钱反而会更多。

卢卡·阿尼奥洛当面嘲笑我，说：

"等着瞧吧，本韦努托。等你干完你的活儿时，我也能把这个容器赶做出来，我接到这个活儿时，你也正好接到那个宝石。到时候你就会知道我的容器能挣多少钱，你的宝石又能挣多少钱。"

我回答说，我确实很乐意与像他这样的优秀工匠一比高低，最后两件活儿都完工时，就会知道我们俩到底是谁错了。这样，我俩都面带轻蔑的微笑，高傲地点了点头，每个人都急于完成已经开始做的活儿。

大约十天以后，双方都以精湛的技艺完成了各自的活计。卢卡·阿尼奥洛制作的是一件大银器，用来放在教皇克莱门特的餐桌上，供他在吃饭时放置碎骨头和各种水果皮，与其说是一件必需品，不如说是一件奢侈品。容器上装饰有两个漂亮的把手，还有很多人面像，有的大有的小，还有很多好看的树叶，风格设计得既美丽又高雅。我看了以后对卢卡·阿尼奥洛说，这是我亲眼见到的最漂亮的容器。

听到这话，卢卡·阿尼奥洛觉得我已经醒悟过来，就回答说：

"你的作品看起来也不比我的差，但我们很快就会看出差别来。"

他把容器拿给教皇，教皇见了非常满意，立即吩咐按一般的大件器皿价格支付给他报酬。

与此同时，我也带着我的宝石来到波尔齐亚夫人家里。她看了以后极为惊讶，说我做的已远远超过我的承诺。然后她让我要个价，想要多少就要多少。在她看来，我应得到一笔巨额酬金，就是给我一座城堡，也不一定能让我满意。但她手里没有城堡，她笑着说，所以我最好索要一笔她能出得起的价钱。

我回答说，我对自己的劳动所要求的最大回报，就是让夫人感到满意。我也笑了，向她点了点头就要告辞，说这就是我想要的报酬。波尔齐亚夫人转过身去，对那位罗马贵妇说：

"你看，我们在他身上看到的才能所伴随的是美德，绝对不是邪恶。"

两个人都对我的态度感到吃惊，波尔齐亚夫人继续说道：

"亲爱的本韦努托，你难道没有听人说过，穷人送东西给富人时，魔鬼也会发笑吗？"

我回答说："说得对！但魔鬼这一次倒了霉，我倒是愿意看到魔鬼发笑。"

我告辞时，她说这一次她不愿意让魔鬼受到如此优待。

我回到作坊时，卢卡·阿尼奥洛拿着一个纸袋，里面是他得到的容器酬金。看到我回来，他就大声说道：

"过来，把你的宝石酬金拿出来，和我的容器酬金比一比。"

我回答说，等到明天再说吧。既然我的活儿并不比他的差，我觉得我也一定能够拿到一个好价钱。

21

第二天，波尔齐亚夫人派管家来到我的作坊。管家把我叫出去，把一个纸袋塞到我手里，里面是他女主人送来的钱。管家对我说，夫人不想让魔鬼笑出声来，以此暗示她送给我的钱并不是我的劳动理应得到的全部报酬，另外还有一些诸如此类的客气话，不愧是如此尊贵的一位夫人。

卢卡·阿尼奥洛心急火燎地要与我比比钱袋，他马上跑进作坊，当着十二个工匠和一些邻居的面拿着他的钱袋，大家来到这里也都急着看较量的结果。他轻蔑地笑着，喊了三四声："嗬！嗬！"叽里呱啦地把钱倒在柜台上。一共二十五个朱利奥①。他认为我的不过是四五个斯库多硬币。

他的叫喊声，加上周围旁观者的神情与笑声，弄得我茫然不知所措。我先往袋子里瞅了瞅，发现里面全是金币，就退到柜台一端，奔拉着眼皮一声不吭，接着突然用双手将袋子举过头顶，像磨坊里的漏斗一样将袋子倒空。我的钱至少是他的两倍。

围观者本来以嘲笑的目光盯着我，这时突然转向卢卡·阿尼奥洛，齐声说道：

"卢卡·阿尼奥洛，本韦努托的钱全是金币，是你的两倍，比你强多了！"

我以为卢卡·阿尼奥洛肯定会由于妒忌和羞愧而当场死在那

---

① 为纪念教皇尤利乌斯二世而铸造的银币，十个朱利奥相当于一个达克特。†

里。按照我们这一行的规矩，收入的三分之二归工匠，剩余的三分之一归作坊的师傅。尽管他抽走了我挣的三分之一，可他的鲁莽和妒忌要多于贪婪。这本来应该颠倒过来，他毕竟是耶西一个农民的儿子。他诅咒了他的手艺，诅咒了教他手艺的人，发誓以后再也不做大件物品了，要全力制作那些破烂小玩意儿，这些东西太来钱了。

我也同样窝着一肚子火。我回答说，狗嘴里吐不出象牙来，他一张嘴就知道是一个茅舍里爬出来的乡巴佬。我又以毫不含糊的语气说，我做他的垃圾大家什能轻而易举地成功，而他做我的破烂小玩意儿却没有一点希望。

说完我就怒气冲冲地走了，对他说我很快就会叫他见分晓。旁观者公开指责他，说他真是个乡巴佬，而夸我是个男子汉。

22

第二天，我去感谢波尔齐亚夫人。我告诉她，她所做的与俗话所说的完全相反，我想让魔鬼发笑，她则让魔鬼再一次拒绝相信天主。我们俩都会心地笑了，她还给了我其他精细而又漂亮的活儿让我做。

与此同时，由乌尔比诺人拉斐尔的一个学生 [1] 从中牵线，萨拉曼卡主教委托我为他制作一件大器皿，人称花瓶状水罐，放在餐具柜上作为装饰品。主教想做一对，两个同样大小，把一个交给了卢卡·阿尼奥洛，另一个交给了我，设计图由前面提到的画家詹弗朗切斯科提供。

我急不可待地着手干这件活儿。一个米兰人允许我占用他作

---

[1] 焦万·弗朗切斯科·彭尼，画家。†

坊的一角，他名叫焦万皮耶罗·德拉·塔卡师傅①。一切准备就绪之后，我计算了一下自己需要用多少钱，剩余的全寄给了我那可怜而又善良的父亲。

就在我给父亲往佛罗伦萨寄钱的前后，父亲偶然碰见了我当初惹祸时八人公安委员会中的一个激进派成员，就是这个家伙粗暴地侮辱了他，并发誓无论如何也要把我押送到乡下吊死。这个暴躁的家伙有几个儿子道德败坏，没有一点出息，我父亲就很得体地对他说：

"任何人都会遇到不幸，尤其是那些得理不饶人的人，连我儿子也是这样，但他以后的岁月则可以显示我是如何教子有方的。为了你好，愿天主让你的儿子待你就像我儿子待我一样。天主教我如何把儿子抚养成人，在我无能为力的时候，是他老人家救我儿子免遭你的毒手，你干气没办法。"

他俩分手以后，父亲就给我写信，把这件事从头到尾讲了一遍，还让我看在天主分上抽空练练音乐，不要把他费尽心血教给我的精湛技艺荒废了。这封信洋溢着人世间最温情脉脉的父爱，让我这做儿子的看了柔肠百转、热泪盈眶，决心在他有生之年完全满足他对我在音乐方面的愿望。这样，我们在祷告中真诚地向天主提出的合理要求，他老人家肯定都会答应。

23

我不辞劳苦地为萨拉曼卡主教制作那件漂亮的银器时，只有一个小男孩做帮手，他是经我朋友苦苦哀求，我不太情愿地接收下来的。他大约十四岁，名叫保利诺，是个罗马市民的儿子，其

---

① 金匠，可能是克里韦利或卡尔帕尼家族的。†

父以自己的收入为生。

保利诺是我一生中所见到的最有教养、最诚实、最漂亮的男孩。他谦恭的举止和习惯，加上他那绝顶的美貌和对我的忠诚，让我对他宠爱至极，我简直不能自已。这一强烈的爱促使我经常为他演奏音乐，这样我就可以看到他那可爱的脸庞。通常他的脸庞略带伤感，但一听见音乐就满脸放光。只要我拿起短号，他马上就露出可爱的笑容，希腊人描写天神的荒唐话语就一点也不让我感到奇怪了。说实话，这个男孩要是生活在那个年代，恐怕会让希腊人更加神魂颠倒。

保利诺有个姐姐名叫福斯蒂娜，我深信她比古书上喋喋不休地描述的那个福斯蒂娜①还要漂亮。有时候保利诺姐弟俩把我带到他们家的葡萄园，据我个人判断，保利诺那善良的父亲像对待女婿一样地欢迎我，这使我比以前演奏得更勤了。

正好在这个时候，切塞纳的詹贾科莫（笛手，教皇乐队里最优秀的演奏家）通过洛伦佐（卢卡的小号手，现在为我们的公爵科西莫效力）来找我，问我是否愿意和他们一道欢庆教皇的八月节②，他们想让我在那天吹短号，在他们精选的极为优美的圣歌中担任最高音部。我虽然极想完成已经开始制作的那件漂亮活儿，但音乐自有其迷人的魅力，另外也是为了取悦我那年迈的父亲，想满足他的愿望，我就欣然同意参加他们的活动。在节日之前的八天时间里，我们每天都在一起练习两个小时。

到了8月1日，我们来到贝尔韦代雷宫③。教皇克莱门特用餐的时候，我们演奏着认真练习过的圣歌。演出极为成功，教皇陛

---

① 公元二世纪时罗马皇帝马尔库斯·奥里利乌斯之妻，当时的大美女。†
② 意大利的八月节就是圣母升天节，当时是8月1日，现在是8月15日。†
③ 实际上是为教皇尤利乌斯二世修建的花园和庭院，连接贝尔韦代雷宫和教皇在圣彼得大教堂的住所。†

下声称，他从来也没有听到过演奏得如此美妙、各声部如此和谐的音乐。他把詹贾科莫叫过来，问他是如何找到这么出色的一个短号手来演奏最高音部的，是从哪里找到的，并特别问到我是谁。詹贾科莫把我的全名告诉了他，教皇一听就说：

"这么说，他是乔瓦尼师傅的儿子了？"

詹贾科莫说就是。教皇说，他想让我与其他乐队队员一起为他效力。

詹贾科莫回答说：

"最神圣的教宗，我可不敢说你能够得到他，他的职业是金匠，他在这一行刻苦努力，取得了奇迹般的成就，挣的钱要比演奏多得多。"

教皇接着说：

"那我就更想得到他了，原来他还有这等本事。让他得到与你们各位同样的报酬，以我的名义告诉他来为我效力，我马上就会给他找到很多金匠活儿，让他从事另一个职业。"

说完，教皇伸出一只手，把一百金斯库多交给詹贾科莫，钱在手帕里包着，是教廷财政署的钱，说：

"把这些钱分一分，也有他一份儿。"

詹贾科莫向教皇告辞后来到我们中间，把教皇的话一五一十地讲述了一遍。他把钱给我们八个人分了分，把我的一份儿也给了我，又对我说道：

"现在我要把你招进我们乐队。"

我回答说："今天就算了，明天我再答复你。"

回去以后，我一直盘算着是不是接受这一邀请，考虑着我要是放弃那高尚的艺术研究会承受多大痛苦。夜里我梦见了父亲，他眼含着热泪，求我看在天主和他的分上接受这一差事。我好像回答说，我根本不想干这差事。他顿时颜色大变，吓得我不知所措。他大声说道：

"你要是不接受，父亲我要咒骂你；你要是接受了，我会永远祝福你！"

我醒来后，吓得拔腿就跑去签名登记。然后我就给老父亲写信，告诉了他这一消息，他得知后狂喜不已，结果突然发病，险些把老命丢了。他马上就给我回信，说他也做了一个梦，和我做的梦几乎完全一样。

24

这时，我已满足了父亲真诚的愿望，觉得自己会一帆风顺，到头来必定扬名显贵、头角峥嵘。因此，我以不知疲倦的劲头，努力完成萨拉曼卡主教的那件银器。这位主教是个不寻常的人物，极为富有，但头很难剃，每天都派人来查看我的动静。只要他派来的人发现我不在家，他就勃然大怒，扬言要把银器从我手里拿走，再交给别人去完成。这都是我演奏那该死的音乐造成的后果。

不过我还是夜以继日地拼命干，终于有一天银器能拿出手了。我让主教看了看，结果他更想让我早日把银器完成，我又后悔拿出来让他看。

三个月以后，我终于做好了银器，上面有很多小动物、树叶和人面像，要多漂亮有多漂亮。活儿一做好，我就把我的小伙计保利诺叫来，让他拿给那个能干的卢卡·阿尼奥洛看看，我在前面提到过他。生得优雅而又英俊的保利诺说：

"卢卡·阿尼奥洛先生，本韦努托让我告诉你，他要让你看看他的许诺，展示一下他的垃圾大家什，他也想看看你做的破烂小玩意儿。"

话音一落，卢卡·阿尼奥洛就拿起我做的活儿仔细观看，然后对保利诺说：

"漂亮的小伙子，告诉你师傅，他是个最了不起的能工巧匠，我请他把我当成个朋友，别的话就不要再说了。"

这个善良出众的小伙子兴高采烈地把这话告诉了我，我又把活儿拿给萨拉曼卡主教，他想让人给评估一下。卢卡·阿尼奥洛也参加了评估，他据实估了价，对作品的赞美远超过我本人的看法。萨拉曼卡主教将它高高举起，像一个地道的西班牙人那样大叫道：

"我向天主起誓，他的制作拖延多久，我支付给他的报酬也要拖延多久。"

听到这话我恼怒至极，开始大骂整个西班牙，大骂所有喜爱西班牙的人。

这件银器上有很多漂亮的装饰，另外还有一个把手，用一整块料做成，制作得最为精巧，由一根弹簧将把手与罐口相连接，一按动弹簧，把手就移动到罐口上。有一天，主教向一些西班牙绅士炫耀这件银器。主教阁下刚一离开房间，一个绅士就开始毛手毛脚地玩弄银器上的把手。移动把手的弹簧极为纤弱，哪里架得住他那只笨手瞎拨弄，结果坏在了他手里。他知道闯了大祸，就请掌管主教器物的管家马上拿给制作银器的师傅，让师傅当场修理，并答应要多少钱都行，只要能马上修好。

就这样，这件银器又一次落到我手里，我答应很快就修好，也确实很快修好了。银器是午饭前拿来的。大约离日落还有两个小时的时候，管家又满头大汗地回来了，他是一路跑来的，主教阁下又要把它拿给其他绅士看。出于这一原因，管家不容我开口就喊道：

"快，快，赶快把容器拿来。"

我则不慌不忙，不想把东西给他，说我不打算这么性急。管家大怒，看样子他要一只手去抓剑，另一只手把作坊砸开。我马上用武器制止了他，说话也带上了火药味：

"我就是不给你！去告诉你主人，先付工钱，然后才能把东西拿走。"

这家伙一看来硬的不行就开始求我，就像对着十字架祈祷一样，声称如果我把东西交出来，他一定关照让我得到报酬。这些话没能让我改变主意，我还是重述着那句老话。最后他绝望了，发誓要带来一帮西班牙人，足以把我剁成肉馅，然后拔腿就跑了。

他走了以后，我有些相信他所说的报复话，就下决心勇敢自卫。我把自己装备好，将一杆上乘的火绳枪里装满子弹，那是我用来打猎的。我喃喃自语道：

"有人夺走了我的财产和劳动成果，我还能让他再要我的命吗？"

我脑子里正想着这个问题，一大帮西班牙人来到了，为首的正是那个管家，他以西班牙人的刚愎自用和鲁莽，吩咐一帮人到作坊里拿走容器并痛打我一顿。

听到这话，我把枪口向他们晃了晃，并准备开火。我大声喊道：

"你们这一群猪，叛徒，这是罗马城，你们敢在这里打家劫舍吗？是贼就随便来吧。谁要是再往门口走近一步，我这杆枪就会叫他脑袋开花。"

我把枪口对准管家，做出要开火的样子，说：

"你这个贼头儿，都是你在后面煽风点火，我一枪先把你撂倒。"

管家一听这话拍马就走。

我们这一番闹腾惊动了四邻，他们围拢过来，另外还有一些路过的罗马绅士，大家都说：

"杀掉这群猪，我们会帮你。"

这些话还真吓唬住了那些西班牙人，他们一开始就怕我，现在不得不撤走，把整个事情经过禀报给了主教阁下。主教本是个极其傲慢无礼的人，就对着仆人和侍从大骂一通，一是他们行为粗暴，二是他们只挑起了头而没有收场。

就在这个时候，与整个事情有关联的画家①出场了。主教让他告诉我，如果我不把银器马上拿出来，他就要把我剁成肉馅；如果拿出来的话，他当场就把钱付给我。

他这一番威胁根本吓不住我，我给他捎话说，我要马上把这一事件禀报给教皇。

过了一段时间，他的气消了，我也不再担忧了。另外，一些罗马显贵向我担保主教不会伤害我，也保证会让我得到报酬，我就带上一把大匕首，穿上护身铠甲到他邸宅里去了，他已把家人全部集合起来。

我进了门，保利诺拿着银器也跟了进去，那阵势很像走进天上的黄道十二宫②。有个人长着狮子脸，另一个是蝎子脸，还有一个蟹脸。我们径直来到这个无赖主教面前，从他嘴里冒出来的话，只有西班牙神父这号人才能说出口。我连眼皮也不抬一下，对他的话爱搭不理。

这好像往他火上浇了油。他让人拿给我一张纸，让我写一份证明，承认我很满意地得到了全部报酬。听到这话，我抬起头说，如果先让我拿到钱，我会很乐意这样写。主教的火气更大了，又是威胁又是训斥。但最后我还是先拿到了钱，然后写了收据，兴冲冲地离开了他家。

---

① 即焦万·弗朗切斯科·彭尼。†

② 西方人想象天空中有一条黄道带，几乎所有的主要行星均在带内，被分为十二个星座或十二宫，每一宫都有一个代表，大部分都是动物。所以切利尼在这里是形容这帮人凶神恶煞的样子。‡

25

教皇克莱门特以前见过这件银器，但不知道是我制作的。他听说这件事以后非常高兴，对我大加赞赏，公开说他非常喜欢我，结果弄得萨拉曼卡主教很后悔对我无礼。为了与我言归于好，他又让那个画家来给我捎话，说他打算给我很多贵重的活儿让我做。我回答说，我很乐意接这些活儿，但要求预先支付报酬。

这话又传到教皇克莱门特耳朵里，他听了以后开怀大笑。枢机主教奇博①当时也在场，教皇就向他讲述了我与萨拉曼卡主教发生争执的全部经过。然后教皇转向手下的一名官员，命他不停地为我提供教廷的活计让我做。

枢机主教奇博派人把我叫去，和我愉快地交谈一番，然后委托我制作一件大容器，甚至比萨拉曼卡主教的那个还要大。同样，枢机主教科尔纳罗，还有枢机主教团的其他很多成员，尤其是枢机主教里多尔菲、枢机主教萨尔维亚蒂②，都把活儿交给我做，结果我挣了很多钱。

这时，前面提到的波尔齐亚夫人建议我自己开一家作坊，我就把作坊开了起来。我一直没有停止为这位杰出的贵妇人效力，她支付给我的报酬极为丰厚。基本上可以说就是通过她一个人，我才向世人显示我是个有价值的人。

---

① 因诺琴佐·奇博·马拉斯皮纳，卒于1550年，教皇利奥十世的外甥，热那亚大主教，1513年晋升为枢机主教，极为富有，也是一位著名的文学艺术保护人。†
② 马科·科尔纳罗，卒于1524年，威尼斯贵族，乔治·科尔纳罗的儿子，塞浦路斯王后卡泰丽娜的外甥。尼科洛·里多尔菲，卒于1550年，佛罗伦萨人，米开朗琪罗的保护人之一，教皇利奥十世的外甥。乔瓦尼·萨尔维亚蒂（1490—1553），佛罗伦萨人，雅科波·萨尔维亚蒂的儿子，教皇利奥十世的外甥。切利尼为这几个保护人制作的物品都没有保存下来。†

　　我与加布里埃罗·切塞里诺阁下[①]建立了亲密的友谊。当时他是罗马正义旗手，我为他做了不少活儿，其中有一个值得一提，是个戴在帽子上的大金徽章。我在徽章上面刻了勒达与天鹅[②]。切塞里诺阁下对做工非常满意，说要让人估一下价，以便付给我适当的报酬。徽章的做工非常精湛，结果估出的价格太高，大大出乎他的预料。这样徽章就留在了我手里，辛苦一场分文未得。这个徽章的遭遇，和萨拉曼卡主教那件银器的遭遇一样。但这类事情我就一笔带过，以免占用篇幅过多，妨碍我讲述更重要的事情。

26

　　我是在写传记，就必须不时地离开我的职业话题。一些与我艺术生涯无关的事件我不能详细描述，但不能不简单提一下。

　　圣乔瓦尼节[③]早上，我碰巧和很多佛罗伦萨老乡在一起吃饭，包括不同行业的人，有画家、雕塑家和金匠，其中最有名的是画家罗索[④]，还有乌尔比诺人拉斐尔的学生詹弗朗切斯科，另外还有其他人。我是经大家同意把他们叫到一起的，大家都不拘礼节，在一起有说有笑。在一个如此盛大的节日，一群人聚集到一起欢庆是很自然的事。

　　这时，正好有一个轻狂自大的年轻人从这里路过，是里恩

① 罗马正义旗手，政府高级官员。†
② 勒达是希腊神话中的斯巴达王后，宙斯爱上她后变成一只天鹅与她亲近，生下一对孪生兄弟和美人海伦。达·芬奇曾有这一题材的绘画。‡
③ 6月24日，佛罗伦萨的盛大节日，届时所有行会都要组织壮观的游行队伍穿过市区。†
④ 乔瓦尼·巴蒂斯塔·迪·雅科波（1495—1540），人称"佛罗伦萨人罗索"，和切利尼一样去了法兰西，后来死在那里，是弗朗索瓦一世宫廷里最重要的艺术家之一。†

佐·达·切里^①手下的一名军人。他听到了我们的声音，就说了很多难听话，嘲笑我们佛罗伦萨人。我是这些大艺术家和著名人物的东道主，就把这当成是对我本人的侮辱。我神不知鬼不觉地溜了出来，朝这个家伙走了过去，他正和一个妓女说着嘲笑我们的话来逗她乐。我来到他跟前，问他是不是那个辱骂佛罗伦萨人的鲁莽家伙。他马上回答说：

"那个人就是我。"

一听这话，我扬起一巴掌扇到他脸上，说：

"这个人就是我。"

说时迟那时快，我们俩各执兵刃，但刚要打起来就被一群人拦住了。他们都偏向我，不偏向那个家伙，他们看得出来我占理。

第二天，有人挑动我与那个家伙决斗，我很高兴地接受了挑战，说我很希望能尽快了结这件事，这要比完成我的金匠活儿快得多。我马上找去一位了不起的老人，他叫贝维拉夸，据说是意大利第一剑客，经历过二十多次真格的决斗，每次都得胜而归。

这位杰出人物是我的好朋友，他是通过艺术这个行当与我相识的，也调解过我与别人发生的激烈争执。因此，他了解了事情经过之后，乐呵呵地对我说：

"本韦努托，我的朋友，你就是与战神玛尔斯决斗，我相信你也能够打败他，我认识你恁多年了，还从来没见你无理取闹过。"

于是贝维拉夸同意做我的副手，我们就拿着剑一起到了指定地点。但决斗的结果是兵不血刃，我的对手中途罢手了，我也就很体面地收了场。详情我就不再讲了，尽管这些细节都很精彩，我还是想把篇幅和文字留给我的艺术，那才是我写作的主要动机，关于艺术我要说的话实在太多了。

---

① 洛伦佐·奥尔西尼，卒于 1528 年，切里领主，1515 年以后在教皇麾下担任佣兵队长和卫队队长，打击帝国军队，但不太成功。†

　　我有一种为荣誉而与人公平竞争的意识，急于再拿出一件杰作，能比得上我前面提到的能工巧匠卢卡·阿尼奥洛的作品，甚至超过他的作品。但我从来也没有荒废金匠手艺，所以这两门手艺都给我带来很多利益，也带来更多荣誉。在这两个领域里，我不停地制作出与其他工匠不一样的作品。

　　在此期间，罗马有一个能工巧匠名叫劳蒂齐奥①，来自佩鲁贾，只从事一种艺术领域的创作，在这一领域中盖世无双。你要知道，在罗马，每个枢机主教都有一枚图章，上面刻着他的盾徽②，其大小相当于一个约十二岁儿童的手。我在前面提到，图章上刻有枢机主教的盾徽，还有很多装饰图像，这样一个制作精美的图章，可卖到一百斯库多甚至更多。

　　劳蒂齐奥所从事的这门手艺与金匠业的其他分支相去甚远，这个能工巧匠除了能熟练制作图章以外，对其他工艺一窍不通。但他像卢卡·阿尼奥洛一样，还是让我产生了与他公平竞争的念头。我开始专心学习他这门手艺，尽管极为困难，但我没有被困难吓倒，而是不停地赚钱和学艺。

　　当时罗马还有一位杰出的能工巧匠，是个米兰人，大家都叫他卡拉多索先生③。他以金属板或其他物品为原料，以凿子为工具，专门制作小像章一类的东西。我见过他用半浮雕刻成的一些圣像牌④，还有一些用最薄的金板制作的耶稣像，有巴掌大小，做工精湛无比，是我所见过的制作同类工艺品最有才华的大师，我羡慕

① 劳蒂齐奥·罗泰利，金匠，1516 年被任命为佩鲁贾铸币局局长，卒于 1527 年。†
② 这种盾徽与通常家族的盾徽不一样，而是与枢机主教的某个教堂有联系的事件或标志。†
③ 克里斯托福罗·福帕（约 1452—约 1527），人称"卡拉多索"，帕维亚人，金匠，铸币工，在罗马为几任教皇效力，作品有拉特拉诺的圣乔瓦尼铜门，教皇尤利乌斯二世的三重冠等。†
④ 圣龛形银制品，供虔诚的教徒在圣餐之前亲吻用，通常装饰有与耶稣受难有关的宗教图像。†

他超过了羡慕其他所有人。还有一些师傅制作钢雕徽章，这些徽章是真正的楷模，凡是想学习冲压精美硬币的人都应该学习。所有这些种类的工艺，我都竭尽全力刻苦学习。

除此之外，我不应该遗漏最高雅的上瓷釉艺术。在这一领域，我不知道还有谁比一个名叫阿美利哥的佛罗伦萨老乡做得更好。这个阿美利哥我并不认识[①]，但我非常熟悉他那无与伦比的杰作，其技艺巧夺天工、举世无双，我所见过的任何工匠都望尘莫及。对这一工艺我也倾注了全部心血，尽管它极难掌握，主要是火候问题。在其他工序上花了很长时间，费了老大的劲儿之后，最终还要用到火，而用火不当导致整件作品毁于一旦的现象时有发生。尽管困难很大，我仍然从中得到极大的乐趣，只把做这件难事当成是休息。这种感觉来自我特殊的天赋，这是一种健全、均衡的素质，让我能够随心所欲地完成我乐于接受的任何作业。

我在前面描述的这些艺术门类有很多，各个门类之间差别也很大。所以，一个在某一门类出类拔萃的人如果涉足其他门类，几乎不可能取得同样的成功。而我却使出浑身解数，在所有这些门类中都做得一样出色。在适当的地方，我会证明我实现了这一目标，就像我说过的那样。

27

大约在我二十三岁那一年，一场来势凶猛的瘟疫再次席卷罗马，每天都有成千上万的人丧命。我感到有些害怕，就开始搞一些娱乐活动来放松一下，其原因我马上就要讲述。

当时我养成了一个习惯，逢节日到古建筑物去，用蜡或在纸

[①] 阿美利哥死于 1491 年，切利尼不可能认识他。†

上将某些部分临摹下来。这些建筑物都是废墟，里面住着无数鸽子，我就想用火绳枪去打。为了避免与人接触，也是出于对瘟疫的恐惧，我就把一支鸟枪放在我助手保利诺肩上，我俩一起到那些废墟去，结果回家的时候，常常是满载着最肥的鸽子。我不喜欢往枪里装一料以上的弹丸，所以我丰硕的斩获全凭过硬的技艺。

我有一支自己制作的鸟枪，从里到外比任何镜子都要光亮。我还亲手制作了最好的火药，在制作过程中发现了一些最了不起的奥秘，甚至到现在也没有外人知道。这些奥秘我不想详细谈论，只举出一个细节就足以让所有神枪手咋舌：我往枪里装的火药重量只有弹丸的五分之一，它就能直线平射二百多步远。

当然，我这样玩枪取乐好像会使我偏离艺术与研究，实际上也是这样。但在另一方面，它给予我的要远远多于它夺走我的，其原因是每一次打猎归来，我的健康状况都有很大改善，户外的空气对我的身体大有好处。我天生的气质为忧郁型[①]，而当我从事这些娱乐活动时，心胸会豁然开朗，工作起来也比整天搞研究和手工操作时更加得心应手。从总体上来衡量，这支枪给我带来的好处要多于损失。

通过这些娱乐活动，我也结识了一些收藏家，他们常跟踪一些伦巴第农民，这些农民在一定季节到罗马去锄葡萄园。农民在锄地的时候，常挖出来古代的徽章、玛瑙、绿玉髓、光玉髓和浮雕宝石，有时也发现宝石，如绿宝石、蓝宝石、钻石和红宝石一类的东西。这些收藏家有时候以很低的价格从农民手里买到这类东西。有时候我会遇到这些收藏家，实际上是经常遇到，就以他们付出的好多倍的价钱，从他们手里买回某件物品。通过这一交易我获得的利润先不说，估计有十倍甚至更多，我还因此与罗马

---

① 文艺复兴时期人们普遍认为，忧郁型性格的人适合于从事视觉艺术。†

几乎所有的枢机主教都建立起融洽的关系。

在这些交易的珍品中，我只提一件最著名、最罕见的。我搞到手的很多零碎东西中，有一个海豚头像，大约相当于一个用来投票的豆粒①那么大，头像不仅极为漂亮，而且大自然的造化远胜过人工。这是一块绿宝石，颜色非常好看，一个人先是从我这里以几十斯库多的价钱买走，像普通宝石一样把它加工成一枚戒指，然后又以几百斯库多的价钱卖了出去。

我还要提一下另一种宝石。这是用一块最为光彩夺目的黄玉雕刻成的头像，在它身上人工与大自然的造化不分轩轾，有榛子那么大，表现的是密涅瓦，风格华丽无比。

我记得还有一块宝石，与这些都不一样。这是一块浮雕宝石，上面雕刻的是赫拉克勒斯捆绑三头犬刻耳柏洛斯②，风格优美，工艺精湛，连我们伟大的米开朗琪罗都断言，他从来都没见过如此奇妙的作品。

在许多铜像章中，我得到一枚朱庇特头像，比我见过的任何像章都要大，做工之精美也是从来没有见过的，像章背面有一些同样风格的小人物像，工艺同样精湛。

关于这类珍品我有很多话要说，但为了避免啰唆就不再说了。

28

如前所述，罗马爆发了瘟疫。我想把话题拉回来一些，但这不会偏离我人生历程的主流。

罗马来了一位最有名的外科医生，被称作贾科莫·达·卡尔

---

① 在佛罗伦萨和其他城邦国家，公共选举投票最初是用豆粒，后来用小球。†
② 赫拉克勒斯完成的十二项任务之一。†

皮师傅①。这位大能人除了医治别的疾病之外，开始治疗法兰西病②
这种顽症。在罗马，这种病对僧侣们情有独钟，尤其是那些最富
有的僧侣。所以，贾科莫师傅的名声传出去以后，就宣称可以用
熏蒸法来治好这种病，非常神奇。但他是先说好价钱再治病，他
的要价是几百斯库多，不是区区几十。

　　这位才子还是个设计艺术的大鉴赏家。有一天，他正好从我
作坊门前路过，看到我摆放在柜台上的一些画，其中有几幅小器
皿的设计图，风格自由奔放，是我自己画着玩儿的，与当时人们
见到的任何样式都不一样。贾科莫师傅很想让我照着图用银子给
他做几件。我非常愿意做，因为这是完全按照我个人的审美观设
计的。这个大能人非常慷慨地付了我报酬，但这些作品给我带来
的荣誉，要比这笔酬金高出百倍。金匠行业中最好的工匠都说，
他们从来没有见过制作得比这更漂亮或更完美的作品。

　　我刚把做好的东西给他，他就拿给教皇看，第二天他就离开
了罗马。他学识渊博，对医学常有高谈阔论。教皇很想把他留在
身边效力，但他回答说，他不愿为世界上的任何人帮佣，谁要是
需要他的话可以去找他。他是个很有远见的人，非常明智地离开
了罗马，因为几个月以后，他医治过的所有病人都加重了病情，
比他治疗之前要严重百倍。他要是留下来的话，肯定会遭人暗算。

　　贾科莫师傅把我做的容器拿给很多显要人物看，其中有费拉

---

① 贾科莫·贝伦加里奥·达·卡尔皮（1470—1530），博洛尼亚医生，教皇亚历
　山大六世的女儿卢克雷齐亚·博尔吉亚的第三任丈夫，从1502年起担任博洛
　尼亚大学外科学教授，是最早用汞来治疗梅毒的人之一，将大量钱财遗赠给了
　费拉拉公爵。†
② 即花柳病，十五世纪末开始成为欧洲的祸害。据当时文献记载，这种病是由哥
　伦布的船员从美洲带来的。每一个国家都把这种病的传播归罪于一个宿敌，如
　意大利人和英格兰人称其为"法兰西病"，法兰西人称其为"意大利病"，其他
　国家的人称其为"西班牙病"或"英格兰病"。†

拉公爵阁下[①]。贾科莫师傅编瞎话说，这些东西他是从罗马一个大贵族手里得到的。他告诉这个贵族，如果想治好病，就得把这几个容器送给他。他还说，贵族告诉他这都是古董，如果他想要其他喜欢的东西，那就没有一点问题，马上就可以给他，就是这两个容器不能送人。这位医生说，他装出不给这个贵族治病的样子，这样就把这俩容器搞到手了。

　　这件事是阿尔贝托·本代迪奥先生[②]在费拉拉告诉我的，他极为炫耀地让我看了依照这俩容器样式仿制的陶器[③]，我看了以后笑了笑，啥话也没说。阿尔贝托·本代迪奥先生本来就目中无人，这让他勃然大怒，说道：

　　"你在笑这些陶器，是吗？我告诉你，在过去的一千年里，还没有一个人能够把它们仿制出来！"

　　我并不想抹杀这些作品的好名声，就一直保持沉默，陶醉在对它们的赞美之中。在罗马，许多显贵都对我说过这几件作品，其中有些是我朋友，在他们看来这两件容器精美绝伦，是地道的古董。他们的赞美给了我勇气，我就承认说这些东西都是我制作的，他们都不信。我想证明我说的是实情，就必须拿出证据来，所以又为这些容器绘制出新的设计图。我自己证明是不够的，当初狡猾的贾科莫师傅硬是把原始草图拿走了。这一小差事让我挣了不少钱。

29

　　瘟疫持续了好几个月，但我还是设法避开了。我很多伙伴都

---

① 埃斯特的阿方索一世（1476—1534），《疯狂的奥兰多》作者洛多维科·阿里奥斯托的保护人，以慷慨著称。†
② 费拉拉公爵阿方索一世宫廷里的贵族。†
③ 关于这一事件的详细描述，可参见卷二第 8 章。†

死了，而我还活得自由自在。

一天傍晚，一个金匠朋友把一个妓女领到我家里吃饭。她名叫福斯蒂娜，博洛尼亚人，长得很漂亮，但已有三十岁上下，带着一个小女仆大约十三四岁。福斯蒂娜是我朋友的人，就是把全世界的黄金都给我，我也不会动她一指头。她说她爱我爱得发疯，但我还是没有做对不起朋友的事。

但他俩上床以后，我偷偷地把那个小女仆给哄到我床上去了。她还是个黄花闺女，她的女主人要是知道了，她可要倒霉哩！结果我一夜如鱼得水，可比和福斯蒂娜过夜强得太多了。

快该吃早饭了，我感到有些累，夜里我走了很长的路[1]。我正想吃点东西，突然感到头痛剧烈，同时左胳膊上出现了很多疖子，左手掌与手腕的连接处也出现了一个红斑。家里每个人都惊恐万状，我朋友、那头肥母牛和小母牛[2]一个个溜之大吉，只剩下我和一个可怜的小徒弟了，他不愿意抛弃我。我感到胸闷气短，心想这下可完了。

正在这时，小徒弟的父亲打这儿路过，他是枢机主教雅各巴奇[3]的医生，与主教家人住在一起。小徒弟对他父亲说：

"快来，父亲，来看看本韦努托，他在床上，有点儿不舒服。"

这个医生也不问我是咋回事儿，马上就来到我跟前。他号了我的脉，发现了某种他非常不愿意见到的东西，马上就转身对儿子说：

"你这个孽种，可把我给毁了！你叫我咋回去见枢机主教哩？"[4]

---

① 当时一些作家常用的色情隐喻，如薄伽丘。†
② 即福斯蒂娜及其女仆。†
③ 多梅尼科·迪·克里斯托法诺·雅各巴奇，卒于1528年前后，罗马贵族，律师，1517年被教皇利奥十世任命为枢机主教。†
④ 医生当然害怕让枢机主教接触到瘟疫。†

他儿子回答说："父亲，我师傅这个人可比罗马所有的枢机主教都金贵得多。"

医生又转身对我说：

"我既然来了，就给你治一治。但有一件事我要警告你：你要是玩儿了女人，那可就没治了。"

我回答说："我夜里刚玩儿过。"

医生又问道："玩儿的是啥号人？啥时候玩儿的？"

我说："昨天夜里，是一个还没有开窍的黄毛丫头。"

他发觉刚才说的话有点傻气，就赶快补充说：

"你的疖子刚长出来，还没开始发臭，治疗还来得及。你不要太担心了，我有很大把握把你治好。"

他给我治了治以后刚走，我一个很要好的朋友乔瓦尼·里戈利① 就进来了。看到我生了病被朋友抛弃了，他很不高兴，说：

"不要担心，本韦努托，不看到你恢复健康，我绝不会离开你。"

我让这位朋友不要离我太近，我的病症已蔓延全身。我只是恳求他到床边找出一个小盒子，从里面拿出一笔数目可观的钱，在天主召唤我归天时把它送给我那可怜的父亲，并且以温和的语气给他写信，就像我以前所做的那样，如果这可怕的瘟疫容许的话。②

我那可爱的朋友说，他根本不打算离开我，无论发生任何事情，不管生死存亡，他都清楚地知道应该怎样对待朋友。就这样，天主保佑我们大难不死，我服用过的药物也开始大发神威，我感到好多了，不久就基本上把那可怕的疾病治好了。

---

① 1523 年，里戈利和切利尼因为"淫乱行为"而遭到八人公安委员会处罚。†

② 英译者西蒙兹对这句话的翻译感到没有把握。布尔译本译为"以温和的语气写信告诉他，我在这场可怕的瘟疫中成了牺牲品"。‡

但是疮口还没有愈合，里面塞了一块软布，外面敷上一贴膏药。我就这样还骑着一匹小野马外出。这匹马长的毛有四指多长，和一只大熊的块头差不多，实际上它看起来就像是一只熊。我骑着这匹马去拜访画家罗索，他家在罗马城外奇维塔－韦基亚附近，在一个叫作切尔韦泰拉的地方，属于安圭拉拉伯爵[①]。

我找到了罗索，他见到我非常高兴。我对他说：

"我要来为你做的，就是好几个月以前你为我做过的事。"

他听了大笑，拥抱并亲吻了我，要我看在伯爵的分上不要声张。

我在这里非常愉快地住了大约一个月，享受着美酒佳肴和伯爵最盛情的款待。我每天都一个人骑着马到海滩，然后下马，往口袋里装各种各样珍奇精美的石头、小蜗牛和海贝壳。

最后一天（从此以后我就不再到那里去了），我遭到一帮人的攻击。他们蒙住面，从一条摩尔人的私掠船上下来，把我逼到一条小路上，满以为我无法逃出他们的手心。这时我突然上了马，心里想，在这种危险境地，我要么被枪打死，要么被水淹死，除此之外已经没有其他希望了。

但是按照天主的安排，我骑的那匹小马飞身一跳，使我安全脱身，真是令人难以置信，为此我由衷地感谢天主。我把这件事告诉了伯爵，他马上就拉响了警报，但那条私掠船已经下了海。

第二天，我安然自得地返回了罗马。

30

这时，瘟疫差不多已经过去，幸存者一聚到一块儿，便热乎

---

① 弗拉米尼奥·安圭拉拉或他儿子阿韦尔索。†

得难舍难分。这样就形成了一个由画家、雕塑家和金匠组成的俱乐部，其成员全是罗马一流的人物，创始人是一个雕塑家，名叫米凯莱·阿尼奥洛①，锡耶纳人，非常精明强干，在雕塑这一行里出类拔萃，但首先是世界上头一号大活宝和大好人。在这个俱乐部里他年龄最大，但从体力和精力上来说又最年轻。我们经常聚会，每周最少两次。

我不应该遗漏的是，这个俱乐部里还有两员大将——画家朱利奥·罗马诺和焦万弗朗切斯科②，两人都是伟大的乌尔比诺人拉斐尔的高足。很多次愉快的聚会之后，我们可敬的首领想让大家在下个星期天到他家里吃晚饭，而且每个人都要带上他的"乌鸦"。"乌鸦"是米凯莱·阿尼奥洛给情妇或女朋友起的外号，谁要是不带，就罚他请全体成员吃一顿饭。像我这种与城里的野草闲花不熟识的人，不得不花费很多工夫和钱财去找一个，这样才能在艺术家的盛宴上保全面子。

我本来能指望带上一个相当漂亮的年轻妇女，她名叫潘塔西里亚，非常爱我，但我还是把她让给了我一位最亲密的朋友巴基亚卡③，实际上他一直神魂颠倒地爱着潘塔西里亚。

这一转让惹得佳人犯了小性儿。潘塔西里亚看到巴基亚卡一求我，我就把她让给了巴基亚卡，就以为我不珍重她对我的一片痴情。后来这导致一场很严重的冲突，都是因为她想报复我对她的伤害，这件事我到适当的时候再说。

每个人带着"乌鸦"参加英才大聚会的时刻就要到了，而

---

① 米凯莱·阿尼奥洛·迪·贝尔纳迪诺·米凯莱（约1470—约1540），依据巴尔达萨雷·佩鲁齐的设计，为教皇阿德里安六世修建陵墓，位于罗马圣马利亚灵魂之母堂。†

② 朱利奥·皮皮（约1499—1546），人称"罗马诺"，拉斐尔最优秀的学生和继承人之一。焦万弗朗切斯科即前面提到的彭尼。†

③ 弗朗切斯科·迪·乌贝蒂诺·威尔第（1494—1557），佩鲁基诺的学生，为美第奇家设计的挂毯享有盛名。†

我的搭档还没有着落。我觉得对付这样一件喧腾事儿[1]，要是弄不好实在太不应该。但我考虑得更多的是，我不打算抬举一个人老珠黄的秃尾巴"乌鸦"，不想让这号人沾了我那神圣殿堂的灵光。考虑到这些，我就想出了一个花花点子，用来活跃晚会的气氛。

打好主意以后，我就找到一个十六岁的小伙子，是我的隔壁邻居，一个西班牙铜匠的儿子。这个年轻人正学习拉丁语，非常勤奋用功。他名叫迪耶戈，长得线条清秀，肤如凝脂，头型之美让古代的安蒂努斯[2]也相形见绌。我经常临摹他的形象，我在作品里对他的刻画让他很受尊重。这个小伙子没有和任何人一起外出过，所以不为人所知。他衣着粗劣而又不讲究，一门心思都用到学习上了。

我把他带到我屋里以后，请他允许我给他穿上我找人做好的女装。他爽快地答应了，马上就穿上了衣裳。我给他精心梳了头，为他的漂亮脸蛋锦上添花，又往他耳朵上戴了两个耳环，上面嵌有两颗又大又美的珍珠。耳环是断开的，只是夹在他耳朵上，但看起来好像是穿透了一样。然后我把非常好看的黄金和珠宝项链戴到他脖子上，把戒指戴到他漂亮的手上。我开玩笑似的揪住他一只耳朵，把他拽到一面大镜子跟前，他一看自己的样子，兴奋得大叫起来：

"天啊！这是迪耶戈吗？"

我说："这就是迪耶戈。以前我从来没有求他帮过忙，现在我只求他为我做一件体面的事：我想让他穿着这身衣服，去参加一个艺术家的晚宴，这些人我经常对他提起。"

这个老实、善良、聪明的年轻人沉下了脸，耷拉着眼皮看着

---

① pazza cosa，在这里是指晚宴或"乌鸦"。†

② 安蒂努斯（110—130），罗马皇帝哈德里安的同性恋伙伴，古代著名的美男子。‡

地板，站在那里半天一声不吭。然后他突然抬起头，说：

"我愿意和本韦努托一起去，现在就走吧。"

我用一条大头巾包住他的头，这东西在罗马被称为"夏布"。我们到达聚会的地点一看，大家已经聚齐，人人都过来和我们打招呼。米凯莱·阿尼奥洛站在朱利奥和詹弗朗切斯科中间，我揭掉美人头上的面罩。我在前面说过，米凯莱·阿尼奥洛是世上最幽默的大活宝。他把一只手放在朱利奥肩上，另一只手放在詹弗朗切斯科肩上，用尽全身力气压着他们鞠躬，而他自己则双膝跪倒在地，大叫一声"天哪"，并对大伙儿说：

"请看天堂里的天使是个啥样！他们虽然叫天使，但有一些也是女人。"然后又高声说道：

> 天使美，天使佳，
> 保佑我，福无涯。

我的佳人一听，笑了，举起右手给了大家一个教皇式的祝福，还说了很多好听话。米凯莱·阿尼奥洛站起身来，说依照习惯，教皇要吻脚，天使要吻脸。他吻了迪耶戈的脸，小伙子臊得满脸通红，这使他显得更加光彩照人。

欢迎仪式结束之后，我们发现满屋子里都是十四行诗，这是我们每人写好以后交给米凯莱·阿尼奥洛的。我的美人开始大声朗读，读得极为优美动听，更为他无穷的魅力增添了语言难以描述的风采。

接下来就是风趣的交谈，我就不再详述了，这不关我的事。只是有一句妙语值得一提，是令人钦佩的画家朱利奥说的。他意味深长地望着四周的人，尤其把目光落到那些女士身上，然后转身对米凯莱·阿尼奥洛说：

"我亲爱的米凯莱·阿尼奥洛，你起的'乌鸦'这个外号非常适合今天的各位女士，不过她们站在人们所能想象的最美的孔雀旁边时，显得连乌鸦都不如。"

宴席摆好，准备停当以后，我们正要入座，朱利奥请求允许他为我们排座位。大家都同意以后，他就拉着女士们的手，把她们都安排在里边一侧，我的美人居中而坐。然后他把男士们都安排到外侧，我坐在中间，他说对我的奖赏无论多大都不过分。女士们身后的背景是一面令人赏心悦目的素馨花挂毯，将各位女士衬托得千娇百媚、美不可言，尤其是迪耶戈。

接着我们就开始用餐，品尝主人家的丰盛宴席。饭后是一段动听的音乐，人声与乐器珠联璧合。看到他们都照着本子演唱和演奏，我的美人就请求允许他唱一段。他的演唱压倒了所有女士，在场者无不感到万分惊奇。朱利奥和米凯莱·阿尼奥洛一开始只是和他开玩笑，现在满口都是由衷的、恰如其分的赞美。

音乐结束以后，有个名叫奥雷利奥·阿斯科拉诺[①]的人以善于即兴赋诗而闻名，便锦心绣口地为女士们大唱赞歌。在他吟诗的过程中，坐在我的美人两边的两位女郎一直叽叽喳喳地说个不停。一个讲她到头来有多么惨，另一个问我的美人是如何出道的，朋友是谁，在罗马居住多久了之类的问题。当然，我要是详细描述当时的情景，就能讲出很多趣事来，都是由潘塔西里亚对我的迷恋而引起的。但这些事不在我描述的计划之内，我就点到为止。

这两个泼妇的话语终于惹恼了我的美人，我们暂且称他为波摩娜。波摩娜不想听她们谈这些无聊的话题，如坐针毡似的在椅子上辗转腾挪。朱利奥带来的女伴问"她"是不是感到不舒服。

---

① 可能是欧里亚洛·达斯科利，能即兴创作希腊语和拉丁语诗歌，有一些著名的文学界朋友。†

波摩娜回答说是的，"她"觉得自己怀孕有好几个月了，子宫里面感到有点疼。出于对"她"的关心，坐在"她"两边的两个女人开始抚摸"她"的躯体，发现"她"原来是个男人，马上就把手缩了回去，离开座位站了起来，嘴里说着通常是针对美男子的嘲笑话语。

整个屋子里顿时爆发出笑声和惊叹声，米凯莱·阿尼奥洛装出一副怒气冲冲的样子，请求大家允许他给我应有的处罚。得到同意之后，他在大伙儿的喧闹声中把我高高举起，高喊着："斯人万岁！斯人万岁！"说这就是我应得的惩罚，我给大家开了这么精彩的一个玩笑。

这场最令人愉快的宴会就这样结束了，每个人都到很晚才回到家里。

31

我为形形色色的人物制作了五花八门的工艺品，要详细描述需要太多时间。现在我要说的是，我不懈地努力，以掌握我在前面提到的各种手艺。我锲而不舍地在所有这些领域里埋头苦干，但由于没有机会讲述我的拿手绝活儿，只好等到有了适当的时机再缕陈，这个时机很快就会到来。

我前面提到的米凯莱·阿尼奥洛，也就是那个锡耶纳雕塑家，这时正为已故的教皇阿德里安[①]制作纪念碑，画家朱利奥·罗马诺去为曼托瓦侯爵绘画[②]，俱乐部的其他成员也各奔东西自谋营生，所以我们这个艺术社团几乎解体。

---

① 阿德里安六世，佛兰芒人，1522 年 1 月至 1523 年 9 月在位，最后一位非意大利籍教皇，直到二十世纪才有一个波兰人当选为教皇，称约翰·保罗二世。†
② 朱利奥于 1524 年 10 月离开罗马到曼托瓦，为费德里科二世效力。†

　　大约在这个时候，我得到一些土耳其短剑，剑柄、剑身都是铁制的，连剑鞘也是铁制的，上面用铁制工具刻有极为优美的土耳其风格的叶丛，然后填上金子，简直天衣无缝。看到这些剑以后，我产生了一种强烈的愿望，想在这一门手艺中一试身手，它与我所从事的其他手艺太不一样了。结果我发现我能做得很好，就自己做了几把。

　　我做的剑远比土耳其剑更美、更耐用，这有多种原因。一是我在钢上刻的槽更深更宽，这在土耳其剑上是不多见的。另一个原因是土耳其叶丛只有海芋叶和为数不多的小向阳花，虽然看上去也不错，但没有我们的花叶图案耐人寻味。

　　当然，在意大利，我们有好几种设计花叶图案的方法。比如说，伦巴第人模仿洿根叶和常春藤叶极为优美的螺旋曲线，设计出的漂亮图案看起来赏心悦目。托斯卡纳人和罗马人干这活儿更有高招，他们仿效的是老鼠簕叶，这种植物俗称熊掌，其叶柄和花呈现出各种各样的波浪线。在这些叶子图案中，可以巧妙地插进去小鸟和各种动物的图形，借此艺术家可以充分展示才华。

　　关于这类图案，人们可以从自然界的野花中得到一些启示，比如说金鱼草和其他一些植物，聪明的设计人员借助其丰富的想象力，对这些植物的形状进行组合加工，外行人称这些图案为"怪诞艺术"。这一名称缘起于现代人，是古物研究人员依据在罗马一些地下室里的发现给起的名，这些地下室在古代是寝室、浴室、书房、会堂之类的建筑，这是学者们在洞穴里发现的。这些建筑本来是建在地面上的，由于地面逐渐升高而建筑物原封不动，这样就成了洞穴。另外，这类地下建筑在罗马俗称"洞室"，由此产生了"怪诞艺术"这个词①。

但这一名称并不准确，因为古代人喜欢刻画一些怪物，是由羊、牛、马等动物拼凑起来的混合物，这些混合而成的生灵就被他们称为怪物。工匠们也是这样，根据他们模仿的花叶制作出了类似的怪物。所以其正确名称应该是"怪物"，不是"怪诞艺术"。好，现在言归正传。我设计了这样的叶子图案，像我前面说过的那样填上金子，比土耳其的好看多了。

当时我偶然得到一些罐子，也就是古代的小骨灰缸，骨灰里有一些镶金的铁戒指（古代人也用这一工艺），每一枚戒指上都嵌有一个小浮雕贝壳。我请教了一些有学问的人，他们告诉我说，这些戒指是一些人所戴的护身符，戴上以后保佑自己宠辱不惊。后来，经我几位贵族朋友的请求，我也制作了几枚这样的小戒指。但我用的是回火钢，经过精心雕刻并镶上金子，看起来非常漂亮。有时候一枚戒指就挣四十多斯库多，不过是手工费而已。

那个时候人们习惯戴金徽章，每个贵族或显要人物的徽章上都刻有自己喜爱的想象物，或是自己的纹章图案，他们把徽章戴在帽子上。这样的徽章我做了很多，做起来非常困难。我提到过令人钦佩的工匠卡拉多索，他就常做这种装饰品。他在一枚徽章上刻有不止一个人物像，所以要价最少一百金斯库多。他要价虽说不是太高，但他做工太慢。出于这一原因，我就开始为一些贵族做活儿，其中我做的一枚徽章就是与这个伟大的工匠比试高低的。这枚徽章上有四个人物像，为此我耗尽了心血。

这些显贵把我做的徽章与著名的卡拉多索做的比较之后，认为我的做工比他的好多了，而且也更漂亮。他们就问我想要多少报酬，要多少都行，我已让他们心满意足，他们也想让我满意。

---

① 在意大利语里，"怪诞艺术"（grottésco）与"洞室"（grotto）非常相似。‡

我回答说，我最大的报酬和最大的愿望，就是我的手艺差不多赶上了这么一位伟大的艺术家，如果各位大人认为我赶上了，我就得到了最满意的报答。说完我就告辞了，随后他们给了我一个豪礼，我感到非常满意。

我立下雄心壮志，一定要干出名堂来，这一想法导致了下面发生的事情。

32

我要稍微离开一下艺术话题，说说我那坎坷生涯中一些令人烦恼的事。这些事件我只描述其中一个，它让我陷入我一生中遇到的最大险境。

我已经讲过艺术家俱乐部的事，讲过其中发生的一些闹剧，这些闹剧是由潘塔西里亚而引起的，这个女人我已经提到过，她对我的爱情是那么虚假、那么令人讨厌。我带那个西班牙小伙子迪耶戈参加宴会这件事让她大为恼火，她发誓要报复，现在机会终于来了，我下面就要讲述。

她的报复行动与一个年轻人的经历搅和在一起。这个年轻人刚到罗马，名叫路易吉·普尔奇，他父亲由于和女儿乱伦而被斩首①。这个年轻人具有最了不起的诗才，又有扎实的拉丁语知识，文笔漂亮，举止优雅，相貌出众。他刚刚离开一位主教，染上了可恶的法兰西病，这位主教的名字我想不起来了。

他在少年时住在佛罗伦萨，当时一些地方的人喜欢在夏季夜晚聚集在附近街道上，他在那里唱歌，是最好的即兴歌手之一。他的演唱令人叹为观止，甚至那位天才的雕塑与绘画王子米开朗

---

① 即雅科波·普尔奇，1532年11月15日在佛罗伦萨被斩首。†

琪罗·博纳罗蒂，只要一听说他在场，马上就以最大的热情和兴致赶去聆听。有一个金匠名叫皮洛托[①]，也是一个能工巧匠，我俩常与米开朗琪罗在这种情况下碰到一块儿，我与路易吉·普尔奇就这样相互认识了。

多年以后，他在前面提到的困境中到罗马找我，求我看在天主分上帮他一把。他的天才、我的爱国之情和天生的软心肠触动了我的恻隐之心，我把他接到家里，并找人给他医治。由于年轻，他很快就恢复了健康。他在康复期间从来没有耽误过学习，我也在力所能及的情况下为他提供了很多书。

路易吉清楚地知道从我这里得到的巨大好处，所以经常对我感激涕零，表示如果以后天主让他交了好运，就一定报答我的好意。我回答说，我并没有做到我想做的一切，不过是做了点力所能及的事，再说相互帮助也是每个人应尽的本分。我只不过向他提议，以后要帮助那些需要他帮助的人，就像我帮助他那样，他还要爱我这个朋友，把我当成朋友来看待。

这个年轻人开始光顾罗马教廷，不久就在那里谋到一份差事，为一名主教当随从。这位主教已年届八十，被称作主教古尔科[②]，有一个侄子名叫乔瓦尼先生，是威尼斯的一个贵族。这位乔瓦尼先生十分赏识路易吉·普尔奇的才能，路易吉就凭借其才能与他结识，结果两人好得不分彼此。路易吉向乔瓦尼先生谈到我，谈到我对他的大恩大德，乔瓦尼先生就想与我见一面。

一天晚上，我准备了一顿便饭，邀请了前面提到的潘塔西里亚，也邀请了不少很有才能的朋友。大家刚入座，乔瓦尼先生和

---

① 乔瓦尼·迪·巴尔达萨雷（1460—1536），人称"皮洛托"，佛罗伦萨金匠和雕塑家。†
② 吉罗拉莫·巴尔比（1470—1555），威尼斯人文主义者，教会外交官，多次接受罗马教廷派遣完成外交使命，1521年被任命为古尔科主教。主教和枢机主教通常以其任职所在的城镇或教堂而知名。†

路易吉·普尔奇就到了。大家相互寒暄了几句以后，他俩就留下来和我们一起吃饭。那个不要脸的婊子一看到年轻的路易吉怎漂亮，马上就想打他的主意，这没有逃过我的眼睛。

晚饭愉快地结束以后，我把路易吉拉到一旁，求他看在他所说的欠我人情的分上，千万不要与那个婊子有任何来往。路易吉回答说：

"天啊，我亲爱的本韦努托！你把我当成个疯子了吗？"

我说："不是疯子，是个年轻小伙子。"我又对着天主起誓："我丝毫也不把那个女人放在心上，但假如你为了她而折颈致死，我会为你感到非常难过。"

路易吉听了这话以后，对天主又发誓又祷告，声称如果他与那个婊子说一句话，就会立马折颈而死。

我认为这个可怜的小伙子对天主发的誓是真心的，因为他确实折颈而死，这我马上就会讲到。有迹象显示，乔瓦尼先生对路易吉的情谊很不光彩。我们开始注意到，路易吉穿的丝绸和天鹅绒衣服每天都不重样，显然他已经完全堕落了，荒废了才华，假装没有看见我或没有认出我来，因为我曾经训斥过他，说他正在逐渐丧尽天良，这会使他折断颈骨，就像我预料的那样。

33

乔瓦尼先生送给他的红人儿一匹漂亮的黑马，那是他花一百五十斯库多买来的。这个畜生被驯得服服帖帖，所以路易吉每天都骑上它，在那个婊子潘塔西里亚的住宅前面溜达。我知道有这回事，但没有放在心上，只是说一切事情都会顺应自然，还是把整个心思都用到了学习上。

后来，一个星期天晚上，我们应邀到那位锡耶纳雕塑家米凯

莱·阿尼奥洛家一起吃晚饭，当时正值夏天。出席晚宴的也有我
前面提到的巴基亚卡，他把老相好潘塔西里亚也带来了。大家入
座时，潘塔西里亚坐在我和巴基亚卡中间。宴会正热闹时，她站
了起来，声称要出去方便一下，她感到不太舒服，说很快就会回
来。这时我们边吃边谈，气氛十分融洽。

可她一出去老半天也不见回转。这时，我耳朵竖了起来，听
到下面街道上有很轻的窃笑声。我手里拿着一把餐刀，那是我在
餐桌上用的。餐桌离窗户很近，我一起身就看见路易吉·普尔奇
在街上，和潘塔西里亚在一起。我听见路易吉说：

"啊呀，要是那个魔鬼本韦努托看见了，咱俩可要遭殃了！"

潘塔西里亚回答说："不要怕，听听他们的喧闹声就知道了，
他们早把咱忘得一干二净了。"

听到这话，我算是把他俩看透了。我从窗户上跳下去，一把
抓住路易吉的斗篷。我本来完全可以用手里的餐刀把他杀掉，可
是他骑着一匹小白马，他一拍马就跑，把斗篷留在了我手里，把
命保住了。潘塔西里亚拔腿躲进附近的一座教堂。正在吃饭的诸
位马上离开座位走了过来，异口同声地劝我不要为了一个婊子而
扫了自己的兴，也扫了大家的兴。我对他们说，我并不是为了那
个臭婊子而动肝火，我是要收拾那个臭流氓，他太不把我放在眼
里了。

就这样，我没有听从那些优秀人物的规劝，而是拔剑在手，
一个人朝普拉蒂区 ① 走去。我们在里面吃饭的那座房子靠近圣天使
城堡大门，这扇门就通向普拉蒂。

我朝着普拉蒂走去，没走多远太阳就落了，我慢悠悠地又
回到罗马。夜幕已经降临，到处是一片黑暗，但罗马城门还没有

---

① 圣天使城堡周围地区，切利尼那个时候是绿色田野。†

关闭。

日落将近两个小时以后，我路过潘塔西里亚的住所，心里想，如果路易吉·普尔奇也在这里，我就把他俩都收拾一顿。结果我发现屋里一个人也没有，只有一个倒霉的女仆卡尼达。我把斗篷和剑鞘扔到外边，又回到屋里来，这座房子在长凳街①后面，位于台伯河畔。房子正对面是一座花园，其主人名叫罗莫洛，是个客栈老板。花园四周围着茂密的荆棘树篱，我就隐藏在里面，笔挺地站着，等待那个女人和路易吉回来。

我在这里等了一会儿，我朋友巴基亚卡蹑手蹑脚地朝我走了过来，或是他猜着我在这里，或是听别人说我在这里。他压低了声音对我喊了一声"伙计"（这是我们之间的戏称），然后就带着哭腔，求我看在天主分上听他说句话：

"亲爱的伙计，求你千万不要伤害那个可怜的姑娘，她在这件事上一点错也没有，确实一点也没有。"

听到他的话以后，我回答说：

"你要是不马上起来滚开，我就用剑砍你的头。"

我那可怜的伙计吓得突然感到肚子疼，就退到一边方便去了，他只能服从自然的召唤。

当时的夜空满天星斗，灿烂的星光足以使人看清周围的东西。突然，我听到嘈杂的马蹄声，从两个方向传来。原来是路易吉和潘塔西里亚，陪伴他们的是佩鲁贾人本韦纳托先生，教皇克莱门特的名誉侍从，后面跟着四个威武的佩鲁贾军官，还有一些极为勇敢的士兵，算起来一共有十二个人以上。

---

① 现在叫圣灵长凳街，其名称来源于商人们在筑堤时用了很多长凳。切利尼自己成立作坊时，最终选择了这个区域。这个地方也与旅居罗马的佛罗伦萨人有关系，实际上罗马的佛罗伦萨圣乔瓦尼教堂就在这条街对面，位于台伯河岸上。†

看到这个阵势，我知道很难走脱，就蹲下身子拼命往树篱里钻。可是荆棘扎得我疼痛难忍，就像用刺棒赶一头野牛，我真想跳出去冒险逃走。

正在这时，我看见路易吉搂着潘塔西里亚的脖子，只听他说道：

"我要再吻你一次，偏要气气那个逆贼本韦努托。"

这样一来，刺扎着我，年轻人的话激着我，我再也受不住了，跳到空地里把剑高高举起，大喝一声：

"你们都去死吧！"

我这一剑砍到了路易吉肩上，尽管这几个色情狂用铁铠甲一类的玩意儿把这个可怜的年轻人护得严严实实，但他还是没有招架住我这锐不可当的一击。我又把剑锋一转，打到了潘塔西里亚的鼻子和嘴上。她和路易吉都倒在了地上，而巴基亚卡正在拉屎，裤子还褪在脚后跟上就鬼哭狼嚎一般地逃走了。

我又拿着剑，勇敢地迎对其他勇士。那些剽悍的家伙突然听到客栈里一阵骚乱，以为受到了一支百人大军的攻击。他们虽然抖擞起精神拔出剑来，但两匹马受了惊，把他们搅得阵形大乱，结果有几个最优秀的骑手跌下马来，其余的便落荒而逃。

我一看形势变得对我有利，就没命地跑，总算是体面地结束了这一场冲突，不再抱非分之想了。

在这场骚乱中，一些士兵和军官用武器伤了自己人，教皇的名誉侍从本韦纳托先生从骡子上摔了下来，又让骡子踩了一下。他一个仆人把剑拔出来以后与主子一起摔倒，结果把主子一只手砍成重伤。本韦纳托疼得发疯，扯着嗓门儿用佩鲁贾方言发誓说：

"天主的屁眼作证①，本韦纳托一定要给本韦努托一点颜色

---

① 佩鲁贾方言里骂人的话。†

看看！"

他把这件事交给手下一个军官去办。这个家伙也许比别人勇敢，但不是太明智，他毕竟还年轻。这个家伙到我躲避的地方去抓我，我躲在一个那不勒斯大贵族家里。这个贵族很欣赏我的艺术作品，也赞赏我的尚武精神和军人派头，所以非常喜欢我，他本人也尚武。我看到自己很受欢迎，就像在自己家里一样，就给这个军官回话说，他要是来找我，肯定会非常后悔。

几天以后，路易吉、那个婊子和其他人的伤势逐渐好转，不可一世的本韦纳托先生也息怒了，就找到这位那不勒斯大贵族，请他劝我与路易吉和勇敢的士兵们和解，这些士兵和我并没有恩怨，而是很想与我结识。

我这位贵族朋友回答说，他愿意把我带到他们指定的任何地点，而且也很乐意劝我和解，但双方都不要再吵了，再吵就太丢人了，希望大家坐到一块儿喝两杯，亲热亲热也就行了。他本人愿意从中说和，并保证在顾全他们面子的前提下使问题得到解决。

这一安排得到了落实。一个星期四的晚上，这位贵族把我带到本韦纳托先生家，所有参与骚乱的士兵都已到齐并入了座。我这位贵族朋友由三十多个勇士护卫着，个个全副武装，这个阵势是本韦纳托先生没有料到的。步入客厅时，我这位贵族朋友走在前面，我随其后。他讲话的大意如下：

"天主保佑诸位大人。我和本韦努托来看望你们，我爱他如同兄弟一般，我们会满足你们提出的任何要求。"

本韦纳托先生看到大厅里有这么多人，就大声说道：

"我们只要求和好，别的啥也不要求。"

然后本韦纳托先生承诺，罗马行政长官及其治安队员不会找我的麻烦。这样我们就和解了。我马上就回到作坊，不出一个小时那个那不勒斯贵族就会来看我一次，或是派人来看我一次。

在此期间，路易吉·普尔奇的伤已痊愈，他每天都骑着那匹黑马外出，那匹马非常驯服。有一天，正下着小雨，他又在潘塔西里亚门前信马由缰，结果滑倒了，马压在他身上，他右大腿折断，几天以后就死在潘塔西里亚家里，兑现了他指天誓日许下的诺言。

由此可以看出，天主的账上好坏分明，每个人的命运天主自有合理的安排。

34

这时，整个世界都陷入了战争状态[①]。教皇克莱门特曾派人向乔瓦尼·德·美第奇要一些军队，结果军队到来以后把罗马搅闹得鸡犬不宁[②]，继续待在作坊里营业会非常危险。出于这一缘故，我躲到长凳街后面一座非常整洁的小房子里，在这里为我结识的所有朋友做活儿。这一时期，我没有制作什么重要物品，没必要花时间来谈论，我倒是很有兴致地从事着音乐或其他娱乐活动。

教皇克莱门特根据雅科波·萨尔维亚蒂先生的建议，把乔瓦尼大人派给他的五个连队遣散了，乔瓦尼已经死于伦巴第[③]。波旁统帅[④]得知罗马没有军队以后，就挥师全力向罗马城推进。

整个罗马都拿起了武器。我与亚历山德罗很要好，他是皮耶

---

① 1521 年，皇帝查理五世与法兰西国王弗朗索瓦一世之间爆发战争，一直持续到 1559 年。†

② 1526 年 10 月，乔瓦尼率领军队来到罗马，保护教皇免遭其死敌科隆纳家族的侵犯，在此之前教皇把科隆纳家族从罗马赶走了。由于雇佣军不讲规矩，1527 年 3 月教皇把大部分雇佣军都遣散了，导致罗马被洗劫时教皇无力自保。†

③ 1526 年 11 月 25 日，乔瓦尼在与查理五世指挥的德意志军队交战中阵亡，切利尼写了一首十四行诗悼念他。†

④ 夏尔·德·波旁（1490—1527），弗朗索瓦一世的亲戚，与弗朗索瓦发生争执后投奔查理五世，指挥帝国军队洗劫罗马时阵亡。†

罗·德尔·贝内①的儿子。科隆纳家族回到罗马时②，亚历山德罗请我为他家看守过宅院。这一次形势更为严峻，他让我招五十个人来为他看家护院，并任命我为首领，就像上一次科隆纳家族进攻罗马时那样。我挑选了五十个浑身是胆的年轻人住进了他家，享受着优厚的报酬和良好的生活条件。

这时，波旁军队已抵达罗马城下③，亚历山德罗·德尔·贝内让我陪着他一起去侦察一下。我就和他一起去了，还带了一个护院队伍里最结实的小伙子，半路上一个名叫切基诺·德拉·卡萨的年轻人也加入了我们的行列。到了公墓④旁的城墙边，我们看到了那支著名的军队，他们正用各种办法攻城。在我们附近城墙边的壁垒上，躺着很多被攻城士兵杀死的年轻军人，这里的战斗空前激烈，烟雾浓得令人难以想象。

我转身对亚历山德罗说：

"咱们还是赶快回去吧，在这儿也是无能为力，你看敌人在往城墙上爬，咱自己的人在败退。"

亚历山德罗惊恐地说道："咱真不该到这里来！"然后转身发疯似的就要逃窜。我有点不客气地顶撞了他：

"既然你把我领到了这里，我就要表现得像个爷们儿。"

我端起火绳枪，对着士兵们队形最密集的地方，瞄准正中间，尤其是对准一个鹤立鸡群的家伙，不过烟雾太大，我看不清他是骑马还是步行。我马上转向亚历山德罗和切基诺，让他俩开枪，

---

① 富商，教皇的银行主之一，也是切利尼的保护人之一。†
② 1526 年 9 月 19 日，被流放的科隆纳家族成员在枢机主教蓬佩奥·科隆纳的率领下，向梵蒂冈及其周边地区发起进攻，迫使教皇与查理五世签署一项协议。†
③ 1527 年 5 月 5 日，夏尔·德·波旁和格奥尔格·冯·弗伦茨贝格率领大约四万军队抵达罗马城外，第二天开始进攻。帝国军队由三部分组成：德意志人、西班牙人和意大利人。†
④ 梵蒂冈附近德意志人的墓地。†

并告诉他们在开枪时如何避开敌人的火力。

我们就这样每人开了两枪以后，我小心地爬到城墙上，看到敌人乱作一团，原来是我们开的一枪打死了波旁统帅。后来我还听说，他就是我一开始看到的那个高人一头的家伙。[1]

我们离开了壁垒，穿过公墓，从圣彼得教堂进了城，出来后到达圣天使教堂后面，费了老大的劲儿才抵达圣天使城堡大门，因为里恩佐·迪·切里和奥拉齐奥·巴廖尼[2]两位将军正在拷打和屠杀那些逃避守城的人。我们到达大门时，部分敌人已经进了罗马，就在我们后面。城堡主命令放下吊闸，为此人们腾出一块地方，我们四个才得以进去。

我刚进去，帕洛内·德·美第奇上尉[3]就一把抓住我，说我是城堡的扈从[4]，非让我离开亚历山德罗不可。我不得不这样做，尽管我很不愿意。我登上城堡主楼，与此同时，教皇克莱门特也穿过走廊[5]进入城堡。在此之前他拒绝离开圣彼得宫，他不相信敌人能进入罗马。

我进入城堡以后，朝着几门大炮走了过去，大炮由一个炮手掌管着，他名叫朱利亚诺，佛罗伦萨人。他倚着城垛，看着他家遭到洗劫，老婆孩子遭到凌辱，简直五内俱崩。他不敢开炮，害怕打着自家人，就把点着的导火线扔到地上号啕大哭，用两只手

---

[1] 弗朗切斯科·圭恰迪尼在描述罗马之劫时说，夏尔·德·波旁在战斗之初就被火绳枪打死了，实际上是在 5 月 6 日早上。据其他历史学家描述，波旁是在往外围工事上放梯子时被射死的，就在切利尼提到的那个地方附近。那天早上有雾，很难确定是谁打死了波旁，这样切利尼的说法就有了可信之处。†

[2] 奥拉齐奥·巴廖尼（1493—1528），焦万·保罗·巴廖尼之子，佩鲁贾最有影响的家族成员。乔瓦尼·德·美第奇死后，巴廖尼继承了他的指挥权，帝国军队抵达罗马城下时，教皇把护城任务交给了他。†

[3] 可能是马尔切洛·帕洛内，罗马军人，后来为美第奇家族效力。†

[4] 切利尼曾登记加入教皇克莱门特七世的乐队，所以有权利在圣天使城堡避难。†

[5] 梵蒂冈与圣天使城堡之间的高架通道，至今仍在。†

去抓脸。①其他一些炮手也有类似的举动。

看到此情此景，我拿起一根火绳，站在旁边的几个人也过来帮忙，这几个人还没有被感情冲昏头。我调转几门旋转炮和小轻便炮，对准我认为有效的地方，结果炸死了很多敌人。要不是我这两下子，那天上午攻进罗马的一部分敌人就会直接进入城堡了，而且很可能轻而易举地就进去了，因为大炮没有向他们射击。

我继续开火，几个枢机主教和贵族因此一直为我祝福，给予我最热诚的鼓励。我来了精神，努力去做不可能做到的事情。我这样说也就够了：是我在那天上午挽救了城堡，并促使其他炮手重新履行职责。

那一天，我一直不停地开炮。傍晚时分，军队从特拉斯泰韦雷区进入罗马。教皇克莱门特任命一个罗马大贵族担任所有炮手的首领，他名叫安东尼奥·圣克罗切②。这位大贵族上任后做的第一件事，就是来到我跟前拥抱了我，在城堡最高处为我安放了五门上好的大炮，城堡的这一位置就叫"天使"③，这个圆形制高点环绕整个城堡，俯瞰着普拉蒂区和罗马城。

首领给了我足够的人手帮我操作大炮。除了预先支付报酬以外，他还给了我面包和一点酒，让我一如既往地干下去。也许我生性更适合从军打仗，不适合从事我已经选择的艺术，我从履行军事职责中得到极大的乐趣，比我从事艺术活动干得还要漂亮。

夜幕降临了，敌人已经进入罗马。我们在圣天使城堡里的这些人，尤其是我，总是喜欢看不寻常的景象，一直凝视着下面街

---

① 切利尼描述的这件事，在拉法埃洛·达·蒙泰卢波的简短自传中得到了证实，此人当时也在城堡里担任炮手。†
② 很多文献里都提到这个人，罗马之劫时担任炮兵队长。†
③ 城堡最高处有一尊天使像，因而得名，罗马遭到洗劫时丢失了。1536 年，切利尼的朋友拉法埃洛·达·蒙泰卢波制作了一尊圣米迦勒石像，1753 年又被一尊同样题材的铜像取而代之，蒙特洛普的石像仍存放在城堡里。†

道上难以形容的混乱和大火。除了我们这些在城堡上的人之外，其他任何人都看不到那是什么样子，也想象不到是个什么样子。但我不愿意描写这场灾难，我还是继续写我个人的经历，写与我个人经历有关的事情。

35

我们在城堡里被围困了整整一个月①。在此期间，我从来没有中断指挥操作大炮，因此也遇到了很多重大事件，这些事件都值得讲述。但我不想太啰唆，也不想偏离我的职业话题，所以大部分事件我都略去不提，只讲那些我不能忽略的事情，这些事情为数不多，但最为精彩。

先说第一件事。安东尼奥·圣克罗切先生让我从天使城楼上下来，这样可以向城堡附近的几座房子开火，有人发现里面进去了一些围攻的敌人。我正在开火，一发炮弹向我打来，击中了城垛的一角，把城垛炸掉一块，并没有直接击中我。但炸掉的那一块石头整个落在了我胸膛上，我顿时呼吸停止，倒在地上如死人一般，但能听见周围人说话。只听人群中安东尼奥·圣克罗切先生极为伤心地大叫道：

"哎呀！哎呀！我们失去了最好的防御者。"

听到这一阵喧闹声，我一个伙伴跑了过来。他名叫詹弗朗切斯科，是个笛手，但他在医学方面的天赋要远超过吹笛子。他看了现场后流着泪飞奔而去，大叫着要一壶最好的希腊葡萄酒。他又把一块瓦烧红，在上面撒一大把苦艾，再往上喷洒希腊葡萄酒。等到苦艾浸透了酒以后，他马上把苦艾放到我胸膛上被击中的那

---

① 从1527年5月6日到6月5日。克莱门特七世于1527年6月5日正式投降，但在圣天使城堡里一直被囚禁到12月，然后化装逃走。†

个地方。

这苦艾真是有奇效，我马上就恢复了失去的身体功能。我想张口说话，但说不出来，原来是一些愚蠢的士兵把我嘴里塞满了土，以为这样就算让我吃圣餐了。实际上他们这样做差一点把我开除教籍，因为我无法恢复身体功能，土对我造成的伤害比击中我那一下还要厉害。但最后我还是脱离了危险，又回到岗位上熟练地履行职责，大炮又重新怒吼起来。

这时，教皇克莱门特已派人向乌尔比诺公爵①求援，公爵正和威尼斯军队在一起。教皇委托特使转告公爵大人，每天晚上在圣天使城堡最高处点燃三堆烽火，并伴随三声响炮，连续重复三遍，只要这一信号持续下去，就表示城堡没有失守。点燃烽火和发射火炮的任务就交给了我。

在此期间，我每天都把炮口对准可以杀伤敌人最多的地方，因此我更受到教皇的青睐，在他看来我能随机应变地完成任务。乌尔比诺公爵的援军一直没有来，关于这个问题我不做进一步的评论，这不关我的事。②

36

　　我继续干着恶魔的勾当③，其间有几位被围困在城堡里的枢机

---

① 弗朗切斯科·马利亚·德拉·罗韦雷（1491—1538），教皇尤利乌斯二世的侄子，被教皇任命为罗马行政长官，并担任教皇军队指挥官，后来为教皇克莱门特效力，抵抗帝国军队。†

② 乌尔比诺公爵当时统领着一支大军在威尼斯，但帝国军队进攻罗马时，他既不采取牵制措施，城陷之后又不去解救，个中缘由不得而知。一般人都认为，部分原因是他对美第奇家族心怀不满，当年利奥十世曾剥夺了他的公爵头衔，将其授予一个美第奇家族成员。切利尼在这里的谨慎措辞，很可能指的就是这件事。†

③ 切利尼的意思是开大炮为魔鬼干的事。文艺复兴时期其他思想家也有类似的看法，认为火药和枪炮是不太人道的武器。†

主教时常来看我，最常来的是拉文纳枢机主教①和德·加迪枢机主教②。我多次劝他们不要离我太近，他们头上戴的那可恶的红帽子是竖给敌人的活靶子，老远就能看见，这样我们就处于极度危险之中，因为附近建筑物里有敌人，比如说比尼塔③。后来我干脆让人把他们关了起来，结果他们对我非常不满。

除了这几位枢机主教之外，奥拉齐奥·巴廖尼将军也常来看我，他对我很有好感。有一天，他正与我谈话，发现城堡门外一家酒馆里有动静，那个地方名叫巴卡内罗。这家酒馆有个招牌，位于两扇窗户之间，是一个鲜红的太阳。窗户是关闭的，但奥拉齐奥阁下断定，一伙士兵正在窗户之间和那个太阳后面喝酒，所以他对我说：

"本韦努托，如果你能用小炮击中离太阳一肘尺远的地方，我相信你就是干了一件大好事。那里人声嘈杂，屋子里肯定有重要人物。"

我回答说，我完全可以击中太阳中心，但离炮口不远处有一筐石头，炮声和气浪可能会把筐掀翻到地上。他回答说：

"别浪费时间，本韦努托！首先，气浪不可能把石头掀倒。但考虑到筐摆放的位置，即便是气浪把它掀翻了，教皇本人站在底下，造成的后果也没有你想象的那么严重。开炮吧，只管开炮！"

我不再多想了，正像我许诺的那样，一炮击中太阳正中央。

---

① 贝内代托·阿科尔蒂（1497—1549），阿雷佐人，1524 年后担任拉文纳大主教，1527 年被任命为枢机主教，1532 年被任命为驻边境地区的教廷使节。教皇保罗三世时期失宠，以叛逆罪被判死刑，但后来得到赦免。†
② 尼科洛·加迪，卒于 1552 年，出身于佛罗伦萨世家，费尔莫主教，1527 年被任命为枢机主教，教廷驻法兰西大使。罗马之劫后，亚历山德罗·德·美第奇遇刺身亡，加迪试图在佛罗伦萨重建共和，但没有成功。†
③ 实际上是贝内家的塔楼，亚历山德罗·德尔·贝内就是这个家族的。†

果不出我所料，筐被掀翻了，正好从枢机主教法尔内塞① 和雅科波·萨尔维亚蒂先生之间穿过。这个筐本来会使俩人脑袋搬家的，只不过在那一瞬间，枢机主教法尔内塞正指责萨尔维亚蒂导致了罗马遭到洗劫②，就在两人闪身拉开距离对骂的时候，筐从他们中间飞了过去而没有伤到他们。

好心的奥拉齐奥阁下听到下面院子里有吵闹声，就急忙跑了过去。我从筐落下去的地方探出脑袋，只听有人说道：

"那个炮手真该宰了！"

听到这话，我把两门矛隼炮③对准通往下面的楼梯，心里想，谁要是先上来，就叫他尝尝这一炮。枢机主教法尔内塞的仆人肯定是接到了枢机主教本人的命令，要来收拾我一顿，我就手拿一根点燃的火绳走上前去。他们中间有些人我认识，我就对他们说：

"你们这帮混蛋，还不赶快滚开！要是哪个小子敢上楼梯，我这两门炮都装好了，要把你们炸成粉末。去告诉枢机主教，我不过是执行了上司的命令。我已经做过的，我正在做的，都是为了保护这些教士，不是伤害他们。"

他们赶快走了，随后奥拉齐奥·巴廖尼阁下跑了上来，但我让他往后站，要不然我就杀了他，虽然我很清楚他是谁。这位大人停了一下，心里有些胆怯，对我这样说：

"本韦努托，我是你的朋友！"

我回答说："大人，只要是你一个人，就随便上来。"

这位将军本是个高傲的人，他一动不动地站了一会儿，然后愤怒地说道：

---

① 亚历山德罗·法尔内塞（1468—1549），1493 年由亚历山大六世任命为枢机主教，1534 年当选为教皇，称保罗三世，他一家人最终成为切利尼的死对头。†
② 法尔内塞认为，萨尔维亚蒂劝教皇解散了护城的雇佣兵，招致了这一劫难。†
③ 早期的大炮常以动物命名。矛隼是产于北极附近的一种大鸟。‡

"我现在不想上去了，我现在要对你做的，正好与我原来打算的相反。"

我回答说，就像我在这里保护别人一样，我也同样能保护自己。他说就他一个人上来，上到楼梯顶的时候，我发现他五官挪移得很不正常，我就用手一直握着剑，站在那里横眉怒目地瞪着他。

看到我这个架势，他笑了，脸色也逐渐恢复正常，以最文雅的态度对我说：

"我亲爱的本韦努托，我最喜爱你，天主愿意的时候我再向你证明。你要是杀了那俩无赖该有多好！其中一个家伙是这场灾难的祸首，另一个家伙说不定是一场更严重灾难的罪魁。"

然后他对我说，万一有人问我，希望我不要说我开炮的时候他和我在一起，其余的事就请我放心好了。

这一事件引起的混乱非常大，而且持续了很长时间。但我不想再说下去了，唯一需要补充的是，我差一点替我父亲向雅科波·萨尔维亚蒂报了仇，这个家伙一而再再而三地伤害我父亲[1]，惹得我父亲经常抱怨。实际上我是稀里糊涂地把这个家伙吓了一大跳。至于法尔内塞，我啥话也不说了，到适当的时候我们就会看到，我当初要是把他杀了该有多好。[2]

37

我继续干着炮手的差事，每天都有斩获，由此而得到教皇难以形容的赞誉和宠爱，差不多每天我都能消灭一些城墙外面的敌人。

---

[1] 这件事在第 6 章的结尾部分已有描述。†
[2] 印成仿宋体的这一部分内容在手稿里被删除了。也许切利尼觉得不宜谈论罗马最有权势的一个家族。†

有一次，教皇在城堡主楼上散步时，看见一个西班牙上校在普拉蒂，他是从某些特征上认出这个人的，这个上校曾经为他效过力。教皇眼睛盯住这个人，开始不停地说起他来。这时我正好在上面的天使楼上，对这一切全然不知，但我瞄见下面有一个家伙正在指挥挖战壕，手里拿着一杆长矛，穿一身玫瑰色制服。

我开始琢磨如何能狠狠地收拾他。我选了一门矛隼炮，这种炮比旋转炮更大更长，和一门小重炮大小差不多。我先把它倒空，然后再装满粗细混合在一起的炸药。我仔细瞄准了那个穿红衣服的人，拼命将炮口抬高，因为目标距离太远，操作这样一门炮不允许从这么远的地方直接瞄准。我开了火，正好打在那个穿红衣服的人正中间。他本来是把剑佩戴在前面的，显示出西班牙人的狂妄自大。结果我一炮正好打在他剑上，把这个家伙从中间一切两段。

教皇完全没有料到这一招，见此情景惊喜不已，他认为不可能从这么远的地方击中目标，另外他也弄不清楚那个家伙是如何被一劈两半的。他派人来找我，询问我是咋回事。我向他解释了我是如何仔细瞄准的，至于那个家伙为啥被一切两段，我也和他一样，不知道是啥原因。我双膝跪倒在地，求他赦免我杀了那个人，还求他赦免我在城堡为教廷效力期间所有的杀人行为。

听到这话，教皇举起双手，在我头上面画了一个大十字，然后对我说他为我祝福，还说只要是为罗马教会效力，无论是我以前的杀人行为，还是以后的杀人行为，他都会赦免我无罪。

我离开教皇以后又爬到主楼上，继续小心地开炮，几乎是弹无虚发。我的绘画，我的美术研究，我那美妙的音乐，全都一股脑儿地淹没在隆隆的炮声中。我要是详细讲述我在这个地狱般的魔窟里所有的英雄壮举，就会让所有人目瞪口呆，但为了避免啰唆只好略去不提。我只讲几个最精彩的，这几个我绝对不能遗漏。

那我就开始讲第一个。我日夜都在盘算，琢磨着如何为捍卫教廷尽一份力。我发现敌人换班后穿过圣灵大门[①]，这扇门仍在有效射程之内，我就把注意力转移到这个地方。但由于要斜向一侧发射，其杀伤力就没有达到我的预期，不过我每天的战果还算可观。敌人发现这条通道被我的大炮控制以后，就在一天夜里在一个房顶上摆放了三十多只筐，把我的视线给挡住了。

我更仔细地考虑这件事之后，就把五门炮全都对准那些筐，一直等到日落之前两个小时，那是敌人换班的时间。

敌人以为已经安全了，走起路来更加放心大胆，队形也比以前更密集了。这时我就点了火，不仅把挡住我视线的筐炸飞了，更可喜的是一下子还干掉三十多个人。这一招我又用了两次，结果敌军阵脚大乱，再加上洗劫所获赃物的拖累，一些人很想尝尝战利品的滋味，所以敌人开始哗变，想离开罗马。但他们被勇敢的军官詹·迪·乌尔比诺[②]制止住了，被迫改走另外一条路来换班，非常不方便。这样他们要走三里多路，而原来只走不到半里。

完成这一壮举之后，被围困在城堡里的所有显要人物都对我大加赞赏。我认为这件事很重要，值得描述一下，然后就不再提这类事情了，这些事和我感兴趣的艺术没有一点关系。当然，我要是想用这些事情来点缀传记的话，我要讲的东西就太多了。不过还有一件事正赶到点儿上，我还是讲一讲吧。

38

我要略去一些琐事，讲述一下教皇克莱门特保存三重冠[③]和教

---

① 圣灵教堂附近的一扇大门。†
② 乔瓦尼·德·乌尔比诺，卒于 1529 年，西班牙军官，以勇敢和残忍著称。†
③ 代表教皇权威的头上饰物，象征着"三位一体"。‡

廷财政署全部珠宝的事。教皇派人把我叫去，把我、卡瓦列里诺[①]和他自己关到一间屋子里。这个卡瓦列里诺曾是菲利波·斯特罗齐[②]家马厩里的一个马夫，是个法兰西人，出身最为低贱。但他是个最忠实的仆人，教皇克莱门特就给了他很多钱，把他当作心腹。

这样我和教皇、卡瓦列里诺就被关了一个房间里，他们把教廷的三重冠和一大堆珠宝摆在我面前，教皇命我把所有宝石都从金底座上取下来，宝石是镶嵌在金底座上的，这我照办不误。然后我用小纸片把每一枚宝石都包起来，大家又一起动手，把宝石缝进教皇和卡瓦列里诺的衣服衬里。他们又把所有金子都给了我，一共大约有二百磅重，让我尽可能秘密地熔化掉。

我登上我居住的天使楼，这样我可以把门锁起来以避免被打扰。我在房间里用砖建了一个小抽风炉，底部放了一口大灰缸，其形状像个盘子。我把金子倒在煤上，慢慢熔化以后就滴到了盘子里。

炉子燃烧期间，我一直不停地算计着咋打击敌人。敌人的壕沟就在我们下面，相距不到一箭之遥，我就用一些废弃的投射物，对他们的壕沟造成了严重破坏。这些投射物有好几堆，以前在城堡里用作弹药。我挑了一门旋转炮和一门矛隼炮，两门炮的炮口都有点损伤，我就把刚才提到的投射物装进去。我一点火，投射物就发疯似的飞到壕沟里，其杀伤力之大简直出乎预料。我就这样一边熔化金子，一边不停地往炮里装弹药。

就在天擦黑儿以前，我发现有个人骑着骡子沿着壕沟边走过

---

① 可能是尼科洛·韦斯普奇，教皇克莱门特的心腹，出身于佛罗伦萨一个著名的家族，该家族产生了阿美利哥这样一个人物，"阿美利加"就是以他的名字命名的。切利尼说他是法兰西人显然是错误的，很多佛罗伦萨人都生活在法兰西，切利尼后来也去了法兰西。†

② 乔瓦尼·巴蒂斯塔·斯特罗齐（约1489—1538），人称"菲利波"，出身于佛罗伦萨最高贵的家族之一，也是当时最富有的人之一，在教皇利奥十世和克莱门特七世手下掌管教廷财政。后来趁罗马之劫参与起义，反对美第奇家族在佛罗伦萨的统治，被科西莫一世俘房后死于监狱，可能是自杀。†

来，骡子吧嗒吧嗒地走得很快，骑在骡子上的那个人不停地与沟里的士兵交谈着。就在他刚转过身来正对着我的那一瞬间，我小心翼翼地开了炮。由于瞄得准，结果打了个正着，一块金属片打在了他脸上，其余的散落在骡子身上，骡子顿时倒地而亡，我听见壕沟里一阵大乱。我又点了另一门炮，再次重创了敌人。这个人原来是奥兰治亲王[①]，他从壕沟里被抬到附近一家客栈，不一会儿军中要人都聚集到这里。

教皇克莱门特听到这件事之后，马上就派人找我了解情况。我把整个经过讲述了一遍，然后又说，这个人肯定是个非常重要的人物，因为他所在的那家客栈马上就聚集了所有军官，现在至少我能看出来这一点。

教皇不慌不忙，派人去把安东尼奥·圣克罗切先生叫来，这个绅士是所有炮手的首领，我在前面提到过。教皇吩咐他对所有炮手下令，把所有的炮都集中起来对准那座房子，炮的数量非常大，然后看到火绳枪发出信号后一齐开火。据他判断，如果我们把敌人的所有军官都消灭掉，本来就行将崩溃的军队马上就会溃逃。他还说，也许天主听到了他们持续不断的祷告，所以就允许他们用这种方式来赶走那些大不敬的坏蛋。

我们按照圣克罗切的命令，把大炮排列整齐等待信号。但枢机主教奥尔西尼[②]听到动静后，就对教皇大喊大叫，恳求教皇千万不要这样做，眼看就要达成和解了，要是军官一死，剩下的乌合之众会直捣城堡，把一切都毁了。所以，他们坚决不让执行教皇

---

① 菲利普·德·查隆斯（约1500—1530），离开弗朗索瓦一世后转而为其敌人查理五世效力，夏尔·德·波旁死后成为帝国军队统帅，得到了意大利总督的头衔。1530年围攻佛罗伦萨时，与佛罗伦萨共和军指挥官弗朗切斯科·费鲁奇遭遇冲突，死于皮斯托亚附近。†

② 弗朗切斯科·奥尔西尼，1518年被任命为枢机主教，卒于1534年。切利尼开炮时，他正率领教廷代表团与查理五世的军队谈判。†

的命令。

可怜的教皇感到自己内外受敌，绝望之中说了句就让他们看着办吧。结果命令被撤销了。

我一听说不让开炮了，就再也控制不住自己，马上点着了一门小炮，击中了那座房子门前院子里的一根柱子，我看到屋子里聚集了一群人。这一炮打得敌人损失惨重，很可能促使他们从屋子里撤走。

枢机主教奥尔西尼非要把我吊死不可，或以其他方式把我处死，而教皇则勇敢地护着我。他们俩对骂起来，这些话我记得一清二楚，但我觉得没有必要在这里讲述，我不是专门写历史的，我只写自己的事情就足够了。

39

我把金子熔化完以后拿给教皇。他对我表示了真诚的感谢，然后吩咐卡瓦列里诺给我二十五斯库多，并为不能给我更多而向我道歉。

几天以后签订了和平协议[①]，我随着奥拉齐奥·巴廖尼阁下和一支三百人的队伍开往佩鲁贾。到佩鲁贾以后，奥拉齐奥阁下想任命我为一个连队的上尉，但我当时并不愿意接受，说我想先去看望父亲，并请求解除对我的禁令，这一禁令在佛罗伦萨仍然有效[②]。奥拉齐奥阁下对我说，他已被任命为佛罗伦萨指挥官，佛罗伦萨派来的皮耶尔·马利亚·德尔·洛托先生也在这里，奥拉齐

---

① 1527 年 6 月 5 日签署协议。依照协议规定，枢机主教奥尔西尼和其他四名枢机主教被扣为人质，教皇克莱门特七世被软禁在圣天使城堡，后来于 1527 年 12 月 8 日化装逃走。†

② 切利尼需要付一笔钱，才能解除 1523 年对他的禁令。当时他与瓜斯孔蒂家殴斗，被流放到罗马和其他地方。†

奥阁下就向洛托先生大力推荐我，说我是他的老伙计。

我在几位伙伴的陪同下来到佛罗伦萨，当时瘟疫猖獗得难以形容。我在家里见到了我那好心的父亲，他本以为我在罗马遭到洗劫时被杀，或是沦为乞丐回来。但事实恰恰相反。我还活着，有很多钱，还有一个服侍我的仆人和一匹好马。他老人家见到我欣喜若狂，看到他对我又拥抱又亲吻的样子，我以为他当场就会高兴得死过去。我从头到尾向他讲述了那场恶魔般的洗劫，又给了他一大把钱，那是我从军所挣的军饷。

我和父亲再次拥抱在一起，他马上就去找八人公安委员会交钱，解除了对我的禁令。正好当年判决我的那个法官还在位，就是这个家伙盛气凌人地告诉我父亲，他要让人把我押送到乡下处决。父亲仰仗着我得宠于奥拉齐奥·巴廖尼阁下，就趁机向那人说了些带刺儿的话，总算出了一口恶气。

当时的情况就是这样。我告诉父亲，奥拉齐奥阁下已任命我为上尉，我必须开始考虑招募连队的问题。老人家一听这话非常不安，求我看在天主分上不要参与这样的事。他知道我能够干这件事，甚至能干比这更大的事，不过他还有一个儿子，也就是我弟弟，已经成为最勇敢的军人了，我还是应该继续以艺术为职业，我已经为之奋斗了那么多年，已经研究了那么多。

我答应听他的话，可他是个通情达理的人，知道奥拉齐奥阁下只要一回到佛罗伦萨，我就无法逃脱从军的命运，我曾经向奥拉齐奥阁下起过誓，另外还有其他原因。他就给我想了个好办法，也就是把我送出佛罗伦萨，说：

"亲爱的儿子，瘟疫在这里势头正盛，我老是担心你会染上病回家。我记得我年轻的时候去过曼托瓦，在那里受到热情接待，并住了好几年。我求你看在我的分上到那里去，我叫你今天就去而不是明天，离开佛罗伦萨到曼托瓦。"

40

我总是喜欢到外面去闯荡，也从来没有去过曼托瓦，就非常乐意地到那里去了。我带到佛罗伦萨的钱大部分都留给了好心的父亲，剩下的我就带在身上，并答应不管我走到哪里都会帮助他，还把他托付给我姐姐照料，她名叫科萨①，一直不愿意结婚，就在圣奥尔索拉当了修女。可她推迟了就职，帮助照料我年迈的父亲，还照管我妹妹②，妹妹嫁给了雕塑家巴尔托洛梅奥③。这样，带着父亲的祝福，我离开了家，跨上我那匹好马直奔曼托瓦。

旅途上我经历了太多不同寻常的事件，无法一一详述。到处都密布着瘟疫与战争的阴云，一路上我吃尽了苦头，但最终还是到了曼托瓦。我四处找活儿干，最后在米兰人尼科洛师傅那里谋到了差事，他是个金匠，为曼托瓦公爵④效力。

找到活儿两天之后，我就去拜访朱利奥·罗马诺先生⑤，一个真正优秀的画家，也是我好朋友，我曾提到过他。朱利奥先生以最亲切的拥抱欢迎我，对我没有住到他家而感到很不满意。他日子过得像个贵族一般，当时正为公爵建造一项大工程，位于曼托瓦城外一个叫德尔泰⑥的地方。这一工程规模巨大，谁要是到那里

---

① 全名是尼科洛萨，卒于 1528 年。†
② 她名叫雷帕拉塔。†
③ 更可能是个石匠，和科萨一样死于 1528 年的瘟疫。†
④ 费代里戈·贡扎加二世（1500—1549），著名的伊莎贝拉·德斯特的儿子，当时实际上是侯爵，1530 年得到公爵头衔。他名义上与教廷结盟，实际上却允许帝国军队渡过波河洗劫罗马，1529 年被任命为帝国军队在意大利的指挥官。后来他得到查理五世授予的公爵头衔，查理五世于 1530 年和 1532 年两次造访曼托瓦。†
⑤ 朱利奥·罗马诺原来为教皇效力，1524 年到曼托瓦，为公爵的德尔泰宫绘制神话与历史题材壁画，使其成为意大利最漂亮的宫殿之一。†
⑥ 德尔泰宫的装饰始于 1524 年，1542 年完工。罗马诺也是德尔泰宫的建筑师。†

去的话仍然可以见到它。

朱利奥先生马上向公爵介绍了我，对我赞不绝口。公爵委托我做一个圣物盒模型，用来盛耶稣的圣血，曼托瓦人说那是朗吉努斯①带到这座城里的。公爵又转向朱利奥先生，让他为我画一张设计图。朱利奥先生回答说：

"大人，本韦努托是不需要别人为他画图的，您见了他的模型以后就知道了。"

我开始制作这个模型，先为圣物盒画了一张设计图，使其正好能够装下那个圣血瓶，又根据设计图用蜡做了个小模型。这是个坐着的耶稣像，他把左手高高举起，支撑着那个巨大的十字架，身体倚在十字架上，又用右手做出一个动作，像是用手指掰开身体一侧的伤口。模型完成以后，公爵看了非常满意，对我大加赞扬，并表示愿意留我为他效力，给我的待遇足以让我养尊处优。

在此期间，我还拜会了公爵的兄弟枢机主教阁下②，枢机主教求公爵让我为他制作一枚图章③，实际上我已经开始做了。但正做着，我患上了三日疟。每次疟疾发作我都胡言乱语，咒骂曼托瓦，咒骂曼托瓦的主人，谁愿意住在曼托瓦我就骂谁。

这些话由那位米兰金匠传到公爵的耳朵里，他已明显看出来公爵想雇用我。公爵得知我的疯话以后对我大为恼火，我也对曼托瓦强烈不满，双方都是一肚子气。

① 据传说，朗吉努斯是罗马士兵，为了确认基督在十字架上已死，就把一杆长矛插进基督的肋。后来他可能皈依了基督教，据说带到曼托瓦一小瓶土，土里浸有基督被钉上十字架之后流出来的血。由于这一传说，朗吉努斯就成为曼托瓦的保护圣徒，其另一个保护圣徒是圣安德鲁。†

② 埃尔科莱·贡扎加（1505—1563），曼托瓦主教，1527 年担任枢机主教，主持塔兰托宗教会议的闭幕仪式。公爵去世后统治曼托瓦达十六年，是个著名的文学艺术保护人。†

③ 这枚图章表现的是圣母与耶稣十二门徒一起升天，切利尼得到了二百达克特的报酬。图章已失传，但其盖的一个印记保存至今。†

四个月以后图章做成，另外还有几件小玩意儿，是以枢机主教的名义为公爵制作的。枢机主教给了我丰厚的报酬，并让我回到了不起的罗马城，我俩就是在罗马认识的。

我把钱袋装得满满的，离开了曼托瓦来到戈韦尔诺①，也就是最勇敢的将军乔瓦尼遇难的地方。在这里我的疟疾又一次轻微发作，但一点也没有耽误行程，好了以后就再也没有犯过。

到佛罗伦萨以后，我想去看望亲爱的父亲。可我一敲门，一个怒气冲冲的驼背女人就从窗户里露出一张脸来，恶嘴毒舌地咒骂着要把我轰走，嚎叫着说看见我让她感到恶心。我冲着这个母夜叉吼道：

"喂，你这个老妖驼子，除了你这张驴脸以外，屋里就没有别的人了吗？"

"没有，你这个该死的家伙。"

我大声叫道："那好，我看你撑不了俩小时就玩儿完。"

一个邻居听到吵闹声以后探出头来，从她嘴里我才听说，我父亲和全家人都已死于瘟疫。事实上我事先已有些预感，所以悲痛就不是那么大了。那个女人还对我说，只有我妹妹雷帕拉塔幸免于难，她被一个好心的女人收留，这个人名叫安德烈亚·德·贝拉齐夫人。②

我离开家到客栈里去，正好碰到我的好朋友乔瓦尼·里戈利③。我在他家下了马，我们又去了市场，在这里又听说我弟弟还活着，就到弟弟一个朋友家里去找他，这个人名叫贝尔蒂诺·阿尔多布兰迪④。和弟弟见面以后，我俩亲热得难解难分，在此之前

① 实际上是戈韦尔诺洛，乔瓦尼就战死在这里。参见前面第 34 章。†
② 据记载，1527 年 5 月至 11 月期间，佛罗伦萨约有四万人死于瘟疫。†
③ 1523 年 1 月 14 日，因为"淫乱行为"和切利尼一起被八人公安委员会判罚的那个人。†
④ 切利尼弟弟的一个得意门生，1530 年死于决斗。†

他听说我死了，我听说他死了。我俩一起放声大笑，他拉着我的手说：

"走，哥哥，我要把你带到一个你永远也想不到的地方！我又把妹妹雷帕拉塔嫁了出去，她肯定以为你已经死了。"

一路上，我们谈论着各自不寻常的经历。到了妹妹家以后，她看到我还活着，惊得她顿时昏倒在我怀抱里。要不是我弟弟在场，看到她一声不吭就突然昏厥，她丈夫肯定会以为我不是她哥哥而是另外一个人，事实上一开始他就是这样认为的。幸好弟弟切基诺说明了情况并赶快照料妹妹，她才很快醒了过来。她为父亲、姐姐、前夫和儿子的去世而抽搭了一阵子，然后就去准备饭。在整个晚上的婚宴上[①]，我们不再提死去的亲人，而是愉快地谈论着婚事。这样，我们的晚宴就在欢快的气氛中结束了。

41

经我弟弟妹妹挽留，我在佛罗伦萨住了下来，尽管我很愿意回罗马去。我在前面提到过一位好朋友，我有困难时曾大力帮助过我，也就是乔瓦尼·兰迪的儿子皮耶罗，他也劝我留在佛罗伦萨一段时间。这时美第奇家族被赶出了佛罗伦萨[②]，也就是伊波利托阁下和亚历山德罗阁下（这俩人后来一个成为枢机主教，另一个成为佛罗伦萨公爵）[③]，所以皮耶罗认为我最好待在这里静观

---

① 切利尼的意思显然是这顿饭不仅庆祝他的归来，还庆祝他妹妹的第二次婚姻。†

② 1527 年 5 月 17 日，反美第奇家族的势力宣布成立第二共和，一直维持到 1530 年 8 月美第奇家族卷土重来。罗马之劫使美第奇家族放松了对佛罗伦萨的控制，因为克莱门特七世也是美第奇家族的人，正利用其权力巩固对佛罗伦萨的统治。†

③ 这两个美第奇的统治者都是私生子，教皇克莱门特七世也是私生子。后来，亚历山德罗毒死了伊波利托，亚历山德罗本人又被其家族的另一个远亲谋害，这样洛伦佐·美第奇便断了血脉。†

其变。

我开始在新市场干活儿，镶嵌了很多珠宝，生意十分红火，挣了很多钱。大约在这个时候，一个名叫吉罗拉莫·马雷蒂的锡耶纳人来到佛罗伦萨，他在土耳其住了很长时间，是个聪明活跃的人物。他来到我的作坊，委托我做一个金徽章戴在帽子上，让我在徽章上雕刻一尊赫拉克勒斯像，表现他用力掰开狮子的嘴巴。①

这样我就开始做这个徽章，在此期间米开朗琪罗·博纳罗蒂多次来观看。我在设计上煞费苦心，在表现人物姿态和野兽的狂暴上独辟蹊径，与任何涉足这一题材的作品都不一样。出于这一原因，再加上米开朗琪罗对这个艺术门类一窍不通，这个天才的大师对我的作品拍案叫绝。他的赞扬对我来说非常宝贵，我因此备受鼓舞，决心继续努力下去。但我除了镶嵌宝石以外几乎无事可做。尽管我做这活儿收入最多，可仍然感到不满意。我宁愿做更复杂的活儿，也不愿镶嵌宝石。

就在这时，我遇到了费代里戈·吉诺里，一个情操高尚的年轻人。他在那不勒斯住过好几年，长相出众，风度迷人，成为一个那不勒斯公主的情人。他想找人做个徽章，要求上面刻着阿特拉斯②用肩扛着整个世界，并请米开朗琪罗为他画一张设计图。米开朗琪罗回答说：

"你去找一位年轻金匠，他名叫本韦努托，能完全满足你的要求，当然他不需要我为他画图。但你不要以为我怕麻烦，不想为你干这芝麻大的事，我很愿意为你画张图。但同时你要告诉本韦努托，让他也做一个小模型，然后你就从这两个设计方案中选出

---

① 赫拉克勒斯的十二项任务是文艺复兴时期徽章和壁画的常见主题，切利尼在这里表现的是第一项任务。†
② 希腊神话中的大力神。‡

一个好的来制作。”

费代里戈·吉诺里找到我谈了他的想法，又谈到米开朗琪罗对我的高度赞扬，说米开朗琪罗建议我做一个蜡模型，他自己也画一张草图。这位伟人的话对我鼓舞极大，我立即动手，最为精心地制作起模型来。

我做好模型以后，一位画家给我带来了画有阿特拉斯的草图，他名叫朱利亚诺·布贾尔迪尼①，是米开朗琪罗的好朋友。我也让朱利亚诺看了我做的小蜡模型，与米开朗琪罗绘的图大不一样。费代里戈与布贾尔迪尼一致同意，我应该按我的蜡模型来制作。

这样我就把这件活儿接下了，最杰出的米开朗琪罗看了以后对我赞不绝口，令人难以置信。如前所述，这是在薄金板上雕刻的一个人物像，阿特拉斯背着天，天是用水晶球来表现，天青石色的背景上刻着黄道带，整个作品看上去妙不可言，下面还刻上拉丁文 Summa tulisse juvat②。费代里戈看了后极为满意，十分慷慨地支付了我报酬。路易吉·阿拉曼尼先生③当时在佛罗伦萨，是这位费代里戈·吉诺里的朋友，费代里戈经常把他带到我作坊里来。通过费代里戈·吉诺里，我和路易吉成为非常要好的朋友。

---

① 朱利亚诺·布贾尔迪尼（1475—1554），佛罗伦萨艺术家，师从吉尔兰戴伊奥和皮耶罗·迪·科西莫，米开朗琪罗绘制西斯廷教堂天花板上的画时，他是助手之一。其主要作品是佛罗伦萨新圣马利亚教堂鲁切拉伊小礼拜堂的圣凯瑟琳殉教像。†

② “乐意撑起崇高之物”。‡

③ 路易吉·阿拉曼尼（1495—1556），诗人，人文主义者，马基雅维利的好朋友，马基雅维利在其《论战争艺术》里让阿拉曼尼成为一个对话者，并把《卡斯特鲁乔传》题献给他。1522年，阿拉曼尼卷入反对美第奇家族的阴谋，但没有成功。1530年美第奇家族复辟以后，阿拉曼尼被迫流亡到法兰西，得到弗朗索瓦一世、亨利二世和凯瑟琳·德·美第奇的庇护。吉诺里死后，阿特拉斯徽章落到阿拉曼尼手里，他把徽章带到法兰西，送给了弗朗索瓦一世，弗朗索瓦遂要求面见切利尼。切利尼和阿拉曼尼将在法兰西宫廷再次见面。†

42

这时，教皇克莱门特对佛罗伦萨宣战[1]，佛罗伦萨全城都进入了防御状态，各个地区都组织起民兵，我也接到了服役的命令。我全身披挂整齐，与佛罗伦萨最高层的贵族一起出没于各地，大家同仇敌忾，要为捍卫自由而战。与此同时，各个地区都有人发表演讲，谈论在这种时候常说的话题。年轻人也更加频繁地聚会，大家只谈论战争，其他啥也不谈。

一天中午时分，我作坊里聚集了一大群身材魁梧的青壮年，全都来自佛罗伦萨最重要的家族。就在这时，我收到一封来自罗马的信，写信人名叫贾科皮诺·德拉·巴尔卡师傅[2]，其真名是雅科波·德拉·肖里纳，但罗马人都叫他"划船的"，因为他在台伯河上摆一只渡船，往返于西斯托桥和圣天使桥之间。

这位雅科波师傅极有才能，以幽默健谈著称，以前为佛罗伦萨的挂毯织工设计过图案。他与教皇克莱门特关系密切，教皇很喜欢听他谈话。有一天，他们在谈话中提到了洗劫罗马，提到了保卫圣天使城堡的战斗，这让教皇想起了我，就对我大加赞扬，说如果雅科波师傅知道我的下落，他很想再见我一面。雅科波师傅说我在佛罗伦萨，教皇就叫他给我写信，让我回去为教皇效力。我刚才提到了这封信，其大意是我应该回去为教皇克莱门特效力，这样对我有好处。

在场的年轻人非常好奇，想了解信里写了啥，我就尽量隐瞒。

---

① 1529 年 6 月 29 日，克莱门特七世与查理五世签署和约，皇帝依据和约派军队到佛罗伦萨帮助美第奇家族复辟，1529 年 10 月开始围攻佛罗伦萨，直到 1530 年 8 月 12 日美第奇家族最终复辟。†
② 织工，善于设计花叶图案并织到布上。†

随后我给雅科波师傅写信，求他无论如何也不要再给我写信了。可雅科波师傅反而越来越好管闲事，又给我写了一封信，包含很多损害名誉的事情，要是让别人看见了，我非惹大祸不可①。他在第二封信里以教皇的名义说，我要马上回到罗马，教皇想让我承担最重要的工程，如果我想建功立业就要马上抛弃一切，千万不要与那些愣头愣脑的疯子串通一气来反对教皇。

看了这封信以后我吓得魂不守舍，马上就去找好朋友皮耶罗·兰迪。他两眼直盯着我，问啥事把我吓成这个样子。我告诉这位朋友说，让我害怕的原因我不会告诉任何人，我只求他保管好我给他的几把钥匙，让他把我抽屉里的这块宝石给某某人，那块金子给某某人，这些人的名字我都写在备忘录上，他一看就知道了。然后我又求他把我屋里的家当收拾起来，以他平时善待我的好心肠把它们保管好，几天以后我就会让他知道我的下落。

这个精明的年轻人大概看出了一些眉目，就回答说：

"老兄，快走，然后给我写信，不必挂念你的东西。"

我马上就走了。他是我所认识的最忠实的朋友，最明智，最可敬，考虑问题最周到，也最富有人情味。我离开了佛罗伦萨直奔罗马，到罗马以后我就给他写了信。②

---

① 切利尼身为艺术家，需要贵族和教会人士的资助，但身为城邦国家公民，其爱国职责有时会与其经济利益相冲突。切利尼的情况也并非特殊，他和米开朗琪罗一样，眼看佛罗伦萨被反对美第奇的势力控制，而他们都得到过美第奇家族的庇护，后来仍然得到美第奇家族的庇护。米开朗琪罗甚至组织城防，美第奇的军队攻陷后他不得不躲藏起来，直到获得教皇的庇护。†

② 切利尼由于这一时刻离开佛罗伦萨去为教皇效力而一直受到指责，实际上他本人也感到有愧。但我们不应该忘记，切利尼从来没有在政治上起过决定性作用，只不过是同情美第奇家族而已。很多优秀的佛罗伦萨人都承认得到过美第奇政府的好处，一个艺术家当然会有更高的期望。†

43

　　我一到罗马，就找到几位以前的朋友，他们对我表示了最热烈的欢迎。我马上就着手干活儿挣钱，但这些活儿并不值得一提。有一个优秀的老金匠名叫拉法埃洛·德尔·莫罗①，在金匠这一行当里很有名气，也是一个很值得尊敬的人。他问我是否愿意到他作坊里干活儿，他有一些重要的活儿要做，可挣到很多钱，我很乐意地接受了他的请求。

　　十几天过去了，我仍然没有和划船的贾科皮诺师傅见面。有一天，我们偶然相遇，他对我表示热烈欢迎，问我来罗马多久了。我告诉他大约有两个星期了，他听了以后非常生气，说我一点也没有把教皇放在眼里，教皇已迫不及待地催他给我写了三封信。

　　看到他在这件事上一意孤行，我的气比他还大。我没有回答他的话，但把火气压了下去。这个家伙生就的伶牙俐齿，便鼓其如簧之舌，有一搭没一搭地唠叨个没完。最后我看他说累了，就说了句他可以带我去见教皇，啥时候去都行。他说他随时都可以奉陪，我说我每刻都在恭候，他一听就向教廷走去，我也跟着他去了。

　　这一天是濯足节②，我们来到教皇邸宅，这里的人认识划船的，也正等着我，我们马上就被让了进去。

　　教皇躺在床上，有点不舒服，和他在一起的有雅科波·萨尔

---

① 罗马著名金匠，多次为教皇效力。†
② 也叫圣星期四，即耶稣受难日之前的星期四，纪念耶稣在最后的晚餐上为十二使徒洗脚。切利尼要去找教皇忏悔，说他在罗马遭到洗劫时偷了一些金子，所以选这样一个日子比较合适，教皇在这一天通常要效仿基督的做法，摆出谦卑大度的姿态。†

维亚蒂先生和卡普阿大主教①。教皇看到我以后极为高兴。我吻了他的脚，然后以最谦卑的方式靠近他，向他暗示我有要事回禀。教皇马上挥了挥手，雅科波先生和大主教便退到一旁。我马上说道：

"最神圣的教宗，从洗劫罗马直到现在，我既不能忏悔，也不能领受圣餐，因为没有人愿意赦免我的罪过。事情是这样的。我熔化金子，把宝石从镶嵌架上取下来的时候，您曾嘱咐卡瓦列里诺付给我适当的劳动报酬，可我啥也没有得到，反而受到他的辱骂。后来，我回到熔化金子的房间去清洗灰渣，发现有一些碎金子，大约有一磅半重，如小米粒一般大小。我没有足够的钱体面地回家，就想先把这些金子拿来用，以后有了机会再还给您。现在我来求见您，您才是唯一真正的忏悔神父。我求您为我免罪，允许我忏悔，允许我领受圣餐，借助您的恩典来重新得到我主的恩典。"

教皇听到这里，发出了一声几乎令人难以察觉的叹息，大概他又想起了那场灾难。他对我这样说道：

"本韦努托，我完全相信你的话。我可以赦免你犯下的任何罪过，而且我还愿意做得更多。你就放心大胆地把心里话都说出来吧，即便你拿走的东西相当于整个三重冠的价值，我也会马上赦免你。"

我回答说："最神圣的教宗，除了我刚才说的那一磅半碎金子之外，别的我啥也没有拿，这些金子价值不会超过一百四十达克特②，相当于我从佩鲁贾铸币局里得到的数目，我把这笔钱拿回家

---

① 尼古拉·冯·朔姆贝格（1472—1537），萨克森人，多明我会修士，曾是萨沃纳罗拉的门徒，后来成为克莱门特七世的心腹。1535年，教皇保罗三世任命他为枢机主教。†

② 当时欧洲许多国家通用的金币名。‡

去安慰我可怜的老父亲了。"

教皇说："你父亲是一个最正直、最善良、最值得尊敬的人，你一点也没有为他丢脸。我很遗憾，那笔钱太少了，既然你这么说，我就把它送给你作为礼物，并宽恕你所做的一切。如果你没有做过其他对不起我的亏心事，就把我的话告诉你的忏悔神父。你忏悔过并领过圣餐以后再到我这里来，这对你有好处。"

我离开教皇以后，雅科波先生和大主教走了过去，教皇用推崇备至的语言向他们讲到了我，说他听取了我的忏悔，赦免了我的罪过，然后又让卡普阿大主教派人去找我，问我在这件事上是不是还有其他要求，并授予他全权为我免罪，还嘱咐他要以最仁慈的态度对待我。

我与贾科皮诺师傅往回走的时候，他非常好奇地打听我与教皇悄悄说了半天都说了些啥。他连问了好几遍，我说我不想告诉他，这些事与他毫不相干，就不必再问了。然后我就按照与教皇谈妥的方案去做。

两个节日①过完以后，我又去觐见教皇，他对我甚至比以前更加亲切，说：

"你要是早一点到达罗马，我就会让你修复我那两个三重冠了，那是在城堡的时候毁坏的。不过除了上面的宝石之外，这些东西并没有多大艺术价值，所以现在我想让你做一件最重要的东西，你可以充分发挥聪明才智。这是我法衣上的一个嵌宝金扣，要做成圆盘形的，大小也相当于一个小圆盘，大约三分之一肘尺宽。上面我要你刻上圣父的半浮雕像，中间镶嵌上那颗精美的大钻石，这个你知道，另外还有几颗最珍贵的宝石。一个名叫卡拉多索的人已开始制作，但他一直没有完成。我想让你很快给我做

---

① 耶稣受难日和复活节。†

好，哪怕我能戴上一会儿也好。好吧，去给我好好做个模型吧。"

他把所有的宝石都拿给我看，我就飞也似的赶回去开始干起来 ①。

44

佛罗伦萨被围困期间，费代里戈·吉诺里死于肺痨。我为他制作了一枚阿特拉斯徽章，这样徽章就落到了路易吉·阿拉曼尼先生手里。不久以后，路易吉·阿拉曼尼先生把这枚徽章亲自送给了法兰西国王弗朗索瓦，另外还有他自己的一些杰作。国王对这件礼物极为满意，路易吉先生就趁机向国王陛下大谈我的人品，尤其是赞美我的艺术才华，把我夸得天花乱坠，撩得国王表示很想与我见面。

在此期间，我全力以赴地制作那个嵌宝金扣模型，其大小与做成的金扣完全一样。这在金匠行会里引起了一些人的妒忌，他们自以为也能做这样的活儿。一个名叫米凯莱托的人刚到罗马，此人善于雕刻光玉髓，是一个最精明的珠宝匠、一位名声很好的老人，承担了教皇两个三重冠的修复工作。我在制作模型期间一直没有去请教他，他对此大惑不解，觉得自己智慧超人，又是教皇的大红人，咋会是这样？最后他看我一直不去找他，他就过来找我，问我在干啥。

"教皇让我干啥我就干啥，"我回答说。

他说："教皇让我监管为他制作的一切物品。"

___

① 这枚嵌宝金扣从各方面来说都是一件非凡的艺术品。卡拉多索和切利尼一样，一开始也是做个蜡模型，但卡拉多索是先用铜铸出来，再把金子敷在上面，既费时又费工。而切利尼不用铜模型，直接在金子上制作，蜡模型只是参照。金扣上的那枚大钻石据说在世界上位居第二，这枚金扣也是有文献记载的切利尼的第一件主要作品。†

　　我回答说，我要先问问教皇，问过以后就知道如何回复他了。他说我会后悔的，然后就怒气冲冲地走了，去找金匠行会里的其他师傅商量对策。经过商议，大家委托米凯莱托全权处理这件事。他是个精明人，让一些能工巧匠为嵌宝金扣设计了三十多张图，这些设计各不相同。

　　米凯莱托向教皇禀报了以后，又找到另一个珠宝匠商量。此人名叫蓬佩奥①，是个米兰人，很受教皇青睐，也是教皇首席名誉侍从特拉亚诺先生②的亲戚。米凯莱托和蓬佩奥两个人串通一气，三弯九转地说他们已经看了我的模型，认为我不配做如此贵重的一件物品。

　　教皇回答说，他要亲眼看一看模型，如果觉得我不胜任，就会再找一个能胜任的。

　　这两人马上插嘴说，他们已经有了好几个漂亮的设计。

　　教皇回答说，他对此感到高兴，但他一定要等我完成模型以后再看他们的设计，然后再把它们放在一块儿来考虑。

　　几天以后，我把模型做好了。一天上午，我带着模型去见教皇，特拉亚诺先生一边应酬着让我稍等，一边悄悄派人去找米凯莱托和蓬佩奥，让他们赶快把设计图拿来。他俩来到之后，我们就进去了，米凯莱托和蓬佩奥马上打开图纸让教皇看。他们雇的制图人员根本就不是干珠宝这一行的，对如何镶嵌宝石一窍不通，而珠宝匠们也没有告诉他们如何镶嵌。

　　所以在这里我要说一句，一个珠宝匠要是在人物像上镶嵌宝石的话，就必须会画设计图，要不然他做出的活儿根本就不值得一看。结果，他们那一帮人都把那颗豪华的钻石放在了圣父胸部

---

① 蓬佩奥·德·卡皮塔内斯，金匠，负责检查教皇铸币局铸造的硬币里面金属含量是否达标，1534 年被切利尼杀死。†
② 特拉亚诺·阿里科尔尼，文书，米兰人。†

中央。教皇本是个优秀的鉴赏家，一看图纸就觉得不对劲，对他们的设计都看不上眼，看了大约十张图以后，把其余的都扔到了地上。我就站在教皇旁边，教皇就对我说：

"本韦努托，把你的模型拿出来吧，让我看看你是否犯了和他们一样的错误。"

我走上前去，打开了一个小圆盒，教皇两眼顿时放出异彩，大声说道：

"即便是你处在我的位置上，也会照着这个样子来镶嵌，绝对不会用其他方式。那些人再也找不到更好的办法来自取其辱了。"

一群显贵围了上来，教皇向他们讲了我的模型与他们的设计图之间的差别①。教皇赞扬了一番之后，其他金匠都呆若木鸡似的站着。教皇转身对我说：

"我只担心一个地方可能会出问题，但这是至关重要的。本韦努托朋友，在蜡上制作很容易，在金子上制作可就难了。"

我毫不犹豫地回答说："最神圣的教宗，咱事先说好，我要是做得不比这个模型好十倍，就分文不要。"

听到这话，贵族们一阵骚动，大呼我把话说过头了。其中一个贵族是著名哲学家，他替我辩解说：

"我看这位年轻人相貌堂堂、身材匀称，我相信他能够兑现诺言，甚至会干得更好。"

教皇插话说："我也这么认为。"

教皇把名誉侍从特拉亚诺先生喊来，吩咐他从财政署给我取出五百金达克特来。

大家等钱的时候，教皇又一次仔细玩味着我连接钻石与圣父雕像的精巧设计。我把钻石分毫不差地放在嵌宝金扣的正中央，

---

① 切利尼是用大钻石作底座，上面放置圣父像，而不是把钻石放在圣父像上。†

上面坐着的圣父端庄地侧着身子，这样产生一种平衡的美感，而且一点也不遮盖钻石，圣父举起右手正在祝福。钻石下面是三个小天使，其胳膊高高举起支撑着钻石，中间一个天使是全浮雕，其余两个是半浮雕。三个小天使四周还有一大群姿态各异的小天使，与镶嵌的其他宝石珠联璧合。圣父披的斗篷随风飘动，从斗篷褶下钻出几个顽皮的天使，另外还有其他装饰，看起来美不胜收。整个模型是用白灰泥放在一块黑石头上做成的。

钱拿来以后，教皇亲手交给我，并殷切地希望我在他有生之年能把嵌宝金扣做好，说这样对我有好处。

45

我拿着钱和模型回到家里，然后就急不可待地干了起来。我不分昼夜地干了八天以后，教皇派他的一位名誉侍从给我捎话，让我带着手头做的活儿到他那里去。

这位名誉侍从是博洛尼亚的大贵族，罗马教廷里最温文尔雅的人。他在路上告诉我，教皇并不仅仅是想看看我做的活儿，而且还想交给我另一项最重要的任务，也就是为罗马铸币局制作硬币模具。他觉得这件事应该事先跟我打个招呼，这样我就知道如何回复教皇了。

到了御前，我马上拿出那块金板，上面刚刻出圣父像，尽管只是个雏形，但显露出的才华已经远远超过蜡模型。教皇看得如痴如醉，然后大声说道：

"从现在起，我会相信你所说的每一句话。"

对我赞扬一番之后，教皇又说：

"我打算交给你另一项任务，如果你感到能胜任的话，它对我来说和这个嵌宝金扣同样重要，甚至比嵌宝金扣还要重要。"

他接着对我说，他想为他统辖的地区制作模具来铸硬币，并问我以前是否干过这类活儿，有没有信心干好。我回答说肯定有信心，我以前见过模具制作，但没有亲手做过。

当时在场的有一位普拉托的托马索先生①，他是教廷官员候选人资格审查员，是我仇人的一个朋友。这时他插嘴说：

"最神圣的教宗，您给予这位年轻人的好处太多了，他很想得到这些好处，就迫不及待地答应为您创造一个新世界。您已经交给他一项大工程了，现在又要给他一项更大的，这一项工程会妨碍另一项的。"

教皇一听非常生气，转过身来叫他少管闲事。然后教皇命我制作一个金达布隆②模型，金币正面他想要一尊裸体基督像，双手捆着，并刻上拉丁文 Ecce Homo③。金币背面要一尊教皇像和一尊皇帝像，两人共同支撑着一个十字架，十字架像是要倒下去的样子，并要这样一句拉丁文：Unus spiritus et una fides erat in eis④。

教皇将制作这枚漂亮硬币的任务交代完以后，雕塑家班迪内利过来了。这时他还没有被封为骑士，还是那副狗屁不通而又蛮横无理的老样子。他说：

"对于金匠来说，要把这些精美的东西画出来他们才能制作。"

我马上转过身去看了看他，大声说我不想要他为我画图，我倒是相信用不了多久，我就能用我的图给他的行当⑤出点难题。教

---

① 乔瓦尼·托马索·德·科尔特西（1480—1543），著名法学家，被克莱门特七世任命为负责审查圣职候选人资格的主教，后来成为科森扎和阿维尼翁主教，最后成为枢机主教。†
② 一种金币，价值两个金斯库多。†
③ "看这个人"，语出《圣经·约翰福音》19：5，彼拉多把戴上荆冠的耶稣向犹太人示众时说的一句话。†
④ "两个人一条心"。‡切利尼对这枚硬币的描述有误。实际上有"看这个人"字样的是一枚硬币，有"两个人一条心"字样的是另一枚硬币，并非同一枚硬币的正反两面。†
⑤ 班迪内利是雕塑家。切利尼是在强调他早就想从金匠行业转向雕塑。†

皇听了这话圣颜大悦，转过身来对我说：

"去吧，本韦努托，好好为我效力，不要听这些蠢材的不经之谈。"

我走了以后，很快就做好了两个钢模具，然后冲压了一枚金币。一个星期天的午饭后，我带着金币和模具去见教皇，他看了以后又惊又喜，不仅因为我的活儿做得好，好得让他喜出望外，更因为我做得快。让圣座更为惊喜的是，我还带来了以前的能工巧匠冲压的全部旧币，也就是为尤利乌斯和利奥两位教皇效力的工匠。我发现教皇更喜欢我制作的硬币，就从怀里掏出一张写好的申请书，要求担任铸币局模具技师 [①] 的职务。这一职务的月薪是六个金斯库多，另外还有一笔模具制作费，每做三个模具可得到一个达克特，这笔钱由铸币局局长支付。

教皇接到申请书后，把它交给了教廷官员候选人资格审查员，要他马上办理此事。这位资格审查员把申请书往口袋里一装，说道：

"最神圣的教宗，您不要这么着急，这类事情需要考虑一下。"

教皇回答说："我知道你是啥意思，马上把申请书给我。"

教皇接到申请书后，马上亲笔签了字，然后又还给了资格审查员，说：

"现在你没话说了吧。马上去办这件事，我乐意这么做。本韦努托脚上穿的鞋子，比那些傻瓜的眼睛都值钱。"

然后我谢过教皇，欣喜若狂地回去干活了。

---

① 切利尼于 1529 年 4 月 16 日得到这一职务，1534 年离职。其职责是为教皇设计硬币并制作模具。†

46

我还在拉法埃洛·德尔·莫罗的作坊里干活儿，我在前面提到过他。这个大能人有一个年轻貌美的女儿，他打算把这个女儿许配给我。对他的心思我有所察觉，我心里也愿意，但就是不表现出来。不仅如此，我还处处约束自己的言行，让他搞不清我葫芦里卖的是啥药。

就在这个时候，这个可怜的姑娘右手出了点毛病，造成小指和无名指上的两根骨头坏死。她父亲稀里糊涂地找了一个傻得不透气的江湖郎中给她治疗，这个郎中说，这孩子的整个右胳膊就要残废了，即便更严重的情形不出现的话。

看到拉法埃洛一副垂头丧气的样子，我劝他不要相信那个蠢大夫的一派胡言。他说他一个医生也不认识，要是我认识哪一位的话，他就求我把这个医生请过来。

我马上就派人去请佩鲁贾人贾科莫师傅①，一位造诣很深的外科医生。贾科莫师傅给这个可怜的姑娘做了检查。她本来听了那个庸医的话以后吓得要命，而我请来的高明大夫则说她一点也不要紧，右手的功能会很正常，只是那两个指头会比别的稍弱一些，但这对她并没有任何妨碍。

这样贾科莫师傅就开始治疗。几天以后，他要取出一部分坏死的骨头，女孩的父亲找到我，要我在手术时不离左右，看看那姑娘会遭啥罪。贾科莫师傅动手术用的是一些简陋的铁器械，我看到他手术进展缓慢，又给那姑娘带来很大痛苦，就请他暂停手

---

① 贾科莫·拉斯泰利（1491—1566），教廷外科医生，为教皇庇护三世和保罗三世治过病，与罗马很多艺术家和文学家关系友好。他是意大利东北部的里米尼人，因长期住在佩鲁贾而闻名，1566 年死于罗马，享年七十五岁。†

术等我几分钟。

我跑回作坊，用钢做了一把精巧的小手术刀，刀刃飞快，呈弯曲状，切割起来如剃刀一般锋利。我回来以后，医生就开始用它来做手术。他那只巧手轻柔无比，病人一点也没感到疼痛，不大一会儿手术就做完了。

我帮了拉法埃洛这个忙，再加上其他原因，这个大能人对我就像对他儿子一样，甚至比对他儿子还要亲。在此期间，他尽全力照料着他那年轻貌美的女儿。

我与一个名叫乔瓦尼·加迪[1]的人亲密无间。他是教廷财政署的一名职员，非常喜爱艺术，虽然他没有一点艺术天分。他家里聚集着乔瓦尼先生，希腊人，也是个很著名的学者[2]；洛多维科·达·法诺先生[3]，同样著名的文学家；安东尼奥·阿莱格雷蒂先生[4]；还有安尼巴莱·卡罗先生[5]，那时他刚成人。威尼斯人巴斯蒂亚诺先生[6]是一位最有才华的画家。我也是外地人，我俩被允许加入了他们的团体。在乔瓦尼先生的陪同下，我们几乎每天至少相聚一次。

那位能干的金匠拉法埃洛知道了我和乔瓦尼之间的密切关系，就对乔瓦尼先生说：

"好心的乔瓦尼先生，您是了解我的。现在我想把小女儿嫁给本韦努托，我看再没有比先生您做媒人更合适的了。所以我来求

---

① 乔瓦尼·迪·塔代奥·加迪（1493—1542），教廷财政署官员，出身于佛罗伦萨一个显赫之家，与很多艺术家和作家关系密切。†

② 一直无法确定此人的身份。†

③ 博学的诗人，卒于1541年。†

④ 佛罗伦萨作家，路易吉·阿拉曼尼和安尼巴莱·卡罗的朋友。†

⑤ 巴莱·卡罗（1507—1566），前面提到的乔瓦尼·迪·塔代奥·加迪的秘书，后来成为皮耶尔·路易吉·法尔内塞和亚历山德罗·法尔内塞的秘书。以无韵诗体翻译了维吉尔的《埃涅阿斯纪》，1581年首次出版。†

⑥ 塞巴斯蒂亚诺·卢恰尼（1485—1547），画家，更为人所知的名字是"铅封局的塞巴斯蒂亚诺"，1511年离开威尼斯为阿格斯蒂诺·基吉效力，装饰法尔内西纳宫，1531年到铅封局任职。†

您帮忙，您看就我这条件，我要为女儿准备啥样的嫁妆合适？"

乔瓦尼真是个冒失鬼，还没等拉法埃洛把话说完，就随便插嘴说："不要再说了，拉法埃洛，你这是癞蛤蟆想吃天鹅肉。"

可怜的拉法埃洛顿时泄了气，只好为女儿另择佳婿。从此以后，那姑娘、她母亲和全家人都给我冷脸子看，而我则一直蒙在鼓里。我以为他们是对我以怨报德，就决定在他们家附近自己开一个作坊。几个月以后，那姑娘结了婚，乔瓦尼先生才把这一切都告诉我。

与此同时，我一直忙着做教皇的嵌宝金扣，另外还在铸币局工作，教皇又指派我做一枚价值两个卡尔林① 的硬币，正面是教皇自己的像，背面是基督在海上把手伸向圣彼得，并刻上拉丁文：Quare dubitasti②？这枚硬币赢得广泛赞誉，教皇手下最天才的秘书桑加③ 激动地说：

"圣座应为这枚硬币感到骄傲，它使古代所有的货币都黯然失色。"

教皇回答说："本韦努托也应感到骄傲，他效力于像我这样的君主，是我发现了他的才能。"

我继续做着那枚嵌宝金扣，差不多每天都拿给教皇看，他越看越喜欢。

47

这时我弟弟也在罗马，在公爵亚历山德罗手下服役。不久前，

---

① 当时意大利的一种货币名称。‡
② "为什么疑惑呢？"语出《圣经·马太福音》14：31。‡
③ 焦万巴蒂斯塔·桑加（1496—1532），罗马人文主义者，拉丁语诗人，教皇克莱门特七世的秘书，不幸中毒身亡。†

教皇把彭纳公国送给了这位公爵 ①，公爵麾下有大批精壮的士兵，个个勇猛无比，都在著名将军乔瓦尼·德·美第奇的学校里训练过。这些人之中就有我弟弟，公爵称赞他是其中最勇敢的人之一。

一天午饭后，我弟弟去了一家作坊，作坊主人名叫巴奇诺·德拉·克罗切 ②，位于长凳街附近，是雇佣兵们经常光顾的地方，我弟弟躺在一把长靠椅上睡着了。

就在这时，治安官手下的巡逻队从这里路过，正把一个名叫奇斯蒂的军官押送入狱。这名军官是伦巴第人，以前也在乔瓦尼将军的学校里训练过，但已经不在公爵麾下服役了。另一个军官卡蒂瓦扎·德利·斯特罗齐 ③ 也在巴奇诺·德拉·克罗切的这个作坊。奇斯蒂看到了卡蒂瓦扎，就小声对他说：

"我把欠你的钱带来了，如果你想要，就在他们把我投入监狱以前拿走。"

卡蒂瓦扎是那种撺弄别人往前冲，而自己却缩在后面苟且偷安的人。他一看周围有一些不要命的年轻小伙子，这帮人是愿意干这件大事的，但不适合干，他就吩咐小伙子们赶上军官奇斯蒂，让奇斯蒂把身上带的钱交给他们，如果巡逻队抵抗就动用武力，只要他们有这个胆量。

这帮年轻人只有四个，没有一个嘴上长毛的。第一个名叫贝尔蒂诺·阿尔多布兰迪，还有一个是卢卡人安圭洛托，其余两个人的名字我已经想不起来了。贝尔蒂诺受过我弟弟的培训，是我弟弟正儿八经的徒弟，我弟弟对他十分喜爱。

这四个勇敢的小伙子冲了上去，追上了巡逻队，他们共有

---

① 亚历山德罗·德·美第奇 1522 年娶查理五世的女儿、奥地利的玛格丽特时得到了这一公国，克莱门特七世在担任教皇之前可能在这件事上起了作用。†

② 金匠，约 1530—1535 年为教皇效力。†

③ 贝尔纳多·斯特罗齐，"黑旗乔瓦尼"麾下的雇佣兵军官，1530 年担任过佛罗伦萨共和军指挥官。†

五十余人，有的拿长矛，有的拿火绳枪，有的拿长柄大刀。没说几句话他们就各执兵刃，四个年轻人打得巡逻队惊恐万状，要是军官卡蒂瓦扎哪怕是露露面，连兵刃都不用拔出来，他们也会把这一帮人都吓跑。但一耽搁一切都完了。贝尔蒂诺身上几处受重伤倒在了地上，安圭洛托也被刺中了右胳膊，由于无法用剑而夺路逃走，其他人也是如此。贝尔蒂诺·阿尔多布兰迪被人从地上抬了起来，伤势非常严重。

48

发生这些事的时候，我们正围着桌子吃饭，那天上午吃饭时间比平时晚了一个多小时。听到骚乱声以后，老人的长子站了起来要去看热闹，他叫乔瓦尼。我对他说：

"你千万不要去！像这种事情你只有吃亏的份儿，一点好处也捞不到。"

父亲也劝他："不要去，儿子。"

但小伙子谁的话也不听，飞身下了楼梯。

他赶到出事的地点长凳街，看到贝尔蒂诺被人从地上抬了起来，掉头就往家里跑。在路上他碰到我弟弟切基诺，切基诺问他出了啥事。旁边一些人向乔瓦尼使眼色，叫他千万不要告诉切基诺，可他像发了疯一样，大叫着对切基诺说，贝尔蒂诺·阿尔多布兰迪被巡逻队打死了。

我弟弟一听气得哇哇怒叫，嗓门儿大得足以传遍十里八乡。然后他对乔瓦尼说：

"哎哟！你能告诉我是谁杀了他吗？"

乔瓦尼说可以，那个家伙拿着一把长柄大刀，帽子上有一根蓝羽毛。

我那可怜的弟弟跑上前去，根据这两个特征辨认出了杀人者，然后飞也似的冲到巡逻队中间，不等那个家伙反应过来，就用剑将他刺了个透心凉，又用剑柄将他打倒在地。他又勇猛无比地转向其他人，眼看着他单枪匹马就能把整个巡逻队打跑。

就在他刚转过身来的一瞬间，一个家伙端着火绳枪开枪自卫，击中了这个勇敢而又不幸的小伙子，打在了他右膝盖上部。他一倒在地上，巡逻队便四散奔逃，害怕再来一个像我弟弟一样不要命的勇士。

听说这场打斗还没有平息，我也从座位上站了起来，把剑佩在身上，那时每个人都佩一把剑。我来到圣天使桥，看见好多人聚集在这里。我走上前去，有几个人认出了我，给我让开道，让我看见了我最不愿意看到的景象，尽管我匆忙出来就是想看热闹的。我一开始没有认出我弟弟，他穿的衣服与我上次见到他时穿的不一样，倒是他先认出我来，对我这样说：

"最亲爱的哥哥，不必为我惹的事担心，干我这一行的还不就是这个下场。赶快把我从这里抬走，过不了几小时我就没命了。"

就在他说话的当口，人们三言两语向我介绍了整个经过。我回答说：

"弟弟，这是我一生中经历的最大痛苦，也是对我最沉重的打击。但你要振作起来，不等你闭上眼，你就会看到我亲手宰了那个害你的人，为你报仇雪恨。"

我俩的谈话大意如此，但极为简短。

49

巡逻队离我们大约有五十步远，治安官马菲奥[①]让一些人回来抬走我弟弟杀死的那个人的尸体。我束紧了斗篷，三步并作两步来到马菲奥跟前，我完全可以杀了他，因为当时有很多人，我混在了这些人中间。我快如闪电一般，把剑刚拔出来半截，贝林吉耶·贝林吉耶里从后面猛地抱住了我两条胳膊。他是个最勇敢的年轻人，也是我好朋友，另外还有四个和他一样勇猛的小伙子，他们对马菲奥喊道：

"快走，他一个人就会把你杀掉。"

马菲奥问道："他是谁？"

他们回答说："他是那个人的亲哥哥，你们在那边见到的那个人。"

马菲奥再也不往下听了，拔腿就往诺纳塔[②]跑去。

他们又对我说："本韦努托，我们强行阻止你是为了你好。现在去安慰一下你弟弟吧，他快要死了。"

我们就转回身去找我弟弟，我吩咐他们把弟弟抬到一座房子里，马上请来几个医生给他用了药，但还拿不定主意是不是要截腿，要是截了腿也许会救他一命。

刚把他的伤口敷裹好，公爵亚历山德罗就赶了过来，给予切基诺最亲切的问候。我弟弟还没有失去知觉，就对公爵说：

"大人，我感到很伤心，您就要失去我这个仆人了。您也许能找到比我更勇敢的军人，但您再也找不到比我更忠心耿耿地为您

---

① 马菲奥·迪·乔瓦尼，1529—1530 年担任罗马治安官，麾下有二十五个步兵、十个骑兵。†

② 罗马主要监狱之一，特别用于关押死囚犯，位于劳罗的圣塞尔瓦托教堂附近，纳沃那广场后面。†

效力的人了。"

公爵劝他别的事不要想，先把命保住，他很清楚地知道我弟弟是一个高尚勇敢的人。然后他转身命令手下人，一定要让这个勇敢的年轻人什么都不缺。

公爵走了以后，我弟弟因大量失血而昏了过去，血一直止不住，然后一整夜胡言乱语。不过有一次，别人让他领受圣餐的时候，他这样说道：

"你们要是以前听我忏悔该有多好。现在不行了，我已经垮了，无法再领受圣餐了。我用眼睛品尝一下也就够了，这样它就能进入我不朽的灵魂，只有这一灵魂向天主乞求怜悯和宽恕。"

听他这么一说，圣餐就撤了下去，他转眼间又发作了，还像以前那样胡说八道，一会儿是狂言狂语，一会儿是诅咒发誓，吓得人寒毛直竖，就这样一直不停地折腾到天亮。

太阳露头的时候，弟弟转身对我说：

"哥哥，我不想在这里待下去了，他们会逼我做出可怕的事情来，这样会使他们后悔打搅我。"

说完这话，他蹬了蹬两条腿，抬起那条我们放进石膏夹子里的腿，做了一个像是跨上马的动作。他把脸转过来，向我说了三遍——"再见，再见！"话音一落，一颗最勇敢的灵魂离他而去。

天色暗下来的时候，我以最体面的仪式把他埋葬在佛罗伦萨教堂[1]，然后为他立了一座非常漂亮的大理石墓碑，上面刻有战利品图案[2]和旗帜。

另外值得一提的是，一个朋友问他是谁杀了他，他能不能辨认出来。他回答说能，并将这个人详细描述一番。我弟弟试

---

[1]　即圣乔瓦尼教堂，位于台伯河岸边，离长凳街一箭之遥，切利尼的作坊就在长凳街。†

[2]　通常为一堆武器。‡

图不让我听见这番话，但我听得一清二楚，其后果我到适当的时候再说 ①。

50

说到这座大理石墓碑，我应该提一下几个著名文学家。他们认识我弟弟，就为我口授了一段墓志铭，说这个令人惊叹的年轻人受之无愧。这段墓志铭如下：

Francisco Cellino Florentino, qui quod in teneris annis ad Ioannem Medicem ducem plures victorias retulit et signifer fuit, facile documentum dedit quantae fortitudinis et consilii vir futurns erat, ni crudelis fati archibuso transfossus, quinto aetatis lustro jaceret, Benvenutus frater posult. Obiit die xxvii Maii MDXXIX.②

他享年二十五岁③，士兵们都叫他"笛手的儿子切基诺"，而他真名叫焦万弗朗切斯科·切利尼。我想刻上前面那个名字，这个名字大家都知道，刻在我们家盾徽图案下面。我刻这一名字用的是极为漂亮的古代字体，除了第一个和最后一个字母以外，其余的字母都刻得像虚线一样断断续续。

那几个撰写墓志铭的学者问我为啥要用断续的字母，我回答说，字母断断续续是因为他那魁伟的身躯已经受伤死亡，第一个

---

① 史学家瓦尔基在其《佛罗伦萨史》第十一卷中简要记述了切基诺·切利尼死于罗马一事，他也提到切基诺是为贝尔蒂诺报仇而丧命。†
② "弗朗切斯科·切利尼，佛罗伦萨人，年轻时在乔瓦尼·德·美第奇将军麾下多次赢得胜利。身为旗手，如果不是被一支火绳枪命中，在二十五岁就去世，就会充分展示其力量和智慧。兄本韦努托立。卒于 1529 年 5 月 27 日。"‡
③ 实际上是二十七岁。†

和最后一个字母之所以完整，那是因为第一个字母会让人想起他的极大才能，那是天主赋予他的，由神性激发出来的，这是永远不会破碎的，最后一个字母则代表着他那赫赫有名的敢作敢为。

这一创意受到他们的赞赏，从那以后，好几个人使用了我这个办法。

紧挨着他的名字，我在墓碑上刻上了我们切利尼家族的盾徽，其形状做了一些改动。在最古老的城市拉文纳，我们切利尼家族成员是极为受人尊敬的绅士，他们的盾徽是天蓝底色，上面有一头跃立的金狮，右爪抓着一朵红百合，上段有一个带垂饰的横带，横带上有三朵小金百合。这是真正的切利尼家族的纹章①。我父亲曾让我看过我们家的一个盾徽，上面只有狮子爪②和其他全部细节，但我还是最喜欢拉文纳的切利尼家族的纹章，就像我上面描述的那样。

现在再接着说我弟弟墓碑上刻的东西：有狮子爪，但抓的不是百合，而是一把战斧，盾面被纵横划分为四部分。我刻上战斧只不过是用来提醒自己：不要忘记为他报仇雪恨。

51

我不懈地努力，为教皇克莱门特制作那个嵌宝金扣。教皇很想得到它，为了看一眼，他每个星期都派人把我叫去两三次，对它的喜爱与日俱增。我失去了弟弟，陷入极大的悲痛之中，为此经常受到他的责骂。

有一次，我格外萎靡不振，一副无精打采的样子。一看到我这副德行，教皇就大叫起来：

① 佛罗伦萨国立图书馆里有一幅切利尼家族的盾徽，为切利尼亲笔绘制。†
② 即没有狮身。†

"本韦努托啊，我可不知道你痴呆了。人死不能复生，你以前就没有听说过吗？人家还以为你要随他而去哩。"

离开教皇以后，我继续做那个嵌宝金扣，并为铸币局制作模具，但我还经常跟踪那个士兵，好像他是我热恋的一个姑娘一样，就是他用火绳枪打死了我弟弟。这个家伙原来是个轻骑兵，后来加入了火绳枪手的行列，成为治安官手下的一名下士。

最让我生气的是，这个家伙曾大言不惭地吹嘘：

"要不是我杀了那个勇敢的年轻人，再晚一会儿他一个人就会把我们打得四散奔逃，那损失可就大了。"

老是想去看他使我焦躁不安，我吃不下饭，睡不着觉，让我走上了一条邪路。我不再顾虑干坏事、干不值得称道的事，就决定在一个晚上消除这一烦恼。

这个家伙住的房子靠近圣圭瓜塔①，在西尼奥拉·安泰亚的住所隔壁，西尼奥拉是罗马最时髦的名妓之一。刚过二十四点②，这个火绳枪手吃过晚饭出来站在房门口，手里拿着剑。我手拿一把大皮斯托亚短剑③，十分灵巧地溜到他跟前，反手给他来了一剑，我是想一下子把头砍下来。没想到他突然一转身，这一剑落在他左肩胛骨上，把骨头给砍断了。他一下跳起来，把剑一扔拔腿就跑，剧痛使他有些昏迷。我紧追几步就赶上了他，把剑举到他头上，他拼命缩着头，我一剑扎在了他后颈骨与脖子的连接处。这一剑扎得太深了，我用尽全身力气也没有拔出来。

就在这时，四个士兵拿着剑从安泰亚的住所里蹿了出来，我只好拔剑来自卫，丢弃了短剑匆忙逃走。我害怕被认出来，就躲进了公爵亚历山德罗的邸宅，他住在纳沃那广场和圆形神

---

① 位于纳沃那广场附近，因圣圭尼家族而得名。†
② 关于当时的计时法，请参阅第 3 章的注释。‡
③ 一种双刃大匕首。†

殿之间 ①。

进入邸宅之后，我要求见公爵，公爵告诉我，如果就我一个人就不要声张，啥也不要怕，继续做教皇的那枚嵌宝金扣也就是了，教皇一心要得到它。公爵还说，我要待在家里，一个星期之内不要出来。

紧接着，坏了我事儿的那帮士兵到了。他们拿着那把短剑讲述了事情的经过，讲到他们费了老大的劲儿，才把短剑从受害人的脖子与颈骨中间拔出来，那个受害人他们不认识，短剑也不知道是谁的。

就在这时，焦万·班迪尼 ② 来了，对他们说：

"这把短剑是我的，我借给本韦努托了，他一心要为弟弟报仇。"

士兵们一听恍然大悟，一再表示后悔搅了我的好事儿，尽管我已经感到很满意地报了仇。

已经过去了八天还要多，教皇一直没有像以前那样派人来找我。后来，教皇派那位名誉侍从把我叫去，就是我前面提到的那个博洛尼亚绅士。这位名誉侍从拐弯抹角地向我暗示，教皇啥都知道了，但圣座太喜欢我了，我只要好好干活儿，不要声张就行了。

我来到御前，教皇对我怒目而视，我一看他的眼神儿就吓得浑身直哆嗦。但他一看我做的嵌宝金扣，满脸的乌云一扫而光，接着就对我大加赞扬，夸我时间不长就取得了这么大的进展。然后他又直视着我的脸说道：

---

① 亚历山德罗·德·美第奇的邸宅现在叫作"夫人宫"，以他夫人命名，也就是查理五世的女儿、奥地利的玛格丽特，现在是意大利参议院所在地。†

② 乔瓦尼·班迪尼，佛罗伦萨人，公爵亚历山德罗的侍从，后跟随菲利波·斯特罗齐反对公爵科西莫，1529—1530 年佛罗伦萨受到围攻时，因为与洛多维科·马特利决斗而一举成名。后来因鸡奸罪被科西莫监禁。†

"既然你已经除了病根^①，本韦努托，以后可要好自为之。"

我明白他的意思，就满口答应下来。我马上在长凳街开了一家很漂亮的作坊，在拉法埃洛^②家对面。几个月以后，我就在这里完成了教皇的那个嵌宝金扣。

52

教皇给我拿来了所有的宝石，除了那颗大钻石之外，他一时急需用钱，就把钻石当给了几个热那亚银行家。这些宝石都由我保管，还有那颗钻石的模型。我雇了五个熟练的工匠，除了那枚嵌宝金扣以外，我还接有好几件活儿，所以我作坊里有非常贵重的宝石、美玉和金银。

我在家里养了一条又大又漂亮的长毛狗，是公爵亚历山德罗送给我的。这畜生非常善于衔猎物，我用枪打下来的各种鸟兽都能给我衔回来，另外看家护院也毫不含糊。

这一时期，我雇了一个非常漂亮的姑娘为我当仆人，这对于像我这样一个二十九岁的人来说是很自然的事，干活儿时用她当模特，起性了就搂住她发泄性欲。出于这一原因，我单独搞了一个房间，离工匠的住所有一段距离，离作坊也很远，但和这位姑娘简陋的小屋相连通，我经常到她屋里去玩儿她。我虽然平时睡觉稍有风吹草动就会醒，但一玩儿罢女人，我有时候会睡得雷打不动。

一天夜里，有个家伙盯上了我的作坊，他自称是金匠，但实际上是个贼，瞄见那些宝石以后就打算偷走。这个家伙闯进了作

---

① 也就是为弟弟报了仇。值得注意的是，在当时切利尼的社交圈子里，几乎没有一个人认为切利尼杀人应该受到谴责，包括教皇。†

② 拉法埃洛·德尔·莫罗。†

坊，见到一些用金银制作的小件物品。他正忙着打开一些抽屉，去找他原来瞄见的宝石时，我那条狗扑到他身上，他手忙脚乱地赶快拿剑自卫。

狗自然斗不过拿着武器的人，就在屋里蹿了几圈，然后闯进了工匠的寝室，门是敞开的，当时是夏天。狗大叫一阵，工匠们毫无反应，狗就咬住被单往下拽。他们仍然没有动静，狗就一个一个地拽胳膊，硬把他们都弄醒。狗发了疯似的叫着，跑在前面向他们指示着要去的地方。闹了半天工匠们不想跟着狗去，这帮败家子被狗搅闹得心烦意乱，就捡起石头和棍棒去砸狗。我曾吩咐他们在夜里点着一盏长明灯，这对他们而言只是举手之劳。最后他们干脆关紧了房门。

狗一看指望不上这帮无赖，只好自己孤军奋战。他跑到楼下，一看贼已不在作坊里了，就跑出去追，追上以后就与他搏斗，已经把斗篷从贼身上撕扯下来了。要不是那个家伙求几个裁缝帮忙，他麻烦可就大了。他对裁缝说这是一条疯狗，求他们看在天主分上救他一命。裁缝们信以为真，蹿出来费了很大的劲儿才把狗赶跑。

太阳出来以后，工匠们来到作坊，一看遭到了抢劫，房门大开，所有箱子都被砸坏了，就放开嗓门儿大叫起来：

"哎呀，倒霉啦！哎呀，倒霉啦！"

叫喊声把我惊醒了，我慌里慌张地跑了出来，他们一见我就喊道：

"真倒霉啊！我们遭人抢了，有人闯了进来，把啥都拿走了！"

我一听顿时傻眼了，简直不敢去看那只大箱子，不知道里面还有没有教皇的宝石。我忧心如焚，两眼好像啥也看不见了，就让他们自己去打开箱子，看看教皇的宝石丢了多少。

这几个伙计还都穿着睡衣，把箱子打开一看，所有宝石都在里面，还有嵌宝金扣，就高兴得大叫起来：

"一点事儿也没有，嵌宝金扣和所有宝石都在，只是我们被偷得只剩下睡衣了，昨天晚上天太热，我们把衣服都脱到作坊里了。"

我逐渐回过神儿来，谢过天主以后说：

"都去买新衣服吧，钱由我来付，我有了空要听听整个事情的经过。"

最使我痛苦、使我茫然失措和提心吊胆的事（畏惧与我的本性格格不入），是我担心有人以为我无中生有，虚构这么一个偷盗的事实来侵吞那些宝石。实际上已经有人对教皇克莱门特这么说了，其中有一个他最信任的仆人，还有其他一些人，比如说弗朗切斯科·德尔·内罗①、他的会计扎纳·德·比廖蒂、瓦索纳主教②，另外还有一些诸如此类的人。这几个人对教皇说：

"最神圣的教宗，您为何将如此贵重的宝石交给这么一个年轻人呢？他连三十岁都不到，完全是个流氓，更热衷于打斗而不是艺术。"

教皇问他们几个，有谁能证明我干了任何值得怀疑的事情。他的司库弗朗切斯科·德尔·内罗③马上回答说：

"话不能这样说，最神圣的教宗，因为他还没有机会。"

教皇说："我看他是个彻头彻尾的老实人。即便是我亲眼看见他做错了事，我也不会相信。"

这就是那件使我最痛苦的事，我突然想起了它。

---

① 尼科洛·马基雅维利的妹夫，卒于1563年，担任教皇的司库。†
② 吉罗拉莫·达·斯基奥（1481—1533），1523年被任命为阿维尼翁附近的维松主教，也是教皇克莱门特七世的忏悔神父。†
③ 瓦尔基将此人描写得极为丑恶，认为他是整个佛罗伦萨城里最贪得无厌的人。†

我打发那帮年轻工匠去买新衣服以后，把嵌宝金扣和宝石尽量摆放好，立即带在身上去见教皇。弗朗切斯科·德尔·内罗已经对教皇讲了一些我作坊里发生的事，教皇马上就起了疑心，想到了最坏的结果。他狠狠地瞪了我一眼，极为傲慢地说道：

"来此有何贵干？出了什么事？"

我回答说："这是您所有的宝石和金子，一点也没有少。"

教皇一听满脸放光，说："那好，欢迎你。"

我让教皇看了嵌宝金扣，他看的时候我向他讲述了整个偷窃事件，讲述了我的忧虑，还有我最担心的事。我说话时，教皇好几次回过头来，直盯着我的眼睛。当时弗朗切斯科·德尔·内罗也在场，出于这一原因，教皇似乎有几分不悦，感到自己判断失误。

我叨唠了半天以后，教皇大笑起来，送我走的时候说了这样的话：

"去吧，继续做一个诚实的人，我知道你诚实。"

53

我继续抓紧赶做那个嵌宝金扣，同时还为铸币局效力。

这时，罗马出现了一些假币，都是用我制作的模具冲压出来的。有人立即把假币拿给教皇看，这样就怀疑到了我头上。教皇对铸币局局长雅科波·巴尔杜奇 ① 说：

"尽一切力量找到罪犯，朕相信本韦努托是个诚实的人。"

这个大逆不道的局长实际上是我的仇敌，他回答说：

"最神圣的教宗，愿天主能证明您说的话是真的，不过我们已

———————————
① 1529—1541 年担任铸币局局长，后来因为被指控造假币而遭到监禁和拷打。†

掌握了一些对他不利的证据。"

教皇听后转向罗马行政长官，要他一定要找到罪犯。

在此期间，教皇派人把我召去，很巧妙地把话题转到硬币上，在这个节骨眼上对我说：

"本韦努托，你敢造假币吗？"

我回答说，我觉得我要是造假币，能造得比所有干这种坏事的无赖都要好，因为干这种罪恶勾当的家伙懒惰，不会挣钱，也没有多大本事。而我虽然不才，挣的钱也能让我过上好日子。我每天上午为铸币局做模具，至少也能挣三个斯库多，这是按照惯例应该支付的数目，而铸币局局长与我为仇，老想压低我的报酬。所以，我承蒙天恩和世人的厚爱而挣的钱对我已经足够了，而造假币我还挣不忒多哩。

教皇完全明白了我的意思。在此之前他命令手下人留意防止我逃出罗马，这时则让他们去仔细寻找罪犯，不要再管我，因为他不想得罪我，以免冒失去我的危险。他把这一任务交给了财政署的人，他们履行职责仔细搜查，很快就找出了那个无赖。原来是在铸币局工作的一个模压工，名叫切萨雷·马凯隆，是个罗马人，同时逮捕的还有铸币局的一个铸造工[1]。

54

就在这一天，我带着爱犬路过纳沃那广场，刚走到治安官邸宅大门对面，我这条狗就大叫着飞身跑到门里面，向一个年轻人

---

[1] 切萨雷·马凯隆，金匠，被逮捕、审问和拷打两次，最后于1532年以伪造假币罪被绞死。铸造工名叫拉法埃洛·迪·多梅尼科，其任务是在硬币上刻印或凿边。†

扑了过去。此人被拘留了一小会儿，一个名叫唐尼诺[1]的人怀疑他实施抢劫而控告了他。唐尼诺是个金匠，帕尔马人，曾是卡拉多索的学生。我的狗像发了疯似的要把这个年轻人撕碎，一旁的治安队员看得直心寒。这时，那个年轻人正厚着脸皮为自己辩护，而唐尼诺也没有足够的证据来让人逮捕他，再加上治安队里有一名下士是热那亚人，也是那人父亲的朋友。要不是我这条狗和其他一些原因，他们马上就要把那个年轻人释放了。

我一来到跟前，狗就不再害怕剑或棍棒，又一次向那年轻人扑去。治安队员们告诉我说，如果我不把狗控制起来，他们就会把狗打死，我就尽量把狗控制住。但就在这时，那年轻人扯他的斗篷，一些纸包从他风帽里掉了出来，唐尼诺一看就认出是他的东西，我也认出一枚小戒指是我的，马上就大声说：

"这就是闯进我作坊里抢东西的那个贼，怪不得我的狗认出了他。"

我把狗撒开，狗又向那个贼扑过去。那家伙一看马上向我求饶，答应归还我所有的东西。我把狗控制牢，他就开始交还从我这里偷走的金银和一些小戒指，还有大约二十五斯库多，并再一次向我求饶。听到他的恳求，我就说他应该向天主求饶，我本人不会把他怎么样。这样我又回去干我的活儿了。

几天以后，那个造假币的切萨雷·马凯隆在长凳街铸币局门前被绞死，其同谋被送到桨帆船上去划桨[2]，那个热那亚小偷被绞死在花圃，而我诚实的名声则比以前大为提高。

---

[1] 唐尼诺·迪·洛伦佐·里帕。†
[2] 这是古代地中海一带惩罚罪犯的一种方式，划桨者十有八九会累死在船上。‡

55

眼看我就要完成那个嵌宝金扣了，整个罗马发了大水①。我关注着事态的发展，这一天快过完了，时钟敲了二十二下，大水继续上涨，十分可怕。

我的房子和作坊前面是长凳街，而后面则要高出好几个肘尺，因为它朝向焦尔达诺山。我先考虑保住性命，其次是荣誉，就把宝石全带在身上，把那件嵌宝金扣交给工匠们保管，然后光着脚从后窗户跳下去，蹚水来到卡瓦洛山②。

我在这里找到了教廷财政署职员乔瓦尼·加迪先生，还有画家巴斯蒂亚诺·韦内齐亚诺③。我把宝石全都交给了乔瓦尼先生，让他妥为保管，他待我就像他亲兄弟一样。

几天以后，凶猛的河水逐渐平静下来，我又回到作坊，极为幸运地完成了那件嵌宝金扣，全靠天主的恩典和我本人的勤奋努力。这个金扣被认为是在罗马所见到的最优秀的杰作④。

我把金扣拿给教皇，他对我赞不绝口，说：

"我要是一个富有的皇帝，就会送给本韦努托一眼望不到边的土地。而现在朕捉襟见肘，窘迫不堪，可还是能满足他不算奢侈的愿望。"

---

① 此事发生在 1530 年 10 月 7 日至 9 日。†
② 奎里纳勒山，山上有奎里纳勒宫，十九世纪意大利共和国建立之前，该宫一直是罗马教皇的住所，现在是意大利总统的住所。†
③ 参见前面第 46 章的注释。†
④ 教皇统治罗马期间，这件稀世珍宝被保存在圣天使城堡，只在每年的圣诞节、复活节和圣彼得节拿出来展示。1797 年，教皇庇护六世为了支付拿破仑要求的赔款，将这枚金扣与教皇尤利乌斯二世的三重冠一起拆卸后熔化。现在大英博物馆里保存有后人从前、后、侧三个方位临摹的三幅图画。†

我等教皇把大话说完，就向他要求得到一个持权杖的职位 ①，这个职位正好空缺。教皇回答说，他会给我比这重要得多的职位。我对圣座说，他眼下就可以给我这个现成的职位。

教皇笑了，说他愿意给，但不想让我到位就职，还让我与其他持权杖者商议一下争取不就职。教皇还因为我而恩准他们一项特权，即拥有依法取得不动产的权利，他们早就提出了这一要求。

这件事就这样决定了。这个持权杖的职位每年给我带来略少于二百斯库多的收入 ②。

56

我继续为教皇效力，不时地为他做一些小玩意儿。后来他让我设计一个极为奢华的圣餐杯 ③，我就画了设计图并制作了模型，是用木头和蜡做成的。在上部鼓起来的地方，我用圆雕制作了三个较大的人物像，分别代表"信仰""希望"和"博爱"。与此相对应，杯子底部环绕一周是用浅浮雕制作的三个历史故事：第一个是"耶稣诞生"，第二个是"耶稣复活"，第三个是圣彼得头朝下被钉死在十字架上，我是严格按照委托来制作的。

我接手这件活儿以后，教皇经常想去看看。我看他再也没有给我任何东西的意思，同时又了解到铅封局 ④ 空缺一个职位，就在一天晚上向他提出要求，希望得到这个空缺。

---

① 基本上是个闲职，持有这一职位者通常是花钱请别人代劳。†
② 切利尼于 1531 年 4 月 14 日担任这一职务，1535 年让位于威尼斯的彼得罗·科尔纳罗。†
③ 也叫圣体匣，用来盛着圣体与教皇一起列队行进。†
④ 为教皇训令和国务文件加盖铅封的机构，长期由天主教西多会修士所把持，但后来也接纳俗人，履行职责时身穿法衣，往教皇诏书上加盖铅封。此事发生在 1531 年秋。†

好心的教皇手捧嵌宝金扣时曾夸下海口，这个时候却忘得一干二净。他这样对我说：

"铅封局的这个职位年薪超过八百斯库多，我要是把这个职位给了你，你就会整天闲得挠肚皮，你那精湛的手艺就会荒废，到那个时候我就要挨骂了。"

我马上回答说："良种猫养肥了，要比饿着肚子更会逮老鼠。同样的道理，有才能的老实人只有在衣食丰盈之后才会大展经纶。圣座肯定知道，君主对这些才子的资助犹如春风化雨，是在培育天才，因为天才来到世间时总是体弱多病。圣座还应该知道，我要求这一职位时根本就没有指望得到它，做一名小小的持权杖者我就心满意足了，再想别的无异于海底捞月。圣座既然不想给我，就把它送给一个受之无愧的天才吧，千万不要送给一个整天挠肚皮的蠢猪，就像圣座所说的那样。您要以先皇尤利乌斯为榜样，他把这一职位授给了最令人钦佩的建筑师布拉曼特①。"

我把话说完以后马上鞠了一躬，然后就气呼呼地走了。

紧接着，画家巴斯蒂亚诺·韦内齐亚诺上前说道：

"最神圣的教宗，您一定愿意把这一职位授给一个勤奋地展示其才能的人。圣座明察，我在艺术上孜孜不倦，请您考虑我这个合适人选。"

教皇回答说："本韦努托这个魔鬼对任何批评都听不进去。我本来想把这个职位给他，可他眼里不该没有我这个教皇，所以我现在还举棋不定。"

这时，瓦索纳主教走上前去，替巴斯蒂亚诺求情说：

"最神圣的教宗，本韦努托还年轻，他更适合于佩剑而不是穿

---

① 多纳托·布拉曼特（1444—1514），建筑师，乌尔比诺人，为三任教皇效力，尤其是尤利乌斯二世，其作品包括蒙托里奥圣彼得教堂庭院里的小礼拜堂、新建的几条大街、为新圣彼得大教堂设计的平面图等。†

僧袍。圣座肯定愿意把这一职位给这个有才华的巴斯蒂亚诺。至于本韦努托，将来有了机会你再给他个肥缺，也许比这个更适合他。"

教皇转过身去，对巴尔托洛梅奥·瓦洛里先生 [1] 说：

"你下次见到本韦努托时，以我的名义告诉他，是他为画家巴斯蒂亚诺谋到了这个铅封局的职位，还告诉他下一个肥缺肯定就是他的。同时要他好自为之，完成我交给他的任务。"

第二天晚上，日落两个小时以后，我在铸币局的拐角处碰见了巴尔托洛梅奥·瓦洛里先生。他由两个火把开道，匆匆忙忙地去见教皇，教皇派人来找他。我刚摘掉帽子，他就把我喊住了，然后以最友好的态度向我传达了教皇的旨意。

我回答说，我会比以往任何一次都要更勤奋、更专心地去完成我手里的活儿，但一点也不指望从教皇手里得到任何回报。巴尔托洛梅奥先生训斥了我，说哪能这样对待教皇的好意。我说我不这样对待他那才叫发疯哩——明知道从他手里啥也得不到，却又指望着他的空头许诺，这难道不是发疯吗？说完我就回去干活儿了。

巴尔托洛梅奥先生肯定把我说的气话禀报给了教皇，也许他还要添枝加叶，因为教皇有两个多月没有派人去找我，而在此期间我无论如何也不想到宫里去。可教皇对圣餐杯望眼欲穿，就委托鲁贝托·普奇先生 [2] 注意我的动静。这个大好人每天都来看我，总是对我说些好话，我也对他以礼相待。

这时，教皇动身前往博洛尼亚的日期日益迫近。教皇看我没

---

① 巴乔·瓦洛里，佛罗伦萨人，教皇的心腹，后来与菲利波·斯特罗齐一起反对公爵科西莫和美第奇家族，在惨烈的蒙特穆洛战役中被俘虏，1537 年 8 月 20 日与儿子和一个侄子一起被斩首。†

② 鲁贝托·安东尼奥·普奇（1464—1547），美第奇家族的狂热支持者，鳏居后担任圣职，先担任皮斯托亚主教，然后担任拉韦洛主教，1542 年被教皇保罗三世任命为枢机主教。†

有去拜访他的意思，就让鲁贝托先生去找我，要我带上做的活儿让他看看进展如何。我就把圣餐杯拿给教皇看，不用我说就能看出最重要的部分已经完成，我请教皇先给我五百斯库多，一方面作为预付给我的部分报酬，另一方面我需要金子来完成这件活儿。

教皇对我说："继续干吧，活儿做好了再说。"

我临走时回答说，如果他付给我钱，我就会把它做好，然后我就走了。

57

教皇动身前往博洛尼亚时[①]，留下枢机主教萨尔维亚蒂[②]担任罗马特使，并委托他督促我制作圣餐杯。教皇还对他说：

"本韦努托这个人对自己的巨大才能评价很低，对朕的评价就更低。一定要让他不停地干，我回来时要看到那个杯子做好。"

八天以后，这个畜生枢机主教就派人去找我，要我把做的活儿带上，我偏偏空着手去了。他一见我的面就吼道：

"你那个大杂烩在哪儿？做好了吗？"

我回答说："尊敬的阁下，我的大杂烩还没做好，我也不能把它做好，除非你把做菜的原料给我拿来。"

这个家伙本来就长得三分像人、七分像驴，一听我这话就变得比平时还要难看一倍。他马上直截了当地说："我要把你送到桨帆船上去划桨，到那时也许你就会愿意做好那个大杂烩了。"

---

① 1532 年 11 月 18 日，克莱门特七世离开罗马，前往博洛尼亚会见查理五世，在那里一直待到 1533 年 3 月，主要商谈意大利半岛领导权问题，也谈到打击土耳其人，谈到凯瑟琳·德·美第奇的婚事，打算把她嫁给法兰西国王弗朗索瓦一世的儿子亨利。克莱门特七世曾在博洛尼亚见过查理五世，1530 年在这里为皇帝加冕。†

② 乔瓦尼·萨尔维亚蒂（1490—1553），雅科波·萨尔维亚蒂的儿子，教皇利奥十世的外甥，后来被任命为费拉拉大主教。†

面对这个家伙的野蛮行径，我怒不可遏，反驳道：

"阁下，如果我罪有应得，就把我送到桨帆船上好了。可就凭我现在做活儿慢了一点你就要送我去？拉倒吧！让你的桨帆船见鬼去吧！而且我还要告诉你，就是因为你，我再也不想摸那件活儿了。以后不要再派人来找我了，我也不会再来了，你就是派治安队去叫我也不行。"

打这儿以后，这位枢机主教又几次派人来，说话的口气也软了下来，想让我继续干下去，并要我把手头的活儿拿给他看。我只对捎信的人这样说：

"去告诉枢机主教阁下，他要是想让我把杂烩做好，就叫他把原料给我拿来。"

除此以外，我没有说过别的话。这样一来，他也只好死了心。

58

教皇从博洛尼亚回来以后[①]，立即派人去找我，枢机主教萨尔维亚蒂在给他的信里把我写得一塌糊涂。教皇气得暴跳如雷，要我拿着手头的活儿立即去见他。我服从了命令。

说起来教皇在博洛尼亚的时候，我两眼急性发炎，疼得我要死要活，这是我没有干活儿的主要原因。由于病情非常严重，我以为肯定会失明，就盘算着如果终生失明的话，需要多少钱才能维持生计。

去见教皇的路上，我脑子里一直想着如何解释没有继续制作圣餐杯的原因。我想在他看杯子的时候把我的不幸告诉他，可我无法这么做，我一来到御前，教皇就对我咆哮起来：

---

① 1533 年 3 月。†

"把那个圣餐杯拿过来，做好了吗？"

我把圣餐杯拿了出来，教皇一看火气更大了，又对我吼叫起来：

"我一本正经地告诉你，你眼里只有你自己，再也没有第二个人。我要是不顾忌体面和身份，就会把你和圣餐杯一起扔到窗户外面去。"

我一看教皇变得如同一头凶猛的野兽，马上就躲开了他。他继续威胁我的时候，我就把圣餐杯塞到斗篷底下，嘟嘟囔囔地说：

"任谁也无法逼着一个瞎子做这样的活儿。"

教皇抬高了嗓门儿说：

"过来，你刚才说啥？"

我犹豫着是否飞身冲下楼梯。一会儿我拿定了主意，就扑通一声双膝跪倒，放开嗓门儿大吼大叫，因为教皇的吼声也没有停下来。我叫道：

"我害病要是把眼害瞎了，还能继续干吗？"

教皇反驳道："你瞎眼能看见路走到这里吗？简直是胡说八道。"

我看他的嗓门儿低了一点，就回答说：

"圣座问问御医就知道了，御医明白是咋回事。"

教皇说："好，朕有空了再好好问问你说的是真是假。"

我一看他愿意听，就继续说下去：

"我相信我这场大病的唯一祸根，就是枢机主教萨尔维亚蒂。圣座刚走，他就派人去找我，我一见他，他就把我做的活儿叫作大杂烩，又说要把我送到桨帆船上去。他的恶言恶语气得我满脸发热、两眼冒火，疼得我简直难以忍受，结果回家时我就看不清路了。两天以后眼里生了白内障，基本上丧失了视力，圣座走了以后我就一点也不能干活儿了。"

　　说完后我站了起来，未经许可就离开了御前。

　　后来有人告诉我，当时教皇这样说道：

　　"你可以委托别人办事，但你无法让他慎重地办事。我并没有让枢机主教萨尔维亚蒂用这样拙劣的手段去办这件事。如果他真是害眼，这倒是可以原谅的，这要问问医生。"

　　当时在场的有一个绅士和教皇很要好，也是一个才华出众的人。他问教皇我是个啥样的人，他是这样说的：

　　"最神圣的教宗，请原谅我提个问题。我发现您一开始怒气冲天，转眼之间又流露出无限怜悯，所以请圣座告诉我这个人是谁。如果这个人值得帮助，我可以传授给他一个秘方，能把他的眼疾治好。"

　　教皇回答说："他是他那一行中最了不起的人，以后有了机会我会让你看看他的一些杰作，也看看他这个人。如果能有办法帮他一把，我会感到很高兴。"

　　三天以后吃过午饭，教皇派人把我叫过去，这位绅士也在场。我一到御前，教皇就让人去把我做的那个嵌宝金扣拿出来，我也同时拿出了圣餐杯。教皇的这位朋友一看就说，他从来也没有见过这么了不起的作品。嵌宝金扣一拿出来，他更是惊得目瞪口呆，盯着我的脸说：

　　"我看这个人年轻有为，将来还能学到更多东西。"

　　然后他问我叫啥名，我回答说：

　　"我叫本韦努托。"

　　他说："今天对你来说，我也是本韦努托 ①。取带有茎、花、根的鸢尾花放在文火上熬汤，然后用此汤每天洗眼几次，肯定能治好你的病。但一定要先排出大小便，然后再用药洗眼。"

---

① 此话一语双关，其另一层意思是"今天你也会欢迎我"。‡

教皇也说了一些安慰我的话，然后我就还算满意地走了。

59

我害眼是不假，可我认为那是我的作坊遭到抢劫时，我雇的那个年轻漂亮的模特传染给我的。实际上法兰西病在我身上一直潜伏了四个多月，然后在全身一下子爆发出来。我这病与人们常见的症状不一样，而是身上起水疱，大小如六便士硬币，呈玫瑰色。医生说这根本就不是法兰西病，不过我摆出种种理由，说这就是法兰西病。医生一直用他们的方法治疗，但毫无效果。

最后我不听罗马一流医生的劝告，决定服用圣木①汤，服药期间我最严格地遵守各种清规戒律。几天以后，我感到大有好转，过了五十天我完全治愈，又活蹦乱跳起来。

大病一场之后，为了放松一下，我就在冬季来临之际拿着火绳枪外出打猎。不过搞这项娱乐活动要见风见水，要站在沼泽地里，几天以后我的身体就比以前还要糟糕一百倍。我又一次接受了医生的治疗，但还是越治越糟。后来我发了烧，就决定再一次求助于圣木，但医生不准许，说我要是在发烧时服用圣木汤，恐怕连一个星期都难活。可我拿定了主意不听医生的话，还像第一次那样治疗，结果服用四天圣木汤之后，烧就完全退了。

我感到大有好转，服用圣木汤期间，我一直不停地制作圣餐杯模型。我还要补充一点，我在严格遵守清规戒律的这一段时间，创作了我一生中最漂亮、最精巧的作品。

五十天以后，我完全康复，然后又竭尽全力增强体质。我大胆放宽了严格的饮食限制，发现疾病已经完全消失，感到如再生

---

① 产于热带美洲的愈疮木，其树脂在当时被用来治疗梅毒。†

一般。

我乐于从事增进健康的活动，健康的身体是我一心向往的，但我不再撂挑子不干活儿了。无论是圣餐杯的制作还是铸币局的工作，我都理所当然地投入适当的精力，就像对待我自己的健康一样。

60

我前面提到枢机主教萨尔维亚蒂，这个家伙早就将我视如寇仇，后来他被任命为教皇使节，派驻到帕尔马。

帕尔马有一个米兰金匠名叫托比亚[①]，由于造假币而被捕，后来被判绞刑和火刑。他是个很有才华的人，有人就在教皇特使面前为他求情，特使就推迟了判决的执行。萨尔维亚蒂还给教皇克莱门特写信，说他得到了世界上最好的金匠，此人由于造假币而被判绞刑和火刑，但这个人善良而又单纯，为自己辩护说他曾与忏悔神父商量过，说是忏悔神父允许他造假币。萨尔维亚蒂又写道：

"如果圣座将这个大艺术家召到罗马，您就能煞一煞您的红人本韦努托那咄咄逼人的傲气，我相信托比亚的作品比本韦努托的好得多，您看了会更满意。"

教皇马上就把托比亚召到罗马。托比亚一到，教皇就让我俩去见他，让我俩每人设计一个方案，用来安放一只独角兽角。这是人们见到的最漂亮的一只独角兽角[②]，是教廷财政署花一万七千

---

① 托比亚·达·卡梅里诺，从名字上可以看出来，他实际上是边境地区的卡梅里诺人，不是米兰人，档案显示他于 1537—1546 年在梵蒂冈效力。†
② 独角兽实际上是子虚乌有，这里所说的独角兽角可能是象牙，或是某种宝石刻成的角状物。†

达克特买来的。教皇打算把它送给法兰西国王弗朗索瓦[1]，但想先用黄金把它装饰一番，为此他命令我俩画出设计图来。

设计图画好以后，我俩就把图拿给教皇看。托比亚设计成了烛台形，兽角像蜡烛一样插在上面，烛台底部是四个小独角兽头，其形状设计得非常蹩脚，我一看就忍不住暗暗发笑。这被教皇发现了，他喊了一声：

"好，把你的设计图拿出来看看！"

我只设计了一个兽头，与兽角大小相称，头设计得要多美有多美，其原因是它一半来自马、一半来自鹿，还配有异常漂亮的鬃毛和其他精美的装饰物。所以我的设计图一拿出来，人人看了都说好。

当时在竞赛现场的有几个极为尊贵的米兰绅士，这几个人说：

"最神圣的教宗，您是要把这件厚礼送到法兰西的。请您想一想，法兰西人毫无教养，根本无法理解本韦努托设计的奥妙，而托比亚设计的这个圣体容器[2]则正合他们的口味，而且做起来也会更快一些。本韦努托可以全力以赴去完成圣餐杯，这样两件作品会同时完成。而且这样安排的话，您召到罗马的这个可怜虫也可以干活儿挣钱了。"

教皇一心想得到圣餐杯，就十分乐意地采纳了这几个米兰绅士的建议。

第二天，教皇就让托比亚安放独角兽角，并派他的保管库主

---

[1] 弗朗索瓦接受这一礼物是为其二儿子亨利结婚用的，迎娶的是克莱门特七世的侄孙女凯瑟琳·德·美第奇，婚礼于1533年在马赛举行。亨利当时是瓦卢瓦公爵，后来继位成为亨利二世。教皇克莱门特参加了婚礼，主要是为了巩固与法兰西的关系。†

[2] 一种带盖子的金属杯子，在圣餐仪式上用于盛圣体，里面必须镀金，托比亚设计的显然像是这一种。†

管① 吩咐我完成圣餐杯。得到教皇的旨意之后，我回答说，世界上最令我神往的，莫过于完成我已着手制作的这件漂亮圣餐杯了，要是所用的材料不是金子，我早就不费劲儿地把它完成了。但由于是金子，圣座要是想让我完成，就必须给我一些金子。

听到我这一番解释，这个俗吏回答说：

"哎呀，你可不要向教皇要金子！你要是把他逼急了，你麻烦可就大了。"

我回答说："我的好大人啊，请您告诉我，没有面粉怎能做面包？没有金子，我这件活儿就完不成。"

保管库主管好像觉得我耍弄了他，就对我说，他要把我的话全部禀报给圣座。他果然这么做了。教皇大为光火，发誓要看看我是不是疯了，连圣餐杯也不想做了。

就这样过了两个多月。我虽然声称不会去摸那个圣餐杯一指头，可实际上我没有这么做，还是兴致勃勃地继续制作。教皇发现我不拿给他看，就想方设法给我小鞋穿，还扬言要以某种方式来惩罚我。

教皇说这话时，一个为他效力的米兰珠宝匠也在场，他叫蓬佩奥，与教皇克莱门特最宠爱的仆人特拉亚诺先生是近亲。这俩人串通以后来见教皇，对教皇说：

"圣座要是免去本韦努托在铸币局的职务，也许他就会考虑完成圣餐杯的事了。"

教皇回答说："不行。这样会造成两个恶果：第一，铸币局为我服务的质量就会变得糟糕起来，这对我事关重大；第二，我肯定得不到圣餐杯。"

---

① 保管库是显贵邸宅中存放武器、餐具、家具和衣服的地方，其主管是教廷要职，当时担任这一职务的是皮耶尔·乔瓦尼·阿利奥蒂，他后来担任教廷建筑会计，最后担任弗利主教。†

这俩米兰人发现教皇讨厌我，最终成功说服教皇免去了我在铸币局的职务，把它给了一个年轻的佩鲁贾人，人送外号"豆子"[①]。

蓬佩奥以教皇的名义来通知我，说圣座已免去了我在铸币局的职务，如果我做不好圣餐杯，其他职务也会给我免去[②]。

我反驳道："去告诉圣座，他在铸币局里罢免的是他自己而不是我，他说的其他职务也是一样。他要是再想给我这一职务，我说啥也不会接受了。"

这个又粗野又倒霉的家伙飞也似的跑到教皇那里，把我俩的谈话内容禀报给了教皇，当然免不了添油加醋。

八天以后，教皇又派这个家伙来告诉我，他不打算要我完成圣餐杯了，而是要我照目前的样子给他拿回去，做成个啥样就是啥样。

我对蓬佩奥说："这件东西和铸币局不一样，不是他想拿走就可以拿走的。当然，我手里有五百斯库多是教皇的，我随时都可以归还，而这件物品本身是我的，我想咋处理就咋处理。"

蓬佩奥又跑回去向教皇禀报我这一番话，当然还有我在气头上骂他的一些难听话。

61

三天以后是个星期四，圣座手下两个最受宠的名誉侍从来找我。其中一个现在还活着，是个主教，名叫皮耶尔·乔瓦尼[③]，当

---

① 托马索·安东尼奥·迪·佩鲁贾，外号"豆子"，意思是笨蛋，1534 年 1 月接替切利尼在铸币局担任职务。†
② 切利尼还丢掉了持权杖一职，这样就失去了两个收入来源。†
③ 即前面提到的保管库主管皮耶尔·乔瓦尼·阿利奥蒂。†

时是保管库主管。另一个出身比乔瓦尼先生更高贵，但名字我已经忘记了。他俩来到以后对我这样说：

"是教皇派我们来的，本韦努托。既然跟你好好商量行不通，现在教皇命令你把他的东西交给我们，要不然就把你投入监狱。"

我满不在乎地看了他们一眼，说：

"二位大人，我要是把圣餐杯交给圣座，那我所给的是我的东西，不是他的东西，而且目前无论如何我也不打算把这件东西交给他。我耗费了大量心血才把它做成现在这个样子，不想让它落到一个蠢驴手里，他不费吹灰之力就能把它毁掉。"

我说这话时，金匠托比亚就站在旁边，我在前面提到过他，他甚至厚着脸皮向我要圣餐杯的设计图。我恰如其分地反驳了这个无赖，这里就不必再重复了。这俩绅士，也就是教皇的俩名誉侍从，催命鬼似的问我打算咋办，我告诉他们我已经准备好了。我拿起斗篷，在离开作坊之前面对一幅基督像，无限崇敬地祷告说：

"我们仁慈的、不朽的、公正的、神圣的主啊，您所做的一切都是根据您公正的裁决，您的裁决举世无匹。您知道，我今年正好三十岁，在此之前我还从来没有因为任何行为而受到入狱的威胁。既然是您愿意让我入狱，我就衷心感谢您的圣裁。"

说完这话，我转向那两个名誉侍从，沉着脸对他们说：

"拘捕我辈的捕快不能低于两位大人的身份。如果让我走在你们俩中间，随便把我押解到啥地方都行。"

这俩彬彬有礼的绅士大笑起来，我就走在他俩中间，一路说笑着去找罗马行政长官马加洛蒂①。

我到了他那儿，检察官和行政长官在一起，俩人都在等我，

---

① 格雷戈里奥·马加洛蒂，卒于1537年，著名文学家，罗马法官，1532年被克莱门特七世任命为利帕里主教，1534年被任命为丘西主教，与教皇关系密切。†

教皇的两位名誉侍从笑着对行政长官说：

"我们把这个囚犯交给您，您一定要照料好他。我们很高兴为您效劳，本韦努托说这是他第一次被捕，所以拘捕他的捕快不能比我俩的身份低。"

他俩走了以后，马上就去找教皇，向教皇详细讲述了整个事情的经过。教皇一开始好像要发火，但后来还是干笑了两声，因为当时在场的一些贵族和枢机主教都是我的朋友，都非常支持我。

这时，行政长官和检察官对我又是威吓，又是规劝，又是忠告，说一个人委托另一个人做东西，完全有理由自愿收回，并可以用他认为最适当的任何方式收回。

听到这话，我回答说，这种做法并无司法依据，就是教皇也不能这样做，因为教皇与一些小暴君不一样。小暴君无法无天，随意虐待臣民，而基督代理人则不能干这种残暴的事情。

行政长官摆出了威胁恐吓的衙门做派，说：

"本韦努托，本韦努托，你这是逼着我去收拾你，这可是你罪有应得。"

"要说我应得的话，我应得到你对我的尊重和礼遇。"我回答说。

他又一次打断我的话，大叫道：

"马上叫人去拿你做的圣餐杯，不要让我再说第二遍。"

我回答说："大人，请您开恩，允许我再申辩几句吧。"

检察官这个人远比行政长官讲理，就转身对他说：

"阁下，就是让他再说一百句又能咋地？只要他把圣餐杯交出来，咱的任务就算完成了。"

我就接着说："如果一个普通人请人建一座邸宅或一所房子，他完全可以对领班的师傅这样说：'我不想让你再建我的房子或邸宅了。'这样，付给他报酬以后，就可以把他打发走了。同样，如果一个贵族托人镶嵌一颗价值一千斯库多的宝石，一旦发现宝石匠没有按要求去做，他就可以说：'把我的宝石给我，我不想让你做了。'

"但我的情况和这些都不一样，因为既没有房子，也没有宝石。除了让我交出来我领到的那五百斯库多以外，谁也不能再向我要其他任何东西。所以，二位阁下，你们就看着办吧，除了那五百斯库多之外，你们从我这里啥也得不到。去把我这话禀报给教皇。你们的威胁一点也吓不住我，我是个诚实的人，不怕承担任何罪责。"

行政长官和检察官站了起来，说他们要去见教皇，回来以后就执行教皇的命令，到那时我就麻烦了。

于是我就在监管之下待在那里，在一个大厅里来回踱步。大约三个小时以后，两个人从教皇那里回来了。在他们离开的这段时间里，佛罗伦萨所有的大商人都来看我，劝我千万不要与教皇作对，这样会毁了我。我回答说，我已拿定了主意，知道自己该咋办。

62

行政长官和检察官从教皇那里一回来，就派人把我叫过去，行政长官对我这样说：

"本韦努托，很对不起，我带着教皇的命令回来了：你要马上把圣餐杯拿来，否则你就要当心了。"

我回答说："我一直不相信神圣的基督代理人会干出这种缺德事，所以我要亲眼看了以后才会相信。那你就随便吧。"

行政长官回答说："我要再向你转达几句教皇的话，然后就执行我接到的命令。教皇说，你要把圣餐杯拿到我这里，我看过以后放进一个盒子里封起来，然后再给教皇拿去。教皇以名誉担保绝不启封，然后马上原封不动地再还给你。教皇一定要这么做，以保全他在这件事上的面子。"

一听这话我笑了起来，说我非常乐意像他所说的那样把圣餐杯交出来，我很想知道一个教皇的话到底有多大分量。我马上就叫人把圣餐杯拿来，像上面所说的那样封了起来，然后交给了行政长官。

行政长官拿着密封起来的圣餐杯又去见教皇。后来行政长官亲口对我说，教皇拿着盒子翻过来倒过去看了好几遍，然后问行政长官是不是看过圣餐杯。行政长官回答说看过，而且是当着他的面封起来的，他认为那是一件非常了不起的作品。

教皇听了以后说道："你去告诉本韦努托，教皇有权力捆绑和释放比这重要得多的东西。"[1]

说着，教皇面带轻蔑的神情，撕掉封盒子的线和封条，把盒子打开了。他看圣餐杯看了好长时间，据我后来听说，他拿给金匠托比亚看，托比亚啧啧赞叹。教皇就问托比亚，看过这个圣餐杯以后是不是也能照着这个样子做出一件来，托比亚说可以[2]，教皇就让他完全照着我设计的样子做。教皇又转身对行政长官说：

"问问本韦努托是否愿意把圣餐杯交给朕。如果他愿意照这个样子交出来，朕就按行家的估价付给他报酬。他要是真想自己完成，就让他确定一个时间。如果你看他愿意做，就答应他提出的任何合理要求。"

行政长官回答说："最神圣的教宗，我可知道这个年轻人是啥

---

① 典出："我要把天国的钥匙给你，凡你在地上所捆绑的，在天上也要捆绑；凡你在地上所释放的，在天上也要释放。"参见《圣经·马太福音》16：19。‡
② 印成仿宋体的这几个字是早期的编辑加上的，切利尼的手稿在这里是一片空白。†

货色，所以请允许我按照自己的方式痛痛快快地训他一顿。"

教皇对他说，只要是动嘴说，无论咋说都可以，不过教皇相信这肯定会把事情弄糟。如果他发现没有别的办法，就命令我把那五百斯库多交给蓬佩奥，也就是我在前面提到的那个珠宝匠。

行政长官回来以后，派人把我叫进他的接待室，面带捕快一般的神情瞥了我一眼，说：

"教皇有权力捆绑和释放全世界，他做的一切都合乎天意。看看你的盒子吧，教皇已经打开看过了。"

我马上抬高了嗓门儿说："感谢天主，现在我总算知道教皇的承诺值几个钱了！"

接着，行政长官又开始连说带比画地吓唬我，但发现没有啥效果，就对这件事丧失了信心，用一种较为温和的语气对我说：

"本韦努托，你这样不知好歹，我真感到遗憾。既然这样，如果你觉得合适，就去把你的五百斯库多拿来交给蓬佩奥吧。"

我拿起圣餐杯就回家了，很快就把五百斯库多拿来交给了蓬佩奥。

教皇很可能以为我缺钱，或是有其他什么原因不会马上拿出恁多钱来，然后就迫使我继续为他效力。但教皇看到蓬佩奥笑眯眯地拿着钱回来了，就狠狠地训了他一顿，并为事情的这一结局叹惜不已。接着他对蓬佩奥说：

"到本韦努托的作坊里去找他，对他越有礼貌越好，就看你这个生性粗野的家伙有多大本事了。告诉他，如果他愿意做好圣餐杯，用它来盛圣体，让我拿着走在庆祝圣体节①的队伍中，我就会为他提供各种便利条件，只要他继续干下去。"

就这样蓬佩奥来了，他把我叫到作坊外边，像驴一样假惺惺

---

① 天主教的节日之一，在三一节后的第一个星期四，即复活节后的第九个星期四，由教皇乌尔班四世创立于1264年。‡

地拥抱了我，然后把教皇的命令一五一十地交代一番。

我毫不犹豫地回答说："我在世上最大的心愿，就是重新得到如此伟大的一位教皇的厚爱。我已经失去了他的厚爱，这确实不怪我，而要怪我那场大病，怪那些妒忌者的邪恶，这些人专门以害人为乐。教皇手下有很多仆人，如果他还珍视你的性命，下一次就不要让他再派你来了，你也不要多管闲事了。不论白天黑夜，我都不会忘记全身心地为教皇效力。你要记清楚，如果你把我这些话禀报给教皇，你就再也不要以任何方式对我的事情干预一丝一毫，否则我会给你应有的惩罚，让你认识到自己错了。"

这家伙把我的话都对教皇说了，而且说得比我的原话还要厉害得多。

这件事就这样平息了一阵，我还是在我的作坊里干我的活儿。①

63

与此同时，金匠托比亚正忙着安放和装饰那个独角兽角。不仅如此，教皇还让他制作圣餐杯，按照我做的那个样子做，他见过我是如何做的。但托比亚把他做的活儿拿给教皇看时，教皇感到极为不满，于是非常后悔和我闹翻，就把托比亚做的所有活儿，还有向他推荐托比亚的人，统统骂了一遍。

巴奇诺·德拉·克罗切好几次到我这里来，以教皇的名义对我说我应该做好那个圣物盒。我回答说，我请圣座让我在大病一场之后先歇口气，而且我的病还没有痊愈，又说我会清楚地让他

---

① 这个圣餐杯切利尼最终并没有完成，后来由另一个金匠完成了。1569年3月4日，教皇庇护五世为科西莫加冕，任命科西莫为托斯卡纳大公时，科西莫把这个圣餐杯送给了教皇，后来破碎了。†

知道，我会把能工作的全部时间都用来为他效力。实际上我已开始制作他的雕像，并私下里为他设计了一枚徽章，正在家里制作钢模具用来冲压这枚徽章。我在作坊里有一个合伙人，他曾是我徒弟，名叫费利切①。

当时我还年轻，爱上了一个西西里姑娘，她非常漂亮，也很喜欢我。她母亲看出了端倪，就担心会出事。我打算和这姑娘偷偷私奔到佛罗伦萨一年，完全瞒着她母亲。没想到这姑娘听到了风声，就在一天夜里偷偷离开了罗马，到那不勒斯去了，她对外放风说走的是奇维塔–韦基亚这条路，而实际上走的是奥斯蒂亚这个方向。我追到奇维塔–韦基亚，发了疯似的到处找她。这段离奇的故事太长了，不可能详细讲，我再说一句也就够了：我当时几乎发了疯，甚至到了死亡边缘。

两个月以后，她给我写信说她在西西里，精神上非常痛苦。与此同时，我则享受着男人的全部乐趣。为了忘却这段真情，我已另有新欢。

64

由于很多偶然因素，我结识了一位西西里神父，他天赋极高，精通拉丁语和希腊语。

有一次在谈话中，我们谈到了巫术，我说："我这一辈子都最热切地渴望能了解这门学问，学习这门学问。"

神父回答说："要想干这件事，就要有勇敢和坚定的意志。"

我回答道，要说意志的力量和决心，我已经足够而且绰绰有余，只要能给我做这件事的机会。

---

① 费利切·瓜达尼。†

神父说："如果你有胆量学，我会完全满足你的好奇。"

这样我们就决定一试。

一天晚上，神父做好了一切准备，他让我找一个同伴，最多不超过两个。我请来了好朋友温琴齐奥·罗莫利[①]，神父则带来了一个皮斯托亚人，此人也修习这种妖术。我们一起来到圆形剧场，神父穿着巫师的长袍，以妙不可言的仪式在地上画着圆圈。他还让我们带来了名贵的香料和火，甚至还有一些味道恶臭的药物。

预备程序完成以后，他画了一条走道通向那个圆圈，拉着我们的手一个一个地都进去了。然后他给我们分派了任务：那个巫师朋友拿着一个五角星[②]，其余人员照看火和香料，然后他就开始念咒，一共持续了一个半小时还要多。

这时出现了成千上万个魔鬼，整个圆形剧场里到处都是。我忙着照看香料，神父看了看魔鬼的数目，转身对我说：

"本韦努托，向魔鬼随便提个要求吧。"

我说，希望魔鬼能让我和那个西西里姑娘安杰利卡重新团圆。

这天夜里，我们没有得到任何回答，但我能提出这样一个请求，已经感到非常满意了。巫师说，我们要再来一次，我会实现所有的愿望，但要我带来一个童男。

我从作坊伙计里选了一个男孩，大约十二岁，并再次邀请温琴齐奥·罗莫利。我们还带了一个名叫阿尼奥利诺·加迪的人参与进来，他是我们俩的好朋友。

我们再次来到指定地点，巫师还像上次那样准备一番，那令人吃惊的准备程序比上次有过之而无不及。巫师把我们领进圆圈，这是他重新画的，其技艺更加令人赞叹，所用的仪式也更加奇妙

---

① 佛罗伦萨人，铸币局代理人。†
② 巫术中的护身符。‡

精彩。他指派温琴齐奥料理香料和火，阿尼奥利诺·加迪也和他一起料理。最后他把五角星放在我手里，让我把它对着他指示的方向，五角星下面我扶着那个小男孩，也就是我的工匠。

一切安排停当之后，巫师开始念念有词，呼唤着众多恶魔的名字，都是魔鬼大军的首领。他用希伯来语、希腊语和拉丁语，借助永恒的天主、尚未产生者、生存者和永生者的力量向它们发号施令，转眼之间整个圆形剧场里群魔乱舞，其数量足有上一次的百倍之多。温琴齐奥·罗莫利和阿尼奥利诺一起照看着火，还照看着一大堆名贵的香料。

按照巫师的提议，我又一次请求与安杰利卡团圆。巫师转身对我说：

"听见魔鬼是如何回答的吗？它们说一个月以后你就会与她见面。"

巫师再一次要我在他身旁站稳，因为魔鬼大军的数目比他召唤的多一千倍，而且都是地狱中最危险的居民。既然魔鬼已经回答了我的问题，我们应对魔鬼以礼相待，并客气地请它们回去。

在另一边，五角星下面的那个男孩吓得尖叫起来，说他在那里看到了数以百万计的凶神恶煞，在四周滴溜溜转来转去威胁我们。他还说出现了四个巨人，他们拿着武器往前走，像是要进到圆圈里面。与此同时，巫师吓得浑身打哆嗦，竭力说好话劝魔鬼回去。温琴齐奥·罗莫利照看着香料，浑身抖得如筛糠一般。

我也和别人一样吓得魂不附体，可我尽量克制自己，以惊人的勇气给大家壮胆。实际上我一看到巫师吓成那个样子，就以为自己必死无疑。那个男孩吓得用两条腿把头夹住，喊道："我就这样去死，我们都是死人了。"

我又对这个孩子说："这些东西都比我们低下，你所看到的只不过是烟和影子，抬起头来看看吧。"

他抬起头往上一看，说：

"整个圆形剧场都着火了，火正向我们扑过来。"

他用双手捂住脸，又哼哼着他死了，再也忍受不了这幅景象了。

巫师求我帮忙，叫我稳稳地站在他身边往木炭上撒阿魏①。我转向温琴齐奥·罗莫利，让他马上点燃阿魏。我说这话时看了看阿尼奥利诺·加迪，他吓得眼睛从眼窝里鼓了出来，看样子已经半死了。我对他说：

"阿尼奥利诺，在这个地方不必害怕，要尽量鼓起勇气帮帮我们，赶快抓一把阿魏撒到火上。"

阿尼奥利诺伸手去抓的时候，突然放了一个响屁，同时拉出来一大坨屎，这可比阿魏还要臭得多。那个男孩被恶臭味和响声唤醒了，他稍微仰起脸来，听到我的笑声以后胆子稍微大了一些，说魔鬼们正匆匆逃窜。这样我们一直等到晨祷钟响起②。这时，那个男孩又说魔鬼剩下没几个了，而且都在很远的地方。

巫师在其余的仪式结束以后，脱下长袍，把他带来的书打成一大捆。大家和他一起走出了圆圈，紧紧挤作一团，尤其是那个男孩，他夹在我们中间，一只手抓住巫师的外衣，另一只手抓住我的斗篷。走在通往长凳街家中的路上，他不住地说，他在圆形剧场里看到的两个魔鬼正在我们前面戏耍，一会儿跳上房顶，一会儿蹦到地上。

巫师向我保证说，他经常进入魔圈作法，却从来没有碰见过如此凶险的场面。他还试图说服我和他一起创作一本魔法书，这样我们就能得到数不尽的财富，因为我们可以要求魔鬼告诉我们

---

① 一种植物树脂，曾被用作镇静剂，有一股特殊的臭味。‡
② 大约天破晓时。†

宝藏的所在，这个世界上到处都有宝藏，这样我们就能成为世界上最富有的人。他还说，像我那样的风流韵事，只不过是毫无价值的愚蠢行为，只能满足虚荣心而已。

我回答说，我要是懂拉丁语，就会很乐意照他说的去做。他一直不停地劝我，说懂拉丁语一点忙也帮不上，如果他愿意，他就能找到很多优秀的拉丁语学者，但他还从来没有见过像我这样意志坚定的人，我应该听他的话。

这样一路说着我们就到家了，每个人都做了一夜关于魔鬼的梦。

65

从此以后，我们每天都见面，巫师不住地劝我跟他一块儿干，我就问他需要多长时间，要到啥地方去。他回答说用不了一个月，而最合适的地点则是诺尔恰附近的山区[①]。不过他一个巫术师傅曾在罗马附近创作过这样一本魔法书，这个地方叫法尔法修道院[②]，但在这里遇到了一些麻烦，而在诺尔恰的山上则不会出现这种事，诺尔恰的农民值得信赖，在这种事情上有经验，必要时能提供重要帮助。

这个神父巫师苦口婆心的劝说打动了我，我会心甘情愿地照他说的做，但我希望先完成正在为教皇制作的徽章。我把做徽章一事就吐露给了他一个人，还让他为我保密。

与此同时，我一直不停地问他我能不能和那位西西里姑娘安杰利卡在预定时间团圆，这一日期越来越近，可我一点也没有听

---

① 这里属于亚平宁山脉中部地区，一直是女巫和制毒者活跃的地方。†
② 本笃会修道院，距离罗马大约二十公里，据说第五世纪时圣洛伦佐·西罗在这里杀死一条喷火的恶龙，然后就地建造了这座修道院。†

到关于她的消息，所以就感到有些不大对头。

巫师对我说，我肯定能和她见面，魔鬼在那种场合说的话是绝对不会不算数的。但他还是让我保持警惕以防万一，对自己的爱好要有所克制，他能看出一场迫在眉睫的巨大危险。他还说，我要是和他一起创作那本魔法书对我会有好处，这样能为我消灾，会使我们俩都成为最幸运的人。

我越来越想冒这个险，比他还要着急。我对他说，博洛尼亚城堡的乔瓦尼师傅[①]刚到罗马，这位师傅对我制作的那种钢徽章极为擅长，所以我最大的愿望就是与他一争高低，拿出一件杰作来扬名立万，用才智而不是用剑来杀死我所有的仇敌。

巫师则继续劝我："不必如此，本韦努托，请你跟我一起来避开一场大灾大难，我看见它就在你眼前。"

但我已经打定了主意，不管发生任何事情，都要先完成徽章。这时已经快到月底了，可我对徽章着了迷，把安杰利卡和其他事情全都忘得一干二净，整个身心都投入到工作之中了。

66

一天晚祷时分，我有事要从住所到作坊去，这与我平时的出行时间不一样。我的作坊在长凳街，而我住在长凳街后面一所小房子里，况且我很少到作坊去，我把那里的一切事务都交给了我的合伙人费利切。

我在作坊里待了一小会儿，想起来要去找亚历山德罗·德尔·贝内说几句话。我马上就走了，刚走到长凳街，就碰见好朋

---

① 乔瓦尼·贝尔纳迪（1495—1555），专门制作硬币、石雕，切割宝石，应保罗·焦维奥之邀到罗马为克莱门特七世效力，和切利尼同为教皇的持权杖者。†

友贝内代托君 ①。他是个文书，出生在佛罗伦萨，父亲是个沿街乞讨的瞎子，祖籍在锡耶纳。这位贝内代托君在那不勒斯住了好多年，后来定居在罗马，为锡耶纳基吉家族的一些商人处理事务。我的合伙人多次向贝内代托君要钱，这笔钱是费利切交给他的几枚小戒指欠下的。

这天，费利切在长凳街遇到了贝内代托君，像往常一样很粗暴地向他要钱。当时贝内代托君与他的几位保护人走在一起，这几个人一看出了这种事，就把贝内代托君痛骂一顿，说他们宁可雇用别人，不想再听见这样粗野的吵闹声。贝内代托君竭力辩解，发誓说他已经把钱付给那个金匠了，还说他管不住疯子发疯。这几个锡耶纳商人一听"疯子"就非常生气，当场就把贝内代托君解雇了。

贝内代托君离开了这几个商人，飞也似的往我的作坊跑去，大概是要报复费利切。碰巧我们俩在长凳街中间相遇了。我对他的事一无所知，就按老习惯很有礼貌地和他打招呼，而他却给我来了个狗血喷头。

我一看这阵势，马上就想起了巫师的话，便按他的吩咐尽量克制自己，说：

"贝内代托君，我的好兄弟，不要对我发这么大的火嘛，我从来都没有和你吵过架，也不知道你遇到了啥麻烦事。不论你和费利切有啥过节，去找他了结不就行了？他完全知道如何回应。而我对你的事情一无所知，你不该这样对我大骂一通，尤其是你很清楚，我这个人眼里可是容不下一粒沙子。"

贝内代托君反驳说我啥都知道，他会让我吃更大的苦头，还说我和费利切是一对大无赖。

---

① 佛罗伦萨文书，在罗马和那不勒斯两地效力。†

这时，四周聚集了一大群人看热闹。他的恶言恶语激怒了我，我立即弯腰抓起一把泥——天正下着雨——以迅雷不及掩耳之势，用尽全力往他脸上扔过去。他马上一低头，泥打在了他脑壳中间，泥里面藏有一块石头带有几个棱，其中一个棱打中了他，他倒在地上昏死了过去。围观者一看流了那么多血，都以为他死了。

67

贝内代托君躺在地上，几个人过来就要把他抬走的时候，珠宝匠蓬佩奥打这里路过。这是教皇派人找他，要他做一些珠宝活儿。蓬佩奥一看地上的人那一副惨相，就问是谁打的。有人对他说：

"是本韦努托打的，也是这个蠢货自找的。"

蓬佩奥一见到教皇就说："最神圣的教宗，本韦努托刚刚杀死了托比亚，这是我亲眼看到的。"

教皇一听就上了火，马上命令在场的行政长官去抓我，把我立即绞死在杀人现场，要想尽办法把我抓住，不把我绞死就不要再回去见他。

我看着倒霉的贝内代托君四脚朝天躺在地上，马上就意识到自己身处险境。想到我仇人的势力，想到这场灾难的后果，我马上就逃走了，躲在教廷财政署职员乔瓦尼·加迪先生家里，打算尽快准备好逃离罗马。可加迪先生却劝我不要这么惊慌，也许事情并没有我想象的那样严重，然后就吩咐安尼巴莱·卡罗先生出去打探消息，卡罗先生和他住在一起。

正在这样安排的时候，来了一位罗马绅士，是枢机主教德·美第奇①家的人，是枢机主教派他来的。这位绅士把我和乔瓦尼先生叫到一边，告诉我们说，教皇的一番话枢机主教德·美第奇都听见了，枢机主教又把这些话对他说了，还说现在也没有啥办法可以帮我，我要尽可能逃过教皇的第一阵暴怒，不要在罗马任何一家躲避风险。

这位绅士一走，乔瓦尼先生就哭丧着脸看着我说：

"哎呀！我要倒霉啦！我一点也帮不上你啦！"

我回答说："天主保佑，我自己会帮自己的，我只求你借给我一匹马用用。"

一匹土耳其黑马已经备好了鞍，那是罗马最漂亮最好的一匹马。我跨上马，把一支火绳枪放在鞍的前穹上，将击铁扳起，必要时可以随时开火。

我来到西斯托桥，看到全体治安队员都在那里，有的骑马，有的徒步。我只好硬着头皮催马快走，真是天主保佑了我，我顺利地过去而没有被他们发现，然后就以最快的速度奔向帕隆巴拉村②，那是焦万巴蒂斯塔·萨韦洛大人③的采邑，我在这里把马送还给乔瓦尼先生，但没有把我的下落告诉他。

焦万巴蒂斯塔大人很友好地款待了我两天，然后劝我转移到那不勒斯躲过这场风暴。他给我找了个同伴，打发我上了通向那不勒斯的路。

---

① 伊波利托·德·美第奇（1511—1535），内穆尔公爵朱利亚诺的私生子，教皇利奥十世的侄子，罗马著名的文学艺术保护人。1529 年，他十八岁就被克莱门特七世任命为枢机主教，但还是支持反对美第奇的势力，参与了反对公爵亚历山德罗的阴谋，也许是被亚历山德罗毒死的。†
② 距离罗马大约三十七公里。†
③ 罗马贵族，雇佣军人，为教皇克莱门特七世效力，在围攻佛罗伦萨时与美第奇军队并肩作战，后来受雇于公爵科西莫一世，直至 1553 年去世。†

旅途中我遇到一个认识的雕塑家，他名叫索洛斯梅奥[①]，正要去圣杰尔马诺，到那里制作皮耶罗·德·美第奇在卡西诺山[②]上的墓碑。索洛斯梅奥告诉我，就在出事的那天晚上，教皇克莱门特派一个名誉侍从去了解托比亚的情况。这位名誉侍从从过去一看，托比亚正在干活儿，一点事儿也没有，甚至对杀人的事一无所知，就回去向教皇禀报。教皇转身对蓬佩奥说：

"你真是个饭桶！我可是要明白地告诉你，你这一下子可捅了马蜂窝，将来蜇你也是你罪有应得！"

教皇又委托枢机主教德·美第奇照料我，又说他感到后悔，不该让我从他眼皮子底下溜走。这样，我和索洛斯梅奥一路唱着歌向卡西诺山走去，再从这里到那不勒斯。

68

索洛斯梅奥在卡西诺山把事情处理完，我们就继续赶路。在离那不勒斯不到一里的地方，我们碰到了一个小旅店老板，他请我们住他的店，说他在佛罗伦萨居住多年，在卡洛·吉诺里[③]手下效力，我们要是住进他的店，他会最热情地招待我们，因为我们俩都是佛罗伦萨人。我们一再对老板说不想住他的店，可他围着我俩团团转，死皮赖脸地缠着我们非住他的店不可。

我有些不耐烦了，就问他是否听说过一个名叫贝亚特里切的西西里妇女，她有一个漂亮的女儿名叫安杰利卡，娘儿俩都是

---

① 安东尼奥·索洛斯梅奥，画家，雕塑家，依照安东尼奥·达·圣加洛的设计，于1559年修建完成了皮耶罗的陵墓。†

② 这座山上的圣杰尔马诺是一座本笃会修道院，1871年以前一直叫这个名字。洛伦佐·德·美第奇的儿子皮耶罗·德·美第奇被逐出佛罗伦萨，1503年死后就埋葬在这座修道院。克莱门特七世想为他立一座墓碑，于1559年最终完成。†

③ 卡洛·迪·列奥纳多·吉诺里，1527年初担任佛罗伦萨共和国旗手，瓦萨里和一些艺术家的朋友。†

妓女。

旅店老板以为我是在嘲弄他，就喊叫起来：

"妓女都该死！喜欢妓女的人也都该死！"

说完，他用马刺催了一下马，看样子是要走开不管我们了。

我以为用这一招将那个蠢驴老板打发走是占了便宜，但实际上我一点便宜也没有占到，因为这又勾起了我对安杰利卡的爱。

我正感慨万端地与索洛斯梅奥谈论着这个话题，那个旅店老板又风风火火地赶了回来，勒住马对我说：

"大概两三天以前，一个妇女和一个姑娘住进了我旅店隔壁的一座房子，她俩的名字就像你说的那样，但是不是西西里人我不敢说。"

我回答说："安杰利卡这个名字对我太有吸引力了，我现在就决定住进你的店。"

这样谈妥以后，我们和这位老板一起骑马来到那不勒斯城，在他店前下了马。几分钟对我来说就像是几年一样，眨眼之间我就把行李包打开，来到旅店隔壁的那座房子，在这里见到了我的安杰利卡，她给了我最热烈的拥抱。我和她从傍晚一直待到第二天早上，一整夜的享受酣畅痛快，在我一生中是前所未有的。

就在我如饥似渴地吮吸着爱的甘露时，突然想起这一天正是当月的最后一天，这正是魔鬼在魔圈里预言的。所以，每一个与精灵打交道的人，都要好好掂量一下我所经历的巨大危险！

69

我钱袋里正好有一颗钻石，我把它拿给金匠们看。我虽然还年轻，但作为艺术家的名声甚至在那不勒斯也是响当当的，所以他们对我表示了最热烈的欢迎。

　　我结识的人中有一个我最好的伙伴，他是个珠宝匠，名叫多梅尼科·丰塔纳。我在那不勒斯逗留了三天，其间这个大好人离开他的作坊与我朝夕相伴，一直没有离开我，还带我参观了城里及其附近的很多著名古迹。

　　他还带我拜访了那不勒斯总督 ①，总督曾对他说想见见我。我见到了总督阁下，他很有礼貌地接待了我。双方寒暄时，总督阁下的目光落在了我刚才提到的那颗钻石上。他让我把钻石拿给他看看，说如果我放弃钻石的话，他请求我给他优先购买权。

　　我把钻石拿了回来，然后又给了总督阁下，说我和钻石都愿为他效劳。他说他很喜欢这枚钻石，但更喜欢我留在他身边，他给我的条件一定会让我感到满意。双方都说了很多客气话，然后说到这颗钻石的价值，总督阁下让我给个一口价，无论我认为值多少，他绝不还价。于是我说，它价值整整二百斯库多。

　　总督阁下回答说，在他看来我的估价并不算太高，由于那是我镶嵌的，而且他还认为我是世界上首屈一指的艺术家，要是换别人镶嵌就不会有同样好的效果了。我说，这颗钻石并不是我镶嵌的，而且镶嵌得也不好，它看起来漂亮是由于其天然本色，我要是重新镶嵌一次，会使它漂亮得多。然后我用大拇指甲抠住钻石刻面的棱，把钻石从戒指上抠了下来，稍微清理了一下后把它交给了总督。他一看惊喜不已，给我开了一张二百斯库多的钱票，这正是我要的价钱。

　　我回到住所，看到枢机主教德·美第奇的一封信，他在信中要我火速赶回罗马，并直接在他邸宅前下马。我把信念给安杰利卡听，她眼含着热泪求我，让我要么留在那不勒斯，要么带着她一块儿走。我回答说，她要是想和我一起走，我就把总督给我的

————————————
① 佩德罗·阿尔瓦雷茨·迪·托莱多，公爵科西莫的岳父，比利亚弗兰卡侯爵，1532 年被任命为那不勒斯总督，卒于 1553 年。†

二百达克特交给她保管。

她母亲发现我俩嘀嘀咕咕地说着什么，就凑上来说：

"本韦努托，你要是想把我女儿带到罗马，就给我留下十五达克特支付我的分娩费，然后我也跟你走。"

我对这个吃白食的老妖婆说，她要是把安杰利卡给了我，我会十分高兴地给她留下三十达克特。

这笔交易做成后，安杰利卡求我给她买一件黑天鹅绒睡衣，因为这种东西在那不勒斯很便宜。我这时百依百顺，就让人去买天鹅绒睡衣，算了账付了钱。这个老妖婆看我傻乎乎的，被爱情折腾得神魂颠倒，就趁机为她自己要一件好料子衣服，也为她几个儿子要很多东西，另外还要一笔钱，比我给她的还要多得多。

我笑眯眯地转身对她说："我亲爱的贝亚特里切，这下我给你的东西足够了吧？"

她回答说还不够，我说她觉得还不够的地方，对我来说已经足够了。我吻了安杰利卡之后就和她分手了，她满眼泪水，我开怀大笑，两人一拍两散，我马上动身回罗马了。

70

我把钱装进衣袋，连夜离开那不勒斯，我这样做是防止遭人袭击或谋杀，那不勒斯的情况就是这样。我来到塞尔奇亚塔[①]时，几个骑手出来行刺我，我不得不以敏捷的身手勇敢自卫。

几天以后，索洛斯梅奥留在卡西诺山办他的事，我在一天上午来到阿纳尼一家饭店吃饭。快到饭店时，我用火绳枪打死了几只鸟，枪机上的一个铁尖头划破了我的右手。伤势其实不重，但

---

① 位于圣马利亚－卡普阿－韦泰雷镇附近。†

看起来不轻，因为流了很多血。

我把马拴住走进饭店，到了楼上的一个大厅，看到一大群那不勒斯绅士正要入座就餐。和他们在一起的有一个有身份的年轻妇女，是我所见到的最漂亮的女子。我进来的时候，后面紧跟着我一个仆人，一个最优秀的年轻人，手里拿着一杆戟正在上楼。那些可怜的绅士看到我们这副模样，又是武器又是血，再加上这个地方是有名的杀人犯的老窝，吓得他们从座位上站了起来，惊恐万状地求天主保佑。

我大笑起来，说天主已经保佑他们了，我就是一个保护他们免遭伤害的人。然后我向他们要东西包扎我手上的伤口，那位最漂亮的女士拿出一块绣金手帕，想用它来给我做绷带。我拒绝了，但她把手帕一撕两半，以最优雅的方式亲自把我的手包扎住。这些人放下心来，我们就高高兴兴地在一块儿吃饭。

吃过饭以后，我们又一同上马出发。这些绅士还没有完全打消疑虑，机警地让我陪着那位女士交谈，而他们则走在后面，与我俩保持一段距离。我骑着一匹漂亮的小马与她并肩而行，我向仆人使个眼色，让他在后面不要靠得太近，这样我们好有机会说说体己话。我就这样最为愉快地回到了罗马。

到罗马以后，我在枢机主教德·美第奇家门前下了马。见了这位大人的面，我向他表达了敬意，热情地感谢他把我召回。然后我又恳求他，如果可能的话不要监禁我，甚至不要罚我的款。枢机主教见到我很高兴，叫我不要有任何顾虑。随后他转向身边的一个侍从，也就是锡耶纳的皮耶尔·安东尼奥·佩奇先生[1]，命令他以枢机主教的名义告诉治安官不要动我。枢机主教又问佩奇，

---

[1] 出生于锡耶纳，先为枢机主教伊波利托效力，然后到法兰西为凯瑟琳·德·美第奇效力，1551年参与一项反对西班牙人统治锡耶纳的阴谋，被佛罗伦萨政府宣布为反叛分子。†

那个被我用石头打破了头的人现在情况如何。皮耶尔·安东尼奥先生回答说，他伤得很厉害，也许会更厉害，因为他听说我要回罗马的消息后，就发誓拼死也要对我还以颜色。

听到这话，枢机主教大笑起来，说：

"这个家伙想显示他是个地道的锡耶纳人，看来他找不到更好的办法了。"

枢机主教又转身对我说："为了我的名誉，也为了你自己的名誉，老老实实地先待上四五天，不要在长凳街一带露面。过了这一段时间，你爱上哪儿上哪儿，哪个疯子想死就叫他死吧。"

我回到家里，继续制作已经开始动手做的那枚徽章。徽章正面是教皇克莱门特的头像，背面是和平女神像。和平女神是一个苗条的妇女，其衣着薄如蝉翼，腰身部位打有褶裥，手拿一把小火炬，正在点燃一堆武器，这些武器像战利品一样捆在一起。在背景上我设计了一个庙宇的一部分，旁边是戴着脚镣的冲突之神，四周是拉丁铭文：Clauduntur belli portae[①]。

徽章就要完成的时候，我打伤的那个人痊愈了，教皇则不断地询问我的下落。不过我没有去找枢机主教德·美第奇，只要我一见他，他就给我重要的活儿做，这样就耽误我完成徽章。结果教皇面前的大红人彼得罗·卡尔内塞基先生[②]就负责一直盯着我，还婉转地对我说，教皇非常想让我为他效力。我对他说，再过几天我就会向圣座证明，我从来也没有耽误过为他效力。

---

① "关闭战争之门"，语出维吉尔《埃涅阿斯纪》I，294。这里所说的"门"指的是古罗马两面神神庙的门，这扇门在和平时期是关闭的。†

② 彼得罗·卡尔内塞基（1508—1567），博学的人文主义者，从克莱门特七世的秘书晋升为宗座总书记官。先是被指控为信奉异端邪说，1546年被宗教裁判所赦免，1558年又被判斩首与火刑，公爵科西莫把他交给教皇庇护五世以后，最后于1567年10月3日被处决。†

71

几天以后，徽章做好了，我分别用金、银、铜将徽章冲压出来。我把徽章拿给皮耶尔先生看，他马上就领着我去见教皇。那是4月的一个下午，天气晴朗，教皇在贝尔韦代雷宫。我来到御前，把做好的徽章和钢模具一起放到他手里。他拿起一看，马上就看出了纯熟的制作工艺。他看着皮耶尔先生说：

"古代人从来也没有过像这样的徽章。"

他和其他一些人细细地把玩着，一会儿拿起模具，一会儿拿起徽章。我以最谦恭的语气说：

"如果我的灾星没有遇到一个更强大的神灵①，这个神灵阻止了这些灾星伤害我，圣座恐怕已经失去了一个忠心耿耿地爱您的仆人，当然这既不怨您，也不怨我。因此，最神圣的教宗，人在形势危急的时候，应该像一些平民百姓所说的那样三思而后行，这样做并不为错。

"圣座一定还记得，我最大的仇敌②仅凭三寸不烂之舌，就轻而易举地激怒了您，结果您命令行政长官去抓我并当场绞死。但是我毫不怀疑，当您意识到自己铸成大错，剪除了一名您现在也承认的仆人时，我相信，我再重复一遍，您一定会在天主和世人面前感到深深的内疚。

"所以，优秀善良的父亲，还有同样优秀善良的师傅，绝不能不问青红皂白就对儿子和仆人棍棒相加，因为事后的懊悔将于事无补。现在天主已经驱散了司命星的邪气，为圣座挽救了我，我斗胆恳求您下一次不要轻易被人激怒而对我发火。"

---

① 即天主。切利尼想告诉读者和教皇，是天主独自救他免遭灾星和教皇的伤害。†
② 即蓬佩奥。†

教皇不再看徽章了，而是站在那里认真地听着我的话。当时在场的有很多最显要的贵族，教皇有些脸红，像是感到有愧似的。他不知如何摆脱这一尴尬的处境，只好说他不记得下过这个命令。

为了给他个台阶下，我把话题岔开了，不再说让他羞愧的原因了。圣座又开始谈论徽章，问我用啥办法把这么大的徽章冲压得这么好，他还从来没有见过如此大的古代徽章。就这个话题我们谈了一会儿，但教皇怕我再教训他一顿，说得比上一次还难听，就开始赞扬我的徽章，说他感到满意至极，他还想按照自己的想法，再制作一枚不同背面的徽章，如果可以用不同的模子冲压出两个不同背面的话。

我说这可以做到，圣座就让我设计一个摩西的故事，表现摩西击打石头后从石头里流出水来①，图案上面有这样一句拉丁语格言：Ut bibat populus②。最后他又说："去吧，本韦努托，不等你做完，我就会把钱给你了。"

我走了以后，教皇当众宣布他要给我足够的钱，这样我不必为其他保护人工作就可以过上富裕生活。这样我就全力以赴，开始制作带有摩西的背面图案。

72

这时教皇病了，御医认为病情危重。我一个仇人害怕我，就雇了一些那不勒斯士兵，想对我来个先下手为强③，所以要保住我

---

① 典出《圣经·出埃及记》17：5~7；《民数记》20：8。‡
② "使百姓可以喝。"语出《出埃及记》17：6。‡
③ 按照习俗，教皇去世新教皇当选后要宣布大赦，所以在此期间常有暴力犯罪活动，犯罪后希望得到大赦。切利尼在这里指的是蓬佩奥会趁此机会暗杀他，这在某种程度上证明他后来杀人是正当的。†

这条小命就很难了。

经过不懈努力，我完成了那个徽章背面的制作，我把它拿给教皇时，发现他躺在床上，令人惨不忍睹。尽管如此，他还是极其亲切地接待了我，并希望看一看徽章和模具。他让人把眼镜拿来，点亮了蜡烛，但还是啥也看不清。他干脆用手去摸，摸了一会儿之后长叹一声，说他非常挂念我，如果天主使他恢复健康，他会把一切都处理好的。

三天以后，教皇去世了[①]，我的一切努力也都白费了。但我还是鼓起勇气对自己说，这些徽章已经为我赢得了巨大的声誉，无论是谁当选为教皇，都会给我事情做，说不定还会给我带来更好的运气。这样我又恢复了信心，完全忘掉了蓬佩奥对我造成的巨大伤害。

我穿上盔甲佩上剑，来到圣彼得教堂，吻了已故教皇的脚，也洒下了泪水。我回到长凳街，等待观看在这种时候总要出现的混乱。

我正和几个朋友坐在长凳街上，蓬佩奥过来了，旁边跟着十个全副武装的人。他走到我正对面停下了脚步，看样子是想找个碴儿打我一顿。我身边的几个伙计都是天不怕地不怕的年轻人，很想出手打一架，就向我使眼色，意思是叫我把剑拔出来。我刚想拔剑，但又转念一想，我要是一拔剑，可能会伤害到无辜的人，就决定还是让我一个人豁出去吧。

蓬佩奥一直站在那里，等待的时间足够向圣母玛利亚献两遍祷词了，然后对着我这个方向冷笑一声就走了，他那一帮人也都摇头晃脑地笑着，还做出其他威胁的姿态。

我这几个伙计想立即动手，我怒气冲冲地对他们说，我一个

---

① 教皇克莱门特七世于 1534 年 9 月 25 日去世。†

人对付他们就足够了，不需要比我更豪勇的武夫，各人操好自己的心就行了。一听这话，我这几个朋友就嘴里咕哝着，很生气地走了。

这些人里面有我一个最亲密的伙伴，他叫阿尔贝塔奇奥·德尔·贝内[①]，是亚历山德罗和阿尔比佐的亲兄弟，现在是里昂的一个大富翁。这位阿尔贝塔奇奥是我所认识的最了不起的年轻人，最为勇敢，爱我就像爱他自己一样。他心里很清楚，我的克制不是由于缺乏勇气，而是由于一种过人的胆量，他对我的性格可以说是了如指掌。他拦住我，希望我能让他和我一块儿干，无论干啥都行。我回答说：

"亲爱的阿尔贝塔奇奥，你是我最亲的人，你要是想帮忙以后有的是机会，可这一次你要是想为我好就别过来，去管你自己的事，马上和其他朋友一起离开这里，已经没有时间了。"

我一口气把这些话说完。

73

与此同时，我的仇人蓬佩奥一行沿着长凳街朝水闸门走去，那个地方就叫水闸门，慢悠悠地来到一个四通八达的交叉路口，而蓬佩奥家所在的那条街则直通花圃。蓬佩奥到这里有事，就走进了位于水闸门一角的一家药店，在这里停了一会儿去办事。

我虽然听说他曾吹嘘他侮辱过我，但无论如何还是该他倒霉。我走到那个角时，他正好从药店里出来，他雇的那帮打手聚拢过来把他围在中间。我抽出一把锋利的匕首，以闪电般的速度闯过

[①] 罗马富商皮耶罗·德尔·贝内的另一个儿子，罗马遭到洗劫时切利尼曾为他看守过宅院。据说阿尔贝塔奇奥非常博学，也懂艺术，1554年在马尔恰诺战役中阵亡。†

保护他的那道人墙，一把抓住他的胸部，一帮打手谁也没有拦住我。我照准他的脸就刺，他吓得一扭头，正好刺中耳朵根儿。我又刺了两下，他立马倒地身亡。

其实我并没有打算杀死他①，但正如常言所说，出手打人是无法测算轻重的。我用左手抽回匕首，用右手拔出剑来自卫。但所有打手都过去看尸体，谁也没有对我动手，我就一个人沿着朱莉娅大街②走了回去，盘算着下一步如何保护自身安全。

我大约走出去了三百步，一个非常要好的朋友金匠皮洛托③走过来对我说：

"兄弟，既然出了事，我们就要想办法救你。"

我回答说："咱到阿尔贝塔奇奥·德尔·贝内家去吧，几分钟以前我才对他说，我很快就需要他帮忙。"

到了阿尔贝塔奇奥家以后，我受到最热烈的欢迎。不大一会儿，长凳街所有最优秀的年轻人都来了，各个国家④的都有，除了米兰人之外⑤，每个人都表示愿意舍命救我。路易吉·鲁切拉伊先生⑥非常慷慨，迅速派人来表示我需要啥就给我啥，很多像他一样的大人物也都愿意帮忙。大家全都夸我干得好，认为蓬佩奥对我

---

① 已故教皇的继任者几乎总是会宣布大赦，所以切利尼说杀蓬佩奥没有预谋很难让人相信。这一天是 1534 年 11 月 27 日。†

② 这条大街是教皇尤利乌斯二世建造的，在切利尼那个时候是艺术家经常去的地方，如拉斐尔。†

③ 乔瓦尼·迪·巴尔达萨雷（1460—1536），人称"皮洛托"，佛罗伦萨金匠，雕塑家，在佛罗伦萨、威尼斯和罗马效力，其作品包括米开朗琪罗设计的一个圆球，放置在佛罗伦萨圣洛伦佐大教堂新圣器收藏室顶上。†

④ 当时意大利的主要城市都是独立的政治实体，即城邦国家。‡

⑤ 蓬佩奥是米兰人，其同胞自然不愿来帮助佛罗伦萨的杀人凶手。†

⑥ 路易吉·鲁切拉伊先生（1495—1549），佛罗伦萨富翁，敌视美第奇家族，1530 年佛罗伦萨共和国倒台以后隐居罗马。值得注意的是，切利尼这些侨居在罗马的佛罗伦萨籍朋友，虽然很多都是美第奇家族的死敌，这个时候也看在老乡的情分上来帮助切利尼，而切利尼及其家族则受惠于美第奇家族。文艺复兴时期，即便是在教皇居住的大都市罗马，公民情谊也极为强烈。†

伤害太大了，太不可原谅了，而我竟然容忍他这么长时间，他们都感到惊奇。

74

枢机主教科尔纳罗[1]听说这件事以后，主动派出三十名士兵各带戟、矛和火绳枪，要把我恭敬地请到他府上。我接受了邀请，和士兵们一起去了，陪我一块儿去的年轻人比士兵还要多。

与此同时，蓬佩奥的亲戚、教皇首席名誉侍从特拉亚诺先生派一名米兰绅士去找枢机主教德·美第奇，把我犯重罪的消息告诉了枢机主教，希望枢机主教大人一定要惩罚我。枢机主教德·美第奇当场反驳道：

"他要是不犯这个轻罪，那他犯的罪才算大哩，代我感谢特拉亚诺先生告诉我这一消息，这件事我还没有听说过。"

然后他转过身去，当着这位米兰绅士的面，对他的侍从和老熟人弗鲁利主教[2]说：

"仔细找找我的朋友本韦努托，把他带到我这里来，我想帮助并保护他，伤害他就是伤害我。"

那个米兰绅士红着脸走了。弗鲁利主教在枢机主教科尔纳罗府上找到了我。他对枢机主教科尔纳罗说，枢机主教德·美第奇派他来找本韦努托，想把本韦努托保护起来。

枢机主教科尔纳罗像熊一样性情暴躁，一听这话就冒了火，说他完全可以像枢机主教德·美第奇一样保护我。主教又请求与

---

① 弗朗切斯科·科尔纳罗（1478—1543），塞浦路斯王后的侄子，威尼斯军人，1528 年被任命为枢机主教，后来成为布雷西亚主教。†

② 贝尔纳多·迪·米凯洛佐·米凯洛齐，生卒年不详，先为利奥十世效力，后来为保罗三世和科西莫一世效力。当时为弗鲁利主教，后辞职并就任卡萨诺主教。†

我谈谈另外一件事，这件事和枢机主教德·美第奇有关，但与目前这件事毫不相干。科尔纳罗就对他说，就今天来说，他就只当是和我已经谈过了。

枢机主教德·美第奇非常生气。不过第二天夜里，我就瞒着科尔纳罗，在别人的护卫下去拜访了德·美第奇。我恳求德·美第奇允许我待在科尔纳罗家里，向他讲了科尔纳罗给我的优厚待遇，又说如果他允许我待在科尔纳罗家里，我就又能结交一个在我需要时能帮助我的朋友。但不管怎样，他可以按他认为最好的方式来安排。

枢机主教德·美第奇回答说，我想咋办都行。我就回到了科尔纳罗府上。几天以后，枢机主教法尔内塞当选为教皇[①]。

新教皇处理完大事以后，马上就派人去找我，说他不想让其他任何人为他铸硬币。听到这话，一位与他有私交的拉蒂诺·尤韦纳莱先生[②]回答说，我杀了一个米兰人蓬佩奥之后已躲藏起来，然后又提出各种理由为我辩护。

教皇听了以后回答说：“蓬佩奥是咋死的我不知道，但本韦努托为啥杀人我知道得一清二楚。马上给他准备一张安全通行证，保证他的绝对安全。”

碰巧在场的有一个蓬佩奥的好朋友，他与教皇也很熟，是个米兰人，名叫安布罗焦[③]。他对教皇说：“您刚上任没有几天，不宜发布此类的赦免令。”

教皇转身对他说：“这件事你没有我清楚。现在我要让你知

---

① 1534 年 10 月 13 日，亚历山德罗·法尔内塞当选为教皇，称保罗三世。他对学者和艺术家很慷慨，但对他家里人最慷慨。†

② 拉蒂诺·尤韦纳莱·马奈蒂（1486—1553），人文主义者，很多意大利作家的朋友，罗马教廷成员，负责保护罗马古代遗迹，1530 年为查理五世访问罗马担任向导。†

③ 安布罗焦·雷卡尔卡蒂，米兰圣安布罗焦教堂教士，教皇保罗三世的首席书记官和秘书，后来因滥用职权而失宠，一度被教皇监禁在圣天使城堡。†

道，本韦努托在他那一行里独一无二，这样的人是不必受法律管制的，尤其是也管制不住本韦努托，我知道他有充足的理由。"

安全通行证为我准备好以后，我马上就开始为新教皇效力，并受到最优厚的待遇。

75

拉蒂诺·尤韦纳莱先生来找我，委托我为教皇铸造硬币。我所有的仇人都坐不住了，开始想方设法阻挠我。教皇看出了他们的意图，狠狠地训斥了他们，非让我铸造硬币不可。我开始制作模具，设计了圣保罗的半身像，四周有拉丁铭文：Vas electionis[①]。这枚硬币远远超过了我竞争对手制作的，所以教皇禁止其他任何人在他面前谈论硬币，他只希望我一个人制作，其他人都不行[②]。

我受到了鼓舞，就开始干了起来。拉蒂诺·尤韦纳莱先生按照教皇的命令，负责安排我觐见圣座。我很想恢复在铸币局担任的模压工职务。教皇在这件事上接受了建议，告诉我必须先得到杀人赦免状，按照罗马对杀人元凶的规定，我可以在8月圣母玛利亚节[③]那天得到。我还要说一句，通常每年在这一隆重的节日，市政官员们都要赦免十二个罪犯。同时教皇还答应再给我一张安全通行证，以保障我在得到赦免之前的安全。

我的仇人一看无法阻止我进入铸币局，就使出了另外一招。蓬佩奥死后，为他的私生女留下了三千达克特的嫁妆，他们就安

---

① "拣选的器皿"，指圣保罗，语出《圣经·使徒行传》9：15："主对亚拿尼亚说：'你只管去。他是我所拣选的器皿，要在外邦人和君王并以色列人面前宣扬我的名。'"‡

② 硬币上提到圣保罗是在强调这样一个事实：教皇保罗三世是鼓掌表决当选为教皇的，不是投票当选的，这种方式在教皇选举中多年没有出现过。†

③ 8月15日，现在一般称为"圣母升天节"，与圣诞节、复活节、圣神降临节并称为天主教的"四大瞻礼"，是天主教最重要的节日之一。‡

排教皇的儿子皮耶尔·路易吉阁下①的一个亲信向该女求婚，由他主人做媒，结果事情就办成了。

皮耶尔·路易吉的这个亲信是个不起眼的乡下娃子，由其主人养大成人。据说他只得到一点钱，皮耶尔·路易吉从中插手，打算把钱留为己有。做丈夫的为了讨好妻子，便多次恳求皮耶尔·路易吉把我逮起来，皮耶尔·路易吉发现教皇对我的热乎劲儿减弱了一点，就答应了这一恳求。

就这样大约过了两个月。这个仆人老是向主人要妻子的嫁妆，皮耶尔·路易吉便找各种借口往后拖，但向那女人保证说，他无论如何也要为她父亲报仇。

对这件事我听到一些风声，但还是不断去找皮耶尔·路易吉，他看起来对我还是非常喜爱，但实际上早就打定了主意——要么派人将我杀掉，要么让治安官把我抓起来。他委派手下一个恶魔似的科西嘉士兵，让他尽可能干净利落地把这活儿做了，我其他仇人许诺给这个家伙一百斯库多的酬金，尤其是特拉亚诺先生。这个科西嘉士兵向他们保证说，干掉我犹如探囊取物一般。

我听说这一阴谋后处处留神，护卫不离左右，穿上一件锁子铠甲，戴上手腕板，我这样穿戴是得到官方允许的。

那个科西嘉人出于贪婪，想把所有酬金都拿到手，以为他一个人就能把事情办成。一天午饭后，他以皮耶尔·路易吉阁下的名义派人去找我，我马上就去了，我知道皮耶尔·路易吉说过想让我做几件大银器。我匆匆离开了家，但还像平常那样穿上盔甲，沿着朱莉娅大街快速向法尔内塞宫走去，根本没有想到会在这个

---

① 皮耶尔·路易吉·法尔内塞（1503—1547），保罗三世的私生子，被其父任命为教会旗手，帕尔马和皮亚琴察公爵，被查理五世任命为卡斯特罗公爵，生性残忍，有鸡奸癖，据说强奸过法诺主教，1547年被其廷臣杀死在帕尔马，是切利尼的头号死敌。†

时候碰见人。

我走到朱莉娅大街尽头，转身朝法尔内塞宫走去。拐弯的时候我总是习惯绕大弯，这时我发现那个科西嘉人站起来走到路中间。我有所准备，所以一点也不惊慌，但仍保持着警惕，脚步也放慢了一些，往墙边靠近了一点，想给这个科西嘉人让路。他也往墙边靠近了一些，这样我们俩已经离得很近了。我从他的举动上发现他对我有歹意，他看我只有一个人，以为自己可以得手。我开始发话：

"勇敢的士兵，如果是在夜里，你会说你认错人了，可现在是大白天，你看得清清楚楚，知道我是谁。我和你素不相识，从来没有伤害过你，而是很愿意为你效劳。"

听到这话，他摆出一副威胁的架势，根本就不让路，神气活现地说他根本就听不懂我的话。我回答说：

"我完全知道你要干啥，知道你说的是啥意思，但你接受的这项任务比你想象的更危险、更困难，甚至会搬起石头砸你自己的脚。你要记住，你要对付的这个人能以一抵百，而且你要干的这件事也很不光彩，根本不是像你这样的勇士应该干的事。"

我怒容满面，我俩的脸都变了颜色。这时很多人围了过来，他们都听出来我俩的话里火药味十足。他没有胆量对我下手了，就说了一声：

"后会有期。"

我回答说："我随时准备见值得一见的人，见表现出德行的人。"

我俩分手以后，我来到皮耶尔·路易吉阁下的邸宅，一问才知道他并没有派人找我。我回到作坊以后，那个科西嘉人通过我们俩共同的一位朋友告诉我不必再戒备他了，他想成为我的好兄弟，但我要小心防备其他人，我的处境异常危险，一些显要人物已经发誓非要杀了我不可。我派人向他表示了感谢，然后保持起最高度的警惕。

几天以后，我一位好朋友告诉我，皮耶尔·路易吉阁下下了严厉的命令，要在当天晚上将我逮捕。我听到这话的时候是在二十点，我就告诉了一些朋友，他们劝我马上逃走。逮捕定在日落后一个小时，我就在二十三点坐上邮车前往佛罗伦萨。

看来是那个科西嘉人没有足够的勇气去做他答应过的事，皮耶尔·路易吉阁下就干脆亲自下令将我逮捕，只不过是想安抚一下蓬佩奥的女儿，她老是没完没了地嘟囔着要嫁妆。为讨好她而制订的这两个复仇计划都失败以后，皮耶尔·路易吉阁下又心生一计，这件事我要在适当的时候再说。

76

我到了佛罗伦萨，拜访了公爵亚历山德罗，他异常热情地欢迎我，极力劝我留下来为他效力。

当时佛罗伦萨有一个雕塑家名叫"蒺藜"①，我们是老伙计，我还是他儿子的教父。谈话中他告诉我，他第一个师傅雅科波·德尔·圣索维诺②派人叫他，他也从未到过威尼斯，认为在威尼斯会有所收益，所以很想到威尼斯去。他问我以前是否去过威尼斯，我说没有，这样他就邀请我和他一起去，我同意了。我就告诉公

---

① 尼科洛·迪·拉法埃洛·德·佩里科利（1500—1550），外号"蒺藜"，因为他老是刺挠人，佛罗伦萨雕塑家和建筑师，圣索维诺的学生，建造佛罗伦萨圣洛伦佐大教堂新圣器收藏室时与米开朗琪罗合作，为美第奇家族大肆庆祝节日搞装饰和建筑，也许在这方面花费了太多时间和精力。最著名的作品是为美第奇家族在城堡别墅设计的喷泉。†
② 即雅科波·塔蒂（1486—1570），雕塑家，安德烈亚·圣索维诺的学生，早年活跃于佛罗伦萨，后来到罗马，罗马之劫后辗转来到威尼斯，1529年被任命为威尼斯共和国总建筑师。圣索维诺是取他师傅的名字。†

爵亚历山德罗，我想先到威尼斯去，然后再回来为他效力。他要我做出正式承诺，还要我在离城之前再见见他。

第二天一早，我准备停当以后就去向公爵辞行，我是在帕齐宫见到他的，当时住在这里的是洛伦佐·奇博阁下的夫人和几个女儿[①]。我托人转告公爵大人，我想得到他的允许到威尼斯去。科西莫·德·美第奇阁下，也就是现在的佛罗伦萨公爵，回话说我可以去找尼科洛·达·蒙特·阿古托[②]，尼科洛会给我五十金斯库多，这是公爵大人的一片心意，以后我要回来为他效力。

我从尼科洛那里拿到了钱，然后就去了蕨藜家，他早已准备好了。他问我是否把剑柄和剑鞘捆到一起了，我回答说，一个骑马出远门的人是不应该把剑捆起来的。他说，这是佛罗伦萨的规矩，掌管司法大权的是一个名叫毛里齐奥君[③]的人，即便是施洗者约翰犯了一丁点的过错，也会受到严刑拷打，所以每个人佩的剑都要先捆起来，直到走出城门为止。我一听就笑了起来，这样我们就上路了。与我们同行的还有一个信使，外号叫"发牢骚的人"。我们几个人一起穿过博洛尼亚，在一天晚上来到费拉拉。

我们在广场上的一家旅馆落了脚，发牢骚的人则去找几个被流放到这里的佛罗伦萨人，给他们捎去妻子写的信或带来的口信。公爵有令，除了这个信使以外，任何人都不准与这些流放者交谈，否则将受到同样的流放处罚。

---

① 帕齐宫是朱利亚诺·达·马亚诺为雅科波·德·帕齐设计的，1478 年帕齐因密谋反对美第奇家族失败而被绞死。当时洛伦佐·奇博的妻子里恰尔达·马拉斯皮纳住在这座宫里，夫妻二人已经分居。里恰尔达与公爵亚历山德罗似乎有好情。1530 年，教皇克莱门特七世任命奇博为教会军统帅。†
② 公爵亚历山德罗的心腹。†
③ 米兰人，1535 前后担任佛罗伦萨八人公安委员会大法官，以执法严厉而著称。†

在此期间，刚过二十二点，我和蒺藜去迎接费拉拉公爵①返回，他到贝尔菲奥雷观看比武去了。等待他返回的时候，我们碰见很多被流放的犯人，他们盯着我们，看样子想让我们开口说话。蒺藜真不愧是我所认识的最胆小的人，嘴里不停地说着：

"不要看他们，也不要和他们说话，如果你想回佛罗伦萨的话。"

这样我们一直等到公爵回来。

回到旅馆时，我们发现发牢骚的人已经回来了。日落将近一个小时以后来了一帮人，有尼科洛·贝宁滕迪及其兄弟皮耶罗，还有一个岁数大一点的，我记得是雅科波·纳尔迪②，另外还有几个小伙子。他们一进来就向信使打听消息，每个人都问佛罗伦萨家里的情况。我和蒺藜离他们远远的，以免和他们搭上话。他们与发牢骚的人谈了一会儿之后，尼科洛·贝宁滕迪说：

"我认识那两人。他俩为啥装出那副熊样子，连话也不和我们说？"

蒺藜连连求我闭住嘴，发牢骚的人则向他们解释说，只允许他说话，不允许我们说话。贝宁滕迪反驳说，那是胡说八道，又加上一句"都让他们得瘟疫"，另外又说了很多花里胡哨的词儿。

这时，我慢慢抬起头来，尽可能谦恭地说道：

"亲爱的先生们，你们可以恶语伤人，而我们一点也帮不上忙。你们有些话说得虽然并不妥当，我们也不打算计较。"

---

① 埃尔科莱·德斯特二世（1508—1559），1534年继承父亲阿方索一世的爵位担任费拉拉和摩德纳公爵，法兰西国王路易十二的女婿，提香和阿里奥斯托的保护人，贝尔菲奥雷是费拉拉附近埃斯特家族的一座别墅。†

② 雅科波·纳尔迪（1476—1563），佛罗伦萨优秀历史学家，萨沃纳罗拉的追随者，反美第奇的激进分子，1530年流放到威尼斯，财产被剥夺。把李维的著作翻译成本地方言，著有《佛罗伦萨史》，以失败的萨沃纳罗拉共和派的观点来描述1494—1538年佛罗伦萨的事件。贝宁滕迪是八人公安委员会成员，1529年担任共和军指挥官，1530年与其兄弟皮耶罗一起被流放。†

纳尔迪老先生说，我说话像一个懂规矩的年轻人。但尼科洛·贝宁滕迪说：

"去他们的尿吧，去那个公爵的尿吧。"

我回答说，他错怪我们了，我们和他这个人毫无关系，和他的事也毫无关系。纳尔迪老先生站在我们一边，说贝宁滕迪错了，贝宁滕迪嘴里就不干不净地咕哝个没完。我对贝宁滕迪说，我会说出他不愿意听的话来，会做出让他不高兴的事来，他还是少管闲事为好，不要再招惹我们了。他又喊了一遍：去恁的尿吧，去公爵的尿吧，你们都是一群蠢驴。

听到这话，我马上回答说，他是在说鬼话，并随即拔出剑来。那个老先生想第一个下楼梯，下了几级之后便跌倒了，其他几个人都压在他身上。我一边靠着墙往前冲，一边愤怒地挥着剑喊道：

"我要把你们都杀光！"

实际上我十分小心，不想伤到他们，我要是想伤他们真是太容易了。混乱之中，旅馆老板吓得尖叫起来。发牢骚的人喊了一声：

"看在天主的面子上，都住手吧！"

有人喊道："哎呀，我的头！"还有人喊："让我赶快离开这里！"反正是一片难以形容的混乱，活像一群猪一样。

这时，旅店老板拿来一支点燃的蜡烛，我退到了楼上，把剑插回鞘里。发牢骚的人对尼科洛·贝宁滕迪说，他的行为太恶劣了。旅店老板也对他说：

"在这里拔出剑来简直就是要命。公爵要是知道恁在这儿闹事，非把恁吊死不可。这次我就对恁手下留情，但恁要记住，以后再也不要到我这旅馆里来了，要不然叫恁吃不了兜着走。"

老板说完就走到我跟前，我正要向他道歉，他一句话也不让我说，而是对我说他知道我完全是对的，还要我在旅途上注意防范那帮人。

77

吃过晚饭，一个撑船的来让我们坐他的船到威尼斯。我问他能不能让我们自己包一条船，他说完全可以，这样就说定了。

第二天，我们一大早起来，骑上马来到码头，这儿离费拉拉有好几里远。到了码头以后，我们发现尼科洛·贝宁滕迪的兄弟带着三个人在等我。他们有两杆长矛，我在费拉拉买了一杆很结实的尖枪。我全副武装，一点也不怕，而蕨藜则吓得喊叫起来：

"天主救命啊！他们到这里来杀我们啦！"

发牢骚的人转身对我说："你最好还是回费拉拉，我看这里事情要闹大。本韦努托，你千万不要惹得这帮畜生性起。"

我回答说："只管往前走，天主总是帮助有理的人，你也会看到我咋帮助我自己。这条船不是由咱包下来了吗？"

"是的。"发牢骚的人说。

"既然是这样，我要是有这个能耐，咱上船以后就不叫他们上。"

我催马往前走，下了马之后与他们相距不到五十步，拿着尖枪大模大样地往前走。蕨藜停在了我后面，在马上缩成一团，像十冬腊月里打寒战一样。信使发牢骚的人则像风箱一样，呼哧呼哧地从鼻子里往外直冒气。他这个人就有这个毛病，可这一会儿还是呼哧得多了点儿，他是担心这场劫难如何收场。

我到了船边，撑船的师傅出来说，这几个佛罗伦萨绅士想和我们一起上船，如果我愿意的话。

我回答说："船由我们包下来了，其他人都没有份儿，所以他们不能上船，我很遗憾。"

听到这话，马加洛蒂家一个傲慢的年轻人说：

"本韦努托，我们会让你请我们做伴儿的。"

我回答说："如果天主和正义站在我一边，如果我有强大的力量，你们就根本上不了船。"

我边说边往船上跳，用枪尖对准他们说：

"问问我这支尖枪答应不答应。"

马加洛蒂想证明他说话当真，就拿着剑过来了。我跳到船舷边，照准他就是一枪，要不是他往后跌倒了，我这一枪非扎透他不可。他几个同伴一看转身就跑，哪里还敢帮他。我一看能杀掉他，就把枪收起来对他说：

"起来吧，兄弟，拿着你的武器走吧。你已经看到了，我不能做我不想做的事，我本来可以杀你，但我手下留情了。"

然后我就喊蒗藜、撑船的师傅和发牢骚的人上船，随即起航向威尼斯驶去。

我们在波河上航行了十里之后，那几个年轻人乘着一条小快船追了上来。两条船并排的时候，那个白痴皮耶罗·贝宁滕迪大声对我喊道：

"这次就便宜了你，本韦努托，咱们威尼斯再见。"

"那就赶快去吧，"我喊道，"我也去那里，随时都会奉陪。"

到了威尼斯以后，我征求枢机主教科尔纳罗一个兄弟的意见，求他帮我说一下允许我带武器。他叫我只管带好了，大不了就是丢一把剑而已。

78

我佩上剑去拜访雕塑家雅科波·德尔·圣索维诺，是他派人去叫蒺藜的。圣索维诺盛情接待了我，还留我们吃饭。他对蒺藜说，目前还没有活儿干，让蒺藜下一次再来。

我听了以后放声大笑，对圣索维诺说：

"他要是再来的话，他家离你家也太远了。"

可怜的蒺藜灰头土脸地说：

"我这里有你的信，是你写信叫我来的。"

圣索维诺反驳说，像他这样的人，又有地位又有才能，可以随便这么做，而且还可以做更大的事。

蒺藜耸了耸肩膀，嘴里咕哝了好几遍："忍耐点儿，忍耐点儿。"

这时，我也顾不得圣索维诺招待我的饭菜是如何丰盛，马上站到我的伙计蒺藜一边，因为他是对的。

饭桌上，圣索维诺唧啵唧啵地大谈他的伟大成就，同时还辱骂米开朗琪罗和其他雕塑家，把自己吹捧到了天上。我气得一口饭也吃不出味道来，但我还是压了压火气，只说了这么两句：

"雅科波先生啊，有能耐的人做事应该名副其实才对。有才能的人制作出优秀作品来，应该让别人去夸奖，这比自己吹嘘要光彩得多。"

说到这里，我们俩都气呼呼地从桌子后面站了起来，嘴里不停地嘟囔着。

这一天，我路过威尼斯的里亚尔托桥附近时，正好碰见皮耶罗·贝宁滕迪及其一帮人。我知道他们出来是要找我的碴儿，就转身进了一家药店，一直等到风平浪静以后才出来。事后我听说，马加洛蒂家的那个年轻人（我曾对他网开一面）把他们臭骂了一顿，这件事也就作罢了。

79

几天以后，我们动身返回佛罗伦萨。

一天夜里，我们住在基奥贾这一边的一个地方，也就是当你从基奥贾到费拉拉去的时候左边的位置。旅馆老板一定要我们按他的方式付钱，也就是先付钱再住店。我说，其他地方都是第二天早上再付钱，他回答说：

"我一定要前一天晚上付，要按我的方式付。"

我反驳说，处处都要自行其是的人，应该按照自己的方式再创造一个世界来，而在这个世界上是不行的。

老板对我说，不要再纠缠了，他一定要我们照他说的做。蔡藜吓得直打哆嗦，用胳膊肘捅捅我，叫我不要再声张，生怕惹出麻烦来。这样我们就按老板的要求付了钱，然后就进屋休息了。

我不得不承认，这里的床真是棒极了，里外全新，一尘不染。可我连眼皮都没有合住，瞪着眼在想如何出了这口恶气。我一开始想放火烧了房子，后来又想杀掉马厩里的四匹好马。我心里很清楚，要干这些事简直易如反掌，但干完以后不知道我和同伴如何脱身。最后我做出决定，先把我和同伴的东西装上船再说。拉纤的马套上纤绳以后，我让他们在我回来以前不要开船，我把一双便鞋忘在旅馆房间里了。

我回到旅馆去找老板，他回话说他和我们已经没有任何关系，我们可以滚蛋了。

旁边站着一个穿得破破烂烂的小马倌，打着哈欠对我说：

"就是教皇来了，老板也不会挪挪屁股，他正搂着一个小浪妞儿睡觉哩，他早就想死她了。"

他向我要点小费，我就给了他几个威尼斯铜币，让他告诉拉纤绳的人等我一会儿，我找到便鞋以后就回去。

我上了楼，拿出一把锋利的小刀，把我见到的四张床单划成了碎布条。这一下我心满意足了，我知道我破坏的东西价值超过五十斯库多。

我把几块床单碎片装进口袋跑回到船上，让拉纤绳的人马上开船。还没走多远，我的伙计蕨藜说，他把捆行李的两根皮带忘在旅馆里了，他无论如何也要回去拿。我回答说，两个小屁就算了，我会给他放大屁，想要多少就放多少 ①。他说我老是好开玩笑，但他是真想回去拿皮带。他试图让拉纤绳的停下来，而我则催促继续往前走，同时我又把毁坏老板东西的事向蕨藜讲了一遍，还把划破的床单拿出来让他看。蕨藜一看顿时吓得浑身打战，马上大叫着对撑船的说：

"往前走，往前走，越快越好！"

一直到了佛罗伦萨城门，他才算放下心来。

到了佛罗伦萨，蕨藜说：

"看在天主分上，咱还是把剑捆起来吧，不要再和我开玩笑了，我这一路上简直像是把脑袋系到裤腰带上了。"

我回答说："蕨藜伙计，你就不必再捆剑了，你根本就没有把剑解开。"

我这是随便说的，因为一路上我看他一点也不像个男子汉。

一听这话，他看了看他的剑，说：

"天啊，你说的一点不错！你看剑还捆着，还是我离开家时的老样子。"

我这个伙计认为我不是个好旅伴，因为我不甘受辱，总是防范那些想伤害我们的人。但我认为他对我太不够意思，紧要关头

---

① Coregge 一词在意大利语里有"皮带"和"屁"两层意思，切利尼在这里是一语双关。†

他从来也没有帮过我一把。我俩谁对谁错，就让那些没有参与我们历险的旁观者来评判吧。

80

我一下马就去拜访公爵亚历山德罗，感谢他送给我五十斯库多，告诉他我随时都会尽力为他效劳。他马上就命令我铸造硬币模具。

我制作的第一枚硬币面值四十索尔多①，正面是公爵头像，背面是圣科西莫和圣达米亚诺②的全身像，用银制作。公爵看后极为满意，毫不犹豫地说这是基督教世界最好的硬币。整个佛罗伦萨，还有见到这枚硬币的每一个人，也都是这么说。

我请求公爵大人给我一份固定工资，同时给我在铸币局里安排住所。他让我继续为他效力，并答应他给予我的会比我要求的还要多。他还说，他已经向铸币局局长做了交代，此人名叫卡洛·阿恰尤奥利③，我可以到他那里拿我需要的钱。我发现确实如此，但我取钱非常谨慎，所以我账面上一直有盈余。

我又制作了一个朱利奥④的模具，一面是施洗者圣乔瓦尼的侧面像，坐着手拿一本书，在我看来比我制作的任何一件作品都要好，另一面是公爵亚历山德罗的盾徽图案。

不久之后，我又制作了半朱利奥⑤的模具，上面有圣乔瓦尼的正面头像。这是人们第一次见到在如此薄的银币上制作正面头像，

---

① 意大利旧铜币，二十索尔多相当于一里拉。‡
② 二人都是美第奇家族的保护圣徒，据说都是医生。†
③ 卡洛·迪·罗伯托·阿恰尤奥利，1530 年以后担任铸币局局长好几年。†
④ 一种银币，一朱利奥相当于五十六意大利分，上面有佛罗伦萨保护圣徒圣乔瓦尼像。†
⑤ 也是银币，与朱利奥大小相当，直径二十四毫米。†

其难度之大只有这一行的老手才能看出来。之后我又制作了金斯库多模具，一面是一个十字架和一些小天使，另一面是公爵大人的盾徽。

这四枚硬币完成以后，我再一次恳求公爵把我的工资确定下来，恳求他安排我在前面提到的住所，如果他对我的工作还算满意的话。他很有礼貌地告诉我他很满意，而且会批准我的请求。

我们说这话的时候，公爵大人在他的保管库，正查看一支很漂亮的短枪，是德意志人送给他的。他发现我也仔细看着这件非常精致的小玩意儿，就把它放到我手里，说他知道我很喜欢这一类的东西，我可以从他保管库里认真选一支我喜欢的枪，唯有这一支除外，他知道这里有很多更好看、更精致的东西。

我接受了他的馈赠，并向他表示了感谢。公爵见我在房间里东张西望，就对保管库主管下令说，任何东西我都可以随便拿，主管是卢卡的普雷蒂诺①。公爵说了一些极为好听的话之后就走了，我就留下来挑了一杆我所见到或拥有的最漂亮、最好的火绳枪，然后就拿着这杆枪回家了。

两天以后，我拿来一些设计图，公爵大人让我制作一些金制品，他想送给夫人②作为礼物，夫人当时还在那不勒斯。我又一次询问我的事，如果他能马上给我办成的话③。公爵大人告诉我，他想先让我以优美的风格制作带有他漂亮肖像的模具，就像我为教皇克莱门特制作的那样。我先用蜡做肖像，公爵因此下令，我在工作期间无论啥时候去画他的像，都要让我进去。

---

① 弗朗切斯科·达·卢卡，人称"普雷蒂诺"，据美第奇宫廷登记簿上的记录，此人于1543—1545年担任保管库主管。†
② 奥地利的玛格丽特（1522—1586），查理五世的私生女，1536年2月在那不勒斯与亚历山德罗成婚，1536年5月到佛罗伦萨，1537年亚历山德罗遇害以后，1538年嫁给了奥塔维奥·法尔内塞，即未来的帕尔马公爵，1559年成为低地国家女总督。†
③ 即确定工资和在铸币局里安排住所。†

　　我一看这件活儿不是短期内能完成的，就让人到罗马附近的里通多山，把一个名叫彼得罗·帕戈洛①的人叫来，他从小就跟着我一块儿在罗马。我发现他跟着一个叫贝尔纳多②的金匠，但这个金匠对他很不好，我就把他带走了，然后一点一滴地教他如何用模具铸硬币，同时我继续画公爵的像。

　　我经常发现公爵在午饭后单独和洛伦齐诺③在一起睡午觉，后来洛伦齐诺把他杀了。这样一个公爵，对自身安全竟然如此掉以轻心，我感到非常惊奇。

81

　　这时，奥塔维亚诺·德·美第奇④好像啥事都管。他不顾公爵的反对，器重铸币局的老局长。老局长名叫巴斯蒂亚诺·琴尼尼，是个守旧的工匠，基本上没有啥技术。制作斯库多模具的时候，他把自己笨拙的铁模具和我的混在一起铸造。

　　我向公爵抱怨了这件事，公爵把情况了解清楚后非常生气，对我说：

　　"把这情况告诉奥塔维亚诺·德·美第奇，让他看看是咋回事。"

---

①　彼得罗保罗·加莱奥托（1520—1584），金匠，切利尼的学生，蒙特罗通多人，后来陪切利尼到法兰西，1552年12月帮助切利尼铸造珀尔修斯像。†

②　贝尔纳多·巴尔迪尼，卒于1573年，金匠，切利尼在自传里老是贬低他，被公爵科西莫任命为佛罗伦萨铸币局局长。†

③　洛伦佐·德·美第奇（1513—1548），皮耶尔弗朗切斯科·德·美第奇的儿子，生性残暴，作家与学者的好朋友，本人也写喜剧和诗歌。1537年1月5—6日雇凶杀害亚历山德罗以后逃到威尼斯，最终被公爵科西莫派去的一名刺客杀死在那里。有人认为，洛伦齐诺的刺杀行为是佛罗伦萨共和主义的最后一次挣扎，与罗马人布鲁图刺杀恺撒一脉相承。†

④　卒于1546年，美第奇家族的旁系，在亚历山德罗和科西莫一世统治期间手握重权，被瓦萨里赞誉为艺术家的朋友。†

　　我马上就去找奥塔维亚诺，让他看了那样做对漂亮的硬币造成的损害。奥塔维亚诺像一头犟驴一样回答说：

　　"我就喜欢照这个样子做。"

　　我说不能这么做，我不喜欢做成这个样子。他说：

　　"要是公爵喜欢这样做呢？"

　　我回答说："那我也不喜欢这样做，这样做既不正确，也不合理。"

　　他让我滚开，叫我就这样忍了吧，就是气死也不行。

　　我又去找公爵，向他一五一十地讲述了我和奥塔维亚诺之间令人不愉快的谈话，我就恳求公爵，不要让任何人毁掉我为他制作的漂亮硬币，还求他允许我离开佛罗伦萨。

　　公爵回答说："奥塔维亚诺也太放肆了，你的要求会得到满足的，这也是对我本人的伤害。"

　　就在这一天，这是个星期四，我收到了教皇发自罗马的安全通行证，他命我马上回去领取8月中旬圣母节上颁发的赦免状，这样就可以免除对我的杀人指控了。

　　我去找公爵，他正躺在床上，我听说他刚才寻欢作乐了，现在正歇息。我用两个小时多一点的时间，就完成了蜡徽章模型还没有做好的部分，我让他看了做好的蜡模型，他感到极为满意。然后我又拿出教皇派人送来的安全通行证，告诉他教皇召我回去做一些活儿，这样我就能够在美丽的罗马城重新立足，但这不会影响我为他制作徽章。

　　公爵有些生气地回答说：

　　"本韦努托，听我的话，留在这里。我会给你固定薪金，在铸币局里为你安排住房，另外还会给你很多你没有要求的东西，你的要求十分公平合理。你为我制作了这么漂亮的模具，你想让谁用这些模具来铸造硬币呢？"

我说："大人，这一切我都想到了。这里有我一个学生，是个
年轻的罗马人，我已经把技艺都传授给他了，他会很好地为您效
力，直到我做好您的徽章后再回来，那时我会永远留下来为您效
力。我在罗马开有一个作坊，雇有工匠，生意十分红火。一旦领
到赦免状，我就把罗马所有的活儿都交给那里的一个学生，只要
大人您允许，我就回来为您效力。"

我们谈话的时候，前面提到的那个洛伦齐诺·德·美第奇也
在场，其他一个人也没有。公爵不住地向洛伦齐诺使眼色，让他
也劝我留下来，但洛伦齐诺只说了这么一句：

"本韦努托，你还是留在这里为好。"

我回答说，无论如何我也要回到罗马。

洛伦齐诺站在那里不再说话，只是用奸诈的眼光一直盯着
公爵。

我很满意地做好了那个徽章，把它锁到一个小盒子里，对公
爵说：

"大人，托您的福，我要为您做一枚漂亮的徽章，比教皇克莱
门特的那一枚还要漂亮得多。我完全有理由这么说，因为他那一
枚是我第一次做的，您的这一枚我会做得更好。洛伦齐诺先生学
识渊博，天赋极高，他会给我设计一个漂亮的背面。"

听到这话，洛伦齐诺马上回答说：

"我一直考虑着这件事，想设计一个配得上公爵大人的背面。"

公爵坏笑了一下，看着洛伦齐诺说：

"洛伦齐诺，你就给他设计个背面吧，这样他就可以在这里做
而不必走了。"

洛伦齐诺马上插嘴说："我要尽快做好，希望做好以后全世界
都会感到震惊。"

公爵有时候把他当成个傻瓜，有时候把他当成个懒虫。公爵

在床上翻了翻身，对洛伦齐诺夸下的海口感到好笑。

我没有再打招呼就走了，把他们俩留在了那里。

公爵以为我不会走，就没有再说啥。后来他听说我已经走了，就派一个仆人去追我。这个仆人在锡耶纳赶上了我，以公爵的名义给了我五十金达克特，还捎来公爵的话说，让我看在他的面子上收下这笔钱，并且尽快赶回去。"洛伦齐诺先生还让我告诉你，他正在为你要制作的那枚徽章准备一个漂亮的背面。"①

我把使用模具的全部方法都教给了彼得罗·帕戈洛，也就是前面提到的那个罗马人，但这一技术极难掌握，所以他一直没有学到家。

后来铸币局的账上一直欠着我制作模具的酬金，一共有七十多斯库多。

82

我去了罗马，带着公爵给我的那杆漂亮的火绳枪，一路上很开心地用了很多次，施展了我那惊人的绝活儿。

我到了罗马，朱莉娅大街上我那座小房子还没有收拾好，我就在教廷财政署职员乔瓦尼·加迪先生家下了马。我离开罗马时，把我最喜爱的许多漂亮武器和其他很多珍贵的东西都托付给了他。我不想在我作坊门前下马，就让人去找我的合伙人费利切，要他马上把我的小房子收拾利落。

第二天②，我到小房子里去过夜，把衣服和一切必需品都准备好，打算次日上午去拜访教皇，向他表示感谢。

我有两个年轻的仆人，楼下住着一个女洗衣工，她经常为我

---

① 切利尼为亚历山德罗制作的这枚徽章一直没有完成。†

② 1535年6月初。†

做美味可口的饭菜。那天晚上，我请了几位朋友来吃饭，大家兴致勃勃地吃完了饭，然后我就上床睡觉了。

那一夜快要过完了，离日出大约还有一个小时，我听到一阵猛烈的敲门声，一下接一下没个完。我把年龄大一些的仆人琴乔[①]叫起来，也就是我带进巫术圈里的那个小伙子，让他去看看到底是哪个疯子，深更半夜了还在这里胡搅闹。

琴乔去了以后，我又点亮一盏灯，我夜里总是在身边放着一盏，然后迅速在衬衫外面穿上一件极好的锁子铠甲，又随手抓起一件衣服穿在外面。

琴乔回来了，嘴里喊着：

"天啊，师傅！是治安官和所有治安队员，他们说你要是不马上开门，他们就要把门掀倒。他们打着火把，另外还有很多东西！"

我回答说："告诉他们我正在穿衣服，我要穿着衬衫去见他们。"

我担心这是杀我的一个圈套，就像皮耶尔·路易吉阁下所做的那样，我就用右手抓起一把锋利的匕首，左手拿着安全通行证，然后向后窗户跑过去，窗户外面就是果园。我一看，那里早已守候着三十多个治安队员，就知道从这一侧逃走是不可能了。

我只好让两个仆人走在前面，告诉他们一定要等到我让他们开门以后再去开。我摆出防卫的架势，右手拿着匕首，左手拿着安全通行证，对两个仆人喊道：

"不要怕，开门！"

---

① 即第 64 章提到的温琴齐奥·罗莫利。†

治安官维托里奥[1] 和两个治安队员马上就蹿进来，以为能够很容易地把我抓住，但一看我迎接他们的这个架势，就往后一缩身，说：

"这可不是开玩笑！"

我把安全通行证往他们面前一扔，说：

"念念吧！你们无权抓我，谅你们谁也不敢动我一下。"

治安官就命令几个手下人来逮我，说他过一会儿再看安全通行证。我就把匕首晃了晃，大声喊道：

"让天主维护正义吧！要么我活着逃走，要么就请你们收尸！"

屋子里挤满了人，看样子他们要动武，我拉开架势自卫。治安官意识到除了照我说的方式之外，他根本就抓不住我，只好让文书大声念安全通行证，同时还两三次暗示手下人把我抓住，但这丝毫不能动摇我的决心。最后他们泄了气，把安全通行证往地上一扔就走了。

83

我回到床上以后焦躁不安，再也睡不着了，就打定主意等天亮了就放血[2]。不过我先征求了乔瓦尼·加迪先生的意见，他让我去找他认识的一个江湖游医，这个医生问我是不是受到了惊吓。请看这个医生是何等高明，我讲了半天这么大一件事，他还问我这样一个问题！他是个愚蠢无聊的人，莫名其妙地笑个不停。他嘿嘿地傻笑着，嘱咐我喝一大杯希腊葡萄酒，精神要振作起来，

---

① 据这一时期的档案记载，一个名叫维托里奥·波利蒂的人在1539年5月以后才担任治安官，1534—1535年的治安官是纳尔多·卡斯塔尔多和皮耶尔·弗朗切斯科·德·诺比利·迪·巴罗。†

② 古代西医认为，血在四种体液中占主导地位，很容易过剩，一旦过剩人就会生病，这时就需要放血来保持体液平衡，所以放血是当时一种常用的医疗手法。‡

不要害怕。乔瓦尼先生一再说：

"师傅，在这种情况下，就是一个铜人、一个石头人也会被吓坏，更何况是一个血肉之躯哩！"

这位傻大夫回答说："先生，我们可不是一个模子造出来的。这个伙计既不是铜人，也不是石头人，而是纯铁一块。"

他用手摸了摸我的脉，又傻笑着对乔瓦尼先生说：

"你摸摸这个地方，这哪里是人脉？这是狮子脉，是龙脉！"

这时，我感到血管里的血在咕咚咕咚地作响，恐怕远远不是这个傻大夫从希波克拉底或盖伦①那里学到的知识所能解释得了的。我马上就意识到自己病情非常严重，但我不想再给自己雪上加霜，还装出若无其事的样子。

与此同时，乔瓦尼先生让人准备好了饭，我们就坐下来一起吃饭。当时除了乔瓦尼·加迪先生之外，我记得在场的还有洛多维科·达·法诺先生、安东尼奥·阿莱格雷蒂先生、希腊人乔瓦尼先生，这些人都是最优秀的学者，另外还有安尼巴莱·卡罗先生，当时他还很年轻。

饭桌上，大家谈论的没有其他话题，全是我的勇敢行为。他们让我徒弟琴乔一遍又一遍地讲这件事的整个经过，琴乔这个小伙子极有才能，非常勇敢，长得也很漂亮。琴乔模仿着我凶狠的样子，摆出我当时的架势，学着我说的每一句话，他每讲一遍，都能使我想起一些细节。他们一直追问琴乔怕不怕，琴乔回答说，他们应该问我怕不怕，因为他当时的感觉和我是完全一样的。

这些没完没了的唠叨让我心烦，我仍然感到强烈的焦躁不安，就从座位上站了起来，说我要出去为我和琴乔买一些蓝丝绸新衣服，四天以后我打算参加圣母节的游行庆祝活动，到时候让琴乔

---

① 二人均为古希腊名医，前者享有"医学之父"的美誉。‡

举着一个点燃的白色火炬。

我走了以后，买了一些蓝布让人裁了裁，还做了一件漂亮的短上衣，用的布料是波斯产的蓝真丝，还有一件同样颜色的紧身上衣。我为琴乔做了一件紧身上衣和绸子外衣，也是蓝色的。

布料裁好以后，我去觐见教皇，教皇让我去找安布罗焦先生，他已命令安布罗焦先生安排我做一件大金器，于是我就去找安布罗焦先生。安布罗焦先生对治安官干的那件事知道得一清二楚，是他和我仇人串通一气把我叫回罗马的，他还大骂治安官没有逮捕我。治安官为自己辩解说，我手里拿着安全通行证，他一点办法也没有。安布罗焦先生开始跟我谈教皇委托他办的事，他让我先画设计图，其他一切事务由他来安排。

圣母节就要到了。按照习俗，那些将要获得赦免的人要重新收监。为了不受这个罪，我又去找教皇，对教皇说我不愿意入监，求他开恩放我一马。教皇回答说这是习俗，一定要遵守。我再次双膝跪地，感谢他为我签署安全通行证，我要拿着这张安全通行证回到佛罗伦萨为公爵效力，他正眼巴巴地等着我。

听到这话，教皇转身对一个心腹仆人说：

"给本韦努托一张赦免状，不让他入监，赦免状务必起草好。"

赦免状起草好了，教皇又签了字，还在朱庇特神庙登了记。

后来在节日那天，我走在两个绅士中间，很体面地参加了游行，终于完全得到赦免。

84

四天以后，我突然生了病，寒冷伴随着高烧。我躺到床上，心里想这一回必死无疑。

我派人请来了罗马最好的医生，其中有弗朗切斯科·达·诺尔恰师傅①，一位资深医生，在罗马声誉最高。我向这几位医生讲了我所认为的病因，说我曾想放血，但由于别人劝阻而没有放，如果还不算太晚，我求他们立马就给我放。弗朗切斯科师傅回答说，这时放血对我并不好，要是及早放血就好了，我就不会再受这个罪了，所以现在只能另想办法。

他们下了最大的劲儿给我诊治，而我的病情每天都在恶化，八天以后医生们已经束手无策，说我愿意享啥福只管去享吧。弗朗切斯科师傅又说：

"只要他还有一口气，随时都可以叫我，谁也说不准造化能在这样一个年轻人身上弄出啥名堂来。还有，他要是失去知觉，这五服药给他一服接着一服服下去，同时马上派人来找我，我夜里任何时候都能来，我更乐意救他而不是罗马的任何一个枢机主教。"

乔瓦尼·加迪先生每天都要来看我两三次，每次来都拿起我某一支漂亮的猎枪、铠甲或是剑一类的东西，嘴里还不停地说着：

"这件东西很漂亮，那件东西更漂亮。"

我制作的小模型和其他零碎东西，他也拿在手里一直说个不停，把我烦得简直要发疯。和他一起来的还有一个人名叫马蒂奥·弗兰泽西②，这个家伙好像也巴不得我快点死，这倒不是因为他想要我啥东西，而是想让乔瓦尼先生了却一桩心事。

我的合伙人费利切一直在我身边，他尽了全力帮助我，可以说一个人能够为另一个人所提供的帮助，也就是这个样子了。我瘫软无力，萎靡不振，连出气回气的力气也不足了，但脑子仍然和平常一样清楚敏捷。

---

① 弗朗切斯科·富斯科尼，卒于1550年以后，阿德里安六世、克莱门特七世和保罗三世三位教皇的御医，专治疟疾，这种病在当时的罗马很常见。也搜集古典雕塑作品。†
② 佛罗伦萨诗人，当时活跃于罗马，后来成为枢机主教尼科洛·阿丁海利的秘书。†

我虽然意识清醒，但一个可怕的老头儿经常来到我床边，想硬把我拖到他的一条大船上去，这时我就喊费利切过来，让他把这个邪恶的老家伙赶走。

费利切是最爱我的，他哭着跑过来喊道：

"滚蛋，你这个老贼，你是想夺走我的心肝宝贝啊！"

接着，在场的乔瓦尼·加迪先生说："这个可怜的人在说胡话，顶多再活几个小时。"

另一个家伙马蒂奥·弗兰泽西说："他读过但丁，现在他病得厉害，出现了这种幻觉。"① 他又笑着说：

"滚吧，老不死的，不要打扰我们的朋友本韦努托！"

我意识到他们在戏弄我，就转身对乔瓦尼·加迪先生说：

"亲爱的先生，你知道我不是在说胡话。那个老家伙确实令我心烦，但你最好还是帮我把马蒂奥从我身边赶走，他一直在幸灾乐祸，令人恶心。以后您要是还屈尊来看我的话，我求您和安东尼奥·阿莱格雷蒂先生一起来，或者安尼巴莱·卡罗先生也行，其他有才艺的朋友也可以，这些人的理解力和判断力都很强，和那个畜生大不一样。"

乔瓦尼先生就开玩笑似的叫马蒂奥走开，再也不要来了。但马蒂奥一直笑个不停，这个玩笑就当了真，乔瓦尼先生再也不想看见他了，就叫人把安东尼奥·阿莱格雷蒂先生、洛多维科先生和安尼巴莱·卡罗先生找来。这几个有德行的人来了以后，我得到极大的安慰，头脑很清醒地与他们交谈了一会儿，同时还一直不停地催促费利切把那个老家伙赶走。

洛多维科先生问我看到了啥，那个人长得啥样。我正有鼻子有眼地描绘的时候，那个老家伙抓住了我一条胳膊，拼命把我往

---

① 船上老人的形象可能是但丁《神曲·地狱篇》第3章里的卡龙。但丁对于来世的描绘是文艺复兴时期很多艺术家灵感的来源。†

他那里拉。我大喊救命，老家伙要把我扔到他那可怕的船的甲板上。我刚说完最后一个字就昏了过去，感觉是他把我扔进了船里。他们说我昏过去以后乱打滚儿，嘴里骂着乔瓦尼·加迪先生，说他是来抢我东西的，根本不怀好意，另外还有类似的污言秽语，让乔瓦尼先生十分羞愧。他们说，后来我像死人一样躺着一动不动，他们在我身边等了一个多小时，以为我正在变凉，已经死了，然后他们就走了。

他们回去以后，马蒂奥·弗兰泽西听到了这一消息，他又往佛罗伦萨写信，告诉了我最要好的朋友贝内代托·瓦尔基先生，说他们在夜里几时几刻看见我死了。贝内代托·瓦尔基先生是个最有才华的人，也是我好朋友。他听到这个消息以后，就写了一首令人赞叹的十四行诗，写了我被讹传而不是真正的死，这首诗我将在适当的地方抄录下来。

漫长的三个多小时过去了，我还是没有苏醒过来。费利切把弗朗切斯科师傅开的几服药都用完了，我仍然昏迷不醒。费利切飞一样地跑到弗朗切斯科·达·诺尔恰师傅家，没命地敲门。弗朗切斯科师傅醒了，费利切让他起来，含着眼泪求他到我家去看看，费利切以为我已经死了。

弗朗切斯科师傅这个人生性暴躁，听到这话以后就回答说：

"孩子，他要是死了，我就是过去还有啥用？他死了我比你还要难过。你以为我带着药去了以后，能往他屁眼儿里吹气把他吹活吗？"

可怜的小伙子哭着走了，弗朗切斯科师傅一看又把他叫了回来，给了他一点油，让他涂在我手腕和胸口上，还让他使劲捏我的手指和脚趾，如果我能醒过来，马上就去叫弗朗切斯科师傅。

费利切回来以后，就按照弗朗切斯科师傅的嘱咐做了。天就要亮了，他们看我不行了，就吩咐给我做寿衣，并给我洗洗身子。

　　我突然醒过来喊费利切，叫他马上把那个老家伙赶走，老家伙不停地缠磨我。费利切想叫人去请弗朗切斯科师傅，可我叫他不要去，而是让他过来紧挨着我，那个老家伙怕他，马上就走开了。

　　费利切来到我床边，我摸着他，好像觉得那个疯狗似的老家伙走了，所以我求费利切寸步也不要离开我。

　　弗朗切斯科师傅来了，他说救我一命是他最大的心愿，又说他一生中从来没有见过像我这样生命力强大的年轻人。他坐下来提笔为我开了药，开的有香料、洗剂、软膏、硬膏和其他一大堆名贵药品。

　　与此同时，二十多个蚂蟥趴在我屁股上吸血，我又一次醒了过来，可我浑身难受透了，好像被捆住磨成了粉末一样。我很多朋友都来看这一死而复生的奇迹，其中有一些是最显要的人物。

　　我当着他们的面宣布，我拥有的那一点金子和钱，大概有八百斯库多，包括金、银、宝石和现金，我想遗赠给我那可怜的妹妹，她在佛罗伦萨，被称作雷帕拉塔夫人；剩下的全部财产，包括武器等所有东西，我都留给了我最亲爱的合伙人费利切，另外还有五十多个金达克特，让他用来买丧服。

　　听到这话，费利切一下子搂住我的脖子，坚决表示他啥也不要，只要我活着与他在一起。我对他说：

　　"如果你想叫我活，就像以前那样摸着我，冲着那个老家伙大喊大叫，他害怕你。"

　　听我这么一说，在场的有些人大惊失色，他们知道我不是胡说八道，而是心如明镜似的有的放矢。

　　我就这样阴不死阳不活地熬着，几乎不见好转。那位最杰出的弗朗切斯科师傅每天来四五趟，而乔瓦尼·加迪先生问心有愧，以后再也没来过。

我妹夫也从佛罗伦萨赶来了，他是来继承财产的。可他是个大好人，看到我还活着，他格外高兴。看到他我感到大有好转，他马上就抱住我，说是来亲自照料我的，他确实照料了好几天。后来我感到恢复大有希望，就把他送回佛罗伦萨。他临走时给我留下了贝内代托·瓦尔基先生写的那首十四行诗，诗的全文如下 ①：

> 马蒂奥你可知怎表悲伤？
> 谁又能禁止住眼泪流淌？
> 真可惜好朋友英年早逝，
> 只抛下吾等人痛断肝肠。
>
> 君生为艺术家盖世无双，
> 到如今撒手去直升天堂；
> 就是在先贤中亦无其匹，
> 尘世间再无人与君颉颃。
>
> 倘若是天堂里仍有爱光，
> 拜托你小精灵把他照看，
> 我挥洒伤心泪你细端详。
>
> 昔有神创世界万物生长，
> 在天国你观看他的至福，
> 他与你刻画得一模一样。

---

① 这首诗枯燥乏味，很不真实地反映了切利尼在艺术史上的地位，对切利尼人品的赞誉更是言过其实，我真不想把它翻译出来。我之所以翻译，是因为这首诗很典型地反映了当时意大利虚伪的社会风气。瓦尔基对朋友之死的悲痛是真实的，但表现这一悲痛的语言却是虚假的。†

85

我的病是如此厉害，好像再也好不透了。那个大好人弗朗切斯科·达·诺尔恰师傅比以前更加努力，每天都给我带来新药，试图恢复我那垮掉的身体。但所有这些努力都不足以攻克我的顽症，医生们个个摇头，不知如何是好。

我渴得要命，但遵照医嘱已经有好多天没有喝水了。费利切觉得他在救我脱离危险时起了特殊作用，所以一直不离我的左右。那个老家伙不再惹我了，但有时出现在我梦里。

有一天，费利切出门了，一个年轻徒弟和一个女仆留在家里照料我，女仆名叫贝亚特里切。我问那个徒弟琴乔是咋回事，他为啥一直没有来看我。小伙子回答说，琴乔病得比我还要厉害，已经离死不远了，费利切嘱咐他们谁也不要对我提起这事。

听到这个消息，我难过极了。然后我把那个女仆贝亚特里切（她是皮斯托亚人）叫过来，让她把旁边一个大水晶凉水瓶给我端来，里面全是新鲜的清水。

贝亚特里切马上跑过去把水瓶给我端来，水满满的直到瓶口。我让她把水瓶放在我嘴唇边，又对她说，她要是让我痛痛快快地喝上一大口，我就给她一件新衣服。

这个女仆偷过我一些比较贵重的东西，她怕我发现，所以巴不得我快点死。于是她就拼命灌我两次，结果我痛饮了一满瓶还要多。喝完以后我就盖上被子，不一会儿就开始出汗，然后就睡熟了。

我睡了大约有一个小时，费利切就回来了，问那个小伙子我情况咋样。小伙子回答说："我不知道。贝亚特里切给他端去一满瓶水，他全喝完了。我不知道他现在是死是活。"

他们说，我那可怜的朋友一听这话几乎瘫倒在地上，简直伤心极了。随后他抄起一根棍子，把那个女仆痛打一顿，嘴里喊着："你这个小贱人，你把他害死啦！"

这两人一个大打出手、一个鬼哭狼嚎的时候，我正在做梦。我梦见那个老家伙手里拿着绳子正准备捆我，费利切冲上去用斧子砍他，老家伙边逃边喊：

"放了我吧，我再也不来了。"

这时，贝亚特里切大声尖叫着跑到我屋里，把我惊醒了。我喊道："别打她。她是想害我，可她帮了我大忙，你们一大帮人再忙乎，也抵不上她给我的好处，她很可能救了我一命。帮我一把，我出汗了，赶快。"

费利切一听来了精神，他把我的汗擦干，把我弄得舒舒服服的。我感到病情大有好转，就盘算着如何康复。

弗朗切斯科师傅来了。他看到我明显好转，又看到女仆眼泪汪汪，小徒弟跑前跑后，费利切开怀大笑，这一番乱七八糟的景象使他感到肯定发生了什么不寻常的事，那就是我好转的原因。

就在这时，另一个医生贝尔纳迪诺师傅也来了，就是他在我刚病的时候不想给我放血。最有才能的弗朗切斯科师傅感叹道：

"大自然的神力啊！她知道需要啥，而医生啥也不知道！"

愚蠢的贝尔纳迪诺师傅接茬儿说：

"他要是再喝一瓶水的话，当时病就好了。"

有权威的弗朗切斯科·达·诺尔恰老师傅说：

"那样就糟糕透了，但愿这样的事情会落到你头上！"

他转身问我还能不能再喝点。我回答说：

"不能了，我已经完全解渴了。"

他又对贝尔纳迪诺师傅说：

"你看看，大自然需要多少就索取多少，既不多也不少。同样的道理，这个可怜的年轻人求你给他放血的时候，那正是大自然提出的要求。你要是知道他康复需要喝两瓶水的话，你为啥不早说？那样你就可以吹嘘是你把他治好了。"

听到这话，这个可怜的庸医绷着脸走了，以后再也没有露过面。

弗朗切斯科师傅吩咐我从家里搬出去，要他们把我送到罗马的一座山上去。枢机主教科尔纳罗听说我好转了，就让人把我搬到他在卡瓦洛山上的一座庄园里去。

这天晚上，我被小心翼翼地放在一副担架上，浑身上下包得严严实实，以免受凉。我一到那个地方就开始呕吐，结果从胃里吐出来一条毛茸茸的小虫子，大约有四分之一肘尺长，身上毛很长，样子非常难看，身上有斑斑点点的绿、黑、红等颜色。

他们把虫子拿给医生看。医生说，他从来也没有见过这种玩意儿，然后又对费利切说：

"照顾好你的朋友本韦努托，他的病已经好了。不要让他做任何出格的事，别看他这一次大难不死，下一次再做过分的事他就没命了。你看他这场病有多厉害，当时就是想给他涂圣油①恐怕都来不及了。现在我可以有把握地说，再耐心等待一段时间，他就能做出更多好作品来。"

医生又对我说："我亲爱的本韦努托，要谨慎，凡事不可过分。等你康复以后，我请你亲手给我做一尊圣母玛利亚的雕像，我会永远对着她为你祈祷。"

这件事我满口答应下来，又问他我能不能到佛罗伦萨去。他劝我等到体力恢复以后再说，看看大自然在我身上还有啥作为。

---

① 指天主教徒临终前的"涂油礼"。‡

86

又过了八天，我的恢复非常缓慢，我感到活着简直成了一种负担。

要说也是，这场大病我已经害了五十多天。我打定主意，准备出去走一走。我和好朋友费利切坐在一对篮子①里前往佛罗伦萨。我事先并没有写信，一到妹妹家，她就一阵子悲喜交集。这天有很多朋友来看我，其中有皮耶尔·兰迪，他是我在这个世界上最好、最亲密的朋友。

第二天，尼科洛·达·蒙特·阿古托来了，他也是我好朋友。他听到公爵说："本韦努托还是死了好，他来到这里是自己找死，我永远也不会原谅他。"所以尼科洛一来到我这里，就丧魂落魄一般地对我说：

"不好啦！我亲爱的本韦努托，你还来这里干啥？你不知道你是咋得罪的公爵？我听见他咬牙切齿地说，你这是自投罗网。"

我回答说："尼科洛，你告诉公爵大人，教皇克莱门特以前也想这么对待我，也是同样不公正。我要是得到照料康复以后，就会向他证明我是他一生中所见到的最忠实的仆人。我这次之所以身遭厄运，肯定是妒忌我的仇人在作祟。如果他能等到我康复，我就能向他说明情况，他听了以后会大吃一惊。"

这次给我带来厄运的是制陶工小乔治②③，那个阿雷佐的画家，也许他是对我恩将仇报。我曾经留他在罗马居住，还支付他的花

---

① "ceste"实际上指一种担架，不过我想最好还是把它直译成"篮子"。从别的资料中得知，切利尼于1535年11月9日抵达佛罗伦萨。†
② 乔治·瓦萨里（1511—1574），画家和建筑家，十六世纪中叶佛罗伦萨风格主义的反对者，名著《艺术家列传》的作者。†
③ "小乔治"是切利尼对他的蔑称。‡

费，而他则把我全家折腾个底朝天。他这个人身上长有一种干疥疮，所以他老是用手去抓挠。我手下有一个优秀的年轻工匠名叫曼诺[①]，当时和小乔治睡在一张床上。有一次小乔治想挠痒，没料到他那只脏老鸹爪子从曼诺腿上划拉下来一块皮，他的指甲从来都没有剪过。曼诺离我而去，咬着牙非把他杀了不可。我从中说合，两人又言归于好，后来我把小乔治安排到枢机主教德·美第奇家，并继续帮助他。而他对我的回报是告诉公爵亚历山德罗，说我骂过公爵大人，还说我曾夸下海口，要和公爵流放的敌人联手，第一个跳上佛罗伦萨的壁垒。

后来我才听说，是那个可爱的大好人奥塔维亚诺·德·美第奇鼓捣着小乔治说这番话的。奥塔维亚诺想报复公爵，他由于铸造硬币和促使我离开佛罗伦萨而激怒了公爵。我这一罪名是莫须有的，我一点也不害怕。

与此同时，优秀的医生弗朗切斯科·达·蒙特瓦尔基[②]以高超的医术为我治病，是我最亲爱的朋友卢卡·马丁尼[③]把他领来的，马丁尼每天大部分时间都和我在一起。

87

这时，我把忠实的伙伴费利切派回罗马，让他去料理那边的事情。我的头已经可以从枕头上抬起一点，这是在第十五天以后。

---

① 曼诺·迪·巴斯蒂亚诺·斯巴里（1536—1576），佛罗伦萨金匠，切利尼的学生，在比萨和罗马效力。1529 年，佛罗伦萨遭到围攻期间，瓦萨里和曼诺显然在比萨避难。†

② 弗朗切斯科·卡塔尼·达·蒙特瓦尔基，著名医生，瓦萨里和贝内代托·瓦尔基都说他是个艺术鉴赏家。†

③ 滑稽诗人，研究但丁的学者，与当时佛罗伦萨大多数作家和艺术家都很熟悉。1555 年被公爵科西莫任命为比萨监管人。后来，切利尼把他在圣天使城堡里写的三行连环押韵诗题献给了马丁尼。†

　　我还不能走路，但还是让人把我抬到美第奇家，停放在一个
小平台上让我休息，等待公爵从这里路过。宫里的很多朋友都过
来和我打招呼。我病成这个样子，还受着罪让人把我抬过来，他
们都感到吃惊，说我应该等病好以后再来拜访公爵。当时聚集了
一大群人，大家像看奇迹一样过来看我，这不仅是因为他们听说
我已经死了，更因为我看起来如死人一般。

　　这时，我当着所有人的面，讲述了有个恶棍告诉公爵大人，
说我曾吹嘘要第一个跳上大人的壁垒，还说我后来又辱骂过公爵
大人，所以我一定要洗刷掉这一恶名，要不然我就没脸活在这个
世上，到底是哪个不要脸的无赖这样诽谤我，我一定要把这个家
伙找出来。

　　听到这话，一大群绅士都围拢过来对我表示同情，七嘴八舌
地议论起来。我对他们说，找不出那个血口喷人的家伙，我就待
在这里不走。

　　这时，公爵的裁缝阿戈斯蒂诺师傅从人群里挤进来，说：

　　"你要是光想知道这，我现在就能告诉你。"

　　就在这时，我前面提到的画家小乔治正好走过来，阿戈斯蒂
诺师傅大叫道：

　　"这就是那个指责你的人，你问问他是真是假。"

　　我虽然无法起身，可还是疾言厉色地问小乔治，那些话到底
是真是假。小乔治马上矢口否认，说没有这回事，他从来也没有
说过任何此类的话。阿戈斯蒂诺师傅马上就驳斥说：

　　"你这个吊死鬼！你不知道我最摸底儿？"

　　小乔治马上溜之大吉，嘴里还是说着没有，他没有说过我的
坏话。

　　停了一会儿公爵过来了，我马上欠了欠身子，公爵也停住了
脚步。我对大人说，我这副模样来到这里，只不过是为了给自己

求个清白。公爵看着我，对我还活着感到惊奇，他又嘱咐我要诚实做人，并注意恢复身体。

我回到家里，尼科洛·达·蒙特·阿古托来看我，说我已经躲过了世界上最可怕的危险之一，完全出乎他的预料，因为他看到有人白纸黑字地写着要我的命。他要我尽快康复，然后离开佛罗伦萨，威胁我的人有能力置我于死地。他叫我当心，然后问我：

"你咋得罪了那个无赖奥塔维亚诺·德·美第奇？"

我回答说，我从来也没有做过任何得罪他的事，他倒是不止一次地伤害了我，我又一五一十地向他讲了铸币局的事。他回答说：

"赶快走人，打起精神，你报仇的时机来得比你预料的还要早。"

我把精力都集中到身体康复上，又指点了彼得罗·帕戈洛如何铸造硬币，然后就上路赶回罗马，没有和公爵或其他任何人打招呼。

88

我回到罗马①，和朋友们欢聚了一阵子以后，就开始制作公爵的徽章。几天以后，我就用钢做好了头像，是我同类作品中最好的。

有个傻瓜名叫弗朗切斯科·索德里尼②，每天至少来看我一次，看到我手里做的活儿，不止一次地对我这样说：

---

① 切利尼在 1536 年回到罗马。†
② 卒于 1551 年，不是同一家族的那个枢机主教，与反对美第奇家族的一些人一起被流放到斯佩洛，1530 年返回。两派政治势力都对切利尼说话直言不讳感到恼火，由此证明切利尼是个诚实的人。†

"你这个混蛋！你是想让那个魔王名垂千古！你从来没有做过这么漂亮的活儿，这说明你是我们的冤家对头，是他们的忠实朋友，可公爵和教皇曾两次想无缘无故地吊死你。父亲是这样，儿子也是这样，现在你要留神圣灵！"

人们都说公爵亚历山德罗肯定是教皇克莱门特的儿子[1]。弗朗切斯科先生还不住地诅咒发誓，说如果可能的话，他想把那枚徽章的模具从我手里抢走。

我回答说，他这样当面锣对面鼓地说出来我很欣赏，但我一定会把模具保管好，他想再见到模具比登天还难。

这时，我写信到佛罗伦萨，向洛伦齐诺要徽章的背面，信我写给了尼科洛·达·蒙特·阿古托。尼科洛回信说，这件事他已经跟那个阴阳怪气的老夫子洛伦齐诺说过了，洛伦齐诺回答说，他现在朝思暮想的就这一件事，一定会尽快把它完成。不过尼科洛还说，对这个背面我不要抱多大希望，不如干脆自己设计一个，做好以后马上拿给公爵，这样对我有好处。我就按照自己的构想精心设计了一个背面，尽最大的努力赶活儿。

但我的病还没有好透，所以我更喜欢和老朋友费利切一起外出打猎消遣。费利切对我这一行当一窍不通，但我俩一天到晚都在一起，人人都以为他是个第一流的工匠。他生性诙谐，说起他沾了我的光享有的好名声，我俩经常在一起捧腹大笑。他名叫费利切·瓜达尼[2]，因此他常开玩笑说：

"我本来应该叫费利切·得小利，但我沾了你的光，名声显赫起来，可以叫费利切·得大利了。"[3]

我回答说，人的获利行为分为两种，一种是为自己获利，另

---

① 亚历山德罗的父亲更可能是乌尔比诺公爵洛伦佐。†
② Guadagni，"得到好处"的意思。‡
③ 切利尼利用费利切的姓来玩弄文字游戏。‡

一种是为他人获利，我对他的第二种行为大加赞赏，因为他救过我的命。

我们经常这样交谈。我尤其记得主显节①前后的一次谈话，当时我们在马利亚纳②附近，天快黑了，那天我用枪打了很多鸭和鹅，然后就决定不打了，并迅速收拾家伙返回罗马。

我一看狗不在身边，就呼唤着它的名字巴鲁科。我一回头，发现这个训练有素的畜生正指着卧在一条沟里的几只鹅。我立即下了马，准备好猎枪，从很远的距离之外，用一个弹丸就打中了两只。我一次射击用的弹丸从来不超过一个，可以射到二百肘尺之外，基本上都能准确击中目标，要是用其他装弹方法是不行的。

我打中了两只鹅以后，一只差不多死了，另一只受了伤，但还是扑扑拉拉地飞着，狗追上去把它衔了回来。我看见另一只钻到了沟里，就马上跳过去抓。我仗着靴子长能护住腿，就一步跨了过去，结果一下子陷进淤泥里，虽然把鹅抓住了，但右腿的靴子里已灌满了水。我把脚拔出来，把靴子里的水控干净，然后就上马匆匆返回罗马。

天气很冷，我感到腿上结了冰，就对费利切说：

"要想办法暖暖腿，我实在受不住了。"

好心的费利切一句话也没说就下了马，捡了一些枯枝草准备生火。我在一旁等着，把两只手放在鹅胸脯上，觉得暖烘烘的，就对他说不要再生火了，干脆把靴子里填上鹅毛，我马上觉得舒服多了，又恢复了活力。

---

① 1月6日，纪念耶稣显现、东方三博士前去朝拜的节日。‡
② 台伯河畔的一座城堡，距离罗马大约十公里，教皇的猎物保护区。†

89

我俩上了马，向罗马飞驰而去，来到一片渐渐隆起的地方时，天已经黑透了。望着佛罗伦萨方向，我俩异口同声地发出惊叹：

"哎哟天啊！佛罗伦萨那边是个啥家伙那么大？"[①]

只见一道巨大的火光一样的东西在闪耀，发出了奇异的光芒。

我对费利切说："明天我们肯定会听到佛罗伦萨出大事的消息。"

到了罗马，天黑得伸手不见五指。快到长凳街的家里时，我那匹小马撒开四蹄往前飞奔。白天的时候，有人在路中间倒了一堆灰泥和烂瓦片，我和马都没有看见，结果飞驰的马撞到上面，翻了一个大筋斗以后过去了，马头夹在了腿中间，我一点也没有伤着，真是多亏了天主保佑。

这一阵混乱惹得邻居们纷纷端着灯出来，而我已经站了起来，没有骑马就跑回家里，大笑着庆幸自己躲过一场灾难，这场灾难足以使我折断脖子。

我一到家，发现一些朋友也在这里。大家在一起吃饭的时候，我向他们讲了白天打猎的遭遇，讲了看到的杀气腾腾的火光。他们感叹道：

"不知这一凶兆明天能带来啥消息。"

我回答说："佛罗伦萨肯定出了大事。"

这样大家吃得非常开心。

第二天稍晚的时候，公爵亚历山德罗死亡的消息传到了罗

---

① 文艺复兴时期，不同寻常的怪事常被认为是发生巨变的迹象，如天空出现的亮光。†

马①。我很多熟人都来对我说："你猜得一点不错，佛罗伦萨就是出了大事。"

这时，弗朗切斯科·索德里尼先生骑着他那头恶心骡子悠悠忽忽地走了过来，一路上发了疯似的狂笑不止。他对我说：

"这不就是那个恶魔的徽章背面吗？洛伦齐诺·德·美第奇答应给你做的，"他又说，"你想让公爵们万世不朽，可我们再也不想要公爵了。"

然后他又嘲笑了我，好像我是推选公爵的宗派首领似的。

这时，一个名叫巴乔·贝蒂尼②的家伙走了过来，他的头丑陋无比，大得像个篮子。他也以同样方式嘲弄美第奇家的公爵，看我的笑话，说：

"我们铲除了公爵，再也不要公爵了，而你却想让他们不朽。"另外还说了很多诸如此类的风凉话。

我听得不耐烦了，就对他们说：

"你们这些笨蛋！我只是个穷金匠，谁给我钱我就给谁干活儿，而你们则把我当成宗派首领一样取笑我。不过我不会因此而以牙还牙，因为你们先人③的贪婪、疯狂和无能而衰落你们。不过对你们的嘲笑我倒是有一句话要说，那就是最多再过两三天，你们就会有另外一个公爵，也许比那个死掉的还要坏得多。"④

第二天，贝蒂尼来到我的作坊，对我说：

"不需要花钱让人送信了，事情还没发生你就知道了。是哪个精灵告诉你的？"

① 1537 年 1 月 5 日夜里和 6 日凌晨，公爵亚历山德罗被他的亲戚洛伦齐诺谋害于佛罗伦萨。†

② 佛罗伦萨的流亡者，瓦萨里在米开朗琪罗传里提到过他，也是米开朗琪罗的好朋友，重要的艺术保护人。†

③ 反对美第奇家族的共和派人士。†

④ 这段对话反映了切利尼亲美第奇的思想倾向，也反映了他对政治形势的远见卓识。†

然后他对我说，乔瓦尼阁下的儿子科西莫·德·美第奇被推选为公爵[1]，但他当选被强加上一些条件，这样可以限制他，不让他为所欲为。

我有机会反唇相讥了：

"这些佛罗伦萨人把一个年轻人扶上一匹剽悍的马，然后把踢马刺套在他脚后跟上，把缰绳交到他手里，把他领到一片广阔的原野上，那里到处是鲜花、果实和赏心悦目的东西。这时他们又告诉他，不准他越过指定的界限。那么请你们告诉我，他只要有心跨越界限，又有谁能阻止住他？任何人也不能把法律强加给法律的主人。"

这样他们就走了，再也不搅扰我了。[2]

90

我开始经营我的作坊，也做一些活儿，但不是什么要紧的活儿，因为我还要注意康复，自从那场大病以后，我一直没有完全恢复过来。

大约在这个时候，皇帝远征突尼斯之后凯旋[3]，教皇派人征求我的意见，问我送给皇帝啥礼物为好。我回答说，最好送一个耶稣钉在十字架上的金像给皇帝陛下。这样的一个装饰品我基本上做好了，我认为非常合适，既可以为圣座争光，让我也有面子。我已经用圆雕做好了三个小金像，大约有巴掌那么大，是以前给教皇克莱门特做圣餐杯用的，分别代表"信仰""希望"和"博

---

① 科西莫于 1537 年 1 月 9 日当选为公爵，时年十七。无论是美第奇家族的敌人还是盟友，很快就发现科西莫远比他们想象的聪明。†

② 切利尼此言一点不错。科西莫不久就过河拆桥，成为佛罗伦萨的大独裁者。†

③ 切利尼又回到 1535 年 11 月，这里的皇帝是指查理五世。†

爱"。在这上面我又添上了十字架底座，添上了基督像和很多精美的装饰物，用的全是蜡。我把整个作品拿给教皇看，教皇感到十分满意。我临走之前和圣座商量好了每一个细节，并估算了整个作品的价值。

一天晚上，大约四点钟，教皇命令拉蒂诺·尤韦纳莱先生在第二天上午付给我钱。这位拉蒂诺先生整天疯疯癫癫的，想替教皇出个新点子，完全是他一个人捣鼓出来的馊主意：他把原来安排好的一切都推翻了。

第二天上午，我去拿钱的时候，拉蒂诺先生又摆出那副蛮横无理的架势对我说：

"我们负责出主意，你只管干活儿就是了。昨天晚上我从教皇那里离开的时候，我们又想出了一个好得多的主意。"

不等他把话说完，我就堵住了他的嘴：

"你也好，教皇也好，谁都想象不出一个比基督像更好的作品。你还有啥屁话就赶快说，我等你说完。"

他再也没说一句话就怒气冲冲地走了，想把这件活儿交给另外一个金匠。可是教皇不答应，他马上派人找我，说我说的是实话，不过他们想送一本圣母祈祷书①，此书装饰精美，是枢机主教德·美第奇花两千多斯库多做成的。这本书他们觉得送给皇后很合适，至于送给皇帝的礼物，他们会按我的设想来制作，这件礼物确实能配得上皇帝。

可时间已经不能再耽误了，皇帝大约一个半月以后就要到罗马。教皇想用纯金封皮把这本书包起来，封皮要做得尽显奢华，要用很多宝石装饰，宝石的价值估计大约六千斯库多。这样，宝石和金子都给了我，我马上劲头十足地干了起来，几天以后出的

---

① 这是一本用图案装饰的书，现已失传。据最近的研究，该书是由佛罗伦萨微型画画家雅克布·德尔·贾洛装饰的。†

活儿就非常漂亮，教皇看了惊叹不已，明显对我刮目相看，同时又保证再也不让那个畜生尤韦纳莱和我打交道了。

皇帝驾到时，我的活儿基本上做好了。为了欢迎皇帝，罗马建起了很多宏伟的凯旋门。皇帝进入罗马时浩浩荡荡、八面威风①。当时的场景我留给别人去描写，我只写和我有关的事。

皇帝一到就送给教皇一颗钻石，是他花一万两千斯库多买来的。教皇派人把我叫来，把这颗钻石交给了我，要我根据他手指的粗细做一枚戒指，但他想让我先把那本祈祷书拿来，做成个啥样就是啥样。

我就把祈祷书拿给教皇看，他感到非常满意，然后又问我如何向皇帝陛下解释这件礼物尚未做好，解释得一定要合理。我说，最合理的解释就是我身体不好，皇帝陛下一看我这副面黄肌瘦的样子，马上就会相信。

我这个主意教皇完全赞同。但我向皇帝送书时，圣座还要我代表他补充一句，说我把自己也作为礼物送给皇帝陛下。教皇又详细告诉我到时候应该咋做，话应该咋说。我又把这些话向教皇重述了一遍，问他这样说行不行。他回答说：

"如果你有勇气和皇帝说话时就像和我说话一样，你就会表现得令人满意。"

我回答说，我和皇帝说话时会更加泰然自若，因为皇帝穿得和我一样，我面对他说话就像面对一个和我一样的人。而我和圣座说话就不一样了，在他身上我看到一种神圣得多的气质，一方面是由于他穿戴的法衣，这些东西在他四周形成一种光环，另一方面是由于圣座年高德劭而望之俨然，这些要比皇帝陛下更能让我产生敬畏。

---

① 查理五世于 1536 年 4 月 5 日到达罗马，当月 18 日离开。当时他的随从大约有 6000 人，穿过多个古代拱形门，最后抵达梵蒂冈。†

教皇听了以后回答说：

"去吧，本韦努托，你很能干。要为朕争光，这对你有好处。"

91

教皇命人牵出来两匹土耳其马[①]，这本是教皇克莱门特的，是基督教世界里最漂亮的马。教皇命他的名誉侍从杜兰特先生[②]牵着马走过大殿的长廊，在这里把马呈献给皇帝，再说几句教皇吩咐过的话。

我们俩一起走下台阶来到御前，两匹马走进大厅时仪态万方，皇帝和所有在场的人都叹为观止。这时，杜兰特先生呆头呆脑地迈步向前，带着浓重的布雷西亚口音嘟嘟噜噜了几句，那副丑态百出的样子难看至极，怪不得皇帝看见他忍不住笑了。

与此同时，我已经把礼物的封皮打开了，看到皇帝那仁慈的目光转过来看着我，我立即上前说道：

"神圣的陛下，我们最神圣的教宗保罗将这本圣母祈祷书送给您作为礼物，此书是一位圣手书生所写，由同行中最杰出的大师装饰。这个黄金和宝石封皮还没有做好，原因是我有病，这您可以看出来。因此，圣座除了送书之外，连我也一起送给您，以便我能跟随陛下将书做好。除此之外，凡是您想做的任何东西，只要我一息尚存，就一定为您尽力做好。"

皇帝回答说："书我感到满意，你我也感到满意，但我想让你在罗马为我做好。等到书做好了，你也康复了，再把书拿来

① 现在叫阿拉伯马，切利尼是把土耳其用作阿拉伯的同义词，这一用法向我们暗示，当时土耳其奥斯曼帝国统治着阿拉伯世界，与欧洲的基督教各国争夺对地中海的领导权。†

② 杜兰特·杜兰蒂（1486—1557），布雷西亚人，保罗三世时期担任教廷财政署长，1544年被保罗三世任命为枢机主教，后来又成为布雷西亚主教。†

见我。"

接着，皇帝在谈话中叫了我的名字，我很吃惊，因为当时谁也没有提起我的名字。他说，他见过教皇克莱门特法衣上的那个嵌宝金扣，我在上面雕刻有很多漂亮的人物像。我们就这样交谈了足有半个小时，涉及艺术和其他很多令人愉快的话题。

这时，我感到我的表现比预料的还要好得多，就利用谈话中一个短暂的停顿躬身告辞。有人听到皇帝这样说：

"马上给本韦努托五百金斯库多。"

拿钱的人到楼上问，刚才教皇派去和皇帝谈话的那个人是谁，杜兰特先生就上去夺走了我的五百斯库多。这件事我向教皇投诉了，他让我不要担心，他一切都很清楚，我与皇帝的谈话非常得体，至于钱的事，一点儿也不会少我的。

92

我回到作坊以后，就着手制作那枚钻石戒指，为此四名罗马第一流的宝石匠被派来和我一起协作。这是因为有人对教皇说，那颗钻石是由世界上首屈一指的宝石匠在威尼斯镶嵌的，此人被称作米利亚诺·塔尔盖塔师傅①。钻石有点薄，不经过深思熟虑是很难把它嵌好的。

我很高兴地接待了这四位宝石匠，其中有一个米兰人名叫加约，是世界上最蛮不讲理的一头犟驴，本来只有半瓶醋，却自以为比任何人都懂得多，而其他几个人则又谦虚又能干。这个加约当着我们所有人的面开始发话：

---

① 金匠，在罗马和威尼斯效力，1537 年时已很年长。†

"米利亚诺的衬底[1]应该保留，本韦努托，你要对他所做的脱帽致敬。给钻石上色是宝石艺术中最出彩、最难掌握的技术，所以米利亚诺才是世界上最伟大的宝石匠，这也是最难上色的一颗钻石。"

我回答说，与如此光荣的职业中这么一位能工巧匠一争高低，这让我感到更加荣幸。我又转身对其他几个宝石匠说：

"往这里看，我保留了米利亚诺的衬底，不过我要试试能不能用我自己的手艺对它加以改进。如果不行的话，我就还用米利亚诺的底色。"

那头犟驴加约喊叫道，我要是能做成那样的衬底，他会心甘情愿地向我脱帽致敬。

我回答说："我要是能做得更好，你就要致敬两次。"

"那是当然。"他说。

于是我就开始做衬底。我下了最大的劲儿调色，其方法我会在适当的地方介绍[2]。当然，这颗钻石是我所接触到的最难处理的一颗，无论是在此之前还是在此之后，米利亚诺制作的衬底确实显示出真正的艺术功力。但我并没有泄气，而是绞尽脑汁，结果我不仅赶上了米利亚诺，而且还远远超过了他。

超过他之后，我又试图超越我自己。我用新方法做成了一种底色，比第一次做的实在强得太多了。我把那几个宝石匠叫过来。我先用米利亚诺的衬底为钻石上色，然后把它擦干净，再用我自己做的衬底上色。我拿给宝石匠们看，其中最有才华的工匠之一拉斐尔·德尔·莫罗把钻石拿在手里，然后对加约说：

"本韦努托做的衬底超过了米利亚诺。"

---

① 切利尼在其《金饰制造术》一书中曾介绍过衬底的制作和应用。衬底通常染上颜色以增强宝石效果，尤其是钻石。†
② 参见切利尼《金饰制造术》第1章。†

加约不愿相信，但还是拿起钻石看了看，说：

"本韦努托，这颗钻石比原来带有米利亚诺的衬底时增加了两千达克特的价值。"

我回答说："我已经超过了米利亚诺，再看看我能不能超过我自己。"

我请他们等我一会儿。我来到楼上一个小房间里，背着他们给钻石重新上了色，然后拿回来给宝石匠们看。加约马上脱口而出：

"这是我一生中见到的最了不起的东西。现在这颗钻石的价值超过一万八千斯库多，而我们原来的估价只有一万两千斯库多。"

其他几个宝石匠转身对加约说："本韦努托是我们这一行的骄傲，我们应该向他的衬底脱帽致敬，也向他脱帽致敬，他受之无愧。"

加约又说："我要去向教皇禀报，打算让他出资一千金斯库多来镶嵌这颗钻石。"

他急忙去见教皇，把整个事情说了一遍，结果教皇那天三次派人来看戒指是否做好了。

二十三点的时候，我拿着戒指来到教廷，那里的门对我是永远敞开的。我轻轻撩开门帘，看见教皇正私下里会见瓦斯托侯爵①。这位侯爵肯定是在向教皇施加压力，迫使教皇去做某种他不想做的事。我听见教皇对侯爵说：

---

① 阿方索·达瓦洛（1502—1546），西班牙佣兵队长，为查理五世效力，1535年被任命为阿布鲁齐的瓦斯托侯爵，1538年担任西班牙驻米兰总督。围攻突尼斯时担任皇帝的副官。†

"我告诉你，不行。我必须保持中立，别的都不行。"①

我马上就退了出来。教皇又亲自喊我进去，我马上就进去了，手里拿着给他的那枚漂亮的钻石戒指。教皇把我拉到一边，侯爵便退得远远的。教皇看着钻石对我小声说：

"本韦努托，跟我谈一个看起来非常重要的话题，只要侯爵还在这个房间里，你就一直不停地谈下去。"

教皇说完这话就开始来回踱步。这真是天赐良机，我就对教皇大谈我为钻石上色的方法。侯爵站在一边，靠在一幅挂毯上，不住地倒换着脚支撑身体。我所选择的话题非常重要，如果充分阐述的话，至少可以谈三个小时。教皇听得入了迷，把侯爵给他带来的烦恼忘得一干二净，侯爵仍然站在那里。我在谈话中提到我们这一行的一些基本原理，滔滔不绝地讲了将近一个小时，侯爵实在熬不住了，就怒气冲冲地走了。

这时，教皇以最亲热的方式拥抱了我，激动地对我说：

"耐心等一等，我亲爱的本韦努托，除了加约为你评估的一千斯库多之外，我还要为你的才华再支付一笔报酬。"

我就要告辞时，教皇当着教廷里所有人的面夸奖了我，其中有拉蒂诺·尤韦纳莱，我在前面提到过他。这个家伙成了我的仇人，所以千方百计地想伤害我。看到教皇谈论我的那股亲热劲儿，他就插嘴说：

"毫无疑问，本韦努托是个很有天才的人。当然，每个人都会亲近自己的同乡而不是其他人，这是人之常情，但仍然应该慎

---

① 罗马之劫的教训是，教廷在政治领域里并不能与大国竞争，如法兰西或查理五世的帝国。保罗三世是以中间势力而当选的，在法兰西国王和皇帝之间明智地保持中立，所以并不想改变这一政策。然而他并不愿意反对皇帝在意大利的政策，实际上1545年他是在皇帝的支持下，才在帕尔马和皮亚琴察确立其家族统治地位的。法尔内塞家族控制意大利北部这个虽小但很重要的公国一直到1751年。†

重考虑如何对待教皇，想想在提到教皇时用什么样的言辞才合适。有人听见本韦努托厚颜无耻地说，教皇克莱门特是有史以来最漂亮的君主，其才能也绝不在容颜之下，只不过老是运气不佳；而圣座您恰好相反，三重冠在您头上像是气得流泪似的[1]，您看上去像是披着衣服的一捆稻草，除了好运气之外啥也没有。"

这番话出自一个最善于摇唇鼓舌的人之口，对教皇自然有着不可抗拒的蛊惑力，教皇一听就信了。这些话实际上根本就不是我说的，我从来也没有想过要说这些话。教皇要是能加害于我而又不丢面子的话，他早就把我害了。可他这个人老于世故，天资过人，就装出一笑了之的样子，而在心里却埋下了仇恨的种子。

我对此不是没有察觉，我发现再也不能像以前那样自由出入他的邸宅了，要觐见他真是难死了。我和罗马教廷打了多年交道，对教廷的运作方式十分熟悉，所以我断定肯定有人坏了我的事。

经过暗中察访，我了解到事情的全部真相，但仍然不知道放暗箭的人是谁。我实在想不出到底是谁干了这号缺德事，要是把这个家伙查出来，我绝不会放过他。

93

我继续做着那本祈祷书，做好以后我把它拿给教皇，他情不自禁地大加赞扬一番。我求他兑现诺言，让我带着书去送给皇帝。教皇回答说，他会看着办，我的任务算是完成了，并下令给我优厚的报酬。这两件活儿花了我两个多月的时间，结果只给了我五百斯库多：做钻石活儿只给了我一百五十斯库多，其余的是做祈祷书的钱，而做这件活儿的工钱应该是一千多斯库多，因为上

---

① 即保罗三世才能与长相都不行，配不上三重冠。†

面雕刻有很多人物像和花叶造型，还装饰有瓷釉和宝石。我收下这笔钱，决定离开罗马。

这时，教皇派他一个外孙斯福尔扎阁下[1]把书送给了皇帝。皇帝拿到书以后极为满意，马上就询问我的情况。年轻的斯福尔扎阁下事先已接到指示，就回答说我因病无法前来。所有这一切都有人告诉了我。

与此同时，我准备着动身前往法兰西。我本来想一个人去，可这样不行，我身边还有一个仆人阿斯卡尼奥[2]，他年龄很小，是这个世界上最了不起的仆人。当初我收他的时候，他已经离开了原来的师傅弗朗切斯科，一个西班牙金匠。我不大想收这个小伙子，免得和那个西班牙人发生纠纷，就对阿斯卡尼奥说：

"我不想要你，我怕得罪你师傅。"

阿斯卡尼奥就鼓捣着他师傅给我写封信，对我说可以随便接收他。这样他跟着我已经有好几个月了。他来的时候面黄肌瘦，所以我们都叫他"小老头"。实际上我认为他就是一个小老头，一是由于他服侍我服侍得非常好，二是由于他非常聪明，其才智与他那十三岁的年纪很不相称，他说自己是十三岁。

现在还回到刚才的话题。在以后的几个月里，阿斯卡尼奥身体状况有了好转，比以前长胖了，脱贫以后成为罗马最漂亮的小伙子。我刚才说过，他是个极好的仆人，手艺学得令人吃惊，我爱他就像爱我亲生儿子一样，给他穿着打扮得也像我儿子。

阿斯卡尼奥发现自己的状况比以前好了，就认为跟着我实在

---

① 斯福尔扎·斯福尔扎（1521—1573），母亲是教皇保罗三世的私生女科斯坦扎·法尔内塞，父亲是圣菲奥雷伯爵，被任命为查理五世的骑兵总司令。†

② 阿斯卡尼奥·迪·乔瓦尼·德·马里，1524年生，金匠，在罗马为切利尼效力，陪切利尼到法兰西，在那里度过余生，为国王亨利二世效力。法兰西文献记载他的活动直到1566年，以后不知所终。大仲马以他为原型，写有一本与他同名的小说。†

是他的好运气。他经常去感谢原来的师傅，认为是原来的师傅给他带来了福气。他这个师傅有个年轻漂亮的妻子，她时常问阿斯卡尼奥：

"小木棍①，你咋变得恁漂亮？"

阿斯卡尼奥以前和他们住在一起时，他们都叫他小木棍。阿斯卡尼奥回答说：

"弗朗切斯科夫人，是我师傅让我变得恁漂亮，他还让我比以前好多了。"

听到阿斯卡尼奥这样回答，这个小肚鸡肠的女人十分生气。她又生性轻佻，把小伙子搂抱得似乎过分了一些，从此以后我就注意到，他去找这个师母的次数频繁得有些不正常。

有一天，阿斯卡尼奥把作坊里的一个小伙计痛打了一顿。我从外面回来以后，这个小伙计就向我哭诉，说阿斯卡尼奥动手打了他，一点缘由也没有。

我听了以后就对阿斯卡尼奥说："不管有没有缘由，以后再也不准你打我家里的任何一个人，要不然我就叫你尝尝我动手打人是个啥滋味。"

阿斯卡尼奥就跟我顶嘴，气得我马上朝他扑过去，拳脚相加痛打他一顿，他从来也没有挨过恁厉害的打。他一逃出我的手心，就扔下斗篷和帽子跑走了，有两天时间我不知道他的下落，我也没有去找他。

两天以后，一个西班牙绅士来找我，他被称作迪耶戈先生，是我所认识的最大方的人。我为他做过一些活儿，而且手头还在做，这样我们俩就很熟了。他对我说，阿斯卡尼奥回到他以前的师傅那里去了，问我能不能把阿斯卡尼奥的斗篷和帽子还给他，

---

① 阿斯卡尼奥长得瘦，所以得了这个外号。†

那是我以前送给阿斯卡尼奥的。

我回答说，弗朗切斯科太不像话了，就像是一个缺乏教养的家伙；阿斯卡尼奥要是一到他家他就把这一情况告诉我，我会很乐意地让阿斯卡尼奥回去；可他收留阿斯卡尼奥两天了，到现在也没有跟我说一声，所以我不想让阿斯卡尼奥待在他家；无论发生任何情况，他都要保证不让我在他家里看见阿斯卡尼奥。

这些话由迪耶戈先生转达给了弗朗切斯科，弗朗切斯科听了以后一笑了之。

第二天上午，我看见阿斯卡尼奥在他师傅旁边，用金属丝做着一些不值钱的玩意儿。我走过去的时候，阿斯卡尼奥向我点头致意，他师傅只是嘲笑我。弗朗切斯科再一次通过迪耶戈先生传话，问我是不是愿意归还我送给阿斯卡尼奥的衣帽；即便我不愿意还他也不在乎，阿斯卡尼奥是不会缺衣服的。

听到这话，我就对迪耶戈先生说：

"迪耶戈先生，我和你打了恁多交道，在我认识的人里面，你出手最大方、最值得信赖。而弗朗切斯科和你正好相反，他只不过是个卑鄙无耻的小人。传我的话给他，晚祷钟敲响以前，他要是不亲自把阿斯卡尼奥送到我作坊里来，我一定要杀了他。告诉阿斯卡尼奥，他要是在同一时间还不离开他师傅家，也会有同样下场。"

迪耶戈先生听了这话一声不吭，但他去告诉了弗朗切斯科，吓得弗朗切斯科不知所措。

这时，阿斯卡尼奥去找他父亲了，老人家从其家乡塔利亚科佐①来到了罗马。他听说这场争执以后，也劝弗朗切斯科把阿斯卡尼奥给我送来。弗朗切斯科就对阿斯卡尼奥说：

---

① 位于阿布鲁齐地区。†

"你自己去吧，你父亲会陪着你。"

迪耶戈先生插话说：

"弗朗切斯科，我看要出大事，你比我更清楚本韦努托是个啥样的人。大胆地把小伙子送回去吧，我和你一起去。"

我已经准备好了，正在作坊里踱来踱去，等待着晚祷钟声响起。我拿定了主意，要做一件我一生中最残忍的事。

就在这时，迪耶戈先生、弗朗切斯科、阿斯卡尼奥和他父亲来了，小伙子的父亲我并不认识。阿斯卡尼奥进来时，我横眉立目地瞪着这一帮人。弗朗切斯科面如死灰，对我这样说道：

"你看，我把阿斯卡尼奥送来了。我收留了他，没有想到会得罪你。"

阿斯卡尼奥低声下气地接着说："师傅，原谅我。我听您的吩咐，您叫我干啥我就干啥。"

我问阿斯卡尼奥："你来了以后会按你答应的时间干到底吗？"

阿斯卡尼奥回答说是，他再也不会离开我了。

我转过身去，让阿斯卡尼奥打过的那个小伙计递给他一捆衣服，然后对他说：

"这是我给你的所有衣服，你拿着走吧，想上哪儿随你的便。"

迪耶戈先生大吃一惊，这完全出乎他的预料，而阿斯卡尼奥和他父亲则恳求我原谅阿斯卡尼奥，把阿斯卡尼奥收留下来。我问阿斯卡尼奥，替他说话的这个人是谁，他说是他父亲。老人家苦苦哀求了一阵子之后，我就对他说：

"你是他父亲，我就看着你的面子把他留下。"

94

我在前面说过，我已经决定到法兰西去。其中一个原因是我发现教皇没有以前那样器重我了，由于小人的谗言，我忠心耿耿地效力反而落得个狗屁不是。另一个原因是我担心这些人有势力，可能会对我下更狠的毒手。所以我下定决心，要到异国他乡去改变命运，而且希望不要别人陪伴，不经允许就离开罗马。

在我打算出发的前一天晚上，我告诉忠实的朋友费利切，在我离开期间，他可以随意支配我的全部财产，万一我不回来，我的一切东西都归他所有。

我雇的学徒有一个是佩鲁贾人①，曾帮我做过教皇送来的活儿。我付给了他工钱以后就要把他打发走。他求我带他一起走，费用由他自己支付。一旦我在法兰西安顿下来为国王干活儿，身边有一些意大利工匠要好得多，尤其是我认识的人，这些人可以帮我的忙。他的恳求和分辩说服了我，我决定按他提出的条件带他一起上路。

我们俩争长论短的时候，阿斯卡尼奥也在场，他几乎是噙着眼泪对我说：

"你把我收留下来的时候，我说我想一辈子都跟着你，现在我也打算跟你走。"

我对他说，无论如何我也不会带他走，可这个可怜的小伙子准备步行跟着我去。我看他心意已决，就为他雇了一匹马。我把

---

① 吉罗拉莫·帕斯库奇，指控切利尼在罗马之劫时偷了克莱门特七世的一些珠宝，导致切利尼被监禁在圣天使城堡。1537 年，帕斯库奇陪着切利尼到法兰西。切利尼逃出圣天使城堡以后，有文件显示切利尼于 1538 年 4 月向帕斯库奇保证不会伤害他，由费利切·瓜达尼和其他人担保，1539 年又再次保证。后来切利尼和帕斯库奇又闹翻，1558—1560 年在佛罗伦萨打官司。†

一个小旅行袋挂在马鞍具上的尾鞧上，乱七八糟地带了很多累赘，比原来打算带的要多得多，然后就离开了罗马。[①]

我从罗马到佛罗伦萨，从佛罗伦萨到博洛尼亚，从博洛尼亚到威尼斯，从威尼斯到帕多瓦。在帕多瓦，我的好朋友阿尔贝塔奇奥·德尔·贝内把我从客栈拉到他家里。第二天一大早，我去拜见了彼得罗·本博先生[②]，当时他还不是枢机主教。彼得罗先生最为热情地接待了我，说了一些最诚挚亲切的话，然后转身对阿尔贝塔奇奥说：

"我想把本韦努托留在这里，包括他所有的随从，哪怕有一百个人也行。如果你也想留本韦努托的话，那就请你考虑好也留在我这里，否则我是不会把本韦努托交还给你的。"

这样，我就待在这个最有才华的绅士家里与他为伴。他为我准备了一个房间，看上去比一个枢机主教的住所还要豪华，他总是请我和他一起吃饭。后来，他极其委婉地暗示，他很想让我为他做个像章，这正是我最乐意干的事。我在一个小盒子里准备了一些雪白的石膏，马上就动手干了起来。

第一天，我制作模型，一口气干了两个小时，大致勾勒出这个杰出人物的头像，其风采使他感到吃惊。他虽然是个大文人，在诗歌方面无与伦比，可对我这一行却一无所知。我的活儿实际上还没有正式开始，他就以为我已经完工了，所以我无法使他完全明白为啥完成一件作品需要恁长时间。

最后我决定竭尽全力做好这个像章，投入多少时间都行。但他按威尼斯人的习俗留着小短胡，我费了九牛二虎之力才把他的

---

① 切利尼于 1537 年 4 月 1 日离开罗马。†

② 彼得罗·本博（1470—1547），威尼斯诗人，廷臣，人文主义者，1539 年后成为枢机主教，十六世纪文坛的核心人物，与切利尼的交往散见于其书信，其作品对了解十六纪意大利的文化活动提供了极有价值的信息。†

头像模型做得令我满意。可我还是完成了，无论是从我这一门艺术的哪一个角度来说，它都是我制作得最好的样本。

彼得罗先生大为惊奇，他本以为我用蜡做模型只要两个小时，用钢做十个小时也就可以了。结果他发现我做蜡模型就花了两百个小时，而且还没有做好，我又要告辞继续赶往法兰西，他就感到很不安，但求我至少为他的徽章做个背面，也就是飞马珀加索斯①像，外面围着一个爱神木花环。我花了大约三个小时就完成了任务，把像章设计得优美雅致。本博格外高兴地说：

"在我看来，做这匹马要比雕那个小头像难十倍，雕头像你费了恁大的劲儿，我真不明白为啥恁难做。"

他还是再三恳求我用钢做好这个像章，说：

"帮我个忙做好它。我知道，你要是想做，很快就会做好。"

我对他说，我不想在他这里做，但我答应一旦安顿下来，马上就着手去做。

我们进一步商量这件事的时候，我出去买三匹马做脚力，彼得罗先生暗中派人为我帮忙，他在帕多瓦权力大得很。我搞好的价钱是五十达克特②，我在付钱的时候，马的主人说：

"杰出的艺术家，我把这三匹马送给您作为礼物。"

我回答说："送给我马的人不是你。我不能接受这位慷慨人物送的这份礼物，因为我还没有为他制作一件艺术品。"③

这位好心的伙计说，如果我不接受这几匹马，我在帕多瓦就再也找不到别的马了，要上路只有靠步行。我回去问尊贵的彼得罗阁下，他装着不知道这件事，只是好意求我留在帕多瓦。我一

---

① 希腊神话中生有双翼的飞马，其蹄踏在岩石上，涌出"灵泉"，传说诗人饮此泉水可以获得灵感。‡

② 朱莉娅译本和布尔译本均为"五十达克特"，西蒙兹译本为"五百达克特"。‡

③ 自1535年以后，切利尼就和本博商量制作徽章的事，到这时已经有好几年了，有关此事的大量书信保存至今。†

点也不想留在这里，无论如何也要走，只好接受了这三匹马，然
后上了路。

95

我选择了走瑞士的格劳宾登这条路线，由于战争，其他所有
的路都不安全①。我们翻过了阿尔布拉山和贝尔尼纳峰，这一天是
5 月 8 日，山上有厚厚的积雪。我们冒着九死一生的危险，成功越
过阿尔卑斯山脉的这两道岭。

翻过山以后，我们在一座城里落了脚，如果我没有记错的话，
这个地方叫瓦尔迪斯塔②，在这里找到一个住处。天黑以后，我们
又碰见一个佛罗伦萨信差，名叫布斯巴卡。我以前听说这个人值
得信赖，也很能干，但不知道他由于流氓行径而陷入困境。他看
见我在旅店里，就喊了我的名字，说他因要事要去里昂，问我能
不能借给他钱做盘缠。

我回答说，我无钱可借，不过他要是愿意与我同行的话，我
会支付他到里昂的费用。这个无赖哭了起来，说了一些恭维话来
忽悠我：

"一个信使为国家大事而奔走，他要是缺了钱，像你这样的人
有义务帮助他。"

他又说，他身上带有菲利波·斯特罗齐先生③一些最重要的东
西。他让我看了一个装杯子的皮套，凑到我耳边小声说，皮套里
面装有一只银杯，杯子里有价值好几千达克特的宝石，还有一封
最为重要的信件，是由菲利波·斯特罗齐先生发出去的。

---

① 指法兰西国王与皇帝之间的战争。†
② 即圣加洛地区的瓦伦施塔特镇。†
③ 当时正在流亡，1537 年 8 月 1 日被公爵科西莫俘虏。†

我对他说，他应该让我把那些宝石藏在他身上，这要比放在杯子里安全得多；他可以把杯子交给我，其价值大约是十斯库多，我会给他二十五斯库多作抵押。

这位信差回答说，他要和我一起走，因为他别无选择，把杯子交给我会有损他的面子。我们把话就说到这里。

第二天上午，我们骑着马来到一个湖边，这个湖位于瓦尔迪斯塔和韦森之间，有十五里长，一直通到韦森。

我仔细看了看湖上的船，看了以后就害怕起来。船都是松木做的，个头不大，也不坚固，连钉子也没有钉，也没有上漆。要不是我看见四个德意志绅士牵着四匹马上了一条类似的船，我根本就不会登上这条船，可能早就溜之大吉了。看着他们那满不在乎的样子，我心里想，大概德意志的水不淹人，和我们意大利的水是不一样的。不过我那俩年轻人则嘴里不停地对我说：

"本韦努托，牵着四匹马上这条小船实在太危险了。"

我回答说："恁俩真是胆小鬼，没有看见前面船上有四个绅士吗？人家一路上还谈笑风生哩。这要是酒而不是水的话，我敢说他们会心甘情愿地淹死在里面。可这确实是水，所以我心里明白，他们不会比咱更乐意掉进水里去。"

湖面有十五里长，约三里宽，一边是布满洞穴的高山，一边是长满青草的平地。我们的船大约走了四里以后，湖面上刮起了大风，几个划船的要我们帮着划，我们就划了一会儿。我用手比画着要他们把船停靠到对岸，他们说不行，那里水太浅，不能行船，而且还有暗礁，能把船撞碎，大家都会淹死。他们还是不住地催我们帮着划船。几个划船的互相喊叫着，要求我们帮忙。

看到他们那惊慌失措的样子，我想起马是一种聪明的动物，就把缰绳系在马脖子上，用左手抓住绳头。我这匹马和大多数马一样，也是有灵性的，它好像明白了我的意思。我把马头扭过去，让它看着湖边的青草，我的意思是要它在前面游着拖着我走。

就在这时，一个大浪打到船上，把船打沉了。阿斯卡尼奥尖叫道："哎呀，父亲，救命！"然后就要扑过来抱住我的脖子。我一看他这副德性，就用手抓住匕首，叫他们都照着我的样子做，因为马能救他们一命，我也是靠马来帮忙逃命的。阿斯卡尼奥要是再扑到我身上，我就杀了他。

就这样，我们冒着生命危险走了好几里路。

96

我们来到湖中间，发现有一小块平地可以落脚，我看见那四个德意志绅士已经在那里上岸了。我们要求靠岸，但划船的一口回绝了。我对俩年轻人说：

"现在就要看看咱有没有种了。把剑拔出来，逼着这几个家伙让咱们靠岸。"

我们把剑拔了出来，但并不顺利，他们顽强抵抗。我们还是上了岸，然后又要爬两里的山，那可比爬梯子还要难。我身上穿着铠甲，脚蹬大长靴，手里拿着一支火绳枪。雨下得好像天河决堤了一样。再看那四个德意志鬼子，用缰绳牵着马走起来轻松自如，而我们的马却不行。我们赶着马艰难地往山上爬，累得疲惫不堪。

刚爬过一段路，阿斯卡尼奥那匹匈牙利良马走在信差布斯巴卡前面几步远的地方，阿斯卡尼奥给了布斯巴卡一杆长矛叫他拿着。由于路太难走，马失前蹄，跌跌撞撞地一路下滑，再也收不住脚了，一下子撞到长矛尖上，而那个该死的信差竟然不知道让开路，长矛一下子穿透了马喉咙。

另一个工匠连忙照看自己的马，这是一匹黑马，也向湖的方向滑过去，被一丛灌木悬悬乎乎地挡住了。这匹马身上有一对褡裢，里面装着我所有的钱和其他贵重物品。我大叫着让这个年轻人保住自己的性命，马就叫它见鬼去吧。

这里到湖面有一里多长的陡坡，下面正对着湖，给我们划船的几个人停在这个地点下面，要是马摔下去，正好砸在他们头上。我走在最前面，我们几个人都等着看马摔下去，看来它在劫难逃了。

这时，我对两个年轻人说：

"不要牵肠挂肚，保住咱自己的命要紧，一切都听天由命吧。我只是替那个可怜的伙计布斯巴卡难过，他把杯子和宝石都系在马鞍前穹上了，这些东西价值几千达克特，他以为马鞍是最安全的地方。我的东西价值不过几百斯库多，我一点也不担心，只要天主保佑我。"

这时，布斯巴卡喊叫起来：

"我自己受损失我并不难过，我是为你们的损失而难过。"

我问他："我那些东西价值不大你难过啥？你那一大笔财产你咋不难过？"

布斯巴卡回答说："我以天主的名义告诉你，在这种情况下，在此危急关头，我必须说实话。我知道你损失的都是斯库多，是真钱，而我那个皮套里装的所谓宝石和其他宝贝东西都是假的，实际上都是鱼子酱。"

听到这话，我禁不住大笑起来，那俩年轻人也笑了，而布斯巴卡却哭了起来。

那匹马我们认为已是死路一条，可它挣扎了半天又绝处逢生。我们几个大笑起来，又恢复了信心，弯着腰继续往上爬。那四个德意志绅士早已到了山顶，这时也派人下来拉我们一把。

这样，我们终于来到荒野之中住宿的地方，个个浑身湿透，又累又饿，在这里受到了最友好的款待。我们把身上的水擦干，休息了一会儿之后饱餐一顿，又用药草给马治伤。他们告诉我们说，这种药草树篱里面到处都是，要是一直用它的叶子塞住伤口，马不仅能够治好，而且骑起来就像没有受伤一样。我们就按他们说的做了。

我们谢过这几个绅士，等到体力完全恢复以后，就离开这个地方继续往前走，感谢天主救我们大难不死。

97

我们来到韦森那边的一座城，在这里过了夜，听到一个更夫每个小时都要唱悦耳动听的歌。原来这座城里所有的房子都是用松木建造的，更夫唯一的职责就是提醒人们防火。

布斯巴卡一整天都担惊受怕，所以每个小时更夫一唱，他就在睡梦中喊道：

"哎呀，天主，我要淹死了！"

那是因为他白天受过了惊吓。晚上他又喝醉了，他和这里所有的德意志人在一起拼酒，所以有时候他喊"我要烧死了"，有时候喊"我要淹死了"，有时候他以为下了地狱，喉咙四周悬浮着鱼子酱，折磨得他痛苦不堪。

这一夜我们过得非常痛快，所有的烦恼都化作爽朗的笑声。

早上起来天气晴朗，我们到一个风光明媚的地方吃饭，这个地方名叫拉卡①。这里的招待极佳，我们又雇了向导，他们要回到一个名叫苏黎世的城市。向导领着我们沿着一条湖堤往前走，没有别的路，连堤上都是水，这个冒失的家伙滑倒了，连人带马都

---

① 即拉亨。†

掉进了水里。我在向导后面只有几步远，就马上勒住马，等那个蠢驴从水里爬上来。他就像没事儿一样，仍然哼着小调，摆摆手让我继续往前走。

我岔开路往右边走，穿过一些树篱，领着两个年轻人和布斯巴卡也走这条路。向导用德语大喊起来，说要是那边的人看到我会把我打死。但我们继续往前走，又躲过了一场灾难。

我们来到了苏黎世，这是座极为美丽的城市，像一颗宝石一样光彩夺目。我们在这里休息了一整天，一大早又出发了，来到又一座美丽的城市索洛图恩。从这里我们又到洛桑，从洛桑到日内瓦，从日内瓦到里昂，一路上歌声笑声不绝于耳。

我在里昂休息了四天，与这里的一些朋友玩得很痛快。我花在布斯巴卡身上的钱又还回来了，四天以后我又上路去了巴黎。

这是一次愉快的旅行，不过在帕利萨①的时候，一伙强盗企图谋害我们，凭着勇敢和机智我们才逃出魔掌。从这里到巴黎可以说是一帆风顺，在歌声和笑声中，我们安全到达了目的地。

98

到巴黎后稍事休息，我就去拜访画家罗索②，他正为国王③效力。

我以为罗索应该是我在这个世界上最真诚的朋友，因为在罗马的时候，我给了他一个人所能给予另一个人的最大好处。我帮他的忙三五句话就能说完，所以我还是想提一提，以揭露他那见不得人的忘恩负义行为。

---

① 即拉帕利斯。†
② 即前面提到的佛罗伦萨人罗索。†
③ 弗朗索瓦一世。†

　　罗索在罗马的时候，爱背后说别人的坏话，把乌尔比诺人拉斐尔的作品糟践得一钱不值，拉斐尔的学生发誓要把他杀掉。为此我日夜严密保护着他，使他免遭毒手。另外，他还说了优秀建筑家安东尼奥·达·圣加洛师傅[①]的坏话，结果圣加洛让人把他接的一件活儿收走了，那是阿尼奥洛·达·切西先生[②]委托他做的。后来，圣加洛利用其影响力处处拿捏罗索，把罗索逼到了饿死的边缘。我可怜他的处境，借给他几十斯库多，帮他渡过了难关。

　　从那以后，罗索一直没有还我钱。我知道他在国王手下效力，就像刚才所说的那样去找他。我并没有真的指望他还债，只是想让他帮我个忙，让我能在伟大的国王手下谋个差事。

　　罗索一见到我，脸色突然变了，说：

　　"本韦努托，你走了恁远的路，花了恁多钱算是白费了。尤其是现在这个时候，人们一心想的都是打仗，谁还会有功夫顾及我们摆弄的这些小玩意儿？"

　　我回答说，我带的钱足够我返回罗马，就像我来到巴黎一样。我还说，我为他吃了恁多苦，他这样对待我实在不够意思，现在我开始相信安东尼奥·达·圣加洛师傅说他的那些话了。

　　我揭了他的短，他自知理亏，就想自我解嘲。我让他看了一张汇票，可以向里恰尔多·德尔·贝内[③]兑换五百斯库多。这个赖皮鬼脸红了，想强行把我留下来，可我朝他笑了笑，和那里的一个画家一起走了。

---

① 安东尼奥·迪·巴尔托洛梅奥·科尔迪尼（1484—1546），人称"小安东尼奥·达·圣加洛"，协助圣彼得大教堂建筑师布拉曼特，1516 年和拉斐尔一起开始建造圣彼得大教堂，1536 年最终担任整个工程的总建筑师。当时一些宏伟的建筑工程都和他有关。†
② 罗马贵族，阿戈斯蒂诺·基吉的好朋友。†
③ 亚历山德罗·德尔·贝内家族的另一名成员，切利尼在罗马时该家族对他非常重要。里恰尔多很可能是巴黎的银行家。†

这个画家名叫斯瓜泽拉 ①，也是佛罗伦萨人。我住在他家里，另外还有三匹马和三个仆人，每个星期给他一笔钱。他待我很好，我付给他的钱更够意思。

后来，经国王的司库朱利亚诺·博纳科尔蒂先生 ② 引荐，我受到国王的接见。不过我等了好长时间才被召见，当时我还不知道，那是由于罗索极力从中作梗，不想让我与国王会面。朱利亚诺先生知道这事以后，马上就把我带到枫丹白露 ③ 去觐见国王，国王亲切会见了我整整一个小时。当时国王正要去里昂 ④，就吩咐朱利亚诺先生带我一起去，说路上我们可以商量一下他想做的一些活儿。

这样我就跟着国王的大队人马一起走了，路上我拜会了费拉拉枢机主教 ⑤，那时他还没有得到枢机主教头衔。每天晚上我都与枢机主教长谈，他劝我到里昂住进他的一座修道院，在那里悠然自得地住到国王打仗回来，又说国王要到格勒诺布尔 ⑥，不过我在里昂修道院里会感到处处方便。

到里昂以后我生了病，小伙子阿斯卡尼奥染上了三日疟，所以我对法兰西人及其王室越来越讨厌，心急火燎地想返回罗马。枢机主教看我急着想回去，就给了我足够的钱，让我给他做一个银碗和一把银壶。

---

① 安德烈亚·斯瓜泽拉，安德烈亚·德尔·萨尔托的学生，1518 年师徒二人一起到法兰西，为法兰西国王效力一段时间。†
② 卒于 1563 年，佛罗伦萨的流亡者，1507 年到法兰西，很快崭露头角，成为弗朗索瓦一世的近臣，瓦尔基提到过他。†
③ 一座中世纪城堡改造成的宏伟别墅，由佛罗伦萨人罗索、弗朗切斯科·普里马蒂乔和很多意大利艺术家与工匠协助弗朗索瓦一世完成，是法兰西国王居住的地方。†
④ 一行人于 1537 年 10 月 6 日抵达里昂。†
⑤ 伊波利托·德斯特（1509—1572），费拉拉公爵阿方索的儿子，埃尔科莱二世的弟弟，十五岁就任米兰大主教，1539 年被教皇保罗三世任命为枢机主教，长期居住在法兰西为国王效力，著名的文学艺术保护人。†
⑥ 法兰西东南部的一座城市。‡

于是我们骑上好马，朝着罗马的方向走去，穿过辛普朗山口①，在两个法兰西人陪伴下走了一程。阿斯卡尼奥受着三日疟的折磨，我则一直发着烧，看样子再也退不下去了。更糟糕的是我的胃也出了毛病，我相信在四个月的时间里，我一个星期也吃不完一整条面包。我巴望着早日回到意大利，宁可死在意大利也不死在法兰西。

<h2 style="text-align:center">99</h2>

我们过了辛普朗山口，在靠近一个名叫因代韦德罗的地方遇到一条河②。这条河又宽又深，上面架着的一座桥又长又窄，连栏杆也没有。

这天早上下了一层厚厚的白霜。我骑着马走在最前面，来到桥边一看，觉得这太危险了，就吩咐几个仆人和年轻人下马牵着走。这样我平安过了桥，与一个法兰西绅士边走边谈。另一个法兰西人是个文书，他落在后面一点，嘲笑着我和那位法兰西绅士，说我们宁可淘力步行也不敢骑马，而实际上一点也不可怕。

我转回身，看见那个法兰西文书走到了桥中间，就叫他慢慢走，那个地方很危险。这个家伙真不愧为法兰西人，用法语喊着我真没有种，实际上一点危险也没有。他边说边催马往前走，结果马突然从桥上往下滑，四脚朝天沿着一块大石头边摔了下去。天主常常怜悯疯子，所以这俩畜生，一个两条腿一个四条腿，掉进了一个大深潭，都沉到了水底下。

我一看出了事，马上飞跑过去，费了很大劲儿爬到那块石头上，悬着身子抓住了文书外衣的下摆，把他从水里拉了上来。他

————————————————

① 位于瑞士和意大利交界处的一个山口。‡
② 可能是迪韦里亚河或迪韦德罗河。†

喝了满肚子水，差一点就要淹死了。

我看他脱离了危险，就祝贺他死里逃生。这家伙用法语回答说，我瞎忙了一阵，要救的重要物品是他的文件，那价值数百斯库多。他说这话的时候好像很生气，浑身滴着水，嘴里喷着唾沫星。我转身吩咐俩向导帮帮这个畜生，我会付给他们报酬。一个向导勇气十足地干了起来，费了半天劲儿把这个家伙的所有文件都捞了出来，所以他一点也没有受到损失。另一个向导怕麻烦，一点忙也没有帮。

我还要说一句，我们大家凑了一个钱袋，由我来保管。到了我提到的那个地方以后，大家吃了饭，我从这个公共钱袋里拿出一些钱，付给那个帮忙救文书出水的向导。

这时，那个文书喊叫起来，说我应该自己掏腰包，除了商定好的向导服务费之外，他不打算再给向导另外的钱。一听这话，我臭骂了他一顿。另一个袖手旁观的向导也过来要钱，我对他说，只有背负十字架①的人才应该得到报酬。他说他马上就会给我拿来一个十字架，到那时我会后悔的。我回答说，我会在那个十字架上点燃一支蜡烛，我希望他是第一个为自己的愚蠢行为而后悔的人。

我们所在的村庄位于威尼斯人和德意志人之间的边界处②，这个向导就跑过去喊来一大群人，他手里还拿着一杆叉野猪的长矛。我跨上我的宝驹，压低了火绳枪的枪管，转身对我的伙伴们说：

"我第一枪就会把那个向导撂倒，你们每个人也要出一份力，这伙人都是强盗，他们想以此为借口把我们干掉。"

客栈老板（我们在他那里吃的饭）请来了一个领头的，是个

---

① 意思是忍受苦难。‡
② 如果切利尼是从辛普朗山口进入意大利，这个地方应该是米兰领土。不过当时的意大利人常把附近的瑞士人称为德意志人。†

仪表堂堂的老头儿，请他出面制止这场骚乱。老板说：

"这是个最勇敢的年轻人，你可以把他剁碎，但他肯定能杀死你们一大帮，说不定杀了人以后他还能逃脱。"

这场骚乱就这样平息下来了。领头的那个老人对我说：

"你就老老实实地走吧。要和我们斗，你也没有啥可吹嘘的，你就是有一百个人帮你也不行。"

我相信他的话一点也不假，我确实准备死在他们手里了。所以，我一看没有人再说难听话了，就摇着头感叹道：

"我已经尽力证明我不是纸扎泥塑的，而是一个有血有肉的男子汉。"

这样我们又上了路。当天晚上，在我们遇到的第一家旅店，大家在一起结了账。从此以后，我就和那个法兰西畜生永远分了手，而和另外一个绅士保持着友谊。随后我来到费拉拉，只带了三匹马，没有其他旅伴了。

我下了马，来到宫里去拜会公爵阁下，这样我可以在第二天上午去洛雷托圣母堂①。我一直等到日落之后两点，公爵大人来了。我吻了他的手，他彬彬有礼地接待了我，然后命人把水端来，让我洗洗手吃饭。看到他对我如此厚爱，我高兴地对他说：

"最尊贵的大人，最近四个多月以来，我吃的饭仅仅能够保住性命，所以我没有口福来享用您的美味佳肴，您吃饭的时候我就在一旁和您谈话，这样双方都会感到愉快，比咱俩一起吃饭更好。"

于是我们就开始交谈，一直谈了三个小时，然后我就告辞了。

我回到旅店，看到一顿美餐佳肴已经摆在桌子上，原来这是公爵派人从他自己的餐桌上给我送来的，另外还有一些好酒。这

————————

① 位于意大利边境地区，是个庇护所，传说是圣母玛利亚的住所，十三世纪时建造，成为朝圣的地方。†

时已经超过我平常的吃饭时间整整两个小时了，我就津津有味地吃了起来，这是我四个月以来第一次胃口大开。

<h1 style="text-align:center">100</h1>

第二天早上，我离开费拉拉，来到洛雷托圣母堂，在这里祈祷完以后又继续赶往罗马[①]。到了罗马，我见到最忠实的费利切，当初我把作坊包括所有的工具和家当都留给了他[②]。我另外又开了一间新作坊，比那个旧的更大更宽敞，与香料商苏盖雷洛为邻。我以为伟大的国王弗朗索瓦已经想不起来我了，所以就接受了好几位贵族送来的活儿，同时又开始为费拉拉枢机主教制作碗和壶。我手下有一大帮工匠，手头接的有很多金银器皿。

我和那个佩鲁贾工匠商量，叫他把所有花费都记到账上——他买衣服和其他很多东西的钱，另外再加上旅费，一共大约七十斯库多。我们商量好，他要每月偿还三斯库多，这对他来说算不了什么，因为他从我这里挣的钱超过八斯库多。

两个月以后，这个无赖从我作坊里溜走了，给我留下一大堆烂摊子，还说他一点也不打算再还我了。

我心里想，这事不能就这样拉倒。但我听从了别人的劝告，准备通过司法途径来把钱要回来。一开始我打算砍掉他一只胳膊，要不是朋友劝阻我肯定把他砍了，朋友们说这样不妥，这样我既得不到钱，兴许还会第二次被迫离开罗马，因为打人是无法掂量轻重的。朋友们还说，既然我手里有他亲笔写的字据，我可以马上让人把他抓起来。

我接受了朋友们的劝告，不过我想尽快了结这件事。我向教

[①] 切利尼于 1537 年 12 月 16 日到达罗马。†
[②] 这个作坊费利切一直经营到死。†

廷财政署法官控告了他，并打赢了这场官司，几个月以后下了判决书，他被投入了大牢。

与此同时，很多重要的活儿压得我透不过气来，其中包括为吉罗拉莫·奥尔西尼阁下[1] 的夫人制作所有的金子和珠宝装饰品。奥尔西尼是保罗阁下的父亲，而保罗现在是公爵科西莫的女婿。

这些活儿基本上已经完成了，而其他极为重要的活儿又源源不断地送来。我雇了八名工匠，和他们一起夜以继日地干，既为名也为利。

101

我这样干得正欢的时候，收到了费拉拉枢机主教的一封急信，信是这样写的：

> 本韦努托，亲爱的朋友：最近几天，最笃信基督教教义的国王[2] 在这里提到了您，他想让您为他效力。我对他说，您曾经答应过我，无论我什么时候以陛下的名义叫您为他效力，您都会招之即来。陛下回答说："传朕的旨意，送给他与他身份相符的旅费。"他立即命令海军总司令[3] 给我开一张一千金斯库多的汇单，向财政大臣兑换。
>
> 枢机主教德·加迪当时在场，他马上向国王陛下提议不必下达这一命令，说他已经给了您足够的钱，而且您也已经

---

[1] 著名的佣兵队长，布拉恰诺领主，妻子是弗朗切斯卡·斯福尔扎。1560 年，他儿子保罗被任命为布拉恰诺公爵，1558 年娶了科西莫·德·美第奇的女儿伊莎贝拉，1576 年由于嫉妒而把她杀害。†

[2] 法兰西国王的传统称号，最早可以追溯到法兰克王国时代，从十五世纪查理七世起成为法兰西国王的专有称号并代代相传。法兰西是基督教会承认的第一个现代国家，有"教会的长女"之称。‡

[3] 当时海军总司令主要是个尊称，由国王的心腹担任，不一定是真正的海员。†

上路了。如果事实与枢机主教加迪的说法恰恰相反，我也觉得这很有可能，就请您接到这封信以后立即给我回复，我要理清线索，然后让宽宏大量的国王把答应的钱给您送去。

让全世界都看看，让天下所有的人都看看，灾星能够给我们人类带来多么大的厄运！我这一生中从来没有和那个小呆子枢机主教德·加迪说过两次话，我也不相信这个自以为是的家伙是想害我，他只不过是不知天高地厚，也想表现得像费拉拉枢机主教那样，亲自监管大艺术家的事务，国王正需要这样的艺术家。但这个家伙太愚蠢，说了这话之后竟然对我只字没提，要不然，即便是仅仅看在我们是老乡的分上，我也会找个理由为他干的蠢事打个掩护，使他免遭责难。

一收到费拉拉枢机主教的信，我就给他回信说，我对枢机主教加迪所说的话一无所知。即便是他给我写信说过这件事，没有对大人说一声，我也不会擅自离开意大利，尤其是现在这个时候，我在罗马要做的活儿比以往任何时候都多。但我又说，如果最笃信基督教教义的国王陛下需要我，只要他说一句话，由最尊贵的枢机主教大人传达给我，我就会立即出发，其他一切事务我都会统统抛下。

我把信送出去以后，那个逆贼佩鲁贾工匠又设下一计害我，这一计立即奏效，这要怨教皇保罗·法尔内塞贪婪，但更怨他的私生子贪婪，也就是卡斯特罗公爵①。这个佩鲁贾工匠对皮耶尔·路易吉阁下的一个秘书说，他跟着我当工匠已经有好几年了，对我的一切事情都很熟悉，所以他向皮耶尔·路易吉阁下断言，说我有一笔财产超过八万达克特，其中大部分都是宝石，而这些

---

① 皮耶尔·路易吉·法尔内塞 1537 年被任命为卡斯特罗公爵。†

宝石是属于教会的，是我在罗马遭到洗劫时从圣天使城堡里偷来的，他们应该马上把我秘密地抓起来。

一天凌晨，离天亮还有三个多小时，我还在为前面提到的新娘做嫁妆 ①②。在我的作坊开门清扫时，我披上斗篷，到外面走走换口气。

我沿着朱莉娅大街往前走，来到水闸门拐角，在这里碰到治安官克雷斯皮诺 ③ 及其全体治安队员。克雷斯皮诺走到我跟前，说：

"你是教皇的罪犯。"

我回答说："克雷斯皮诺，你抓错人了。"

"没有抓错，"克雷斯皮诺说，"你就是大名鼎鼎的本韦努托，我太认识你了，我要把你带到圣天使城堡，那是贵族、像你这样有才华的人去的地方。"

话音一落，他手下的四个小头目就向我扑了过来，想动手抢夺我腰上别着的一把匕首，还有我手指上佩戴的几枚戒指。克雷斯皮诺马上呵斥了他们：

"谁也不准动他，你们只要尽职尽责，不让他逃跑就行了。"

然后克雷斯皮诺走到我跟前，十分客气地请我交出武器。我就要交武器的时候，突然想起我杀死蓬佩奥正是在这个地方。

他们直接把我带到圣天使城堡，将我锁在主楼上的一个房间

---

① 即伊莎贝拉·德·美第奇，保罗未来的新娘，科西莫一世的女儿。†

② 朱莉娅译本和布尔译本都是这样注释的，但这个注释牵强附会，两位英译者显然把时间搞错了。切利尼做嫁妆是在 1538 年，伊莎贝拉·德·美第奇出生于 1542 年，切利尼怎么可能给一个尚未出生的人做嫁妆呢？实际上这个新娘应该是指前面提到的吉罗拉莫·奥尔西尼阁下的夫人，当时应该是正准备结婚。她名叫弗朗切斯卡·斯福尔扎，其母亲是科斯坦扎·法尔内塞，教皇保罗三世的私生女。切利尼虽然提到"奥尔西尼是保罗阁下的父亲，而保罗现在是公爵科西莫的女婿"，但这是后话，切利尼当时做嫁妆的时候，保罗阁下还没有出世。‡

③ 1538 年 10 月 16 日，克雷斯皮诺逮捕了切利尼。†

里。这是我三十七年来第一次闻到监狱的气味。

102

对于指控我偷窃的那一大笔财产，教皇的儿子皮耶尔·路易吉阁下一直挂在心上。他向父皇提出请求，想让父皇开恩，把这笔钱送给他。

教皇欣然同意，而且还答应帮助他得到这笔财产。这样我在监狱里关了八天以后，他们就派人传讯我，想尽快了结这件事。

我被传唤到教皇这座城堡里的一个大厅，是个很气派的地方。审讯者之中第一个是罗马行政长官，被称作贝内代托·孔韦尔西尼先生，皮斯托亚人，后来成为耶西主教①。第二个是地方检察官，名字我已经忘记了②。第三个是刑事案件审判官，被称作贝内代托·达·卡利先生。

这三个人开始审讯我，一开始问得还算客气，后来变得声色俱厉，显然是因为我对他们说了这番话：

"诸位大人，你们缠磨了我半个多小时，全是问些天方夜谭式的问题，所以我完全可以说你们净是在闲聊天、胡扯淡。说闲聊天是说你们东拉西扯，说胡扯淡是说你们胡说八道。所以，请你们告诉我到底想让我干啥，我想从你们嘴里听到在理的话，不想听你们闲聊天、胡扯淡。"

听我这么一说，行政长官，也就是那个皮斯托亚人，再也掩盖不住他那暴性子，对我这样说道：

"你还怪了不起哩，你真是太狂了！我告诉你，我要说几句在

---

① 孔韦尔西尼，卒于1553年，1538年被任命为福林波波利主教，1540年被任命为耶西主教，1537—1538年担任罗马行政长官。†
② 他名叫贝内代托·瓦伦蒂。†

理的话，煞煞你的威风，叫你像小狗一样趴在地上。我要说的既不是闲聊天，也不是胡扯淡，那都是你说的。我提出的理由会环环相扣，你要想回答出来，非得挖空心思不可。"

然后他就开始唠叨起来：

"我们清楚地知道，这座不幸的城市惨遭洗劫时，你正在罗马，就在这座圣天使城堡里担任炮手。论职业你是个金匠和宝石匠，教皇克莱门特原来就认识你，当时他身边再也没有第二个干你这一行的，所以就私下里找你商量，让你取下他三重冠、主教冠和戒指上所有的宝石，并出于对你的信任，让你把这些宝石缝到他衣服里。你在往衣服里缝的时候，瞒着教皇克扣了一部分宝石，其价值为八万斯库多。这是你的一个工匠告诉我们的，你把这个秘密告诉了他，还大言不惭地吹嘘一番。现在我坦诚地告诉你：你要找到这些宝石，或者拿出和这些宝石价值相当的钱，然后我们就释放你。"

103

听到这话，我忍不住捧腹大笑，笑了一阵子之后说：

"谢天谢地，天主第一次开恩抓我，并不是因为我干了啥不检点的事，年轻人常常这样干。如果你说的话属实，我是不会受皮肉之苦的，因为法律一时受到了糊弄。所以，我可以为自己辩解说，作为教皇忠实的仆人，我确实为神圣的天主教会保存了那一笔财富，等待着交给一个圣明的教皇，甚至是交给一个向我索要的人，这个人现在就是你，假如情况真像你所说的那样。"

我刚说到这里，愤怒的行政长官就打断了我的话，发疯似地吼叫道：

"你想咋说就咋说，本韦努托，我们只想把那笔财产要回来。

你要是不想让我们除了动口以外再采取其他措施的话，就赶快把它交出来吧。"

说完这话，他们就站起来想走，但我把他们拦住了：

"各位大人，我的审讯还没有完，等审讯完以后，你们爱上哪儿上哪儿。"

他们又气呼呼地回到座位上，看样子一句话也不想听我说，那副似坐非坐的架势似乎显示，他们已经对一切都了如指掌。

因此我就开始陈述，大意如下：

"诸位大人，你们应该知道，我来到罗马大约有二十年了，不论是在这儿还是在其他地方，我还从来没有坐过牢。"

听到这话，那个专门干捕快勾当的行政长官吼叫道：

"你肯定在这里杀过人！"

我回答说："这是你说的，我可没有说。要是有人去杀你，即便你是教士也会自卫的。你要是把刺客杀了，神圣的法律自然为你辩护。你们要是想向教皇禀报，想公正地审判我的话，就请允许我继续申辩。

"我再说一遍，我旅居在这座美丽的罗马城已将近二十年了，在这里做出了一些了不起的艺术品。我知道，罗马是圣座的所在地，因此我有充足的理由相信，如果有哪一位世俗君主想置我于死地，我可以求助于圣座和基督代理人，他会保护我的合法权益。

"可是，天哪，现在我该找谁呢？哪一位君主能保护我免遭毒手呢？你们在逮捕我以前，就不会先查清楚我是如何处置那八万达克特的吗？就不会先检查一下宝石登记簿吗？最近五百年来，所有宝石都是由教廷财政署——登记在那上面的。你们要是发现登记簿上少了任何东西，再把我和我所有的账簿一起抓来也不迟。我可以肯定地告诉你们，教皇所有的宝石和教廷宝器，全都井然有序地记录在登记簿上。你们会发现，凡是属于教皇克莱门特的物品，哪怕是丢了一件，登记簿上都会记录得一清二楚。

"我想起来与此有关的这么一件事。已故的教皇克莱门特想与帝国军队谈判和解，这些强盗洗劫了罗马，侮辱了教会。如果我没有记错的话，一个名叫切萨雷·伊斯卡蒂纳罗 ① 的人来和教皇谈判。条件就要谈妥的时候，陷入窘困之中的教皇为了向来者表达好意，就让一枚钻石戒指从他手指上褪了下来，这枚戒指价值大约四千斯库多。伊斯卡蒂纳罗就弯腰把戒指捡了起来。教皇出于好意，就叫他留作自己戴。这件事是我亲眼所见，当时我就在现场。如果我说的这枚钻石戒指不见了，我这就告诉了你们它的下落，但我坚信你们也会在登记簿上找到对它的记载。然后你们走了以后，想起对我的虐待就会感到脸红，我曾经为教廷效尽犬马之劳，做出了那么多辉煌的业绩。

"我要让你们知道，要不是我，那天上午帝国军队进城以后会长驱直入，攻进圣天使城堡。是我抖擞精神，用炮手们扔到一边的炮大开杀戒，我这一壮举一直没有得到回报。是我鼓舞了雕塑家拉法埃洛·达·蒙泰卢波 ② 的斗志，当时他也离开了岗位，吓得一个人躲到一个角落里，一点忙都不肯帮。我鼓起了他的勇气，我们俩一起消灭了很多敌人，迫使敌人改走另一条路。

"是我向伊斯卡蒂纳罗开的枪，我看他与教皇克莱门特说话的时候不仅一点敬意也没有，而且还面带最令人作呕的冷笑，真不

① 焦万·巴尔托洛梅奥·达·加蒂纳拉，不是切萨雷，切利尼记忆有误。他是查理五世首席大臣、那不勒斯王国摄政大臣默丘里奥·迪·加蒂纳拉的侄子，1527 年 6 月 5 日签署了教皇克莱门特七世的投降协定。他离开克莱门特以后明显受了伤，不知道是不是切利尼开枪打的。†

② 拉法埃洛·德·西尼巴尔迪（1505—1567），雕塑家，建筑师，与安东尼奥·达·圣加洛和米开朗琪罗一起效力，圣天使城堡的建筑师。瓦萨里在《艺术家列传》里提到，拉法埃洛发现谈判代表离开圣天使城堡时有人朝他开炮，但没有说开炮者是切利尼。不过切利尼多次提到圣天使城堡保卫战，都得到拉法埃洛的证实。†

愧是一个邪恶的路德派教徒。出于这一原因，教皇克莱门特派人在城堡里搜查，要找出那个开枪的人，然后把他吊死。是我用火绳枪打伤了奥兰治亲王的头部，把他打倒在城堡外的壕沟里。

"除此之外，我还为神圣的教会制作了恁多金、银、宝石装饰品，制作了恁多徽章和硬币，这些物品又是恁漂亮，恁值得称赞！对于这样一个如此忠诚地为你们效力的人，这样一个爱你们的人，这样一个艺术大师，难道你们就像教士一般傲慢，给予他这样蛮横无理的报答吗？

"去把我说的这些话全都向教皇禀报吧。去告诉他，他所有的宝石一颗也不少。在那场劫难中，我从教会那里得到的只有伤害，有人用石块把我砸得伤痕累累，别的什么也没有得到。我从教皇保罗那里只指望得到一点小小的报酬，他曾经这样答应过我，别的我啥都不指望。现在我终于知道圣座是个啥样的人了，终于知道你们这些教皇的仆人是啥样的人了。"

我慷慨陈词的时候，一帮人坐在那里听得目瞪口呆，然后交换了一下眼色，带着很吃惊的神情走开了。

这仨人一起把我说的一番话禀报给了教皇。教皇感到有些羞愧，就派人认真查阅所有的宝石登记簿，结果发现宝石一点也不少。他们只好把我留在城堡里，再也不提这件事了。皮耶尔·路易吉阁下虽然觉得失策，但还是想尽办法置我于死地。

104

这件事刚过去不久，国王弗朗索瓦就了解到教皇将我关押的详细情况，并知道我是冤枉的。他已经派一位绅士到罗马担任大使，此人被称作莫卢克阁下 ①，国王就给这位大使写信，说我是国王陛下的人，要把我从教皇手里要回来。

教皇本是个通情达理而又能力超群的人，但在我这件事上却表现得很无能而又不明智。他对国王的使节说，希望国王陛下不要为我操心，因为我这个人爱打架，好惹麻烦，所以他劝国王陛下不要过问我的事，又说他关押我是因为我杀了人，还干了其他坏事。

国王回答说，他的王国是绝对维护正义的，国王陛下既奖励有才华的人，也惩罚作恶的人。国王还说，圣座既然允许本韦努托离开，对他所做的贡献并不大在乎，而国王在法兰西见到他之后，二话没说就收留了他，所以国王陛下现在要求放人，因为我是国王陛下的人。

国王陛下的这样一个要求，绝对是像我这样的人可以得到的最高荣誉，但让人没有想到的是，它却给我带来了无穷无尽的烦恼和伤害。教皇恼羞成怒，担心我会出去告诉世人我受到的虐待，就千方百计置我于死地，以此来维护自己的名誉。

圣天使城堡的堡主是我们佛罗伦萨老乡，他叫乔治先生，是乌戈利尼家族的一个骑士 ②。这个大好人对我极为客气，仅凭我以名誉担保，就让我在城堡内自由走动，他很清楚我是冤枉的。我要拿出保证金让他允许我在城堡里走动时，他回答说他不能接受保证金，因为教皇太看重我的案子了，但他会真诚地相信我以名誉做出的担保，因为人人都说我是个值得信赖的人。

我以名誉向他做出了担保，这样他又给我提供方便，让我做

---

① 让·德蒙特吕克，卒于 1579 年，法兰西元帅布莱斯·德蒙特吕克的兄弟，1553 年被任命为瓦朗斯主教，在纳瓦拉王后玛格丽特的支持下为弗朗索瓦一世效力。†

② 仅知此人为耶路撒冷骑士，1511 年任普拉托骑士长。†

一些活儿。当时我想，教皇对我的气会消的，因为我是无辜的，再加上国王对我的厚爱，所以我在罗马的作坊一直开着，我徒弟阿斯卡尼奥时常到城堡里来看我，还把我的活儿拿来让我做。实际上我干得不多，觉得自己被监禁是冤枉的，可我把怨气埋在心里，表面上仍然装出若无其事的样子。

我与城堡里所有的卫兵和很多军人都混得很熟。教皇时常到城堡里来吃晚饭，他一来就不放哨，整个城堡就像一座普通邸宅一样。不过教皇到这里时，囚犯们都要被严加看管，但没有人管我，我随便到哪儿都可以，只要不出城堡范围。

一些士兵好几次劝我逃跑，说他们一定会帮忙，他们都知道我是蒙受了冤屈。我回答说，我已经以名誉向堡主下了保证，说我不会逃走，他是一个大好人，已经帮了我很多忙。一个非常勇敢而又聪明的士兵常这样对我说：

"本韦努托，你要知道，囚犯和自由人是不一样的，谁也不会强迫他，也不可能强迫他去遵守诺言。照我说的去做：逃出那个无赖教皇及其私生子的魔掌，他俩黑着心非要你的命不可。"

但我本人已经拿定主意，宁可丢了性命也不会违背向那个大好人堡主许下的诺言，这样我就忍受着难以描述的束缚。与我同患难的还有一位修道士，他是帕拉维奇尼家族的，是一位很有名的传道士①。

105

这个人是作为路德派教徒而被捕的。他是个最好的朋友和伙伴，但就其宗教信仰来说，我认为他是世界上最大的坏蛋，无恶

---

① 据当时的文献记载，此人因为有路德派倾向而被关进圣天使城堡，囚禁了七个多月。†

不作。我很钦佩他的聪明才智，但痛恨他的邪恶，并为此而坦率地指责他。

这个修士不住地提醒我，说我不应该信守向那个堡主许下的诺言，因为我是个囚徒。我回答说，身为修士他可能说的是真话，但身为普通人他说的却不是真话，因为每一个不是修士的普通人都应该信守诺言，不论他的处境如何。所以，身为普通人而不是修士，我绝不会违背我许下的诺言，我的许诺简单而又真诚。

这位修士意识到，他那深奥和巧妙的诡辩无法让我堕落，就想出另一个办法来诱惑我。他连续几天光给我读吉罗拉莫·萨沃纳罗拉修士的布道词，同时用明白易懂的语言和渊博的学识来阐述，他的解释甚至比布道词原文还要漂亮。我听得心醉神迷，对他佩服得五体投地，他叫我干啥我就会干啥，除了我刚才说的不能违背诺言之外。

看到他的才能对我的思想产生了影响，他又心生一计。他试探着问我，假如监狱看守把我锁起来，我应该用啥办法去打开牢门逃跑。我也想在这样一个足智多谋的人面前显示一下自己的能耐，就回答说，且不说开我们监牢的锁，就是开世界上最难开的锁，对我来说也只是小菜一碟。

为了诱使我透露实情，这位修士装出看不起我的样子，声称那些凭本事出了名的人好说大话，要是真让他们按照夸下的海口去做，马上就会出乖露丑、名声扫地。他觉得我说的话也太离谱了，要是真让我验证一下，我必定会丢人现眼。

这个恶魔修士一下子触到了我的痛处。我回答说，我说话历来都留有余地，我刚才提到的用钥匙开锁，对我来说是最微不足道的小事一桩，几句话我就能让他完全明白我刚才说得一点不错。我一边说着，一边漫不经心地演示一番，让他看看要做到我刚才所说的是何等容易。修士装出不在意的样子，可心里马上就明白了我所说的一切。

我在前面说过，那位好心的堡主允许我在整个城堡里随处转悠。即便是在夜里，他也不把我锁起来，而其他囚犯按照规矩都是锁起来的。他还允许我干活儿，不管是金、银还是蜡，随便干啥活儿都可以。

我用了几个星期的时间为费拉拉枢机主教做一个碗，但囚徒生活让我很沮丧，觉得做这一类的活儿越来越没意思，我就用蜡做一些我喜欢的小人物像，纯粹是为了消遣。我用的蜡那位修士偷走了一块，他按照我傻乎乎地告诉他的那种方法，用蜡做了一些假钥匙。

修士选了一个伙伴来帮忙。这个人名叫路易吉，是帕多瓦人，在堡主手下担任办事员。他们定做真钥匙的时候，锁匠揭露了他们的阴谋。堡主时常到我房间里来看我，见过我用蜡做的人像，所以一眼就认出来了。他说：

"这个可怜的本韦努托确实是蒙受了不白之冤，可他也不该这样来糊弄我，我一直帮他的忙，这些忙我本不应该帮。现在我要把他锁得严严的，再也不帮他的忙了。"

于是他就派人把我关了起来，环境很不好。更让人难受的是，他最忠实的仆人也恶嘴毒舌地数叨我。他们本来是极为喜欢我的，可现在却把堡主帮过我的忙全都抖搂出来奚落我，骂我没良心、不忠诚、眼睛一眨老母鸡变鸭。其中一个仆人说话尤其恶毒，气焰十分嚣张。

我明知自己是无辜的，自然嘴不饶人，就言辞激切地反驳说，我从来没有背信弃义，我会不惜性命来信守诺言，要是他或是任何一个伙计再这样蛮不讲理地辱骂我，我就会说他诬陷人。

这个家伙被我骂得受不住了，就跑到堡主屋里，把刻有钥匙模型的蜡拿给我看。

我一看见蜡就对他说，我俩都对，但他必须让我与堡主见一面，我要向堡主说明事情的真相，这要比他们想象的严重得多。

堡主马上派人把我叫去，我就向他讲述了整个事情的经过。结果他把那个修士单独关押，修士又把那个办事员给捅了出来，眼看着办事员就要上绞架。但堡主把整个事情给捂住了，尽管这件事已经传到了教皇耳朵里。他救办事员免遭一死，又给了我和以前一样的活动自由。

106

看到这件事闹成这个样子，我就开始关注自己的命运。我心想，要是再掀起一场这样的风波，堡主就会失去对我的信任，这样我就不再欠他的人情，我可以略施小计，肯定比那个无赖修士的馊主意见效得多。

我让仆人给我拿来一些粗布做的新床单，但脏床单并不让他拿走。仆人向我要，我让他闭住嘴，说我已经送给那些穷当兵的了，要是走漏了风声，那些可怜的家伙可能会被送到桨帆船上去划桨。

我这几个小伙子和仆人都非常听话，尤其是费利切，对床单的事只字不提。我还把一个草床垫倒空，把里面填的稻草烧掉，我牢房里有一个壁炉，里面可以生火。我把床单剪成布条，大约有三分之一肘尺宽。我估摸着布条的长度够了，可以让我从圣天使城堡的中心主楼上下来了，就告诉仆人说，我要的床单都送人了，要他们再给我拿一些细布床单来，我会把脏的送回去。不久以后，这件事就被人遗忘了。

这时，根据圣夸特罗 ① 和科尔纳罗两位枢机主教的命令，我的工匠和仆人被迫关闭了我的作坊，这两个人明确对我说，教皇根本不会考虑释放我，国王弗朗索瓦对我的好意反而弄巧成拙。莫卢克阁下最后一次传达了国王的话，大意是让莫卢克阁下告诉教皇，说教皇应该把我交给普通法庭审理，如果有罪就惩罚，如果没有罪，就应该理所当然地把我释放。没想到这话惹恼了教皇，他发誓要把我终身监禁。与此同时，堡主则尽力帮我的忙。

我的作坊一关闭，我的仇人就趁机嘲笑和辱骂来监狱看我的那些仆人和朋友。有一次，一天来看我两次的阿斯卡尼奥对我说，他想用我一件蓝丝绸汗衫为他自己改做一件短上衣，这件汗衫我从来都没有穿过。这件衣服实际上我只穿过一次，也就是穿着它参加了游行。

我回答说，穿这样的衣服既不是时候，也不是地方。我拒绝给他这件倒霉的汗衫，让这个年轻人非常生气。他对我说，他想离开这里，回到塔利亚科佐的家里去。我顿时五脏冒火，回答说他要是赶快滚蛋就是帮了我一个大忙，他也把心一横，发誓再也不来见我。

我们说这话的时候，正好路过城堡主楼。凑巧堡主也在这里溜达，就在与堡主大人碰面的时候，阿斯卡尼奥说：

"我走了，永别了！"

我接着说："我也想与你永别，咱们一言为定。我会告诉卫兵，再也不放你进来。"

然后我转过身去，诚心诚意地恳求堡主，希望他命令卫兵将阿斯卡尼奥拒之门外。我对堡主说：

"这个小乡巴佬来到这里尽是给我添乱，求大人再也不要让他

---

① 安东尼奥·普奇（1484—1544），出身于佛罗伦萨最高贵的家族之一，1531 年被任命为与圣夸特罗教堂有关联的枢机主教。†

进来了。"

堡主听了很是遗憾，他知道这个小伙子很有才能，而且长得也很漂亮，谁要是看上一眼就会非常喜欢。

小伙子哭着走了。那天他带了一把短弯刀，有时他喜欢把刀藏在衣服里面。他泪流满面地离开了城堡，正好碰见我两个主要的仇人，一个是前面提到的佩鲁贾人吉罗拉莫[1]，一个是米凯莱，两个人都是金匠。米凯莱是那个佩鲁贾无赖的朋友，也是阿斯卡尼奥的仇人。米凯莱问道：

"阿斯卡尼奥哭啥啦？大概你爹死了，我是说那个城堡里的爹！"

阿斯卡尼奥马上回答说："他还活着，可你这就要死。"

说时迟那时快，阿斯卡尼奥抽出手来，用弯刀对着那个家伙的头就砍了两刀，第一刀把他砍倒在地，第二刀砍住了头，也砍掉了他右手上的三个指头，他躺在地上如死人一般。

这件事马上就有人禀报给了教皇，教皇怒吼道：

"既然国王想让他受审，那就给他三天时间准备辩护吧！"

一帮法官马上就过来找我，执行教皇下达的命令。

好心的堡主马上就去找教皇，说我根本就不知道这件事，我已经把阿斯卡尼奥赶走了。他为我的辩护极为出色，终于力挽狂澜救我一命。

与此同时，阿斯卡尼奥逃回到老家，他家在塔利亚科佐。他从家里给我写信，一千遍地求我原谅他，承认自己错了，不该再往我伤口上撒盐，同时又表示，如果天主保佑我出狱，他绝不会抛弃我。我告诉他要专心学好手艺，如果天主放我出狱，我一定会召他回来。

---

[1] 吉罗拉莫·帕斯库奇。†

107

堡主患有一种病，这种病每年都要发作，一发作他就精神错乱，发作的前兆是不停地乱说，或者说是呓语连天，表现出来的症状每年都花样翻新。有时候他觉得自己是个油罐子；有时又觉得是只蛙，并像蛙那样到处乱蹦；有时候他以为自己死了，叫人把他埋掉。他没有一年不是这样疑神疑鬼地闹腾一番。

这一年，他以为自己是只蝙蝠，外出散步时常常像蝙蝠那样唧唧地尖叫，还扑扑拉拉地用双手拍打着身子，像是要飞的样子。

医生们一看他要发病，就和他的老仆人们一起想尽办法为他解闷。他们注意到他非常喜欢和我谈话，就老是把我找去陪伴他。这样一来，这个可怜的人有时候会留住我整整四五个小时，让我一刻不停地与他谈话。他常让我坐在桌子旁与他对着脸吃饭，他嘴里则不住地说，还让我和他说。但在这些谈话中，我可以想办法大吃一顿。他可怜巴巴地既不能吃也不能睡，把我折腾得筋疲力尽，我再也撑不住了。有时候我往他脸上看，发现他俩眼珠滴溜溜乱转，一个眼珠往这个方向看，一个往另一个方向看，样子非常可怕。

有一次他心血来潮，问我是否想到过飞。我回答说，我一直都想过、也做过各种对于人来说最难不过的事。要说飞，造物主赋予我一个非常适合跑和跳的身体，远远超过普通人，再加上我这点手艺才能，我觉得我肯定有勇气去试一试。他又问我用啥办法，我回答说，从所有会飞的动物来看，再结合人工模仿飞翔的特点，最适合模仿的样板莫过于蝙蝠了。

这个可怜的人一听到蝙蝠二字，就想起他这一年表现出来的症状，马上扯着嗓门儿高喊道：

"他说得对，他说得对！就该这样飞，就该这样飞！"

他又转身对我说："本韦努托，要是有人给你机会，你敢不敢飞？"

我回答说，他以后要是愿意释放我，我可以用涂过蜡的亚麻布做一对翅膀，一口气飞到普拉蒂。他说：

"我也有胆量飞，但教皇嘱咐我要对你严加看管，就像看管他自己的眼睛一样，而且我知道你是个机灵鬼，你能逃跑，所以我要用一百把锁把你锁起来，严防你从我手里溜走。"

我只好哀求他，提醒他说我本来是可以逃走的，只是因为我以名誉向他保证过才没有逃，所以我求他看在天主分上，看在他一直对我好的分上，千万不要再给我雪上加霜。

尽管我苦苦哀求，他还是马上下令把我捆起来，并锁进牢房里严加看管。我一看没有指望了，就当着他所有卫兵的面对他说：

"把我锁好，看管好，我一定会想办法逃走的。"

这样他们就把我带走了，锁进牢房里最严密地看管起来。

108

我开始仔细考虑逃跑的办法。一把我锁进来，我就四处打量关押我的牢房，想好逃出来的办法以后，就考虑如何从那个高高的主楼上下来，也就是那个又高又圆的中心楼。我拿出那些新被单，我在前面讲过，我已经把它们剪成长条并缝接在一起，又估算一下需要多长才够我从楼上下来。

算好长度以后，我把一切东西都收拾好，又找出一把钳子，是我从一个萨瓦人①那里偷来的。此人是城堡里的卫兵，负责管理

① 可能是恩里科·德·奥齐亚科，人称"萨瓦"，来自意大利的萨瓦地区，负责管理圣天使城堡里的卫生设备。†

水桶和蓄水箱，也喜欢做木工活儿。他有好几把钳子，其中有一把又大又沉。我看这玩意儿有用，就把它拿走，藏进了我的草床垫子里。

这时，这把钳子派上用场了，我用它去拔固定门合页的钉子。门是双层的，敲进去的钉子看不见，所以我拔第一颗钉子的时候遇到了极大的困难，但最终还是成功了。

第一颗钉子拔出来以后，我就考虑如何不让狱卒发现。我匆忙从废铁上敲下来一些铁锈，然后把铁锈和蜡混在一起，其颜色和拔下来的长钉子钉头一模一样。

接着我就仔细仿造了一些钉头，把它们放在合页上，每拔下来一颗钉子，我就用蜡仿造一个假的。我用拔出来的一些钉子替换门柱上下两个合页上的钉子，但我把它们截短，再轻轻放回原处，使它们刚好能支撑住铁合页。

这一切干得都极为困难，因为堡主每天夜里都梦见我逃跑了，所以他每个小时都派人来查看我的牢房。来查看的人从名字到做派都像个捕快。他名叫博扎①，来的时候还总是带着另一个人，这个人和他是一号货色，名叫乔瓦尼，人送外号佩迪诺内②，是个当兵的，而博扎是个仆人。乔瓦尼只要一进我的牢房，总要对我说些难听话。他来自普拉托区，曾经是那里的一个药商。每天晚上他都把整个牢房仔细检查一遍，看看门柱上钉的合页和整个房间，我常对他说：

"你可要把我看严了，我说啥也要想办法逃跑。"

这话使我们俩产生了很深的敌意，所以我不得不很小心地藏好工具，也就是钳子、一把大匕首和其他一些对我有用的东西，所有这些工具我都藏在草床垫子里，我做好的亚麻布条也一直藏

---

① 意思是"肿胀"。†
② 意思是"冻疮"。†

在草床垫子里。天一亮，我马上就起来打扫房间，我生性就爱清洁，那一段时间我更是收拾得一尘不染。打扫完以后，我把床叠得整整齐齐，上面放几朵花，几乎每天早上一个萨瓦人都给我送花。这个萨瓦人负责照管水桶和蓄水箱，也喜欢做木工活儿。我就是从他那里偷走了钳子，用这把钳子拔掉了合页上的钉子。

109

再接着说我的床。博扎和佩迪诺内一进我的牢房，我就告诉他俩要离床远一点，免得给我弄脏了或弄凌乱了。这俩货偏要刺挠我，就时不时地轻轻摸一摸。我一看就喊道：

"恁这俩邋遢货！我要拔你们的剑，叫你们尝尝我的厉害。就凭这号人还配摸我的床？恁俩要是再摸我就豁出这条命，我必定会要了恁俩的命。还是让我一个人在这里遭罪吧，不要再给我添麻烦了，要不然，我就让恁俩看看一个不要命的人能干出啥事来。"

这些话他们都禀报给了堡主，堡主马上嘱咐他们千万不要靠近我的床，进我牢房的时候也不要带剑，其他时间则要对我密切监视。

把这俩爱管闲事的家伙从我床边轰走以后，我似乎觉得主要任务已经完成，因为床里边藏有我越狱所需的全部东西。

一个节日的晚上，堡主病得很厉害，疯癫得越来越出格，嘴里不住地说他是只蝙蝠，如果他们听说本韦努托飞走了，一定要让他去追，他能追上我，因为他能在夜里飞，肯定比我飞得好。他是这样说的：

"本韦努托是假蝙蝠，我是真蝙蝠。既然把他交给我看管，就要放手让我去管，我肯定能抓住他。"

一连几夜他都是这样疯疯癫癫，把他的仆人个个折腾得筋疲力尽。对这件事我从不同渠道了解得一清二楚，尤其是那个萨瓦人，他实际上是我的朋友。

就在这个节日的晚上，我决定无论如何也要逃走。首先，我最恳切地祈求天主保佑，求他老人家在这场玩命的冒险中帮助我。然后我把所有的家伙都拿出来用，忙乎了整整一夜。我费了九牛二虎之力，终于在天亮以前两个小时把那些合页都去掉，但木镶板和插销却无论如何也弄不动，结果门还是打不开。我只好砍木头，最后总算把门弄开了。

我扛着亚麻布条——我早就把它缠在两根棍上，看起来像两个亚麻卷一样——离开牢房朝主楼厕所的方向走去。我从里面看见房顶上露出来两块瓦，就不费劲地很快爬了上去。我穿一件白马甲、一条白紧身裤和一双长筒靴，一只靴子里插着我前面提到的那把匕首。

爬到房顶以后，我找出亚麻布条的一个端头，把它系在垒进主楼墙里面的一块旧瓦片上，这块瓦伸出来的地方只有四个指头宽。为了把布条固定好，我把它弄成了船上镫索的样子。系到瓦上以后，我仰天长啸道：

"天主啊！助我一臂之力吧，您知道我做的事是正义的，您看我正在自救。"

我用双手紧紧抓住布条，轻轻地一点一点地往下落，直到着了地。没有月光，只有破晓前的一点亮光。我实实在在地站在地上以后，又抬头望了望我如此大胆地从上面刚刚下来的百尺危楼，然后就美不滋儿地走了，心里想这下可自由了。

但事实并不是这样，堡主在城堡这一边又建了两道高墙，两墙之间用作马厩和鸡圈，外面用粗铁栏杆围了起来。我一看从这里出不去，急得火烧火燎。就在我踱来踱去，盘算着咋办的时候，脚底下被一根用稻草盖着的长杆子绊了一下。我很费劲地把它靠在墙上，然后抱住杆子，用臂力一直爬到墙顶上。

但墙顶上有一条锯齿状的棱，我也没有劲再把杆子拽上来了，就决定从第二个亚麻布卷上再撕下来一根布条，另一卷已经留在城堡的主楼上了。我从这一卷上撕下来一截布系在杆子上，非常吃力地从墙上爬了下去。

我累得一点劲儿也没有了，而且手心里还脱掉一块皮，鲜血止不住地往外冒。我不得不歇一会儿，撒泡尿冲洗了一下手。我站了一会儿，逐渐缓过劲儿来，然后就爬上最后一道墙，它朝向普拉蒂。我拿出那卷亚麻布条，打算把它系在一个垛子上，就像刚才下较高的主楼那样，再从这堵低一些的墙上下去。

我刚把布条系好，就发现背后有一个哨兵正在巡逻。看到计划受阻，性命也危在旦夕，我就决定去面对他。那个家伙看见我手里拿着武器，大模大样地冲他走过去，就加快了脚步，看样子是要躲开我。布条就在我后面不远的地方，我马上转过身去，迅速把布条拿起来。我发现还有一个哨兵，但他可能没有看见我。我抓住布条，把它系到那个垛子上，然后就下去了。

就在下的过程中，或者是因为我觉得快到地面了，然后就松开手往下跳，或者是因为我的手累得抓不住布条了，反正我摔了下去，摔的时候碰着了后脑勺。据我自己判断，我昏倒在地上一个半小时还要多。

天开始发亮，离太阳出来还有一个小时，一阵凉风把我吹醒了。但我还没有完全清醒，而是隐约觉得头被砍掉了，正在炼狱里受罪。随后各项功能一点一点地恢复，我意识到是在城堡外面，马上就想起了所有的冒险经历。我知道后脑勺受了伤，又知道腿断了。

我用手摸了摸头，抽回来一看，手上都是血。我把全身摸了一遍，断定伤势并不严重。但我想站起来的时候，才发现右腿断了，就在脚后跟上面大约三寸的地方。

就这也没有使我泄气。我把大匕首和鞘一起拔了出来，鞘的顶端是金属的，最前面是个大圆球，就是这玩意儿把腿弄断了，因为骨头是不会弯曲的，与大圆球猛烈撞击的时候，就在碰撞的地方折断了。我把鞘一扔，用匕首割下一段吊着的亚麻布条，把腿仔细包扎好，拿着匕首慢慢向城门爬去。

到城门前一看，门是关闭的，但我发现门下面有一块石头好像有点松动。我想把它挪走，用手一摸，很容易把它晃动了，我就把它抽了出来。这样就出现了一个缺口，我就从这个缺口爬进了城里。

110

我从摔倒的地方爬到城门口，一共爬了五百多步远。我刚爬进城，几条恶狗就扑过来狠狠地咬我。恶狗攻击了我好几次，我拔出匕首，狠狠地刺中其中一条，疼得它大声嚎叫，其他几条都跟着它跑了，狗这种东西生性就是这样。我想尽快离开这里，就朝桥那边的圣母玛利亚教堂 ① 爬过去。

我爬到通向圣天使城堡的街口，又转向圣彼得教堂的方向。这时天已经大亮，我感到处境很危险。这时，我碰见一个送水的赶着一头驴，驴身上驮着几桶水。我叫住这个人，求他把我背到圣彼得教堂的台阶顶上去。我说：

"我是个不幸的年轻人，偷了情以后从窗户往外逃的时候把腿摔断了。我逃出来的那个地方是个非常重要的所在，我要是被人

---

① 与圣天使城堡和圣彼得大教堂隔桥相望。†

发现，就可能被剁成肉酱，所以求你马上把我背走，我会给你一个金斯库多。"

说着我拍了拍钱包，里面有的是钱。这个人马上就把我扶起来放在背上，把我背到了圣彼得教堂的台阶顶上。到这里以后，我让他把我放下来，叫他赶快回去找他的驴。

我又趴在地上，朝公爵夫人①的邸宅爬去，她是公爵奥塔维奥的夫人、皇帝的私生女，曾经嫁给了佛罗伦萨公爵亚历山德罗。

我之所以选择到她家去避难，是因为我相信我有很多朋友都在她家，他们都是跟着这位公主从佛罗伦萨过来的。另一个原因是她通过堡主帮过我的忙，堡主对教皇说，我为本城挽回了一千多斯库多的损失，那是公爵夫人驾临罗马时②一场大雨造成的。堡主说，他当时由于下雨而感到绝望，但我鼓舞了他，又说我把几门大炮对准云层最厚的地方，那里正下着倾盆大雨，我一开炮雨就停了，等第四炮放出去，太阳就出来了。堡主说，紧接着的喜庆活动之所以能够举行，完全是我一个人促成的，人人都感到非常高兴。公爵夫人听完他的讲述以后说：

"本韦努托是个很有成就的艺术家，我丈夫亚历山德罗公爵非常器重他，这样的人我会永远记住，有了机会我一定为他们帮忙。"

她也向公爵奥塔维奥讲起过我。出于这些原因，我就打算直接到她家里去，那是圣彼得教堂附近老区一座很漂亮的邸宅。

我要是待在她家里的话，教皇肯定不会再把我抓走。但作为一个凡夫俗子，我这时取得的业绩实在是太了不起了，天主不愿意让我太自负了。因此，为了我好，他老人家又第二次惩罚我，而且比第一次还要厉害。

---

① 奥地利的玛格丽特。†
② 1538年11月3日。†

当时情况是这样的。我在台阶上爬的时候，枢机主教科尔纳罗的一个仆人认出了我，枢机主教当时就在家里，这个仆人就跑到他卧室里把他叫醒，对他说：

"尊敬的阁下，您的朋友本韦努托就在外面，他从城堡里逃了出来，正往前爬着，一直流着血，看样子是腿断了，不知道他要往哪里去。"

枢机主教马上说道：

"快跑过去，把他背到我卧室里来。"

这样我就到了枢机主教科尔纳罗家，他让我不要担心，并马上派人去请罗马第一流的医生来为我看病，其中一个是佩鲁贾的亚科莫师傅，一位最杰出、最能干的外科医生。他很灵巧地把骨头对接好并包扎起来，又亲手为我放血。不巧的是我的血管肿得比原来大很多，他也想把口子切得大一些，结果血如泉水一样往外冒，一下子喷了他一脸，他不得不放弃了治疗。他认为这是个不祥之兆，就不大愿意为我治下去了。实际上他再三想放弃治疗，他知道为我治病，更确切地说是把我的病治到底，可能要冒不小的受惩罚的危险。

枢机主教把我安排到一个秘密房间，然后就去了梵蒂冈宫，求教皇把我放了。

111

这时，整个罗马像开了锅一样，人们发现了高高地系在城堡主楼上的布条，人人都跑来看稀罕儿。

与此同时，堡主犯了一次极为严重的疯癫病，他不顾所有仆人的劝阻，非要从主楼上飞走不可，说除了他本人以外谁也抓不住我，只要让他跟着我飞。

潘多尔福先生的父亲鲁贝托·普奇先生听说了这件大事以后，亲自到那里去查看。然后他去了梵蒂冈，碰见了枢机主教科尔纳罗。科尔纳罗向鲁贝托·普奇先生讲述了整个事情的经过，说我正住在他的一个房间里，已经接受了医生的治疗。

这两个大好人就一起去跪倒在教皇面前，但教皇不等他俩开口就说道：

"我知道你们找我干啥。"

鲁贝托·普奇先生回答说：

"最神圣的教宗，我们求您一定把那个不幸的人交给我们。他有杰出的才能，理所当然地应该享受特殊待遇。他除了才华之外，还表现出了非凡的勇敢和智慧，简直创造出了超人的奇迹。我们不知道他犯了啥罪，不知道圣座为啥把他监禁了恁长时间。当然，如果他罪大恶极，圣座这样做就是英明正确的，您还可以这样继续做下去，谁也无话可说。但如果他罪行不大，您可以不予追究，就请您看在我们的薄面上饶恕他。"

教皇一听感到有些羞愧，只好这样回答说：

"我是应家里一些人的请求而监禁他的，他太狂妄自大了。但考虑到他有才能，同时也想把他留在朕身边效力，所以朕已下令要善待他，让他没有理由回到法兰西去。听说他身受重伤，我很难过。告诉他要注意身体，等他康复以后，朕会弥补他遭受的损失。"

这两个大好人回来以后，把从教皇那里得到的好消息告诉了我。

在此期间，罗马贵族全都来看我，老的少的各个等级的都有。堡主尽管精神错乱，还是让人把他抬到教皇那里，一见到圣座就大喊大叫，说圣座要是不把我送回监狱，就太对不起他了。堡主说：

"他是以名誉向我保证以后逃跑的。我真倒霉啊！他对我说得好好的不飞，可还是飞走了！"

教皇笑着说："去吧，去吧，我把他交给你就是了。"

堡主又对教皇说："让行政长官去问问他，看到底是谁帮他逃走的。要是我手下的人，我就把他吊死在那个垛子上，本韦努托就是从那个垛子上逃走的。"

堡主走了以后，教皇把行政长官叫来，微笑着对他说：

"本韦努托是个勇敢的人，他的事迹很了不起。我年轻的时候和他一样，也从城堡的那个地方下来过。"

教皇说的是实话。他在担任缩写官[1]的时候，曾因伪造教皇通谕而被监禁在圣天使城堡。教皇亚历山大[2]把他关押了很长时间，后来由于其犯罪性质太恶劣，就决定将他斩首，但把行刑日期推迟到圣体节以后。

法尔内塞听到这一风声以后，就叫彼得罗·基亚韦卢齐[3]弄来了好几匹马，又用钱贿赂了一些守城堡的卫兵。这样，圣体节那天，教皇参加游行庆祝活动的时候，法尔内塞就蹲到一个篮子里，用一根绳子把他吊到了地面上。那时城堡四周还没有垒外围墙，只有中心主楼矗立在那里，所以他逃跑时没有遇到那么大的困难，而且监禁他是名正言顺的，监禁我则是冤枉的。

教皇之所以这样说，只不过是想在行政长官面前炫耀一番，表现一下自己年轻时的气魄和勇敢，但没有想到会让人联想起他的劣迹。教皇又说：

"去告诉本韦努托，叫他把同谋招出来，不管这个同谋是谁，

---

① Abbreviator di Parco Majoris，教皇庇护二世于 1463 年创建的一个机构，由七十二名罗马最博学的高级教士所组成，其主要职责是为高级教士准备书信文书，也负责草拟教皇通谕。‡

② 实际上是教皇英诺森八世，不是亚历山大六世。†

③ 法尔内塞的亲戚，真名叫马加尼奥，帮助法尔内塞逃出圣天使城堡。†

我已经赦免他了，这话你可以毫无保留地向他交代清楚。"

112

行政长官两天以前刚被任命为耶西主教 ①。他来找我了，进屋以后对我说：

"本韦努托朋友，我的职务虽然有点吓人，但我来是让你放宽心的，这是圣座金口玉言授权给我的。圣座给我讲了他是如何从圣天使城堡里逃出来的，但他有很多帮手和同伴，要不然他是不可能逃出来的。我在两天以前已就任主教，我就以与天主立的约向你保证，教皇已经释放了你并赦你无罪，也对你身受重伤深感不安。你要保重身体，一切都往最好处想，你这次遭到监禁肯定是冤枉了你，将来你必定因祸得福、受益无穷。从今以后你会告别贫困，再也不必回到法兰西，浪迹于江湖。现在就请你坦率地告诉我，说说你是怎样逃出来的，是谁为你提供了帮助，然后你就享受、休息和康复。"

我就把整个经过原原本本地讲了一遍，连细枝末节也和盘托出，一直讲到那个送水的人把我背走。行政长官听完以后说：

"这样的奇迹你一个人完成实在了不起，除了你之外谁也做不到。"

他让我把手伸出来，又对我说：

"鼓起勇气，把心放宽，我现在一拉你的手你就自由了，以后你的日子会过得很幸福。"

他这样与我谈话的时候，把一大群达官显贵晾在了一边，这些人都是来看我的，相互说着：

---

① 切利尼在这里把耶西和福林波波利搞混了。实际上行政长官在 1538 年被任命为福林波波利主教，1540 年才被任命为耶西主教。†

"走，一块儿去看看这个创造奇迹的人。"

行政长官一走，大家都围拢过来，有的向我表示问候，有的给我送来了礼物。

大家众星捧月的时候，行政长官回到教皇那里，向他禀报了我所说的话。也真是该我倒霉，教皇的儿子皮耶尔·路易吉阁下当时也在场，所有人都露出惊奇的神情。教皇说：

"这的确是个了不起的奇迹。"

皮耶尔·路易吉阁下接着说：

"最神圣的教宗，您要是把这个人放了，他会做出更了不起的事情来，他的气魄实在太大了。我再给您讲一件他的事，这件事您还不知道。

"您这个本韦努托在被监禁以前，和枢机主教圣菲奥雷①手下一个侍从发生过口角，原因是这个侍从曾对本韦努托说过一些鸡毛蒜皮的事。本韦努托与他顶嘴，简直横得不得了，要下战书与他决斗。这位侍从就把这件事告诉了枢机主教圣菲奥雷，枢机主教说，他要是能抓住本韦努托，一定要煞一煞他的威风。

"本韦努托听说以后，就准备好一支鸟枪，经常对着一枚硬币练习射击。有一天，枢机主教正从窗口往外看，本韦努托的作坊就在枢机主教邸宅下面②。本韦努托把枪举起来，对准了枢机主教。但枢机主教事先已得到提醒，马上就缩了回去。本韦努托为了掩人耳目，就瞄准了一只鸽子，它正高高地卧在邸宅上的一个窝里，他一枪正好打中了头，如此绝活儿真是令人不可思议。

"现在圣座就对他看着办吧，我要说的话已经说完，也就履

① 圭多·阿斯卡尼奥·斯福尔扎（1518—1564），圣菲奥雷伯爵与科斯坦扎·法尔内塞之子，教皇保罗三世的外孙，1534 年就任枢机主教，时年十六岁。†
② 这座邸宅叫斯福尔扎·切萨里尼宫，由枢机主教罗德里戈·博尔吉亚建造，也就是未来的教皇亚历山大六世，后来在十九世纪重建。这座邸宅俯瞰着长凳街，切利尼的作坊就在长凳街上。†

行了自己的义务。本韦努托认为自己是蒙冤入狱的，他甚至会朝
圣座开枪。他确实太残忍了，太恃才傲物了。他杀蓬佩奥的时候，
硬是在十个打手眼皮儿底下，用匕首朝蓬佩奥咽喉上扎了两下，
然后逃走，真叫那些打手丢尽了脸，要知道他们都不是平庸无能
之辈。"

113

　　说这话的时候，和我吵过架的那个圣菲奥雷手下的侍从也在
场，他向教皇证实了其儿子的一番话。教皇气得鼓鼓的，但一句
话也没有说。现在我再把这件事说一遍，有一说一，有二说二。

　　有一天，圣菲奥雷手下的这个侍从来找我，让我看了一枚被
水银污染的金戒指，对我说：

　　"把这枚脏戒指给我擦干净，要快一点。"

　　当时我手头有很多金子和宝石活儿，我也不喜欢让别人这样
神气活现地使唤我，而且我和这个人还素不相识，从来也没有见
过面，因此我回答说，不凑巧，眼下我没有擦水银的工具，他还
是去找其他金匠为好。

　　这个家伙二话没说，张口就骂我是一头蠢驴。我说此言差矣，
我在哪一方面都比他强，他要是再惹我，我就揍他一顿，那可是
比驴踢得还要厉害。他就把这件事禀报给枢机主教圣菲奥雷，把
我说得就像是地狱里的魔鬼一样。

　　两天以后，我在他的邸宅后面打下了一只野鸽子，这只鸽子
正卧在一个很高的石穴里。我经常看见一个米兰金匠朝这只鸽子
开枪，此人名叫焦万·弗朗切斯科·德拉·塔卡，但从来也没有
打中过。我打鸽子那天，鸽子吓得几乎不敢露头，因为经常有人
朝它开枪。

我和这个焦万·弗朗切斯科在打猎方面是竞争对手。那天，我认识的几个绅士和朋友正好在我作坊里，他们指着鸽子对我说：

"看，那就是焦万·弗朗切斯科·德拉·塔卡的那只鸽子，他老是用枪打它。你看它吓成了啥样子，连头也不敢往外伸了。"

我抬头看了一眼，说：

"要是让我打，它把头露出来一点点也就够了，只要它停留的时间容许我把枪对准它。"

那几位绅士断言，即便是发明枪的人也打不中。我回答说：

"我以帕隆博老板保存的一瓶希腊美酒打赌，只要它静止的时间容许我用布罗卡尔多（我常这样称呼我那支火绳枪）瞄准它，我就能打中它露出来的那一部分。"

我马上举起胳膊，不用别的依托把枪瞄准，就像我许诺的那样打中了那只鸽子，当时既没有想到枢机主教圣菲奥雷，也没有想到其他人。恰恰相反，我把枢机主教圣菲奥雷当成我很好的保护人。

让世人看看吧，要是命运女神想毁掉一个人，办法真是太多了！教皇气得牢骚满腹，嘴里一直咕咕哝哝的，对他儿子说的这件事一直耿耿于怀。

114

两天以后，枢机主教科尔纳罗去找教皇，为他一个侍从要一个主教职务，这个侍从名叫安德烈亚·琴塔诺[①]。教皇确实答应过给他一个主教职务，这时出现了空缺，枢机主教科尔纳罗就提醒教皇要兑现诺言。

---

① 威尼斯贵族，1539 至 1560 年担任塞浦路斯利马索尔主教，由于受到异端指控而被撤职。†

教皇认了这个账，说愿意给枢机主教科尔纳罗一个主教职务，但又说他也想让枢机主教科尔纳罗帮他一个忙，也就是把本韦努托交给他。枢机主教科尔纳罗回答说：

"要知道，圣座经我的手赦免了他，让他获得了自由，这样一来，世人对你我会有个啥说法哩？"

教皇回答说：

"我想要本韦努托，你想要主教职务，谁想说啥就让他去说吧。"

好心的枢机主教说，圣座还是要先把主教职务给他，其余的事再仔细考虑一下，然后遵照圣座的旨意行事。

教皇对自己说话不算数感到有些愧疚，就提出了一个折中方案：

"我派人把本韦努托叫来，为了满足我的心愿，我会把他安排到我私人庭院的房间里住，他可以在那里养伤，我也不会阻止他朋友去看他。另外，只要我高兴，我会一直支付他的费用[①]。"

枢机主教科尔纳罗回到家里以后，马上派那个主教候选人告诉我，说教皇想让我回到他那里去，把我安排到他私人庭院旁边一楼的一个房间，我可以在那里接待来访的朋友，就像在枢机主教家里一样。

我恳求这位安德烈亚先生帮帮忙，千万不要让枢机主教科尔纳罗把我交给教皇，这事就让我自己看着办。我会藏在一个床垫里，让人把我抬到罗马城外一个安全的地方，枢机主教要是把我交给教皇，就等于让我去送死。

枢机主教科尔纳罗听到我这个请求以后，似乎很乐意照我说的做，但安德烈亚先生想得到主教职务，就向教皇告发了我，教

---

① 正常情况下，圣天使城堡里的囚犯要自己支付伙食费和杂费，教皇支付切利尼的费用是想让切利尼觉得他更像是拜访教皇而不是入狱。†

皇马上就派人过来，把我安排到他私人庭院一楼的一个房间里。枢机主教科尔纳罗给我捎来口信儿，叫我不要吃教皇为我准备的饭菜，他会为我提供食物。枢机主教还说，他这样做也是不得已，我要振作起来，他会为我周旋，使我重获自由。

这样安排好以后，每天都有客人来看我，很多侯门显贵都给我送来厚礼。教皇给我送来的饭我一概不吃，只吃枢机主教科尔纳罗送来的饭，就这样过去了一段时间。

我有一位希腊朋友，二十五岁，身体极为强壮，是罗马最优秀的剑客；他生性有些懦弱，但为人忠贞不贰；他太老实，人家说啥他就信啥。他听说教皇公开表示要对我的不幸遭遇进行补偿。教皇一开始确实是这样说的，但后来又完全变卦了。因此，我决定向这个希腊年轻人吐露一个秘密，对他说道：

"最亲爱的兄弟，这些人要杀害我，现在是帮我的时候了。他们对我大献殷勤的时候，会以为我不知道他们要出卖我。"

这个善良的年轻人回答说：

"我亲爱的本韦努托，罗马人都说教皇给了你一个职务，年薪为五百斯库多，所以我斗胆劝你不要疑神疑鬼，免得丢了这块掉进嘴里的肥肉。"

尽管他这样说，我还是双臂交叉抱在胸前，不停地恳求他帮我逃离这个地方。我对他说，我心里很清楚，这号教皇要是愿意的话，也会帮我很大的忙，但我敢肯定教皇正在暗地里琢磨，看看用啥办法除掉我最好，以此来保全脸面，所以我催他赶快采取行动，帮我逃离教皇的魔掌。要是他愿意按照我告诉他的办法帮我逃出这个地方，我会永远把他当成救命恩人，一旦需要，我会心甘情愿地为他献出生命。

这个可怜的年轻人流着泪对我说：

"我最亲爱的老兄啊，你这是要把自己给毁掉啊，不过我还是要满足你的愿望。你就把打算说出来吧，你叫我干啥我就干啥，尽管我不是心甘情愿。"

这样我们就说定了，我把整个计划都告诉了他，要成功肯定不费吹灰之力。

我正指望着他去执行这一计划的时候，他却过来对我说，为了我好，他打算不再服从我，他听来的消息来自教皇身边的人，他们了解真相。

我再也没有指望了，陷入了绝望和痛苦之中。这一天是1539年的圣体节。

115

我与那个希腊人谈完话以后，一整天都消磨过去了。到了晚上，教皇的御膳房给我送来了丰盛的饭菜，枢机主教科尔纳罗的庖厨也送来了美味佳肴。我一些朋友也来了，我留他们一起吃晚饭，大家很高兴地聚在一起，我腿上夹着板子放在床单下面。

天黑一个小时以后，他们都走了，我两个仆人安排停当让我准备睡觉，然后就到前厅去休息了。

我有一条狗黑如桑葚，属于那种多毛型的，我外出打猎时它就讨人喜爱地跟着我，一步也不离开我的左右。这天夜里，它就卧在我床底下，我至少三次喊仆人把狗从床下面赶出去，它嚎叫起来太可怕了。仆人一进来，狗就扑上去咬。他们吓坏了，以为狗肯定疯了，嚎叫起来就没个完，就这样一直熬到夜里四点。

四点钟的时候，治安官带着一帮治安队员来到我房间。狗蹿了出来，恶狠狠地向他们扑过去，撕他们的斗篷和紧身裤，吓得他们胆战心惊，以为狗疯了。但老于世故的治安官告诉他们说：

"这是好狗的本性，它们会感觉和预测到主人的不幸。你们俩去拿棍把狗赶走，其余的人把本韦努托绑到这把椅子上，然后把他抬到你们知道的那个地方。"

我已经说过，这是在圣体节次日 ①，夜里大约四点钟。

治安队员们抬着我，把我盖得严严实实，四个人走在前面，把还在街上走的少数行人赶到一边。这样，他们把我抬到一个叫作诺纳塔 ② 的地方，进了死囚牢房，放在一个肮脏的床垫上，留下一个看守监护着，他一整夜都对我的不幸哀伤不已，对我说道：

"哎呀，可怜的本韦努托啊，你是咋惹着那些大人物啦？"

这时，我已经很清楚自己的命运了，一是从我待的这个地方可以看出来，二是从看守说的话里可以听出来。

这一夜，有一段时间我一直在绞尽脑汁，琢磨着天主为啥要这样惩罚我，我百思不得其解，感到心烦意乱。看守尽量安慰我，但我求他看在天主分上不要再说了，这样我的心情能更快地平静下来。看守答应照我说的做。

于是我就凝神静气地心向天主，虔诚地求他老人家屈尊俯就，将我领进天国。当然，我对自己的命运颇有怨言，我感到就人类的法律来说，让我这样离开这个世界太不公正了。我确实杀过人，但教皇动用天主和法律赋予他的权力，把我从家乡召回并赦免了我。我所做的一切，都是为了捍卫天主赋予我的生命。所以，根据约束人类生活的教规，我不承认我命当绝。但我这一命运好像与那些不幸的凡夫俗子的命运一样，这些人有时候正在大街上行走，突然从高处落下来一块石头，砸在头上要了他们的命。

从这里我们可以清楚地看出司命星的影响，这并不是说司命

---

① 1539 年 6 月 10 日。†

② 这座监狱位于劳罗的圣塞尔瓦托教堂附近，距离纳沃那广场不远，是关押普通囚犯的地方，而圣天使城堡则专门关押要犯，教皇把切利尼关押在这里显示出他的歹意。†

星存心要给我们带来好运或厄运，而是司命星的会合能对我们的命运产生影响。我知道我拥有自由意志，如果我能像圣徒一样表现出自己的信念，我敢肯定天使就会把我从这座牢房里解救出来，并能免除我所有的痛苦。但天主好像认为我配不上这一待遇，所以我断定司命星肯定在拿我出口恶气。

这场心灵的冲突持续了一段时间，然后我就平静下来，很快就睡着了。

116

天亮以后，看守把我叫醒了：

"不幸的大好人啊，没有时间再睡了，有人来告诉你不幸的消息了。"

我回答说："离开这个人间地狱越快，我就越感到高兴，尤其是当我相信我的灵魂已得到拯救，相信我是冤死的时候。荣耀而神圣的基督选择我与他的信徒和朋友为伴，他们和基督一样，都是含冤而死的，而我也要含冤而死，我对天主的这一恩赐感激涕零。谁来给我送凶信了？为啥还不露面？"

看守回答说："他太为你悲伤了，正在哭泣。"

我喊了他的名字，他叫贝内代托·达·卡利①。我说：

"过来，贝内代托先生，我的朋友，现在我已经准备好了，情绪很稳定，冤死对我来说要比该死荣耀得多。我请你过来，给我找一个神父，我想对他说几句话。实际上我并不需要这一套，我已经用心灵向天主忏悔了，我请神父来只是想遵守我们神圣教会定下的规矩，教会虽然让我蒙冤受屈，我还是真心实意地宽恕

---

① 不要忘记，此人是切利尼第一次被监禁在圣天使城堡时审讯他的三个人之一。†

它 ①。过来吧，亲爱的贝内代托先生，快把我送走，不要等我情绪波动，控制不住自己。"

我说完这话以后，那个好人告诉看守把门锁住，因为他不在场就不能行刑。

贝内代托先生来到皮耶尔·路易吉阁下的夫人 ② 家里，她正好与我前面说过的那个公爵夫人 ③ 在一起。贝内代托先生来到二人面前，说：

"最尊贵的夫人，我求您看在天主分上告诉教皇，让他另请别人去向本韦努托宣判并代理我的职责。我放弃这项任务，不打算再干了。"

贝内代托先生叹口气，十分伤心地走了。在场的公爵夫人皱了一下眉头，说：

"这就是天主代理人在罗马所主持的公正！我前夫亚历山德罗公爵非常喜爱这个本韦努托，很欣赏他的优秀品质和杰出才能，不愿让他回到罗马，很想把他留在自己身边。"

说完她退了下去，嘴里还愤愤不平地嘟囔着。

皮耶尔·路易吉阁下的夫人被称作吉罗拉马夫人，她到了教皇那里，当着好几位枢机主教的面双膝跪倒在地，异常激动地为我辩护，说得教皇十分羞愧。教皇只好说：

"看着你的面子朕不再动他，但你要知道，朕并没有恶意要伤害他。"

教皇这样说是因为好几位枢机主教都在他身边，听见这位勇

---

① 切利尼死到临头还想超越别人。他宣称不要神父来为他忏悔，而是自己直接向天主忏悔，这在外人看来就是异端，太接近新教思想。不仅如此，他还自己宽恕教会和教皇的不端行为，这种做法至少会被认为太不自量力。†
② 路易吉夫人名叫吉罗拉马·奥尔西尼，皮蒂利亚诺伯爵洛多维科·奥尔西尼的女儿，享有诚实贤惠的名声。†
③ 奥地利的玛格丽特。†

敢的夫人慷慨陈词了。

在此期间，我焦躁不安地等待着，心跳得如同打鼓一般。那些奉命对我行刑的刽子手也不比我好受多少。

到了晚饭时间，他们去办别的事了，我的饭也送来了。我感到一阵惊喜，感叹道：

"这一次，真理的力量终于压倒了司命星的邪恶！所以，如果这是天主的意愿，我祈求他救我逃离这场可怕的灾难。"

我放开肚皮，为我期待的好运而大吃起来，就像我以前准备面对厄运时一样。我吃完饭，直到天黑一个小时以后，没有见到任何一个人，也没听见任何动静。

这时，治安官带着一大帮人来了，他又让人把我放在那把椅子上，前一天晚上我就是坐在那把椅子上被抬到监狱里去的。他对我很客气，让我不必担心，又嘱咐治安队员要小心，不要碰着我的断腿，对待我要像对待自己的眼睛一样。

治安队员们照办了，又把我抬到圣天使城堡，我就是从这里逃走的。上到主楼以后，这里有一个小院，暂时把我关在了里面。

117

堡主尽管疾病缠身，还是让人把他抬到临时关押我的地方，对我这样说道：

"你看，我又把你抓到了吧！"

"是的，"我回答说，"但我逃出去了，就像我说过的那样。要不是有人出卖我，你是不会再抓到我的。出卖我的有一个枢机主教，是威尼斯人，还有一个姓法尔内塞，是罗马人，换取的是一个主教职务，教皇把这个主教职务许诺给了那个枢机主教，两个人都以罪恶之手往天主脸上抹了黑，玷污了天主神圣的律法。既然他们做了这桩罪恶的交易，接下来你就可以大发淫威了，我在这个世上已经啥都不在乎了。"

这个可怜的家伙开始放声大叫：

"哎呀，我算倒了霉啦！我算倒了霉啦！这个家伙连死活都无所谓，看看吧，他现在比好端端的时候还要横哩。把他放在庭院下面，再也不要向我提起他，他注定是我的勾命鬼。"

于是我被抬到庭院下面一间昏暗的牢房，里面到处都是水，还有很多大蜘蛛和毒虫。他们扔给我一个肮脏的粗麻布床垫，到晚上也没有给我送饭，用四道门把我锁在里面。

就在这种环境中，我一直熬到第二天的十九点。这时饭送来了，我请看守把我的书拿来一些让我读。这几个看守谁也不说一句话，但把我的请求转达给了不幸的堡主，堡主曾问他们我都说了些啥。

第二天上午，他们给我拿来了一本意大利文《圣经》，另外还有一本乔瓦尼·维拉尼的《编年史》[1]。我还想再要一些书，他们说不能再要了，给我的已经够多了。

我就这样待在这个烂床垫上熬日子，三天以后床垫就像海绵一样吸透了水。我待在床垫上一点也不能动，我的腿断了，有时候要下床大小便，只好忍着剧痛往外爬，以免弄脏了睡觉的那一小块地方。

每天有一个半小时的时间，我可以得到一点昏黄的光线，那是从一个很窄的隙缝透到这个倒霉的魔窟里来的。只有这么短的时间我可以看书，其余时间我就在黑暗中泡着，忍受着命运的折磨，有时候也想想天主，想想我们人类的弱点。我想，要是继续在这个活地狱里受煎熬，过不了几天，我这条小命也就交代了。

---

[1] 佛罗伦萨早期历史，1537—1554 年出版。如果切利尼这一本是刊印的，可能是该书的前十卷，1537 年威尼斯版。†

不过我还是尽量安慰自己，想象着到另一个世界去的时候，去挨刽子手那可怕的一刀，不知道要比现在痛苦多少倍哩。现在落到了这一步，我就像是吃了安眠药似的一点一点地死去，这要比其他死法舒服得多。

我感到元气在逐渐消失，到最后我强壮的体格也适应了这个炼狱的环境。适应了环境以后，我决心只要还有一口气，就要忍受所有难以形容的痛苦。

118

我开始从头拜读《圣经》，一边读一边想，其乐无穷。要是可能的话，我会啥也不干，专门研读《圣经》。但光线不足，一到黑暗中我就老想着苦难，直想得回肠九转、百爪挠心。后来我常常想，干脆自寻短见算了。但他们不允许我有刀，想自杀也没有办法。

尽管如此，有一次我还是找到一根木杆，把它支成一个夹子状。我是想让它砸在我头上，肯定能把我打得脑浆迸裂。我安好这个装置，正要动手去启动，一个看不见的神灵抓住了我，把我从原来的地方甩出去四肘尺远，吓得我半死不活地躺在地上。

就这样，我从黎明一直躺到十九点，他们把饭给我送来了。几个看守肯定到我牢房里来了几次，但当时我听不见，最后我能听到动静的时候，是山德里诺·莫纳尔迪队长①进来了，我听见他说：

"不幸的人啊！看看这个稀世天才的下场！"

---

① 亚历山德罗·莫纳尔迪，佛罗伦萨人，1529—1530 年佛罗伦萨保卫战期间担任国民卫队队长，抗击扶持美第奇家族复辟的侵略军，1530 年美第奇家族获胜后被囚禁在皮翁比诺。†

这些话把我惊醒了，我睁开了眼睛，看见几个身穿长袍的神父，只听他们说：

"哎，你告诉我们说他已经死了！"

博扎回答说："我确实看见他死了才告诉你们的。"

他们马上把我从躺着的地方抬起来，抖了抖床垫，发现床垫湿淋淋的，像一盘通心粉一样，就把它扔到了牢房外面。这件事有人禀报给了堡主，堡主又给了我一个床垫。

后来我左思右想，到底是啥阻止了我自杀，我认为肯定是某个神灵，是我那善良的守护天使。

119

第二天夜里，我梦见一个了不起的精灵，他化作一个特别漂亮的年轻人，看样子是想训斥我：

"汝可知孰与汝之躯？未尽天年何以自裁？"

我好像回答说，我把自己的一切都看成是造物主的恩赐。他说：

"如此说来，汝乃自裁以藐其厚贶？汝要依顺神意，从善如流，不得自馁！"

他又说了很多使我豁然开朗的话，我现在能记住的充其量也只有一鳞半爪。

我感到向我显灵的天使说的是实话。我打量了一下整个牢房，发现了一些碎砖头渣，我抓住几块互相摩擦，制成一种湿糊糊。然后我挣扎着爬到屋角门旁，用牙从门上啃下来一个尖片。

完成这件大事以后，我一直等到阳光透进牢房，那是从二十

点半延续到二十一点半 ①。光线来了以后，我就尽最大努力，在我
那本《圣经》的空白页上写起来，谴责支配我灵魂的精灵缺乏生
活下去的耐心。灵魂以其不幸遭遇为理由回答了肉体，肉体则说
终有时来运转的时候。我写的这段对话大意如下 ②：

肉体中的本韦努托

受苦受难的灵魂，
如此厌世太残忍！

灵魂

如果上天与你作对，
谁帮我们？谁救我们？
咱们一道去来世销魂！

本韦努托

不，请稍等一阵！
上天给你一线希望，
你会活得更加开心！

---

① 西蒙兹译本和布尔译本都是这个意思，即光线延续了一个小时，但朱莉娅译本
是"从二十点开始，延续了一个半小时"，也就是从二十点延续到二十一点半。‡
② 这段对话让一些学者想起但丁的《新生》，尤其是第 12 章。切利尼在这里和其
他地方所显露出的诗才还是不及但丁。†

灵魂

> 那我就再等一阵，
>
> 但愿你蒙受天恩，
>
> 不再有灾难降临！

我得到安慰以后又来了精神。我振作起来，继续读《圣经》，我的眼睛已经适应了黑暗，以前只能读一个半小时，这时我能读整整三个小时。

我十分惊讶地品味着神灵对那些质朴无华的人所产生的影响，他们狂热地相信天主会满足自己所有的愿望。我也开始指望天主能帮助我，一是由于天主的神性和仁慈，二是由于我自己的清白无辜。我每时每刻都在思慕他老人家，有时是在祈祷中，有时是在与他的交流中。我完全沉浸在对天主的思念中，这让我感到无比的喜悦，我再也不想以前遭受的苦难了，而是整天唱着圣歌，唱着我自己创作的很多赞美天主的歌曲。

不过有一件事令我特别烦恼，那就是我的指甲长得格外长，一碰到身体就会造成创伤。我一穿衣服，指甲不是往里窝就是往外窝，令我十分痛苦。另外，我的牙齿也开始变坏。我发现这一现象是因为坏牙被好牙挤出来了，牙床逐渐穿孔，牙根从牙床上面穿透出来。我一旦发现就拔出来一颗，好像从鞘里拔剑一样，既不疼，也不流血。就这样，我掉了很多牙。

不过这些新的烦恼我也逐渐习以为常了。我有时唱歌，有时祈祷，有时用我上面提到的砖粉糊糊写字。

这时，我开始创作一首三行连环押韵诗[1]来赞美我的牢房，里面讲述了我经历的所有事件。这首诗我打算插在本书适当的地方。

120

好心的堡主经常派人来偷偷查看我的动静。7月最后一天，我想起了罗马人在8月1日举行的节庆活动，就一个人自乐起来，自言自语道：

"前些年，我与浅薄、虚荣的世人一起过节，今年我就要与神圣的天主一起过了。啊，这样我比以前要痛快得太多了！"

来监视我的人把我这番话禀报给了堡主。他极为恼火，大声说道：

"天主啊！这个家伙在大灾大难中活得恁潇洒痛快，而我掉在福窝里还缺东少西，眼看着非栽死在他身上不可！快去把他扔到那个最深的地牢里，就是那个煽风点火的福亚诺[2]饿死的地方。也许到了这个恶劣的环境里以后，他就会夹住尾巴了。"

山德里诺·莫纳尔迪队长马上来到我的牢房，还带着堡主的大约二十个仆人。他们发现我跪在地上，一大群人进来以后我连身子也没有转动一下，继续跪在那里祈祷，我面前的墙上有一幅画，是我用捡到的一小块落满尘土的木炭画的，描绘的是圣父被天使包围着，还有基督从坟墓里复活。这时，我摔断腿躺在床上已经有四个月了，我经常梦见天使来给我疗伤，结果四个月过后，

---

① 这种诗体始于但丁，在切利尼时代非常流行，内容以讽刺为主，形式为每节三行，每行十一个音节，每节一、三行押韵，第二行与下一节的一、三行押韵，最后一节为四行，一、三行押韵，二、四行押韵，即 aba, bcb, cdc, ded……xyx, yzyz。整首诗从头至尾都是隔行押韵，像连环一样环环相扣。†
② 贝内代托·蒂耶齐，来自瓦尔蒂纳的福亚诺镇，佛罗伦萨新圣马利亚修道院多明我会修士，萨沃纳罗拉的追随者，围攻佛罗伦萨时反对美第奇集团，激怒了教皇克莱门特七世，1530年被押送到圣天使城堡一个恶臭的地牢里后逐渐饿死。†

我的腿恢复得完好如初，好像从来没有断过一样。

就在这时，那些家伙进来了，个个穿甲戴盔，见了我吓得好像见了一条喷毒的恶龙一样。那个队长这样对我说：

"你要知道，我们来了这么多人，进来的时候动静这么大，可你连身子也不动一下。"

一听这话，我就知道更大的灾难就要降临到我头上了。但我对灾祸已司空见惯，早就感到无所谓了，我对他们说：

"我的心灵、我的冥想、我生命的全部活力，全都献给了支持我的主，献给了君临天国的圣父。至于你们这号人，我已经给了真正属于你们的东西。我的好东西你们没有资格看，摸也不能摸。对于属于你们的东西，你们爱咋咋地。"

队长有点害怕，不知道我要干啥，就对四个最强壮的家伙说：

"把武器都放到一边。"

武器放下后，他又说：

"赶快！赶快过去把他抓住。他就是魔鬼又能咋地？咱恁多人还怕他？把他抓紧，不要让他脱逃。"

他们非常粗野地用力抓住我。我把事情想象得比后来发生的要严重得多，就抬起头来对基督说：

"公正的主啊，您在那高高的十字架上还清了我们的债，那为啥我这样清白无辜，还要为连姓名都不知道的人去还债呢？不过我还是会服从您的旨意。"

一帮人举着一个大火把将我抬走了，我以为他们要把我扔进萨马洛地坑里去。这个名字指的是一个很可怕的地方，它活活吞没了很多人，人被扔进去以后，就掉进城堡地基的一个深坑底部。可这事没轮到我头上，所以，他们把我放在我前面提到的那个可怕的地牢里时，我还以为自己捡了个便宜，修士福亚诺就是在这个地牢里饿死的。他们把我扔到这里以后，就没有再伤害我。

他们走了以后，我开始唱"我从深处向你求告"、"米泽里厄里"和"耶和华啊，我要尊崇你"①。8月1日一整天我都与天主在一起过节，心里充满希望和信心，感到十分愉快。

第二天，他们把我从这个魔窟里拉出来，又把我送回到我画有天主像的那间牢房。回到这里以后，一看到那些像，我就感到无比亲切和快活，结果我大哭了一场。

从此以后，堡主每天都派人来探听我的动静。教皇对这里发生的一切也都了如指掌，医生们也对教皇说，堡主已经无药可救了。教皇说：

"堡主死之前，我要让他处死本韦努托，随便用啥方式都可以，他是因本韦努托而死的，所以他死之前一定要报仇。"

堡主从皮耶尔·路易吉公爵嘴里听到了这话以后，对公爵这样说：

"这么说，教皇把本韦努托交给我是想让我报仇？这事你就不要再管了，我自己会处理的。"

如果说教皇对我有恶意的话，那么堡主在一开始就显得更为歹毒。

就在这时，那个看不见的神灵又来了，他还是那样无形无影，但说话非常清晰，就是他促使我打消了自杀念头。他晃了晃我让我起来，对我说：

"哎呀！本韦努托，赶快，赶快去找天主，还像往常那样祈祷，要大声喊，要大声！"

我惊恐万状，马上跪倒在地，大声背诵了几段祷告词，然后

---

① 均为基督教圣歌。"我从深处向你求告"是拉丁文《圣经·诗篇》第130章的第一行。"米泽里厄里"是第51章的第一个词，意思是"怜悯"。"耶和华啊，我要尊崇你"是第30章的第一行。†

说了一句 Qui habitat in adjutorio[①]。接着我和天主交谈了一会儿。转眼之间，那个清晰的声音又对我说：

"歇息去吧，不必再害怕了！"

神灵之所以这样说，是因为堡主下了最残忍的命令要处死我以后，又突然收回成命，说：

"这个本韦努托不就是那个我一心要保护的人吗？我清楚地知道他是无辜的，已经蒙受了极大的冤屈。哎呀，我要是不饶恕那些极大地伤害了我的人，天主又怎么会怜悯我，又怎么会饶恕我的罪过呢？哎呀，我为啥要伤害一个既受人尊敬又清白无辜的人、一个帮过我的忙又为我争了光的人呢？得啦！我不但不杀害他，还要让他活下去，给他自由。我要在遗嘱里写清楚，他在这里欠下的沉重债务，不准任何人让他偿还。"

这话传到了教皇耳朵里，他一听十分恼火。

121

在此期间，我继续像往常那样祈祷，继续写那首三行连环押韵诗，每天夜里我都会做人们所能想象出来的最令人愉快、最令人满意的梦。我好像感觉到那个看不见的精灵在陪伴着我，我听到了他的声音，而且继续听到他的声音。我只向他提出一个要求，也是我最强烈的要求，求他把我带到能看见太阳的地方。我对他说，这是我唯一的愿望，哪怕是只见太阳一次，就是死了也甘心。我好像觉得这个牢房里所有的恶劣条件都变得亲切可人，没有一样东西看起来不顺眼。

不过我还要说，堡主手下的鹰犬原来正等着堡主把我吊死在

---

① "住在（至高者）隐秘处的"，下文是"必住在全能者的荫下"。参见拉丁文《圣经·诗篇》90：1。‡

我逃跑的那个垛子上（堡主这样说过），但后来发现堡主变了卦，就再也坐不住了。因此，他们想尽各种办法吓唬我，想把我吓死了事。但就像我在前面说过的那样，对这种威胁我早已习以为常，再也没有任何事情能让我担惊受怕了。我只有看看太阳这一大愿望，哪怕是在梦里也行。

所以，我每天都花去好几个小时，满怀深情地向基督祈祷，祈祷时总是这样说：

"圣子啊！我借助于您的诞生、您在十字架上的死亡、您神奇的复活向您祈祷，求您赏光让我看到太阳，如果别处不行，至少能在梦中一见。如果您能让我目睹，我愿意到您的圣墓那里去朝拜您。"

我做出这个决定、对天主许这个愿是在 1539 年 10 月 2 日。

第二天早上，也就是 10 月 3 日，天刚麻麻亮我就醒了，大概在太阳出来一个小时以前。我从那个烂床垫上爬起来，穿上仅有的破衣烂衫，因为天已经开始冷了。我抖擞精神站在那里，比以往任何时候都更加虔诚地祈祷，强烈恳求基督至少通过神灵的启示，让我知道我这么痛苦赎的是啥罪。既然神圣的天主认为我即使在梦里也不配见到太阳，就请他告诉我为啥要惩罚我。

122

我刚说完这些话，那个看不见的精灵就像一股旋风①，把我卷到一个大房间里，到这里以后在我面前现出人形，就像一个刚长出胡子的年轻人，长着一副美得难以形容的面孔，但神情严肃，

---

① 有人认为，切利尼的这一灵感可能来自《圣经·以西结书》1：4，其中提到刮一阵狂风后出现了幻象，但也可能来自古典时期、中世纪和文艺复兴时期的幻象描写，这是一个悠久的传统。†

没有一点不正经的意思。他让我看了一下整个房间，说：

"你在这里看到的这群人，都是到目前为止在世间出生然后又死去的人。"

我问他为啥把我带到这里来，他回答说：

"随我来，马上你就会明白了。"

我手里拿着一把匕首，身上穿着一副铠甲。他领着我穿过大厅，用手指点着穿梭来往的人群，人多得不计其数。他在我前面领着路，走进一个小门，来到一个地方看起来像是一条背街。

就在他领着我离开大厅来到这条街的一瞬间，看！我的武器没有了，身上穿着一件白衬衫，头上啥也没有，走在我同伴的右边。这一景象让我惊叹不已，我认不出这条街。我抬头往上看，看到灿烂的阳光正照在一堵墙上，看样子像是一座房子的前墙，就在我头上面。我说：

"朋友啊，我怎样才能站得高一点看到太阳？"

他指着我右边的一架梯子对我说：

"你自己从那里上去吧。"

我离开了他几步，背着身子上了几级梯子，逐渐来到阳光照射的范围之内。我赶快顺着梯子再往上爬，一直像我刚才说的那样背着身子，终于看到了整个太阳。

一开始，强烈的阳光像平常那样刺得我睁不开眼，但我意识到这样错了，就把双眼睁得大大的，目不转睛地盯着太阳，感叹道：

"我的太阳啊，我想你想得好苦啊！你的光线虽然会使我失明，但除了你以外，别的任何东西我都不想再看了！"

我就这样盯着太阳看了一会儿。片刻之后，我看见炽热的光线一下子全都跳到太阳左边。这样一来，没有光线的太阳就变得清幽柔和，我可以尽情观赏一番了。光线这样挪走，真是一件不可思议的事。我待在这个地方，想着这天上午我从天主那里得到的恩典，就大声喊道：

"您的神力多么伟大啊！您的美德多么值得称道啊！您赐给我的恩典比我期望的还要多得多！"

在我看来，没有光线的太阳简直就是一团最纯净的熔化了的金子①。我站在这里玩味这一奇观的时候，看见太阳的中心开始膨胀，其外表逐渐增大，一会儿就变成了一个十字架上的基督，是由和太阳一样的物质组成的。他慈眉善目，风度优雅得超过凡人想象的一千倍。看到这一幻象②，我大声说道：

"奇迹！奇迹！天主啊！仁慈的主啊！您无边的神力啊！您今天让我看到了何等的奇迹！"

我一边仔细看一边说这话的时候，基督移到了太阳上面阳光消失的那片地方，太阳中央像刚才那样再一次膨胀起来。膨胀的部位向外扩大，突然变成了最美丽的圣母玛利亚。她看起来居高而坐，怀抱圣婴，姿态极为迷人，脸上露出微笑。她两侧各有一个天使，美得远远超过人的想象。在太阳轮廓之内靠右边的地方，我还看到一个像神父一样穿着长袍的身影③，他背对着我，面朝圣母和基督。

所有这一切我都看得真真切切、活灵活现，我喊破了嗓门儿，一再感谢天主的荣耀。

这一神奇的幻象在我面前停留的时间几乎不超过半刻钟，然后就消失了，我又被带回那个黑咕隆咚的牢房，马上大声喊叫

---

① 切利尼身为金匠描写这一幻象顺理成章，他经常看到熔化了的金子，其职业工具在这里升华为宗教意象。他对太阳的描写也与炼金术有关。†
② 拉丁语 visio，英语 vision，基督教术语，指虔诚的教徒在睡梦中、昏睡状态中或狂喜状态中所看到的景象，通常比梦中看到的景象清晰，常与对未来的预言有关。中世纪和文艺复兴文献里常有关于幻象的描写。‡
③ 有人认为这是圣彼得的身影。†

起来：

"天主屈尊，向我显现了他全部的荣耀，也许凡人的肉眼还从来没有看见过。所以我知道我是自由的，是幸运的，是蒙受天恩的。而你们这些无赖仍然是无赖，仍然应该受到诅咒，仍然得不到天主的恩典。

"你们听着，我相信在万圣节那天，我就出生在 1500 年的万圣节，那是 11 月 1 日，天黑四个小时以后。在万圣节之后的第二天，你们不得不把我领出这个暗无天日的牢房，不这样做不行，这是我亲眼所见，就在天主御座上看到的。那个面朝天主背对着我的神父就是圣彼得，他在为我辩护。自己教会里有基督徒蒙冤受屈，圣彼得感到羞耻。

"我这番话你们可以随便告诉任何人，从今以后世界上再也没有人能伤害我了。告诉那个把我关在这里的大人，他要是给我拿来蜡或纸，让我描绘我看到的天主的荣耀，我肯定会让他相信也许他现在还怀疑的东西。"

123

所有医生都认为堡主已经没有希望治好了，但他仍然神志清醒，每年都要折磨他的病症也消失了。他专心致志地关注灵魂，好像受到了良心的谴责，他相信我已经蒙受了天大的冤屈，而且还正蒙受着天大的冤屈。他把我讲述的奇迹都禀报给了教皇，教皇就给堡主传话说我疯了，还说堡主应该尽量注意自己的身体。教皇说这话就像一个不信天主的人，或是一个没有任何信仰的人。

堡主得到教皇的回复后就派人来安慰我，给我送来了书写材料和蜡，还有一些做蜡制品的木质工具，又说了很多客气话。这是他一个仆人对我说的，这个仆人对我很友好，与那帮想看我吊死的泼皮无赖截然不同。我拿起纸和蜡，开始干了起来。在干活儿期间，我写了下面这首给堡主的十四行诗：

> 天主曾把神光向我显现，
> 大驾金身降临尘世凡间；
> 倘若我能向您证实此事，
> 您信我要胜过帝王之言。

> 倘若教皇能够悔悟幡然，
> 相信天主已将此人赦免，
> 神灵圣光谁也无力抗拒，
> 任他逃出寂寞寥落狴犴；

> 开启正义之门神圣庄严，
> 野蛮邪恶之徒绳之以法，
> 悲鸣哀号之声直冲云天。

> 呜呼！倘若让我拥有光线，
> 我就会为天主树立丰碑，
> 再不会遭受这大灾大难。

124

第二天，堡主那个对我友好的仆人给我送饭，我就把这首写好的十四行诗交给了他。他没有告诉其他与我为仇的仆人，直接把诗交给了堡主。当时这个好人本来会很痛快地将我释放的，他相信我蒙冤受屈是他的主要死因。他拿起这首诗读了不止一遍，感叹道：

"这既不是一个疯子所写，也不是一个疯子所想，而是一个精神健全、值得尊敬的人所为。"

堡主立即命令一个秘书将这首诗送给教皇，要他亲自交到教皇手里，并请求教皇释放我。

秘书拿着我的诗去找教皇以后，堡主给我送来了灯，供我在白天和夜里照明，另外还送了在这样一个环境里想要的所有用具。这样一来，我从衰竭的状态中开始恢复，当时我的身体机能已经降低到非常严重的程度。

教皇把我的诗读了好几遍，然后向堡主传话说，他马上就会做出让堡主满意的事。当然，教皇当时并不是不愿意释放我，而是他儿子皮耶尔·路易吉阁下违背教皇的意愿，硬把我关在牢里。

堡主已经离死不远了，我正忙着绘制我看到的奇迹并用蜡做模型。万圣节上午，堡主派他侄子皮耶罗·乌戈利尼拿来一些宝石让我看。我一看就惊叹道：

"这是释放我的信号！"

这个智力并不太高的年轻人说：

"千万不要这样想，本韦努托！"

我回答说："把你的宝石拿走吧。把我扔到这样一个鬼地方，我哪有光线看清东西？这个窟窿里黑咕隆咚的，根本就不能检验宝石的质量。要说把我放出这间牢房，我看过不了今天，你就要把我领出去，情况肯定是这样，你只能这样做。"

这个年轻人走了，又把我锁在了里面。

但他走了两个多小时以后又回来了，这一次没有带卫兵，只带了几个小伙子搀扶我走。就这样，他把我领到我 1538 年居住过

的那个宽敞房间 ①，为我提供了我要求的一切便利设施。

125

几天以后，堡主确信我已经出狱获得了自由，就因病离开了这个世界，其职位由他兄弟安东尼奥·乌戈利尼先生接替 ②，安东尼奥曾告诉已故的堡主，说我已被正式释放。据我了解，这个安东尼奥先生接到教皇的命令，教皇先让我待在那间宽敞的牢房，然后再决定如何处置我。

布雷西亚的杜兰特先生我在前面提到过，他与一个士兵（原来是普拉托的药商）串通一气，让这个士兵在我食物里下毒 ③，想把我置于死地。不过这种毒见效很慢，四五个月以后才能产生作用。

他们又考虑将钻石捣碎，把碎钻石放到我食物里。要知道，钻石本身根本就没有毒。但钻石与普通石头不一样，它坚硬无比，能够保持非常尖锐的棱角。其他石头一捣碎，锋利的棱边就会消失，变得圆秃秃的，而只有钻石才能保持锐利。所以，钻石粉末和食物一起进入胃里以后，在食物消化过程中就会上下翻滚，一旦接触胃膜和肠膜就扎在上面，刚吃进去的食物又不停地推着它，扎在胃膜和肠膜上的钻石就会越扎越深，过一段时间就会把肠胃扎透，最终会导致死亡。任何与食物混在一起的其他石头或玻璃都没有依附能力，而是和食物一起往前移动。

为达到这一目的，杜兰特先生把一颗没有多大价值的钻石交

---

① 切利尼又回到这里是在 1539 年。†
② 此事发生在 1539 年 12 月 1 日。†
③ 关于杜兰特先生，请参见第 91 章。关于普拉托的药商，请参见第 108 章。†

给了一个卫兵，据说接受委托把钻石捣碎的是金匠廖内[1]，阿雷佐人，这个人是我的死对头。正好廖内穷得很，那颗钻石价值几十斯库多。他对那个卫兵说，他交还的粉末就是那颗磨碎了的钻石，让卫兵拌到我的饭里。

那天早上我吃饭的时候，他们已经把碎钻石拌到了我的饭里面。那是个星期五，我吃的是沙拉、沙司和菜肉浓汤。那天早上我吃得很多，因为前一天晚上我斋戒了，那天又是个节日。当然，我吃饭的时候觉得硌牙，但我没有想到是这种恶作剧。

我吃完以后，盘子上留下一些碎沙拉，其中有一些闪闪发光的微粒引起了我的注意。我马上把这些东西收集起来拿到窗前，一片亮光从那里透到屋里。我仔细看着这些微粒，心里想，这天早上吃的食物跟平时相比硌牙硌得厉害。我仔细考虑了这件事，凭视觉断定那肯定是碾碎的钻石碎块。

我认为自己必死无疑，悲痛之中我急忙虔诚地祈祷。我打消了疑问，认为自己肯定被出卖并遭人暗算了。我满怀激情地向天主祷告了整整一个小时，感谢他如此仁慈地让我死去。既然司命星判定让我这样死，我觉得这样轻易了结也挺划算。我就这样认命了，为这个世界和我度过的全部岁月祝福。现在我就要来到一个更美好的天国感受天恩，而且我肯定得到了天恩。

我就这样站在那里思来想去，手里拿着一些自认为是钻石微粒的东西，对它的真实性深信不疑。

但希望是永不破灭的，我感到好像有一线渺茫的希望在吸引着我。我拿起一把小刀和一些微粒，把微粒放在牢房里的一根铁

---

[1] 莱昂内·莱昂尼（1509—1590），徽章制作者，雕塑家，金匠，经常惹官司，与切利尼不无相似之处，为多个重要的保护人效力，包括查理五世。1538年11月到罗马铸币局任职，切利尼认为这一职位应该是自己的，1540年因袭击教皇的另一位珠宝匠而被撤职，让人想起切利尼的暴力行为。后来他为皇帝查理五世效力，被皇帝册封为骑士。瓦萨里写有他的传记。†

棍上，把刀尖对准一个碎石块，缓缓用力压，感到石块碎裂了。
我又用眼仔细一看，发现确实碎了。我心中马上又充满了新的希
望，大声说道：

　　"这不是我仇人杜兰特先生的钻石，而是一块蹩脚的软石头，
对我一点危害也没有！"

　　在此之前，我曾打算不声不响、安安静静地死去，这时又打
起了别的主意。我首先感谢了天主，也感谢了贫穷，尽管贫穷经
常置人于死地，但这一次它确确实实救了我一命。

　　我想事情是这样的：我的仇人杜兰特先生，或是另外一个人，
把一颗价值一百多斯库多的钻石交给了廖内，让廖内碾碎拌到我
的饭里让我吃。廖内很穷，就把钻石留了下来，而把一颗价值两
个卡尔林的绿玉碾碎了，也许他以为绿玉也是石头，能达到和钻
石同样的效果。

126

　　这时，圣塞孔多伯爵的兄弟帕维亚主教，被称作帕尔马的德
罗西阁下[①]，由于之前帕维亚发生的骚乱也被监禁在城堡里。他是
我好朋友，我就把头伸到牢房洞口，扯着嗓门儿大声喊他，嚷嚷
着那些贼给我吃了一颗碾碎的钻石，想把我害死。我把剩下来的
一些碎石块托他一个仆人拿给他看，但没有透露我已经发现那不
是钻石，而是对他说，那个大好人堡主死了以后，他们肯定给我

---

① 乔瓦尼·吉罗拉莫·德罗西·迪·圣塞孔多，卒于 1564 年，圣塞孔多伯爵皮
　　耶尔·马利亚·德罗西的兄弟，1530 年被克莱门特七世任命为帕维亚主教，
　　1538 年因涉嫌参与谋杀伯爵亚历山德罗·朗戈斯科而被免职，监禁在圣天使城
　　堡。1544 年获释，但被剥夺了职位，流放到米兰和法兰西，在法兰西又遇到切
　　利尼。1550 年，教皇尤利乌斯三世恢复了他的主教职位，并任命他为罗马行政
　　长官。其作品包括一首赞美切利尼珀尔修斯像的十四行诗。†

下了毒。我已经来日无多，求他每天从自己的饭菜里分给我一条面包，我再也不吃那些人送来的任何东西了。他答应了我这个请求，说他愿意把自己的食物分给我一些。

安东尼奥先生对杀害我的这一阴谋当然一无所知，他大喊大叫一通，一定要看看碾碎的钻石，他也相信那就是钻石。但他又琢磨这件事可能是教皇在幕后策划的，于是过问了几句之后，就不痛不痒地放到一边了。

从此以后，我只吃主教送给我的食物，继续写那首关于铁窗生涯的三行连环押韵诗，每天都把我新的经历写进去，一桩桩一件件，无所不包。

安东尼奥先生也派人给我送饭，送饭者是普拉托的乔瓦尼，也就是我前面提到的那个药商，当时是城堡里的士兵。他是我的死敌，在我饭里下碎钻石的就是他。我对他说，他送给我的饭我一概不吃，除非他当着我的面亲口尝一尝。他回答说，教皇才有人替他们尝饭。我说：

"侍从一定要为教皇尝饭。同样，你这个当兵的、卖药的、普拉托的土包子，一定要为像我这样有地位的佛罗伦萨人尝饭。"

他恶言恶语地顶撞我，我也反唇相讥，对他寸步不让。

这时，安东尼奥先生虽然感到有点不好意思，但还是决定让我缴费，而这些费用已故的堡主已经为我一笔勾销了。他又找一个仆人为我送饭，这个人对我很友好，二话不说就为我尝饭，这下再也不用拌嘴了。这个仆人对我说，教皇每天都遭到莫卢克阁下的纠缠，莫卢克阁下一再以法兰西国王的名义询问我的情况，要把我引渡回去，而教皇却没有把我交出来的意思。

我原来的朋友和保护人枢机主教法尔内塞 [①] 也宣称，在一段
时间之内我不要指望出狱。我回答说，我会出去的，谁也挡不住。
这个好心的年轻人让我不要声张，以免隔墙有耳，他们要是知道
了会对我下毒手的；既然我坚信天主，就应该等待天主降恩，同
时保持沉默。我回答说，天主的力量和仁慈是不会害怕邪恶的。

127

几天以后，费拉拉枢机主教来到罗马。他去拜见教皇，教皇
把他留到吃晚饭的时间。教皇是个耳目灵通的人，想和枢机主教
闲聊几句法兰西宫廷的政治。

众所周知，人聚在一起吃饭的时候，会说出在其他场合绝口
不提的事情来。这一次也是这样。伟大的国王弗朗索瓦办任何事
情都极为豪爽，费拉拉枢机主教早就摸透了他这个脾气。枢机主
教就一再给教皇敬酒，大胆得完全出乎他的意料。教皇进入了高
度兴奋状态，尤其是他还习惯于每星期都开怀畅饮一次，酒后就
呕吐。

费拉拉枢机主教一看教皇在兴头上，这个时候叫他帮忙他是
不会推辞的，就以国王的名义请求释放我，说国王催得很紧，显
然非常关注这件事。教皇感到就要呕吐了，他过量喝进去的酒正
在发挥作用，就大笑着对枢机主教说：

"此时此刻你就可以把他带回家去。"

教皇当场下了命令以后就起身离席。费拉拉枢机主教马上就

---

① 亚历山德罗·法尔内塞（1521—1589），皮耶尔·路易吉·法尔内塞的儿子，
1534 年十四岁就被祖父保罗三世任命为帕尔马大主教和枢机主教，雄心勃勃想
当教皇，一直没有得逞，在天主教改革运动中发挥了重要作用。委托建造了卡
普拉罗拉的法尔内塞宫，是重要的艺术保护人。†

派人去把我救出来，赶在了皮耶尔·路易吉阁下听到风声之前，否则皮耶尔·路易吉是无论如何也不会允许我出狱的。

教皇派的人和费拉拉枢机主教手下的两个侍从一起来了，夜里四点过后，他们就把我领出监狱，带着我来到枢机主教面前，枢机主教接待我的热情实在难以形容。我的住所安排得很好，我可以尽情享受一番①。

老堡主的兄弟及其职位继承人安东尼奥先生一定要我交纳伙食费，还要交纳治安官之流索要的其他费用，根本不管已故的堡主在遗嘱里为我做出的安排。这些费用的总数达到上百斯库多，但我还是付了这笔钱。后来枢机主教对我说，我要想活命就要处处当心，又说那天晚上他要是不把我从监狱里弄出来，我就再也出不来了，他已经听说教皇对放走我感到非常后悔。

128

我必须往后退一步，因为我所描写的这些事件都出现在三行连环押韵诗里。

我在枢机主教科尔纳罗家住的那几天，还有后来在教皇私人庭院里居住的那些日子，有很多好朋友来看望我，其中有一位是宾多·阿尔托维蒂先生②的出纳员。他名叫贝尔纳多·加卢齐③，我

① 1539年12月5日，安尼巴莱·卡罗给贝内代托·瓦尔基写信说，切利尼正住在费拉拉枢机主教家里。同一天，路易吉·阿拉曼尼也给瓦尔基写信说，费拉拉枢机主教救了切利尼一命。费拉拉枢机主教当时是枢机主教贡扎加的客人，不是住在他自己家里。†

② 宾多·阿尔托维蒂（1491—1557），富有的佛罗伦萨银行家，反对美第奇政权，为罗马艺术家提供大量资助。1898年，贝尔纳多·贝伦森买下了切利尼为阿尔托维蒂塑造的半身铜像，送给了波士顿的伊莎贝拉·斯图尔特·加德纳，现在仍然存放在该市的伊莎贝拉·斯图尔特·加德纳博物馆中。†

③ 佛罗伦萨人，贵族出身。†

曾经委托他保管一笔钱，有好几百斯库多。这个年轻人到教皇庭
院里来看我，对我说他想把这笔钱全部还给我。我回答说，我不
知道把钱放到哪里为好，既找不到一个更亲密的朋友，也找不到
一个更安全的地方。这位朋友拐弯抹角地向我表示，他不想保管
这笔钱，而我差不多是强迫他非保管不可。我最后离开城堡的时
候，发现这个可怜的贝尔纳多·加卢齐破产了，我那笔钱也就打
了水漂。

我还被关押在那个地牢里的时候，曾做过一场噩梦，梦见有
人用笔在我额头上写下一些至关重要的字，那个写字的精灵叫我
守口如瓶，对谁也不要说出这些字，这话他至少重复了三遍。我
醒来以后，感到额头上留有痕迹。

在我描写监狱生活的三行连环押韵诗里，我讲了很多诸如此
类的事。其中有这么一件事，我预言皮耶尔·路易吉阁下要出什
么事[1]，当时我还不知道自己说的是啥，后来这些事全都应验。对
我说话者说得是那么清楚、那么详细，我相信那是下凡的天使。

还有一件事我也不能遗漏，也许是世人所经历的最了不起的
事。我这样说是想证明天主的神性，证明其奥秘千真万确，他老
人家赏脸让我见证了他的奥秘：自从我那次看到幻象到现在，我
头上一直有一个光环，真是让人不可思议！我愿意把它指给谁看
就指给谁，他们都能看见，不过这样的人很少。早上从太阳升起
以后，在两个小时之内，都可以在我的影子上面看到这个光环，
要是草上挂满露水珠，会看得更清楚，晚上日落时分也能看到。
我是在法国巴黎发现这一现象的，那个地方的雾霭要比意大利少

---

[1] 皮耶尔·路易吉于 1547 年遇害，在切利尼做出预言大约八年之后。†

得多，所以在那里看起来要比在意大利清楚得多^①，意大利的雾比法兰西多得多。但我在任何情况下都能看到，也能让别人看到，不过效果不如在我刚才提到的巴黎。

现在我就把那首三行连环押韵诗^{②③}抄下来，那是我在监狱里写的，赞美的就是那座监狱，然后继续讲述我经历的酸甜苦辣，另外还打算讲一讲将来发生的事。

谨以此诗献给卢卡·马丁尼

任何人想知道天主神威，
怎样才能做到操履高雅，
我认为要尝尝铁窗风味。

追怀起伤心事再想想家，
筋不伸骨不展浑身酸疼，
从这里望故乡远在天涯。

倘若是你想要一举成名，
想办法入狱来莫问缘由，
孤零零无朋友哭诉衷情。

遇强盗夺得你一无所有，

① 切利尼的光环并非他虚构的，而是一种叫作"后向散射"的自然现象，当阳光射进露珠再反射到前面时就会出现。由于光线走过的路径，通常只能在自己影子周围看见光环。†

② 切利尼的这首诗正如他自己所说，是在圣天使城堡的地牢里陆续写出一些片段，然后再连缀成篇。但他连缀敷衍的手段并不太高明，我吃了很多苦头才得以保留原作的大意。†

③ 老前辈辛苦了。我吃的苦头恐怕也不比您少。‡

性命又受威胁求助无门，
又野蛮又强悍冤家对头。

到头来被逼得忍无可忍，
出牢狱越过那城堡高墙，
二进宫比上次倒霉万分。

卢卡啊你听我细说端详，
腿折断被收买又被出卖，
地牢里湿淋淋身无大氅。

没有人说句话温暖心怀，
普拉托一小人送黑心饭，
他现在是个兵曾把药卖。

你看那明目人天日不见，
找不到地方坐除非马桶，
人之初无不是生机盎然。

狱卒恶出口狂态度生硬，
你说话他对你不睬不理，
按狱规绝不会轻易开门。

造物主为人类备有工具，
没有纸没有墨亦无钢铁，
又怎能记录下如泉文思？

真可惜很多苦我不能写，
有一桩就把它算作一百，
为描绘狱中福留足篇页。

但现在把这些统统抛开，
先诚心去赞美那间地牢，
这等事连精灵也做不来。

在这里老实人莫要烦恼，
除非你遭受到贪官蒙骗，
惹无赖发脾气妒火中烧。

我决心一定要陈述真言，
在这里识天主祈祷不停，
精神上受折磨心烦意乱。

任一个普通人平庸无能，
送他到监狱去两年苦度，
定能够变圣洁可爱聪明。

灵肉衣都要把杂质剔除，
大块头减肥后轻如薄纱，
天堂里宝座在眼前飘忽。

朋友啊注意听我有佳话，
有一天我忽然想要写字，
记下来所经历一切变化。

瞪大眼在牢房找来找去，
然后又转过身来到门边，
用牙齿咬下来一根木刺。

从地上又找到一块烂砖，
掰下来一小片碾成粉末，
洒上水调和成糊糊一团。[①]

紧接着诗意来风风火火，
好像是沿食道进入体内，
肚子里无面包空空落落。

还是要再回到首个话题：
若有人想知道什么是福，
就让他先品尝什么是罪。

监狱里充满了各种艺术，
如果你想要学外科知识，
就能从血管把坏血放出。

除此外艺林中还有一枝，
能使你善表达勇猛果敢，
在任何情况下胸怀壮志。

有福人住地牢昏黑阴暗，

---

① 有评论者认为洒的是尿。†

受熬煎有数月然后逃跑，
知战争与和平能掐会算。

一切事皆顺利如果需要，
蹲监狱已使他足智多谋，
任何事也不能使他烦躁。

你也许对我说："往事堪忧，
监狱里怎使你见多识广，
能让你感觉到十足劲头？"

而我却要永远把它赞扬，
我还想使一项法律通过：
该入狱莫错过大好时光。

一个人要想把权力掌握，
我就会让他到监狱受训，
从此后他就会领军治国。

他做事就知道掌握分寸，
再不敢瞎胡闹是非不辨，
绝纷争保太平有条不紊。

当我在监狱里关押期间，
经常见有教士还有士兵，
该关者却从来难得一见。

看监狱对无赖如此放纵，
你可知我能有多么气愤，
哭一声如之何这就是命！

我现在已变得很像黄金，
金贵得没有人拿它交易，
也不用它来做优秀作品。

我还有一件事忽然想起，
卢卡啊我从未向你透露，
我把字都写在一本书里。①

我就在书页边空白之处，
记录下经历的腥风血雨，
砖糊糊实难以跟上思路。

写个"0"小木片要蘸三次，
忍受这万般苦堪比幽灵，
它不能进天堂只在地狱。

我不是第一个蒙冤受窘，
这件事就只须略去不谈，
还写我受难的那黑窟窿。

我对它比别人更加称赞，

---

① 即《圣经》。†

如果你对于它并不清楚，
你永远也不会成就斐然。

我听说有一人恰似基督，
毕士大池塘边他对我说：
起来吧赶快走拿着床褥！①

我唱着圣母颂和信经歌，
默念着主祷文前去布施，
每一天都给予盲病残者。

多少次想百合面无人色，
难道我从此后谈花色变，
再不去佛罗伦萨和法国！②

假如我要走进一救济院，
一看见报喜图我就要逃，
看起来就像是野兽一般。③

这样说并不是不敬神道，
也不是亵渎那圣洁百合，

---

① 典出《圣经·约翰福音》。毕士大水塘之水有治病的奇效，很多人都来这里治病。一个瘫痪者无法入水，基督就来到他身边，命他拿起床褥走回家去，果然他就能站起来走路了。‡
② 百合花是法尔内塞家族的盾徽图案，也是佛罗伦萨和法国的国花。†
③ "天使报喜"典出《圣经·路加福音》。天使加百利告知童贞女玛利亚："你将受胎怀有儿子，你要给他取名耶稣。"这时耶稣肉身开始形成。后来在西方绘画中，这一典故常被表现为加百利手拿百合花跪在圣母面前。所以这句诗是说切利尼看见了天使报喜图上的百合花后感到非常害怕。‡

其光辉照大地直上云霄！

而是说我发现每个角落，

都有那野百合肆意滋蔓，

我必须细提防以免惹祸。①

多少人遭不幸如我一般，

为那个可恨的标志卖命，

这些人多可爱美若天仙！

我看那恶盾徽急剧凋零，

虚荣者将对它不屑一顾，

又看到石头上放出光明。②

出狱前城堡钟必定要破，

天主在天国里金口玉言，

这件事他说得极为清楚。③

我又见一棺材颜色暗淡，

装饰有碎百合还有眼泪，

有一人躺床上痛苦不堪。④

我看见死之神令人生畏，

---

① 此句是说他发现意大利到处都有法尔内塞家族的盾徽图案。†
② 这几句可能是写他在监狱里看到的幻象。‡
③ 指他预见到堡主之死。†
④ 指他预见到皮耶尔·路易吉·法尔内塞被谋杀。†

吼叫着对人们——吓唬：
"我一定要剪除害你之辈！"

有人在我额上秉笔直书，
他三次嘱咐我守口如瓶，
写的字我一直铭心刻骨。①

我见神驾驭着炎炎红镜，②
天国里身披有华光万道，
尘世间哪个人有我荣幸？③

有一只麻雀在塔楼高叫，
听其音我便知其中玄机：
"它说我要活着你要死掉！"

我唱歌我写作页复一页，
求天主宽恕我援手相助，
我感到两只眼精疲力竭。

狮虎狼都是那贪婪之物，
又怎能比上人嗜血成性，
连毒蛇也如此相形见绌。④

---

① 指到狱中看他的那个天使。†
② "炎炎红镜"指太阳。唐朝诗人李贺有"炎炎红镜东方开"的诗句。‡
③ 指他在地牢中看见太阳。†
④ 对皮耶尔·路易吉·法尔内塞的痛骂。†

他就是强盗之罪恶首领，

在一帮无赖中数他最赖，

说这话小声点怕人偷听！

你可曾看见过一群捕快，

在一个穷人家抢夺饥民，

将基督和圣母用棍打坏。

八月里有一天来一帮人，

抬我到恶臭的一个冷窟，

"十一月恶棍们都要背运！"①

一喇叭对我言字字珠玑，

我又把这些话告诉友朋，

只希望解除我万般痛苦。

眼看着百条计均不成功，

把一颗破钻石碾成碎面，

以为我吃下去必定毙命。

有一个乡巴佬给我送饭，

我让他先品尝但对他讲：

"这种事杜兰特肯定会干！"

我还是抬头把天主遥望，

---

① 切利尼在幻象里得知他将在 11 月获释，实际上他是在 12 月 24 日获释的。†

乞求他宽恕我所有罪孽，
说一句怜悯我多么悲伤。

暂时从痛苦中得到缓解，
我又把灵魂也交给基督，
到将来定能达美好境界。

圣徒们走过的一条大路，
有天使从天降手拿棕榈，①
他说道："祝福你天保九如!

天主已听见你咏唱圣诗，
斗争中仇敌们都要灭亡，
而你却自逍遥乐业安居，
有天主保佑你一生永康!"

---

① 棕榈叶在西方是胜利的象征。‡

卷二

1

我在费拉拉枢机主教家里 ① 住了一段时间，各方人士都对我十分尊重，来看望我的人甚至比以前还要多，大家对我能够出狱，能够熬过难以描述的苦难而感到惊讶不已 ②。

我恢复着身体，试图捡起我的手艺，也以很大的兴趣改写那首三行连环押韵诗。为了更快地康复，我决定到乡下住几天换一下环境。好心的枢机主教答应了，还借给我几匹马，由两个年轻的罗马人给我做伴，一个是我的同行艺人，另一个是他朋友，和我不同行，只是在路上和我做伴。

离开罗马以后，我们去了塔利亚科佐，打算在这里找到我的学生阿斯卡尼奥。到这里以后找到了这个小伙子，另外还有他父亲、兄弟、姐妹和继母。他们款待了我两天，其盛情雅意实在难以形容，然后我就带上阿斯卡尼奥一起回罗马。一路上我们相互切磋手艺，我恨不得马上回到罗马，重新开始干活儿。

回到罗马以后，我马上就准备动手干，正好又找到了我入狱前就开始为费拉拉枢机主教做的那个银碗。当时和这个碗一起开始做的还有一把非常漂亮的壶，但壶被偷走了，一起被偷走的还有很多贵重物品。我让前面提到的帕戈洛做这个碗，同时我又做一把壶，设计的有圆雕人像和浅浮雕。碗的设计与其相似，有圆雕人像和浅浮雕鱼，整个作品尽显奢华、和谐完美，每一个见到它的人都叹为观止，认为设计富有魄力、创意优美，两个年轻人做工精湛。

费拉拉枢机主教每天至少来看我两次，陪伴他的有路易

---

① 如前所述，切利尼和费拉拉枢机主教实际上都住在枢机主教贡扎加的邸宅。†
② 这一说法被卡罗和阿拉曼尼的信件证实。†

吉·阿拉曼尼先生和加布里埃尔·切萨诺先生 [1]，我们常常在一起愉快地度过好几个小时。我活儿很多，可费拉拉枢机主教还是不断地给我找活儿干，其中有他一枚主教图章，有十二岁男孩的手那么大。我在图章模型上用凹雕刻了两个小故事，一个是圣乔瓦尼在荒野里讲道，另一个是圣安布罗斯骑着马手拿鞭子驱赶阿里乌的信徒 [2]。这枚图章设计得既大胆又精美，制作工艺也十分精湛，人人见了都说我超过了伟大的劳蒂齐奥，他专门制作这类作品。

费拉拉枢机主教对这枚图章感到非常自豪，常常自鸣得意地拿它和罗马其他枢机主教的图章相比较，这些图章几乎全部出自劳蒂齐奥之手。

2

除了这两件活儿之外，费拉拉枢机主教又让我做一个盐盒模型，他想让我不落窠臼，做得和其他盐盒都不一样。路易吉先生对这个盐盒发表了一通高见，加布里埃尔·切萨诺先生的一番阔论也不同凡响。枢机主教在一旁洗耳恭听，对这两位优秀人物用语言描述的设计方案感到极为满意，然后转身对我说：

"我亲爱的本韦努托，路易吉先生和加布里埃尔先生的设计方案都让我感到满意，我简直不知道该选择哪一个好，所以我把选择权留给你，因为你要依据设计来制作。"

我这样回答说："众所周知，各位大人，国王与皇帝的儿子是何等重要，他们看上去又是何等的天资聪颖。不过你要是问一

---

① 加布里埃洛·马利亚·达·切萨诺（1491—1568），律师，人文主义者，当时大多数最重要的学者都是他的朋友。1556 年被教皇保罗四世任命为萨卢佐主教，有一部论述亚里士多德《伦理学》的手稿保存在梵蒂冈图书馆。†

② 圣安布罗斯是四世纪时的米兰主教，后来成为米兰的保护圣徒，坚定的护教者。阿里乌是早期的基督教神学家，其学说被定为异端。‡

个贫贱的牧羊人，问他是最爱王子还是最爱他自己的儿子，他肯定会告诉你他最爱自己的儿子。而我也是这样，最爱自己的儿子，也就是我亲手制作的艺术品。所以，尊敬的阁下，我善良的保护人，我首先拿给您看的将是我自己的制作和创造。很多东西说起来很漂亮，可要是做起来就不是那么回事了。"

我又对两位学者说："你们说完了，我要做了。"

路易吉·阿拉曼尼先生一边笑着，一边又以最具魅力的风度说出连珠妙语夸奖了我。这些话在他说来十分得体，因为他长相漂亮，身材匀称，说话的声音也温柔动听。加布里埃尔·切萨诺先生则恰恰相反，长得十分丑陋，看起来很不顺眼，说起话来也让人感觉非常难受。

路易吉先生建议我设计一个维纳斯和丘比特在一起的画面，四周环绕着很多漂亮的寓意画，全都和主题协调一致。加布里埃尔先生则建议我塑造一个海神尼普顿之妻安菲特律特，另外还有海神的侍从和很多想象出来的东西，这些东西说起来非常漂亮，但用金属做起来就不行了。

我先设计一个椭圆形框架，比半肘尺长得多，甚至有将近三分之二肘尺。我想表现大地和海洋浑然一体的景象，在这个底子上塑造了两个人物，比手掌要大得多，四腿交错着坐在那里，象征着大海较长的分支深入到大陆里面。大海是个男人，我在他手里放了一艘船，其各个细枝末节都精工制作，精心设计得可以盛很多盐。大海下面我安排了四匹海马，大海右手拿着一杆三叉戟。

我把大地设计成一个女神，在工艺允许的情况下，尽可能做得优雅可爱、楚楚动人。我在她手边放置了一个装饰精美的神殿，神殿牢牢地坐落在底子上，她一只手就靠在神殿上。我设计神殿是想用它来盛胡椒。我在她另一只手里放了一个象征丰饶的羊角，上面装饰着我能想象出来的所有天然珍品。在这个女神下面，在象征大地的地方，我汇集了生长在地球上的最漂亮的动物。在海神所在的区域，我设计了所有漂亮的鱼和甲壳动物，布满了这片狭小的空间。在椭圆体较大的那片区域，我设计了最为豪华的装饰物。

模型做好以后，我就等着枢机主教。他在那两位有才华的绅士陪同下来到我这里，我就拿出了用蜡制作的模型。加布里埃尔·切萨诺先生一看，第一个抬高了嗓门儿大叫起来：

"这件活儿就是十个人干一辈子也完不成。尊敬的阁下，您要是决定做它，就不要指望在您有生之年得到它。本韦努托似乎是想让您看一看他的孩子，但又不把孩子给您。他和我们不一样，我们说到就能做到，而他让您看的东西是做不出来的。"

路易吉·阿拉曼尼先生站在我这一边。而费拉拉枢机主教说，他不想做如此贵重的东西。我转身对他们说：

"尊敬的阁下，还有您二位博学的先生，我告诉你们，我要为那个命中注定要得到它的人做好这件活儿。你们每个人都能看到它完成，而且要胜过模型一百倍。我希望大家都有足够的时间，可以制作出比这个重要得多的艺术品。"

枢机主教火气十足地回答说：

"除非你为国王做，我正打算带你去见他，我不相信你还会为其他人做这件活儿。"

枢机主教就把国王的信拿给我看，国王在一段话里嘱咐他，要他带着本韦努托尽快赶回去。

看到这一消息，我把双手举向空中，大声说道：

"噢！啥时候动身？很快吗？"

枢机主教让我赶快准备，让我把罗马的事情安排好，期限是十天。

3

出发的时间到了，费拉拉枢机主教给了我一匹宝马，他称其为托尔农，因为这是枢机主教托尔农[①]送给他的。我两个徒弟帕戈洛和阿斯卡尼奥也得到了称心的坐骑。

枢机主教把他一大家人分为两部分。高贵的那一部分由他本人带领，取道罗马涅，目的是拜访洛雷托夫人，然后再去他自己的家乡费拉拉。另一部分他吩咐走佛罗伦萨这个方向，这一部分人最多，整个队伍浩浩荡荡，其中包括他大多数最优秀的骑手。他对我说，我要是想一路顺风的话，最好跟他一块儿走，否则会有生命危险，我就表示愿意跟着他走。

但天主的意志是不能违背的。我表过态以后，天主又让我想起了我那可怜的妹妹，她听到我的悲惨遭遇后极为痛苦。我还想起了我俩表姐妹，她们是维泰博的修女，一个是修道院院长，另一个是司务长，所以她们管着这个富裕的修道院。她们也为我忍受了巨大的痛苦，多次为我祈祷。我坚信，天主能开恩释放我，要归功于她们热切的祈祷。想起这些事情以后，我就决定走佛罗伦萨这条路线。

我要是和枢机主教或其随行人员一起走的话，我自己就不用花钱了，但我还是决定自己走。和我结伴而行的是个最优秀的钟表匠，名叫凯鲁比诺[②]，是我非常要好的朋友。我俩是碰巧走到一

---

① 弗朗索瓦·德托尔农（1489—1562），法国国王弗朗索瓦一世的国务大臣。国王在帕维亚战役失败以后，托尔农经过交涉使国王获释，1530年被任命为枢机主教。文学艺术的重要保护人，奉行敌视韦尔多教派和胡格诺教派的宗教政策，成为法兰西宗教战争爆发的一个因素。†

② 凯鲁比诺·斯福尔扎尼，外号"碎嘴子"，摩德纳人，为埃斯特家族和教皇效力。†

起的，一路上俩人都很愉快。

复活节前那个星期的星期一①，我和帕戈洛、阿斯卡尼奥三个人一起离开了罗马。在蒙特罗西镇②，我们搭上了前面提到的那个旅伴。我已经表示要跟着枢机主教一起走，就没有想到会有仇人一直盯着我。但在蒙特罗西我险遭不幸，一帮全副武装的家伙被派到前面来堵截我。按照天主的安排，我们吃饭的时候，那帮家伙听说我没有跟着枢机主教，就准备袭击我。就在这时，枢机主教的随从人员到了，我很高兴地和他们一起上路，安全抵达维泰博。

从这以后我就不再担心有危险了。我非常安全地走在前面好几里的地方，枢机主教手下一些最棒的侍从对我严加守护。托天主的福，我安全到达了维泰博，我俩表姐妹和整个修道院的人最热情地接待了我。

4

我和前面提到的人一起离开了维泰博，骑上马继续赶路，有时走在枢机主教家人前面，有时走在他们后面。这样，到了濯足节那天二十二点的时候，离锡耶纳还有一站路③。这个驿站正好有几匹驿马，驿站的人员正等待机会，准备以很低的费用将马租给旅行者，凡是愿意将驿马送回锡耶纳驿站的都行。我听说以后，就从我的托尔农上下来了，把驿马牵过来一匹，装上我的鞍褥和马镫，给了小马倌儿一个朱利奥。

我把托尔农交给两个年轻人看管，让他们回头再给我牵来，

---

① 那一天是 1540 年 3 月 22 日。†
② 罗马和维泰博之间的一个小镇。†
③ 指驿站，旅行者换马的地方，通常是客栈。†

我骑上马走在他们前面，比他们早半个小时到达锡耶纳，我要在这里拜访一位朋友，另外还有一些事情要办。我骑得很快，但并没有把驿马累着。

到锡耶纳以后，我在一家客栈定好房间供五个人住，然后叫客栈里的马夫将马送回驿站，驿站就在卡莫利亚门外面，但我忘记把马镫和鞍褥卸下来了。

濯足节晚上，我们在一起过得很痛快。第二天上午，也就是耶稣受难日①那天，我想起了我的马镫和鞍褥。我派人去要的时候，驿站长回答说他不想归还，因为我把他的马骑得太累了。我们派人来回交涉了好几次，驿站长总是说他不会把东西还给我，还说了一些非常难听的话。客栈老板对我说："他要是光扣下你的马镫和鞍褥算是便宜你了。"他继续说道："你要知道，这个主儿是我们这里最野蛮的家伙，给我们这座城丢尽了脸。他有俩儿子，都是胆大包天的士兵，甚至比他还要野蛮。所以我劝你还需要啥就再去买，然后走你的路，这件事就不要再提了。"

我买了一对新马镫，但还是想说说好话再把鞍褥要回来，我的鞍褥非常好。我骑着好马，穿着护身铠甲，马鞍桥上挂着一杆性能优良的火绳枪，所以一点也不害怕那个凶残的疯狗，就像客栈老板所说的那样。我还训练我的年轻人平时就穿着护身铠甲，对那个罗马小伙子②我也很有信心，我记得我们一起在罗马的时候，他从来都没有把盔甲脱掉过。阿斯卡尼奥虽然还是个毛头小伙子，但也养成了穿铠甲的习惯。况且这一天还是耶稣受难日，我想疯子的疯狂劲儿也该收敛一下了。

我们来到卡莫利亚门，我马上就认出了那个驿站长，人们向我描述过他的特征：左眼瞎了。我骑马走到他跟前，把几个年轻

---

① 1540 年 3 月 26 日。†
② 即帕戈洛。†

人和伙伴留在后面稍远一点的地方。我十分客气地对他说：

"驿站长，我向您证实没有骑累您的马，您为啥不愿意还我的鞍褥和马镫？"

他的回答果然是野腔无调、蛮不讲理，正像人们事先告诉我的那样。我气得大叫起来：

"你想干啥？你不是基督徒吗？你想在耶稣受难日这天让咱俩都出丑吗？"

他回答说，不管是耶稣受难日还是魔鬼受难日，对他来说都无所谓，我要是不滚开，他就把我放倒在地，连同我手里拿的火绳枪，而他拿着一杆长矛。

听到这番话充满火药味，一个锡耶纳老人过来了。他穿戴得像一个市民，刚参加完当天的宗教仪式后回来。看样子他大老远就弄清了我说的意思，所以一过来就站在我这一边，走上近前狠狠地训斥驿站长，连驿站长的俩儿子也捎带着训了一顿，说他们没有对过往行人尽到责任，其行为冒犯了天主，为锡耶纳城丢了脸。驿站长那俩儿子摇晃着脑袋，一声不吭地缩到屋里去了。

做父亲的脸上挂不住了，让这个可敬的先生骂得恼羞成怒，就对神明大肆亵渎一番，端起长矛非要杀了我不可。我看他铁了心要动武，就想让他离我远一点，便向他晃了晃我的火绳枪口。这个疯子一看火气更大了，就向我扑了过来。我拿着火绳枪是用来自卫的，而且也没有对准他，枪口甚至是朝上的。但枪走了火，弹丸击中拱门后又反弹回来，正好打中他的咽喉，他应声倒地而亡。

他俩儿子马上跑了出来，一个从竖在那里的架子上拿起一杆戟，另一个捡起他父亲的长矛。拿长矛的家伙向我的几个伙计冲了过去，一枪扎在了罗马人帕戈洛的左乳头上，另一个家伙冲向一个米兰人，这个人是我们的旅伴，但看起来像个傻瓜一样。他尖叫着求饶，说他和我一点关系也没有，还用他拿的一根小手杖去挡戟尖，但一点用也没有，到头来还是嘴上受了一点伤。

凯鲁比诺先生经常一身神父打扮，虽说是个非常优秀的钟表匠，可他从教皇那里得到了一个圣职，收入非常丰厚。阿斯卡尼奥全副武装，所以站在那里没有逃跑的意思，和那个米兰人大不一样，结果他和钟表匠都没有受到伤害。

我用踢马刺驱马往前飞跑起来，同时又往火绳枪里装好弹药准备停当。我愤怒地转过身去，一开始我只当是开玩笑，现在可要动真格了。我以为我的年轻人已经被杀，干脆我和他们一起死算了。

我的马还没有跑几步，就碰见两个年轻人骑着马朝我跑来。我问他们受伤没有，阿斯卡尼奥回答说，帕戈洛被长矛扎了一下，受了致命伤。我说：

"帕戈洛啊，我的孩子，长矛刺透你的铠甲了吗？"

"没有，"帕戈洛回答说，"今天早上我把铠甲放到旅行袋里了。"

"闹了半天你在罗马穿着铠甲在女人面前招摇，而到了危险的地方，在需要穿铠甲的时候，你却把它放进了旅行袋里？你活该受伤，而且就因为你，我在这里也要把命搭上。"

我一边说一边骑着马转过身去，阿斯卡尼奥和帕戈洛求我看在天主分上，保住咱自己的性命就行了，千万不要再去送死。

就在这时，我遇见凯鲁比诺先生和那个受伤的米兰人。凯鲁比诺先生马上大喊大叫，说没有人受重伤，帕戈洛不过是擦伤了皮，而那个老驿站长却躺在地上死了，他俩儿子及其一帮人正准备向我们发起攻击，肯定能把我们剁成肉酱。他还说：

"本韦努托，命运女神救我们躲过了第一场风暴，你就不要再冒犯她了，第二次她就不一定会救我们了。"

我回答说："你要是感到满意，我也和你一样。"

我又转过身去，对帕戈洛和阿斯卡尼奥说：

"赶快催马飞跑到斯塔基亚①，千万不要停下来，到那里以后就安全了。"

那个受伤的米兰人呻吟着说："真倒霉呀！我受伤的唯一原因就是昨天喝了一点肉汤，违犯了教规②，因为实在没有别的东西可吃了。"

我们虽然身处险境，但听了这个蠢驴的傻话以后还是禁不住笑了。我们用踢马刺催马飞奔，把凯鲁比诺先生和那个米兰人甩在了后面，让他俩慢慢地走。

5

就在我们逃跑的时候，驿站长的俩儿子找到梅尔菲公爵③，请求公爵派轻骑兵去追我们，把我们抓住投入大牢。公爵听说我们是费拉拉枢机主教手下的人，就拒绝派兵，也不让追赶。

这时，我们到了斯塔基亚，到这里就安全了。我们请了当地最好的医生，让他为帕戈洛检查了一下，发现只是伤了表皮，这样我就放心了，肯定不会有危险。然后我们就让人准备午饭。

就在这时，凯鲁比诺先生和那个米兰傻瓜到了，傻子嘴里不停地嘟囔着：

"吵架的人真该死！"

---

① 斯塔基亚是到佛罗伦萨路上的下一个驿站。†
② 根据天主教教规，在大斋节的第一天和耶稣受难日，所有教徒都要斋戒，即严禁吃肉。‡
③ 阿方索·皮科洛米尼，梅尔菲公爵，1529—1541年在查理五世手下担任锡耶纳总司令。†

他还抱怨说，那个节日上午他没有念一句主祷文①，因而被开除教籍了。他长得非常难看，嘴本来就很大，又被那个伤口扩大了至少三寸。所以他那滑稽可笑的米兰话，再加上他说话时的那副傻相，给我们提供了大量笑料，他每吐一个字我们都笑个不停，没有谁再为那倒霉的事而难过了。

医生想把他嘴上的伤口缝住，而且已经缝了三针，他叫医生停下来一会儿，他不想让其恶作剧似的把整个嘴巴都缝严。他拿起一把汤匙，说他想让嘴巴留得能把这个汤匙放进去，这样他好活着回去见家人和朋友。他说这话的时候还莫名其妙地摇头晃脑，直笑得我们合不拢嘴，一点也不抱怨运气坏了，一路欢笑向佛罗伦萨走去。

一行人在我妹妹家门前下了马，她和丈夫一起盛情款待了我们。凯鲁比诺先生和那个米兰人去办自己的事了。我们在佛罗伦萨住了四天，在此期间帕戈洛的伤也养好了。要说也是，一说起那个米兰蠢驴我们就笑个不停，一提起这场不幸遭遇就哭一场，结果大家又是笑又是哭。

如前所述，帕戈洛很快就康复了，我们就去了费拉拉，到这里以后发现枢机主教大人还没有到，但他已经听说了我们的整个遭遇。枢机主教安慰了我们，说：

"我祈求天主开恩，让我把你活着领到国王跟前，我答应过你。"

在费拉拉，枢机主教让我住在他的一座邸宅里，这个地方非常漂亮，名叫贝尔菲奥雷，紧靠着城墙。他为我做好安排，让我在这里干活儿。

不久以后，他把事情安排好后要到法兰西去，把我留在这里。

---

① 主祷文是当年耶稣教导门徒如何祷告而作的示范，全文只有六句，收录在《圣经·马太福音》第6章，是教会使用最广的一段经文。‡

他见我很不高兴，就对我说：

"本韦努托，我这样做都是为你好。我把你带出意大利以前，想让你事先知道到了法兰西究竟要干啥，同时你还要抓紧做我那个碗和壶，我会命令管家为你提供所需要的一切。"

枢机主教走了以后，我还是一肚子不高兴，有好几次我就要不辞而别。我之所以留下来，只不过是因为他把我从教皇保罗手里解救出来了，除此以外我很不满意，这让我蒙受了很大损失。但我还是由于这一大好处而充满感激之情，就迫使自己耐心等待结果。这样我和俩年轻人就干了起来，壶和碗的制作进展很快。

我们住的地方空气很不好，夏天就要来临的时候，我们几个人都生了病。生病期间，我们就在这一带四处走走。这片地方很大，有大约一里的空旷野地，地里驯养着大批孔雀，像野鸟一样在这里繁殖和巢居。看到这些孔雀，我就在火绳枪里装上一种没有声音的火药，等待着猎杀幼鸟，每隔一天打死一只，我们就有了大量的肉吃，而且质量极好，结果我们的病都好了。这几个月我们继续愉快地干活儿，壶和碗都有进展，但干这些活儿需要很多时间。

6

这时，费拉拉公爵和教皇保罗达成一项协议，解决了他们之间长期存在的一些争端，涉及摩德纳和其他一些城市。罗马教廷有充分的权力拥有这些城市，公爵就花钱换来了一纸和约。这是一笔巨款，我估计超过三十万达克特[①]。

公爵手下有一个年长的司库，是由公爵的父亲阿方索公爵养大的，名字叫吉罗拉莫·吉利奥洛。老先生不忍心看着这么一笔巨款落到教皇手里，就在大街上四处喊叫：

"他父亲阿方索公爵宁愿用这笔钱攻占罗马，也绝不会把它交到教皇手里。"

他无论如何也不愿拿出这笔钱来，最后公爵强迫他把钱付了，把老先生气得患了急性痢疾，差一点儿丢了老命。

老先生患病期间，公爵派人把我叫去，让我为他雕一尊像。我把像雕在一块圆形黑石头上，约有一个小食盘那么大。公爵对我做的活儿和谈话非常感兴趣，时常一坐就是四五个小时，为他的雕像摆姿势，有时还请我和他一起吃晚饭。

我用八天完成了他的头像，他又让我制作背面。我雕了一尊和平女神像，她手拿一把火炬，正在点燃一堆武器。我将她表现成兴高采烈的样子，衣饰很薄，姿态极为优雅，脚下躺着绝望的复仇女神[②]，她戴着镣铐，一副垂头丧气的样子。为雕刻这件作品我从事了大量研究，花费了很多精力，也赢得了极大的荣誉。公爵一再表达他的满意之情，并给了我头像两面的铭文，背面的铭文是 Pretiosa in conspectu Domini[③]，意思是说他与教皇签订的和约是以高昂的代价换来的。

---

① 1539 年，费拉拉公爵埃尔科莱二世付给教皇保罗三世一大笔钱，历史学家认为是 10 万到 18 万金达克特，比切利尼所说的数目小一些，以确认各城镇和省的主教叙任权，包括以前埃斯特家族从教皇亚历山大六世手里得到的摩德纳和雷焦。不要忘记，文艺复兴时期的教廷也是个世俗政权，其拥有的土地远远超过现在梵蒂冈城的范围。†

② 很多评论者认为，这个背面指的是为克莱门特七世制作的一枚徽章。†

③ "在主看来非常昂贵"。‡

7

我忙着制作这个像章背面的时候，费拉拉枢机主教写信要我
准备上路，说国王要见我，他会在下一封信里说明为我安排的详
细情况。我先把壶和碗拿给公爵看了看，然后就包装起来了。

费拉拉有一个绅士被称作阿尔贝托·本代迪奥先生，他负责料
理枢机主教的事务。他身体有病，已有十二年足不出户。有一天，
他派人急如星火地找到我，让我马上坐邮车去见法兰西国王①，国王
一直急着找我，觉得我是在法兰西。枢机主教向国王表示歉意，说
我身体有点不舒服，正停留在里昂的一座修道院里，不过他会马上
安排让我去见陛下。所以我不能再耽搁了，要马上坐邮车去。

阿尔贝托先生是个大好人，但很高傲，疾病更使他的脾气令
人难以忍受。我刚才说过，他让我马上准备坐普通邮车上路。我
回答说，干我这一行的哪有坐邮车的？如果要去的话，我打算舒
舒服服地走一程歇一歇，带上我的工匠阿斯卡尼奥和帕戈洛，他
们是我从罗马带来的。另外，我还想要一个仆人骑着马听候我吩
咐，再带上足够的钱在路上花。

这个病恹恹的老先生盛气凌人地回答说，公爵的儿子才会像
我所说的那样出门旅行，其他人不会这样。我马上反驳说，干我
这一行的儿子就是这样旅行的，我不是公爵的儿子，不知道这号
人咋样旅行；他要是再说我听着不顺耳的话，我就干脆不走了；
既然枢机主教失信于我，他又对我说了这些难听话，我就再也不
和费拉拉人打交道了。说完我转过身去，他威胁着，我嘟囔着，
然后我就走了。

---

① 坐邮车可以换马，比骑一匹马按时休息要快。†

我拿着做好的像章去见公爵。他以最高度的尊重和敬意接待了我，并吩咐吉罗拉莫·吉利奥洛先生找一枚价值二百斯库多的钻石戒指，由他的管家菲亚斯基诺交给我作为报酬。就这样，在我拿去像章的那天晚上，日落一个小时之后，菲亚斯基诺给了我一枚看上去很惹眼的钻石戒指，并代表公爵说：

"请收下公爵大人送的这枚钻石戒指做个纪念，把它戴在这个独一无二的艺术家手上，这只手制作出了具有非凡价值的神品。"

天亮以后，我仔细看了这枚戒指，发现钻石薄得可怜，其价值也就是十斯库多左右。我觉得公爵对我如此盛赞，绝不会送给我这样微不足道的礼物，肯定会很体面地酬劳我。于是我断定，这是那个无赖司库捣的鬼。我把戒指交给了一位朋友，求他想办法把它还给管家菲亚斯基诺。我这个朋友是贝尔纳多·萨利蒂，他把事情办得非常漂亮。

菲亚斯基诺马上就来找我，好说歹说劝我收下，并断言我要是拒绝公爵好心送的礼物，他会很生气的，我这样使性子也许以后会后悔。我回答说，公爵大人送给我的戒指价值大约十斯库多，而我给大人做的活儿价值要超过二百斯库多。不过为了表示我对大人的好意是多么尊重，他就是送给我一枚治抽筋的铜戒指①，我也会感到非常高兴，这种戒指是从英格兰进口的，价值十个便士。在我有生之年，只要我想起大人，想起他那动听的答谢，我就会珍惜这枚戒指。我认为，大人的高情雅意足以补偿我付出的辛劳，而那块无足轻重的石头只不过是玷辱了它。

这一番话可把公爵气坏了，他派人找到那个司库，以前所未有的尖刻言辞痛骂了他一顿。同时他还命令我，不经他同意不许离开费拉拉，否则他会很不高兴，又命令司库送给我一枚价值达

---

① 据说这种戒指能治病，不值几个钱。†

三百斯库多的钻石戒指。

这个司库太抠门儿，又找到一枚价值只有六十斯库多的钻石戒指，然后放风说这颗钻石价值二百多斯库多。

8

这时，前面提到的阿尔贝托先生头脑冷静下来了，就提供了我要求的一切。我已拿定主意，当天务必离开费拉拉，但公爵那个爱操闲心的管家却与阿尔贝托先生商议好，那天不让我得到马。我把行李放到一匹骡子上，其中包括一个盒子，里面装着我为枢机主教做的壶和碗。

就在这时，来了一位费拉拉绅士，被称作阿方索·德·特罗蒂先生[1]。这位绅士年事已高，很有教养，非常喜爱漂亮的艺术品，但又特别爱挑毛拣刺。要是碰见中意的东西，他会趁风转帆，大肆吹捧一通，就像以后再也见不到这么好的东西了一样。

那么，这个阿方索先生来到我跟前，阿尔贝托先生就对他说：

"对不起，您来晚了，壶和碗已经装起来了，我们要送给枢机主教，他在法兰西。"

阿方索先生回答说不要紧，然后向他一个仆人招招手，命他回家拿来一个用法恩扎白黏土制作的壶，工艺十分精巧。

这个仆人离开期间，阿方索先生对阿尔贝托先生说：

"我想告诉你我为啥不再喜欢看这些盆盆罐罐了。有一次，我见到一件古代银器，其制作的完美与精细程度是人所无法想象的。因此，我不愿再看这一类的任何物品，以免破坏我对那件作品保留的美好印象。我要告诉你，拥有这件银器的是个既高贵又有才

---

[1] 费拉拉两任公爵阿方索和埃尔科莱二世的大臣，后来切利尼租给特罗蒂一所房子，位于佛罗伦萨新圣马利亚广场附近。†

华的绅士，他到罗马去办事，有人在私下里让他看了这件古代作品。他用一大笔钱巧妙地收买了保管者，然后把它带回到这个地方。但他护得很紧，谁也不让看，所以公爵毫不知情，他害怕别人夺走他的宝贝。"

阿方索先生口若悬河地说了半天，根本就没有看我一眼，他并不认识我。

就在这时，那个宝贝泥壶拿来了，他拿到大家面前炫耀一番，一副江湖骗子的架势。我看了一眼，然后转身对阿尔贝托先生说：

"有机会饱此眼福，真是十分荣幸！"

阿方索先生觉得我冒犯了他，就顺嘴讥讽了几句，说道：

"你到底是谁？你不知道你说了啥话吗？"

我回答说："容我说上几句，然后再看看咱俩到底是谁最清楚自己说了啥话。"

我转向阿尔贝托先生，他是个极为严肃、极有才能的人。我对他说：

"这是个小银酒杯的复制品，重量是多少多少，是我在什么什么时间，为卡尔皮的江湖医生贾科莫师傅制作的。他到罗马待了六个月，把一些恶心药膏涂到上百名贵族和不幸的绅士身上，从他们口袋里骗走了好几千达克特。那时我为他做了这件活儿，另外还有一个不同样式的，这两件活儿他给的报酬都很可怜。现在，所有用过他药膏的可怜虫都残废了，健康状况很差。

"拙作在你们这些富豪显贵中博得如此名声，真是我极大的荣耀。但我可以明白地告诉你，在过去的这些年里，我的艺术功力不断长进，我认为我要带到法兰西去的这件作品，要比那个庸医的那一件更能配得上费拉拉枢机主教和国王。"

我说完这番话以后，阿方索先生好像急不可待地要看那个壶和碗，但我一直不让他看。为此我俩争执了一会儿，他说他要去找公爵，让公爵大人下令让他看看。这时，阿尔贝托·本代迪奥先生就像我说过的那样，神气活现地说道：

"阿方索先生，你不必离开这个房间就能看到，根本不用去找公爵。"

听到这话我就走了，任凭阿斯卡尼奥和帕戈洛打开盒子让他看。后来帕戈洛对我说，阿方索先生热情地赞扬了我。事后他还想和我套近乎，而我却急于离开费拉拉，离开这里所有的人。我到这里走一趟所得到的唯一好处，就是有幸结识了枢机主教萨尔维亚蒂和拉文纳枢机主教，还结识了一些天才音乐家①。除了这些人以外，再没有人给我任何好处。费拉拉人都是些贪得无厌的人，见到别人的钱财就馋涎欲滴，然后想方设法搞到手，在这方面他们全都是一副德行。

二十二点的时候，菲亚斯基诺来了，我在前面提到过他，他把那枚价值大约六十斯库多的钻石戒指给了我。他满脸阴沉，匆匆对我说了两句，要我看在公爵大人的面子上戴上这枚戒指。我回答说：

"我会戴的。"

然后我当着他的面踩上马镫，没有再说别的话就上了路。他记下了我的言行，然后禀报给了公爵，公爵大怒，非常想让我顺原路返回。

9

这天晚上我一溜小跑，骑了十多里。第二天，我发现走出了

---

① 枢机主教乔瓦尼·萨尔维亚蒂是费拉拉大主教，枢机主教贝内代托·阿科尔蒂是拉文纳大主教，当时正待在费拉拉。文艺复兴时期，费拉拉以其音乐家和作曲家而闻名于世。†

费拉拉的管辖区，这才长长地出了一口气。我在费拉拉总算吃了一些孔雀，使我恢复了健康，除此之外没有在那里得到任何好处。我们取道塞尼山，由于害怕而避开了米兰，这我在前面提到过 [①]，这样我们安全到达了里昂。

　　算上帕戈洛、阿斯卡尼奥和一个仆人，我们一共四个人，还有四匹好马。在里昂，我们等那个赶骡子的人等了好几天，他带着银壶和碗，还有一些行李。我们住在费拉拉枢机主教的一座修道院里 [②]。赶骡子的来了以后，我们把所有东西都装到一辆小马车上，然后出发到巴黎。路上我们遇到一些麻烦，但没有什么要紧。

　　我们找到了枫丹白露的王宫 [③]，在这里觐见了费拉拉枢机主教，他马上给我们安排好住处，这天晚上我们住得很舒服。第二天马车到了，我们把行李卸下来，枢机主教听说以后就告诉了国王，国王表示马上要见我。

　　我拿着壶和碗去觐见国王陛下。我来到御前，吻了国王的膝，他最有礼貌地接待了我。我谢过陛下将我从监狱里解救出来，说世上所有像陛下这样善良慷慨的君主，都有义务去解救有才能的人，尤其是像我这样无辜的人。我又说，凡是这样的功德，都是首先记在天主账上，然后再记其他业绩。我说这番话的时候，国王一直洗耳恭听，非常有礼貌，偶尔得体地插个一言半语。我说完以后，他拿起壶和碗说道：

　　"说实话，如此精美的制作工艺，我相信古人从来都没有见到过。我清楚地记得，意大利所有一流大师制作的所有最精美的艺术品，我全都看过一遍，但还从来没有见过能让我如此钦佩的

---

① 切利尼忘记了，他在前面根本就没有提过避开米兰的原因，也许是害怕瘟疫或者某个仇人。†
② 埃斯奈修道院，参见卷一第 98 章。†
③ 切利尼到达这里是在 1540 年 9 月中旬。†

作品。"

这番话是国王用法语对费拉拉枢机主教说的，另外还说了很多更加热情洋溢的赞美之词。然后国王转过身来，用意大利语对我说：

"本韦努托，先玩几天高兴高兴，放松一下，享用些美食，同时朕将考虑给你提供你需要的东西，请你为朕制作一些精美的艺术品。"

10

费拉拉枢机主教看得出来，国王对我的到来感到非常高兴。枢机主教还看得出来，国王看了我制作的小玩意儿以后，会考虑让我制作一些大件活儿。不过这时我们正跟随着王室，可以说是被拖累得疲惫不堪，其原因是国王的队伍浩浩荡荡，后面跟着大约一万两千个人骑着马。这是最小的数目，因为在和平时期，王室成员倾巢而出的时候，大约有一万八千个人骑着马，总是超过一万两千人。结果，我们跟着这支队伍时，有时候走过的地方仅有两座房子，只好像吉卜赛人那样搭起帆布帐篷，这样就免不了经常吃苦受罪。所以我就不住地恳求枢机主教，让国王考虑给我找一个地方，我好安顿下来干活儿。

枢机主教回答说，在这种情况下最好是等待，等到国王自己想到让我干活儿更好，陛下进餐时我要不时地与他照照面。于是我就这样做了。

一天早上吃饭时，国王把我叫了过去，开始用意大利语和我交谈，说他考虑做几个大件活儿，他很快就会给我指定干活儿的地方，给我提供一切必需的东西，另外还穿插了很多有趣的话题。费拉拉枢机主教也在场，他几乎总是在早上与国王同桌进餐。他听到了我和国王的谈话，国王起身时他替我说了好话，这是后来别人告诉我的，其大意是：

"神圣的陛下，本韦努托这个人很想干活儿。让他这样一个有才能的艺术家浪费时间，简直就是罪过。"

国王回答说，他说得很好，然后让他根据我的要求安排我的津贴。

枢机主教接到这一委托后，当天晚上吃过晚饭就派人找到我，以陛下的名义对我说，陛下决定让我开始干活儿，但他想先和我商量一下待遇问题。他说：

"我觉得陛下如果每年给你三百斯库多，你就能过得相当宽裕；另外，你的事务应该由我来安排比较好，在这个伟大的王国，你每天都有机会大显身手，我会尽全力帮你的忙。"

这时，我说了如下一番话：

"您把我留在费拉拉的时候曾向我许诺，在我了解清楚为陛下工作的待遇以前不把我带出意大利，这个许诺我可从来没有向您要求过。结果您没有跟我说过待遇问题，而是急不可待地催我坐邮车来，好像我的艺术是邮政急件一样。您要是当初写信告诉我是三百斯库多，如您现在所说，我绝对不会得寸进尺，索要六百斯库多。尽管如此，我还是要感谢天主，也感谢您，因为天主派您帮了我大忙，把我从监狱里解救出来。所以我告诉您，尊贵的大人，您现在给我带来的麻烦，肯定要比您以前给我带来的好处少一千倍，为此我衷心地感谢您，并向您告辞。无论我身在何处，只要我一息尚存，我都会为您向天主祈祷。"

枢机主教大为恼怒，吼叫道：

"你爱上哪儿上哪儿。人家不叫你帮忙，又有啥办法。"

当时在场的一些糊涂蛋说："这个人真是自以为了不起，一年三百斯库多都不愿意。"

而旁边一个明白人则说："国王再也找不到像他这样的人了，枢机主教想压他的价，好像他是一捆柴火一样。"

说这话的人是路易吉·阿拉曼尼先生，这是后来别人告诉我的。

这件事发生在10月最后一天，地点是在多菲内的一座城堡，城堡的名字我现在已经记不起来了。

11

与费拉拉枢机主教分手以后，我去了三里外的住所，和我同行的有枢机主教的一位秘书，他也要回到同一个住处。一路上，这个秘书一直不停地问我打算咋办，我对待遇有啥要求。我只回答了他一句话，那就是："我全知道。"

回到住所，我见到了帕戈洛和阿斯卡尼奥。他们见我一脸苦相，就问我出了啥事。这俩年轻人也同样愁眉锁眼，我对他俩说：

"明天上午，我会给你们足够的盘缠，让你们舒舒服服地回家。我自己则打算做一件最重要的事，不需要恁俩帮忙，这件事我早就想做了。"

我们住的房间就在那个秘书的房间隔壁。我想，他会给枢机主教写信，把我的意图告诉枢机主教，这不是不可能的，但到底写了没有我一点也不知道。这一夜我辗转不眠，好不容易才熬到天亮，这样我就能了却一桩心愿了。

天一亮，我就命人把马牵出来，立即做准备。我把带来的一切东西都给了两个年轻人，另外又给了他们五十金达克特。我自己也留了五十金达克特，另外还有公爵给我的那枚钻石戒指。我只带了两件衬衫和身上穿的旧骑服。我发现很难把这俩年轻人打发走，他们一定要跟着我，无论发生啥事都不在乎。出于这一原因，我真的羞辱了他们，对他俩这样说：

"你俩有一个已经长出了头茬儿胡须，另一个才刚刚长。你俩都从我这里学到了我能够传授的那三招两式，所以你们现在已经是意大利年轻人中第一流的工匠了。现在你们连离开我这个扶手的勇气都没有，老让我扶着你们走，你们就不感到羞耻吗？这太不光彩了！我要是不给钱就打发你们走，你们又会咋说？得啦，还是走开吧，愿天主一千次地为你们祝福。再见！"

我掉转马头就走，留下他俩在那里哭鼻子。我沿着一条通畅的道路穿过一片森林，打算当天最少能走出去四十里，到达我能去的最偏僻的地方。我已经骑了大约两里，在这段很短时间里，我已经决定再也不干这一行了，在有人认识我的任何地方都不干。我还决定一件活儿也不做了，除了完成一尊三肘尺高的基督像之外，尽我所能再现他那无限的美，那是基督亲自向我展现的①。这样拿定主意以后，我就朝着圣墓的方向走去②。

我以为已经走得很远了，没有人能够找到我了。但就在这时，我听到后面有马蹄声传来。我感到有些心神不安，我知道这一带是一伙强盗出没的地方，人称其为"亡命徒"，常在路上剪径杀人。他们之中每天都有人被绞死，但他们好像并不在乎。

可是等骑马的人走近以后，我认出其中有国王的一个信差，还有一个是我的小伙子阿斯卡尼奥。信差来到我跟前，说：

"国王让我命令你马上去见驾。"

我回答说："你是费拉拉枢机主教派来的，我不去。"

信差说，要是来软的不能让我走，他有权叫当地人把我捆起来，像囚犯一样带走。阿斯卡尼奥也尽力劝我，提醒我说一旦国王抓人入狱，至少要关五年才能放出来。

---

① 指切利尼被囚禁在圣天使城堡里时看到的幻象。†
② 切利尼在圣天使城堡时曾立有誓约。参见卷一第 121 章。†

一提起监狱二字，我就想起罗马的那座牢房，吓得我立即拨
转马头，跟着国王的信差就走。一路上，信差用法语没完没了地
唠叨着，有时候威胁我，一会儿说这，一会儿说那，一直说到王
宫近前，直把我气得要离开这个世界。

12

在去国王寝宫的路上，我们路过了费拉拉枢机主教的住所。
他站在门前喊我过去，对我说：

"我们最笃信基督教教义的国王自己提出，让你和画家列奥纳
多·达·芬奇①享受同样的待遇，也就是年薪七百斯库多。除此之
外，你为他做的所有活儿他都会付给你钱。至于你到这里的旅费，
他会给你五百金斯库多，这笔钱在你离开这里之前再付给你。"

枢机主教宣布完以后，我回答说，如此开价才配得上一个伟
大的国王。国王的信差本来不认识我，听到国王为我提供如此优
厚的俸禄之后，一再求我原谅他。帕戈洛和阿斯卡尼奥激动地说：

"是天主让我们又回到这样一个荣耀的扶手身边！"

第二天，我去感谢国王，他让我做十二个银像模型，银像做
好后放在他餐桌上做烛台。他想做成六个男神和六个女神，尺寸
要和陛下本人完全一样，四肘尺不到一点。这项任务交代完以后，
国王转身问他的司库②是不是给了我五百斯库多。司库回答说，没
有任何人对他说过这件事。

国王非常生气，他已经嘱咐过费拉拉枢机主教，让枢机主教
安排司库去办这件事了。另外，国王让我到巴黎找个适当的住所，

---

① 1516 年，达·芬奇应弗朗索瓦一世邀请到法兰西，住在安布瓦斯附近的克卢城
　堡，直到 1519 年去世。†
② 当时的司库是纪尧姆·普鲁德霍姆。†

也好在里面做这些活儿，他想把这个住所送给我。

我领到五百金斯库多以后去了巴黎，找到费拉拉枢机主教的一座房子，在这里托天主的福开始干了起来。我用蜡做了四个小模型，每个大约有三分之二肘尺高，分别是朱庇特、朱诺、阿波罗和伍尔坎①。

这时，国王来到了巴黎，我马上带着几个模型去拜见他，两个徒弟阿斯卡尼奥与帕戈洛也跟着我。国王看过模型以后感到很满意，又让我先用银子制作朱庇特，按前面说过的尺寸做。这时，我把两个年轻人引荐给国王，说我是从意大利把他们带来为陛下效劳的，也是我一手培养出来的，刚开始干活儿时，他们能给我提供更多的帮助，比巴黎的工匠强。国王回答说，我要为他们提供适当的薪水，足够他们日常花销。我说，每人一百金斯库多就可以了，我一定确保他们挣到工钱。这件事就这样说定了。

我还对国王说，我找到了一个地方，正适合我干这些活儿，那是陛下自己的房产，名叫小内勒城堡②，当时由巴黎市长所拥有，陛下把它给了巴黎市长，但市长并没有利用它，陛下可以把它交给我，我可以用它来为陛下效力。

国王马上回答说："那个地方是我的，我很清楚，我交给的那个人既没有住在那儿，也没有利用它，所以你可以在那里为朕干活儿。"

国王马上命令助理把我安置到小内勒城堡。助理抵制了一阵子，对国王说他不能执行这一命令。国王很生气地回答说，小内

---

① 分别是罗马神话里的主神、主神之妻、太阳神和火神。‡
② 内勒城堡的一部分位于塞纳河左岸，是 1308 年腓力六世从皮卡第的内勒大人手里得到的，因而得名。1522 年，弗朗索瓦一世把小内勒城堡给了一位法官，后来辗转到了巴黎市长手里，当时的市长是让·德斯图特维尔，维勒邦领主，国王的顾问。当然，切利尼想得到这个地方，肯定会与巴黎最有权势的人发生冲突。†

勒城堡是他自己的财产，他愿意给谁就给谁，他想给一个为他效力的人，而市长现在啥事也没有为他做，所以这件事谁都不要再说了。

助理又补充说，去的时候需要带上一支小队伍。国王回答说："去吧，要是一支小队伍不够，就带一支大队伍。"

助理马上就带我到了城堡，把城堡交给了我，不过还是动用了武力。事后他提醒我要小心，以免遭到谋害。我进了城堡把自己安顿好，马上招了一些仆人，又买了不少长矛和戟。

我在这里住了好几天，一直提心吊胆，因为市长是巴黎的一个大贵族，所有贵族都与我作对，他们对我大肆辱骂，让我实在难以忍受。

我不应该忘了说一说，我开始为陛下效力是在 1540 年，正是我步入四十周岁那一年。

13

我受到凌辱以后就去找国王，求陛下把我安置到另外一个地方住。国王回答说：

"你是谁？你叫啥名？"

这句话把我问得晕头转向，我闹不清国王到底是啥意思。我正站在那里张口结舌的时候，国王又把这个问题重复了一遍，一副生气的样子。我只好回答说，我名叫本韦努托。

"好，如果你就是我听说过的那个本韦努托，"国王回答说，"就按你自己的一套去做，我完全同意你这样做。"

我对国王说，我只要拥有他对我的好感就行了，除此以外，任何东西都不能伤害我。

国王笑了笑，说：

"快去吧，你永远也缺不了我的好感。"

国王马上吩咐他的首席秘书维莱罗瓦阁下[1]，让他为我提供我需要的一切。

这个维莱罗瓦是市长的密友，就是这个市长占有了小内勒城堡。城堡呈三角形，建得紧靠着城墙，年代已有些久远，没有驻军，整个建筑规模很大。维莱罗瓦阁下劝我另外再找个地方，务必要放弃这座城堡，其主人大权在握，肯定能把我杀掉。

我回答说，我从意大利来到法兰西，只不过是为了效力于伟大的国王。要说死，我相信我终究会死，至于死得早一点还是晚一点，对我来说无足轻重。

维莱罗瓦是个极有才能的人，在各个方面都出类拔萃，还拥有大量财富。他要是存心害我，可以说是轻而易举，但他并没有流露出一点要害我的意思。他面沉似水，器宇轩昂，说起话来慢条斯理。他把骚扰我的任务交给了另一个绅士，此人是马尔马纳阁下[2]，是朗格多克的司库。

马尔马纳阁下做的第一件事，就是在城堡里寻找最好的房间，然后装修配备好供他自己使用。我对他说，国王把这个地方给了我，让我在这里为他干活儿，除了我本人和我的仆人以外，我不想让其他任何人住在这里。

这个家伙傲慢无理、兴头儿十足，说他想干啥就干啥，我要是胆敢反对他，就是把脑袋往墙上撞，他所做的一切都得到了维莱罗瓦的授权，是维莱罗瓦让他做的。

我对他说，根据国王授予我的权利，不论是他还是维莱罗瓦，

---

[1] 尼古拉·德纳维尔，卒于 1598 年，维勒鲁瓦领主，继承其父担任国王的财政秘书。†

[2] 让·拉勒芒，马尔马涅领主，1561 年担任国王秘书。切利尼把他著名的盐盒送给国王时，马尔马纳阁下送给国王一尊古代的小铜像，想让切利尼难看。国王回答说，他有幸生活在一个现代艺术家超过古人的时代！†

都不能这样做。我这样一说，这个傲慢的家伙便用法语发泄一通
难听话，我也用母语说他胡说八道。他被激怒了，摆出一副要
拔出小匕首的架势，我也握住随身佩带用以自卫的一把短剑，大
叫道：

"你要是敢把匕首拔出来，我马上就宰了你。"

他有俩仆人帮忙，我也有俩小伙子。马尔马纳站在那里犹疑
了一会儿，不知道该咋办才好，但还是更想下毒手，嘴里咕哝着：
"我绝对咽不下这口气。"

我一看势头不对，就把心一横，对帕戈洛和阿斯卡尼奥喊道：

"我一拔剑，恁俩就扑向那俩仆人，能杀就把他俩杀掉，我一
剑就能宰了这个家伙，然后天主保佑我们一起远走高飞。"

马尔马纳看出了我的用意，就赶紧溜出了城堡，心里想能保
住性命就不错了。

我把这些事都写信告诉了费拉拉枢机主教，不过言辞温和一
些，他又马上告诉了国王。国王怒不可遏，把我交给了一个侍卫
官照顾，此人是奥尔贝克子爵大人①。这个人非常友好，为我提供
了我要求的一切。

14

我在城堡的住所和作坊已经收拾好，配备了干活儿所需的
一切设施，极为体面地在此安家落户。

我马上就开始制作三个模型，其大小和银像一模一样，分
别是朱庇特、伍尔坎和玛尔斯②。我用泥塑在铁框架上，然后去找

---

① 奥尔贝克是诺曼底卡尔瓦多斯地区的一个镇。†
② 切利尼在法兰西五年一直都在制作这几尊银像，1545年离开法兰西时只完成了
　　朱庇特像。†

国王，如果我没有记错的话，国王给了我三百磅银子来启动这项工程。

我安排这些事情期间，那个小壶和椭圆形碗也做好了，一共做了好几个月。做好以后我镀上金，看上去是在法兰西所见到的最漂亮的器皿。我马上给费拉拉枢机主教拿过去，他对我千恩万谢，没有要我陪同就把东西拿到国王那里，作为礼物送给了国王①。国王对礼物非常满意，把我夸得比以往任何一个艺术家都要好。

作为回报，国王送给枢机主教一座修道院，每年的收益是七千斯库多，他还表示对我也有酬谢。但枢机主教阻止了国王，说国王操之过急了，我还没有为国王做任何东西。国王最为慷慨，回答说：

"正因为如此，我才鼓励他，希望他为我制作。"

枢机主教对自己的小气感到不好意思，说：

"陛下，请您把这件事交给我。我一旦得到那座修道院，就会给他至少三百斯库多的年金。"

这笔年金我从来也没有收到过。要讲完这位枢机主教的欺诈伎俩实在是冗长乏味，我还是讲一讲更重要的事情吧。

15

我回到巴黎以后，国王对我宠爱有加，所有人都对我羡慕不已。我领到了银子，开始制作朱庇特像。

这时我雇了很多工匠，夜以继日地干着，这样到我完成朱庇特、伍尔坎和玛尔斯的泥模型，然后开始制作朱庇特银像的时候，

---

① 1540 年 12 月 12 日，切利尼收到 74 斯库多作为报酬，国王收到这两件礼物是在 1541 年 3 月 16 日。†

我的作坊已经非常红火。

这时，国王来到了巴黎，我去拜见他。他一看见我，就很高兴地喊我的名字，问我家里有没有好东西可以展示，要是有的话他想去看看。我向他讲了我所做的一切，他一听马上就想过来。

吃过午饭以后，国王和埃当普夫人[1]、洛林枢机主教[2]和其他一些最显赫的贵族一道出发了，其中有国王弗朗索瓦的姐夫纳瓦拉国王[3]和姐姐纳瓦拉王后[4]，王世子和世子妃[5]也随他一同前往，所以这一天来看我的都是法兰西王室的精英。

当时我已回到家里，正干得起劲儿。国王来到城堡门口，听到里面有几把锤子叮当作响，就吩咐一行人不要作声。屋子里每个人都干得正欢，陛下突然驾到让我吃了一惊。他走进大厅，首先看到的就是我，我正站着敲打一块大银板，准备用它来做朱庇特的身躯。一个工匠正在敲打头，另一个正在敲打腿，发出来的声音震耳欲聋。

当时，我身边有一个法兰西小伙子正帮我干活儿，他出了一点差错惹恼了我，我抬腿就踢了他一脚。也真是凑巧，这一脚正

---

① 安妮·德皮瑟勒（1508—约1580），聪明漂亮，萨伏依的路易丝的侍女，很快就成为路易丝的儿子弗朗索瓦一世的情妇，1536年嫁给了让·德布罗斯，国王任命德布罗斯为埃当普伯爵。自1526年到1547年国王去世，她一直都是国王的情妇。†

② 让·德洛林，洛林公爵的儿子，1518年被教皇利奥十世任命为枢机主教，艺术保护人，法兰西国王的好朋友，卒于1550年。†

③ 亨利二世（1503—1555），阿尔布雷公爵，1527年娶了弗朗索瓦一世的姐姐，跟随弗朗索瓦一世入侵意大利，1525年兵败帕维亚后国王被俘虏，而亨利侥幸逃脱。一生大部分时间都住在法兰西宫廷。†

④ 玛格丽特·当古莱姆或德纳瓦拉（1492—1549），第一任丈夫阿朗松公爵死后孀居，1527年嫁给亨利二世。重要的宗教作家，长期住在弟弟的宫廷。‡

⑤ 亨利（1519—1559），弗朗索瓦一世的二儿子，兄长弗朗索瓦死后成为世子，1547至1559年任法兰西国王，称亨利二世，1558年夺取加来，将英格兰人从法兰西彻底赶走。1533年娶乌尔比诺公爵洛伦佐·德·美第奇的女儿凯瑟琳·德·美第奇。其两个儿子年幼时，凯瑟琳·德·美第奇摄政，导致长期内战，最为世人所知的是她在1572年圣巴塞洛缪大屠杀中所起的作用。†

好踢着他的裆，踢得他往后滚出去了老远，结果他跟跟跄跄地起来的时候，刚好与来到的国王撞了个满怀。

国王大悦，我却一下子愣住了。国王开始问我正忙乎啥，又让我继续干活儿。他又说，他很不想让我费劲干体力活儿，我可以雇人，想雇多少就雇多少，让这些人干粗活儿，他想让我保重身体，以便天长日久地为他效力。

我回答说，我只要一不干活儿就会病倒，我的手艺也会荒疏，达不到我为陛下干活儿的标准。国王以为我这样说不过是吹大气，说的不是实情，他又让洛林枢机主教把他刚才说过的话再重复一遍。但我把理由陈述得滴水不漏、一清二楚，结果枢机主教明白了我的意思，然后就劝国王让我想干多少就干多少。

16

国王对我做的活儿感到非常满意，接着就回到了王宫[①]，他当时对我的赞誉之词实在太多，无法在这里一一记述。

第二天，吃午饭的时候，国王派人把我叫去。和他在一起吃饭的有费拉拉枢机主教，我到那里的时候，国王还在吃第二道菜。我来到御前，国王马上就和我愉快地交谈，说他现在有一个非常精美的碗，还有一把非常漂亮的壶，都是我亲手制作的，所以他还想要一个同样漂亮的盐盒与其匹配。他想让我搞一个设计，并且很快就想看到模型。我回答说：

"陛下马上就能见到这样一个模型，比您要求的还要快。我做那个碗的时候，就想到应该有一个盐盒与它相配，所以我已经设计好了一个模型，如果您愿意，我马上就能拿给您看。"

---

① 卢浮宫。†

国王一阵惊喜，转身对陪伴他的几个贵族——纳瓦拉国王、洛林枢机主教和费拉拉枢机主教——这样赞叹道：

"我敢保证，每一个认识他的人都会喜爱他、赞赏他。"

然后他对我说，他非常愿意看到我做的盐盒模型。

我走了，不大一会儿就回来了，我只需要渡过一条河，也就是塞纳河。我带来了一个蜡模型，就是我在罗马的时候费拉拉枢机主教要我做的那个。我再次来到国王面前，把模型盖子一揭开，国王就惊呼道：

"这比我想象的还要美一百倍，真是一个人间奇迹！他永远也不应该停止工作。"

国王转过身来，笑容满面地对我说，他非常喜欢这件作品，希望我用金子来制作。

费拉拉枢机主教也在场，他给我递了个眼色，意思是说他认出了这个模型，就是我在罗马为他做的那个。我回答说，我早就对他说过，我要把它做给那个注定会得到它的人。

枢机主教想起了我说的话，以为我是在报复他，因此十分恼火。他对国王说：

"陛下，这是一项大工程，我只担心一件事：我们永远也等不到它完成的那一天。这些有才华的艺术家常常异想天开，随时准备动手制作宏伟的作品，却从不认真考虑一下啥时候能够完成。所以，我要是让人制作这样重要的作品，就要先搞清楚我啥时候能拿到手。"

国王回答说，一个人要是如此顾虑作品完成的时间，就根本不敢动手做。他说这句话的时候，脸上露出一种异样的神色，意思是说一个胸无大志的人是不能担当如此重任的。

这时，我开始发表意见：

"君主要是对仆人勤勉有加，就像陛下所做的这样，就能把最艰巨的任务变得易如反掌。既然天主把我交给了这样一位伟大的保护人，我就希望能为他做出大量的优秀作品来。"

"我相信你说的话。"国王一边说着，一边起身离开了餐桌。然后他把我叫进他的接待室，问我制作这个盐盒需要多少金子。

"一千斯库多。"我回答说。

国王马上把他的司库喊来，也就是奥尔贝克子爵，命令他当场就给我一千斯库多旧金币①，称要足。

向陛下告辞以后，我就去找两位文书，他们帮我采办过银子，用以制作朱庇特像和其他许多东西。渡过塞纳河以后，我拿了一只小手提篮，那是我一位当修女的表姐在我路过佛罗伦萨时送给我的。幸亏我拿的是一只篮子，不是一个袋子。我以为在白天就能把事情办完，因为天色还早，我不想打扰工匠，甚至没有想到带个仆人以防万一，一个人就上了路。

我到了司库那里，他已经把钱摆在了面前，并按照国王的命令正挑选成色最好的出来。据我观察，我感到这个贼司库正想方设法推迟交付钱的时间，直到天黑三个小时以后才把钱数完。

对这件事我不是没有防范，我已传话给我的工匠，让他们来陪伴我，这是一件非常重要的事。我看他们一直不来，就问送信的把我的话捎到没有。我派去的那个贼仆人回答说，他已经告诉他们了，但他们说来不了，不过他倒是愿意替我拿钱。我对他说，钱我自己拿。

这时，契约已经写好并签了字，钱也数好了，一切都已办妥。我把钱放进那个小篮子里，再把胳膊插进两个提手。我这样插胳膊的时候有点费劲，这样两个提手就扣得紧紧的，这要比提个袋子方便得多。我身上穿着铠甲，腰里挎着剑和匕首，大步流星地走了。

---

① 国王指定付给旧金币，不是新铸造的银币。†

17

　　我刚离开那座房子，就发现几个仆人在一起交头接耳，步伐轻捷地朝着另一条街走去。我急匆匆地过了交易所大桥，沿着河边的一道墙往前走，这道墙一直通向我居住的小内勒城堡。

　　我来到了奥古斯丁修道院，这是个最危险的地方。它离我的城堡只有五百步远，但从城堡到里面的居住区还有五百步远，我要是喊叫的话谁也听不见。

　　我刚来到这里，就看见四个人各拿一把剑向我扑来[①]，我马上就拿定了主意，急忙用斗篷把篮子盖住，用手握住剑柄，看到他们一步一步地把我包围住，我就大叫起来：

　　"你们从军人手里能得到的，不过是这件斗篷和这把剑而已，但在我交出来之前，你们根本就占不到便宜。"

　　我用剑勇敢地与他们搏斗，在此期间我不止一次地摊开双臂，把斗篷敞开，如果这帮暴徒是那几个看见我拿钱的仆人派来的话，我这样做是想让他们觉得我身上并没有带那么多钱。

　　这场遭遇战很快就结束了，他们一步步后退，用母语相互说着：

　　"这是个意大利军人，肯定不是我们要找的那个人。即便是那个人，他身上也没有带任何东西。"

　　我说着意大利语，同时用剑不停地向他们猛刺乱砍，差一点要了他们的命。我用起剑来十分熟练，他们就以为我像个军人，不像是干其他行当的。他们聚拢在一起，一步步开始后退，压低了嗓门儿用母语不停地嘟囔着。

[①] 切利尼在回忆这件事时非常激动，所以对它的描写更显得支离破碎，译者在此只好取其大意。†

与此同时，我也不住地说着，但声音不是太大，说谁要是想夺走我的斗篷和剑也不是那么容易。我加快了步伐，他们还是慢慢地跟在我后面。一看这阵势，我比刚才还要害怕，我以为要中埋伏，再来几个人就会把我的前后路都切断。想到这里，在离家大约还有一百步的时候，我就拼命往前跑，同时放开嗓门儿大叫：

"准备战斗！准备战斗！快出来！快出来！有人要杀我啦。"

转眼之间，四个年轻人就跑了出来，每人手里拿着一杆长矛。他们想追赶那几个暴徒，当时还可以看得见，但我把他们拦住了，对他们大喊大叫，以便让那几个暴徒听见：

"那边的一帮脓包，四个对一个也没有把东西抢走，这些东西都是纯金，价值一千斯库多，快把我的胳膊压断了。等我先到里面把钱放下来，我再拿这把剑陪你们走两步，随便到哪儿都可以。"

我们到里面把金子放好，几个小伙子见我遇到了危险，都感到非常不安，同时也善意地责备我说：

"你太自信了，总有一天你会让我们大家为失去你而痛哭的。"

我大发一通感慨，大家你一言我一语地说得更多。我的敌人逃跑了，大家在欢声笑语中坐下来一起吃饭，笑谈命运女神的这一番打击，不论是好还是歹，只要她没有打中，就相当于没有打①。当然你可以对自己说："下一次要吸取教训。"但这是行不通的，因为命运女神的打击手法总是花样翻新，我们是无法预料的。

18

第二天上午，我迈出了制作那个大盐盒的第一步。这一件和其他一些活儿，我都在紧锣密鼓地加紧制作。

---

① 切利尼的哲学可以用一句成语来概括："死里逃生总是生。"†

这时，我雇的工匠人数已经相当可观，既有雕塑匠，也有金匠。这些工匠属于不同的民族，有意大利人、法兰西人、德意志人。我有时候会招收一大批，这取决于能不能招到能工巧匠，并且每天都要更换人员，只留下那些最能干的。

这些经过精心挑选的工匠让我使唤得忙不及履。他们想和我较劲，但受不了这样没完没了的过度劳累，因为他们体质不如我。他们以为大吃大喝能恢复体力，尤其是几个德意志人，他们技术比别人好，所以想和我较一较劲儿，结果累垮以后丧了命。

我在制作朱庇特银像的时候，发现剩下了很多银子。我没有请示国王，就拿来做了一件大容器，带有两个柄，约有一肘尺半高。我还考虑用铜来铸造朱庇特像模型。我以前没有干过这样的活儿，就在巴黎找一些有经验的老艺人商量，向他们介绍了我们在意大利使用的方法。他们对我说，他们从来没有这样干过，但如果我允许他们使用自己的方法，他们会把铜模型做得和泥模型一样干净利落。我想定下个协议，把这件活儿交给他们干，除了他们要求的工钱之外，我还答应多给他们好几个斯库多。

这样他们就干了起来。但我很快就发现他们方法不对，我自己就做了个尤利乌斯·恺撒的头像，半截身穿着盔甲，比真人要大得多，是我根据一件小模型制作的，小模型是我从罗马带来的，依据一尊真正了不起的古代半身像仿制的。

我还做了同样大小的另一个头像，临摹的是一个很漂亮的年轻姑娘①，她是由我养着供我寻欢作乐的。我为这个像取名叫枫丹白露，这是一个地方的名字，国王特别喜欢在这里休闲娱乐。

我建了一座极好的小炉子用来铸铜模型，并准备好烘干模子。那几个巴黎师傅负责朱庇特像，我则照看我的两个头像。我对他

_____

① 即后面提到的卡泰丽娜。†

们说：

"我看你们的朱庇特像浇铸不成，你们在底部没有留出足够的通风孔，这样做不过是白费功夫。"

他们回答说，一旦浇铸失败，他们就会归还我付给的所有款项，同时还补偿我损失的费用。他们还让我多操心自己的事，我用意大利的方法浇铸那俩漂亮头像是绝对不会成功的。

我们这样争执的时候，几个司库和贵族也在场，他们是国王派到这里来观看的，这里的一言一行他们都及时禀报给国王陛下。负责铸造朱庇特像的两个老师傅推迟了浇铸，说他们想准备我的两个头像模子，因为我的方法不会成功，这样好的模型糟蹋了实在可惜。这番话他们禀报给了国王，国王听了以后就传话说，他们应该虚心学习，不要想着去教训师傅。

他们一边放声大笑，一边把自己的那件活儿放进了炉子。而我则不动声色，既没有笑也没有发火（尽管我很生气），以稳如磐石一般的姿势将两个模子放了进去，朱庇特像一边放一个。金属开始顺利地熔化，我们兴高采烈地看着它流进去，极为圆满地注进朱庇特像的模子，同时也注满了我的两个头像模子。他们很高兴，我也很满意。

我真心希望对他们做法的预言是错误的，他们好像也真心希望对我的判断是错误的。他们按照法兰西人的习惯，要求痛痛快快地喝一场。我欣然同意，就要了一桌丰盛的饭菜来款待他们。

吃喝已毕，他们要我支付应该给他们的钱，还有我答应多给的那一部分。我回答说：

"你们笑得太早了，恐怕还有哭的时候。我后来考虑了一下，好像感到你们模子里流进去的金属太多了。所以除了已经支付的钱之外，另外一笔我要等到明天上午看看再说。"

听了我这一番话，这几个可怜的家伙仔细品味着，一句话也没有说就回家去了。

第二天一大早，他们就开始小心翼翼地打开炉膛。我的两个头像挖出来以后，他们那个大模子才能打开。两个头像状况良好，被他们放在显眼的地方。

然后他们开始打开朱庇特像，刚挖不到两肘尺，几个师傅和四个工匠就大叫起来，一下子把我惊醒了。我以为是胜利的欢呼声，就跑了出来，我当时在寝室里，离他们大约五百步远。我来到他们这里，看到他们一个个垂头丧气、面如土色，真像是图画上基督的守墓人。

我扫了一眼我那两个头像，发现都正常，所以我在失望之中又有几分喜悦。他们开始为自己开脱，大声说道：

"我们运气真坏！"

我反驳说："你们运气最好了，真坏的是你们无知。当时我要是看见你们把内模胆[①]放进模子里，我一句话就能教你们铸出完美无缺的像来。这样一个结果能给我带来很大荣誉，给你们带来很多利润。现在我照样不丢人，而你们却要既丢人又丢利。所以，下次再干时要记住这个教训，不要再取笑师傅了。"

他们承认我对了，求我可怜他们，说我要是不帮他们忙的话，他们自己就要承担巨额费用，所蒙受的损失就会使他们上街乞讨，连家人也要乞讨。

我回答说，要是国王的司库一定要让他们根据契约付钱，我就自己掏腰包替他们支付，我发现他们已经竭尽全力了。我这样对待他们，让国王的司库和其他官员对我好得难以形容。有人把整个事情写成材料向国王陛下禀报，国王下令说，我在这件事上说过的每一句话都要照办，其慷慨大度真是无人能比。

---

① 参见卷二第 75 章的注释。‡

19

大约在这个时候，最优秀勇敢的军人皮耶罗·斯特罗齐①来到了法兰西。他提醒国王说，陛下曾答应给他归化证书，国王马上下令把证书起草好，然后又说：

"也要给 mon ami②本韦努托起草一份证书，以我的名义立即送到他家，不要他交任何费用。"

伟大的皮耶罗·斯特罗齐的归化证书花了他好几百达克特，而我的证书是国王一个主要秘书安东尼奥·马松阁下③给我送来的。这位绅士在给我证书时，代表国王陛下说了很多好话：

"这是一份归化证书，国王把它作为礼物赠送给您，以鼓励您更好地为他效力。"

这位秘书还对我说，皮耶罗·斯特罗齐等了很长时间，还亲自提出特别要求，国王才送给他这一证书，作为对他特殊的恩惠。而国王送给我证书是作为礼物，这样的恩惠在法兰西王国还从来没有听说过。

听到这话，我由衷地感谢了国王陛下，又烦劳这位秘书告诉我归化证书是啥意思。秘书是个非常有才华又有礼貌的人，意大利语讲得非常流利。他听到我的问题后先是笑了笑，然后又收敛了笑容，用我的母语（也就是意大利语）向我讲了归化证书是啥意思，说这是一个外国人所能得到的最高荣誉之一。他又说：

---

① 皮耶罗·斯特罗齐（1510—1558），反对美第奇家族在佛罗伦萨统治的核心家族成员，菲利波·斯特罗齐将军的儿子，1537年在蒙泰穆洛战役中败给了西班牙盟军支持的美第奇军队，随后转而为法兰西国王效力，1557年被任命为法兰西元帅，为亨利二世南征北战，最后在围攻蒂永维尔时阵亡。†

② "我的朋友"，原文为法语，切利尼以此强调他与法兰西国王的私人关系。†

③ 安托万·勒马松，纳瓦拉王后玛格丽特的秘书，经她提议完成了乔瓦尼·薄伽丘《十日谈》的首个法语译本，1545年刊印。†

"确实，得到这一荣誉，要比得到一个威尼斯贵族头衔光荣得多。"

秘书回去以后，又向国王陛下禀报了这件事，陛下笑了笑说：

"现在我想让他知道我为什么要赠送归化证书。把他任命为那个小内勒城堡的领主，他现在就居住在那里，那是我继承的一部分遗产。这对他来说很好懂，比归化证书容易懂得多。"

一个信差把一份特许状给我送来了，我接到以后要给他赏金，他拒绝接受，说是陛下的命令。

这份归化证书和城堡的特许状，我回到意大利时又带了回来。无论我走到哪里，无论我在何处寿终正寝，我都要尽力把它们保存好①。

20

现在我要继续讲述我的生平。

我在前面提到我手头有几件活儿，也就是已经开工的朱庇特银像、金盐盒、大银器皿和两个铜头像，这些活儿我都在加紧制作。我又安排铸造朱庇特像的垫座，用的材料是铜，上面有精美的装饰物，其中有用浅浮雕制作的抢夺该尼墨得斯②，另一面是勒达与天鹅。这个垫座用铜铸造，活儿出来以后非常漂亮。

我还铸造了一个类似的垫座，准备用来放置朱诺像，只等国王给我银子启动这项工程。

各项工程进度都很快，朱庇特银像与金盐盒已经组装起来了，

---

① 这两份文件一直保存至今。归化证书上的日期是 1542 年 7 月，特许状上的日期是 1544 年 7 月 15 日。†

② 希腊神话中美丽的牧羊少年，宙斯爱上他以后化作鹰把他抢走，带到奥林匹斯山上担任侍酒童子。切利尼一直热衷于这类题材，反映出他的同性恋倾向。‡

银器的制作也取得了很大进展，两个铜头像业已完成。我还为费拉拉枢机主教做好了几个小玩意儿，还有一件十分精美的小银器准备送给埃当普夫人。很多意大利贵族，也就是皮耶罗·斯特罗奇阁下、安圭拉拉伯爵、皮蒂利亚诺伯爵、米兰多拉伯爵①，还有其他很多人，也都给了我很多活儿干。

现在还说伟大的国王。如前所述，我为他做的很多活儿都取得了很大进展，这时他回到了巴黎，三天以后就来到我家，陪同者是王宫里一大群主要贵族。他看到我做了恁多活儿，而且有些已经完成，感到十分惊奇。他的情妇埃当普夫人和他在一起，他们开始谈论枫丹白露。埃当普夫人对陛下说，他应该让我做件漂亮的东西，用来装饰他心爱的枫丹白露。陛下马上回答说：

"好主意，现在我马上就决定，让他为枫丹白露做件漂亮的东西。"

然后陛下转过身来，问我为那个美丽的喷泉做什么合适②。我提了好几个建议，陛下也发表了意见。后来他对我说，他要在圣日耳曼昂莱③住十五到二十天，那里离巴黎有十二里格④⑤。在此期间，他想让我为那个漂亮的喷泉做个模型，要用我能想象出来的最华丽的风格，在他整个王国，这个地方最适宜于休闲。所以，他要我尽最大努力，做出真正漂亮的东西来，我答应一定会做好。

国王看到有恁多漂亮作品摆在他面前，就对埃当普夫人赞

---

① 这三个人的身份难以确定。安圭拉拉和皮蒂利亚诺这两个地方与奥尔西尼家族有关。安圭拉拉第一任伯爵可能是弗拉米尼奥·安圭拉拉·达·斯塔比亚，卒于1565年，皮耶罗·斯特罗齐麾下的军人，或者是他儿子阿韦尔索。皮蒂利亚诺伯爵可能是焦万·弗朗切斯科·奥尔西尼或他儿子尼古拉。米兰多拉伯爵是加莱奥托·比科，卒于1550年，弗朗索瓦一世手下的将军，1533年杀害其叔叔乔瓦尼·弗朗切斯科二世，1536年逃到法兰西。†

② 切利尼以为国王别墅的名字是一个喷泉。†

③ 塞纳河畔的一个小镇，有一座王家城堡。†

④ 圣日耳曼昂莱离巴黎并没有这么远。†

⑤ 里格为旧时的长度单位，指一个普通人一个小时行走的距离，约合五公里。‡

叹道：

"我从来没有过一位这么让我满意的艺术家，也没有任何一位艺术家比他更值得厚待，所以我们一定要想办法留住他。他出手大方，是一位令人愉快的好伙伴，而且工作勤恳，所以我们要多多关心他。请想一想，夫人，他去见我很多次，我也来这里见他很多次，但他从来没有向我要过任何东西。由此可以看出，他一心都扑在了干活儿上。我们一定要尽快为他做点好事，否则就有失去他的危险。"

埃当普夫人回答说："我一定会提醒您的。"

然后他们就走了。

除了已经开始做的活儿以外，我又开始制作喷泉模型，不辞辛劳地干了起来。

21

将近一个半月以后，国王回到了巴黎。在此期间，我一直夜以继日地干着，这时我就带着模型去见国王。模型做得非常漂亮，我的意图看上去一目了然。

大约在这个时候，皇帝与国王之间的恶战再一次爆发 [①]，我发现国王忧心忡忡。我对费拉拉枢机主教说，我带来了国王陛下要我做的一些模型，求他有了机会替我在国王面前说几句话，以便我能拿给国王看，我相信国王见了会非常高兴。

枢机主教照我说的话做了。他向国王说到这些模型，国王马上就来到我放置模型的地方。

---

① 1537 年签订的尼斯协议虽然规定双方休战十二年，但弗朗索瓦一世和查理五世还是在 1542 年 5 月重新开战，一直打到 1544 年，法兰西获胜后重新签订停战协定。†

第一个模型是为枫丹白露宫门①准备的。我不得不对宫门结构做了一些微小的改动，门又宽又低矮，是那种糟糕的法兰西风格。门口几乎是个正方形，上面是个半圆，扁得像个篮子提手。国王想在这个半圆里放一尊像，代表枫丹白露的守护神②。我改动了门口的比例，在上面放了一个标准的半圆形，两边我制作了一些漂亮的浮雕像，底部有柱脚，上部有飞檐，上下协调。

这样对上下部位进行安排通常要求有两根柱子，但我没有用柱子，而是一边做了一个森林之神③。一个超过了半浮雕，它举起一只手支撑着飞檐，另一只手拿着一根粗棍，满脸杀气，令人望而生畏。另一个的支撑姿势与第一个相同，但头部和其他一些细节有所变化，比如说他手拿一根鞭子，上面有连在一起的三个球。

我虽然称他们为"森林之神"④，但除了有小角和羊头以外，看起来根本就不像森林之神，其余部分完全是人形。

在上面的弦月窗上，我安排了一个女子像，她姿态高雅地躺着，左胳膊放在一只牡鹿的脖子上⑤，牡鹿是国王的标志之一。在一边我用半浮雕制作了一些幼鹿，又用浅浮雕制作了一些野猪和其他野生动物，另一边是几种猎狗，这些动物在喷泉源头所在的美丽森林里很常见。

整个作品围在一个长方形之中，左上角和右上角各有一个浅

---

① 在城堡南面，人称"镀金门"。†

② 即《枫丹白露的仙女》，切利尼最著名的作品之一，现存巴黎卢浮宫。1543年3月2日之前铸造，从来也没有放置在镀金门上。后来亨利二世把它送给了情妇黛安·德普瓦捷，德普瓦捷把它放在她自己的阿内城堡大门上面。†

③ 这两尊像一直没有铸造，切利尼离开巴黎时已做好了铸造的准备，纽约伍德内藏品里有绘好的图样，加利福尼亚马利布的保罗·盖蒂博物馆里有一个铜模型。†

④ 森林之神是希腊神话中酒神狄俄尼索斯的助手，从他那里继承了山羊的面貌，长有羊蹄、长毛腿、尾巴和犄角。‡

⑤ 从实物来看，放在鹿脖子上的是右胳膊。‡

浮雕胜利女神像①，像古代人常描绘的那样手里拿着火炬。长方形上方是一条火蛇，这是国王特有的纹章图案，还有很多迷人的装饰物，与整个作品相协调，用的是爱奥尼亚风格。

22

国王看到这个模型后心情豁然开朗，一下子忘掉了过去两个多小时里一直进行的令人疲惫的争论。我一看有门儿，他像我希望的那样高兴，就亮出了另一个模型，这是他没有想到的，他觉得该看的全都看完了。

这个模型高两肘尺多，塑造了一个纯正方形的喷泉，四周是最漂亮的台阶，这些台阶相互交叉，这种方式在法兰西还不为人所知，就是在意大利也极为罕见。喷泉中央我放置了一个垫座，比水池边高出来一点，上面放了一尊裸体男子像，其大小比例与整个设计相协调，体形极为优美。他右手高举着一杆断矛，左手握着一把形状最为漂亮的弯刀，身体重心落在左脚上，右脚踩着一个制作得最为豪华的帽盔。喷泉四个角上各有一尊坐像，均在水池平面以上，并伴有很多漂亮的与之相协调的物体。

国王开始问我，我设计这样一幅美景到底有啥意义。他说，宫门的设计不需要任何解释他也能看得懂，但这个喷泉的设计他却看不明白，尽管看上去极为漂亮。他还知道，我与那些蠢人不同，他们做出的东西也挺好看，但没有任何意义。

于是我就把注意力放到阐述上，国王既然对我的作品感到满意，我还想让他对我的谈吐也感到满意。

"您知道，神圣的陛下，"我开始说道，"整个模型是严格按比

---

① 巴黎卢浮宫里有两个石膏像。原来的铜像与《枫丹白露的仙女》一起被运到黛安·德普瓦捷的城堡，十九世纪被毁坏。†

例缩小的，即便是把它放大做成实物，其优美和精巧丝毫也不会受到损害。中央那尊像我打算做成五十四尺高。"

国王一听露出了惊讶的神色。我接着说：

"我打算让它代表战神玛尔斯。其他四尊像则代表陛下喜爱并慷慨资助的艺术和知识。右边这一个象征着'学问'，伴随它的是'哲学'及其附属学科①。下面一个表现的是整个'设计艺术'，包括'雕塑'、'绘画'和'建筑'。第三个是'音乐'，它是不能被精神文化领域遗漏的。最后一个看上去宽厚仁慈的人物代表'慷慨'，缺少了它，天主赋予我们的所有知识才能都无法展示。中央那尊巨像就是陛下本人，您就是真正的战神玛尔斯，世界上唯一勇敢的人，您以正义和虔诚的精神，用您全部的勇敢来捍卫自己的荣誉。"

我这一番话刚刚说完，国王就大声说道：

"毫无疑问，我在这里找到了一个让我称心如意的人。"

然后他把负责为我提供财物的司库叫过来，命他们为我提供我需要的一切，无论花费有多大。然后他把手搭在我肩膀上，说：

"Mon ami（我的朋友），我不知道是谁更高兴，是找到了一个知音的君主，还是找到了一个理想君主的天才艺术家，这位君主愿意大力资助他，让他实施自己伟大的计划。"

我回答说，如果我果真是陛下所说的那个人，我的运气当然要好得多。

国王笑着说："彼此彼此。"

然后国王就走了。我心情非常愉快，继续干我的活儿。

---

① 当时所说的"哲学"大致相当于现在的自然科学，其附属学科主要是炼金术、占星术和天文学，与现代"哲学"的概念有所不同。‡

23

不走运的是，我与埃当普夫人的交往则并不那么愉快。

那天晚上，埃当普夫人从国王嘴里听到整个事情的经过，气得她怒不可遏，以不屑的口气说道：

"如果本韦努托让我看了那些精美的作品，他就会给我理由，要我在适当的时候酬谢他了。"

国王试图为我辩解，但还是无法使她息怒。

这一切我都听说了。然后他们外出巡幸，从诺曼底一路来到鲁昂和第厄普，然后回到圣日耳曼昂莱。大约十五天以后，我带着埃当普夫人让我做的那件漂亮的小银器去见她，以为我要是把这件礼物送给她，就能重新得到她的好感。

我拿着这件漂亮的容器去了，向她的护理员通报说我来了，让护理员看了看我给她女主人制作的漂亮银器，说我非常想送给埃当普夫人。护理员十分友好地接待了我，说她要禀报夫人一声，夫人还没有装扮好，她一打招呼，夫人就会马上接待我。

护理员如实向夫人禀报，夫人轻蔑地回话说：

"让他等着！"

听到这话，我就耐着性子苦等，而这是我最不愿意干的事。等到过了午饭时间，我就坐不住了。时间一点点过去，饿得我饥肠辘辘好难受，我再也撑不住了，就匆匆离开了这里，心里想就叫她见鬼去吧。

我直接去找洛林枢机主教，把这件小银器送给了他，只求他在国王面前替我多多美言。他说没有必要这样做，如果真有必要的话，他肯定会为我说好话。他喊来了一个司库，在司库耳边小声嘀咕了几句。司库一直等到我向枢机主教告辞，然后对我说：

"本韦努托，跟我来，我要敬你一杯美酒。"

我不明白他的意思，对他说道：

"谢谢你，司库先生，看在天主分上，让我喝一杯酒、吃一口面包吧，我实在是要饿昏了。今天一大早我就到埃当普夫人家门口，从那时一直饿到现在。我去给她送这件漂亮的镀金银器，煞费苦心地想让她明白我的心意，可她故意刁难我，让我在那里苦等。现在我很饿，感到体力不支。按照天主的意愿，现在我把礼物和劳动成果送给了一位真正配得上它的人。我只向您要点东西喝，我生性太容易动怒，受不了饥饿的折磨，现在已经筋疲力尽，眼看就要昏倒了。"

我正上气不接下气地说着，有人给我端来了好酒和精美食物，足够我大吃一顿。酒足饭饱以后我又来了精神，一肚子的恼怒早已烟消云散。

好心的司库给了我一百金斯库多，我说啥也不要。司库禀报给了枢机主教，枢机主教就骂他一顿，叫他用武力迫使我把钱收下，要是办不好这件事就不要再回去了。

司库气呼呼地又回头来找我，说以前枢机主教从来没有这样骂过他。可当他把钱硬塞给我时，我还是表示了拒绝，司库就非常生气地说要动武迫使我接受，我只好把钱收下了。

我想当面向枢机主教致谢，枢机主教通过一个秘书向我传话说，有了机会他一定为我帮忙，他非常乐意帮我的忙。

当晚我就回到了巴黎。国王听说了这件事以后，就和他身边的人一起把埃当普夫人嘲笑一通。这更增加了她对我的敌意，导致她后来对我下毒手，这件事到适当的时候再说。

24

在我自传前面的一部分，我本应该记录下我和一个人的友情，他是我在这个世界上所认识的最有教养、最富有感情、最重友谊的一个人。这个人是圭多·圭迪先生[1]，一位优秀的医生和医学教师，也是一位高贵的佛罗伦萨公民。厄运给我带来了无穷无尽的灾难，所以我在前面没有提到他。但我觉得这也没有多大关系，我能一直把他铭记在心头也就行了。我发现我人生的戏剧需要他出场了，我要在我最痛苦的时刻提到他，以便让我回忆起他对我的好处，因为在这个时候，他就是我的安慰和依靠。

这位圭多先生来到了巴黎。我认识他不久就把他领进我的城堡，在城堡里给他安排一套房间让他住，这样我们愉快地在一起度过了几年时光。后来帕维亚主教也来了，也就是德罗西阁下，圣塞孔多伯爵的兄弟[2]。我把这位大人从旅馆里请到我的城堡，也给他安排了一套房间，他在这里住了好几个月，还有他的仆人和马匹。还有一次，我留路易吉·阿拉曼尼先生[3]和他几个儿子在城堡里住了几个月。我地位不高，却能为那些身份高贵和有学识的人帮忙，真是托了天主的福。

接着还说圭多先生。我住在法兰西的那几年，我们一直交情笃厚。我俩都是有艺在身，在各自领域里都取得了进步，都得到一位伟大君主的资助，所以感到非常自豪。我可以问心无愧地说，

---

① 圭多·圭迪（约1500—1569），画家多梅尼科·吉尔兰戴伊奥的孙子，1542—1548年在法兰西宫廷行医，随后被召到佛罗伦萨公爵科西莫一世的宫廷。他还在比萨大学担任医学和哲学教授，直到去世。†

② 帕维亚主教曾在卷一第126章中提到过，曾和切利尼一起被关押在圣天使城堡。圣塞孔多伯爵是法国军队里的一名将军，因此主教来到了巴黎，1545年回到意大利。†

③ 1530年到达法兰西。†

我的一切，我制作的所有精美艺术品，都应该归功于这位非凡的国王。所以我要继续讲述我与国王的事，讲述我为国王制作的重要艺术品。

25

我在城堡里有一个网球场，我从中受益匪浅。这座建筑物还包括一些小房间，里面住着各色人物，其中有一个印书匠，在他那一行里颇有名气，就是他印刷了圭多先生的第一部优秀医学书①。他整个作坊差不多都在城堡里，我想用这些房间，就把他赶走了，但费了一番周折。

还有一个火药制造商也住在这里，我想把他的房间安排给我的德意志工匠，可这位师傅就是不愿意搬走。我再三说好话，请他把房间给我腾出来，我想让我的工匠住，他们都是为国王效劳的。我说话越客气，这个畜生的回答就越傲慢，最后我通知他在三天之内搬出去。他嘲笑了我，说他会在三年以后再考虑这个问题。当时我还不知道，他是埃当普夫人的家仆。要不是我考虑到与那位夫人的关系而稍微收敛了一些，我立马就让他卷铺盖走人，不过我觉得还是把性子压三天再说。

三天期限一过，我二话没说，带着一帮手拿武器的德意志人、意大利人和法兰西人，还有我雇的很多工匠，眨眼光景就把他屋子里面扫荡一空，把他的东西扔到了城堡外面。我之所以采取这些稍微严厉的措施，只是因为他对我说过，他从来没有听说哪一个意大利人有权力或有胆量让他挪动一指头。

不过我收拾了他以后，他又来找我，我对他说：

---

① 这部书是希腊名医希波克拉底论述外科学的拉丁语译本，附有盖伦和奥里巴西乌斯的注释，1544 年出版，有一定的历史价值。印刷商是皮埃尔·戈蒂埃。†

"在意大利，我是所有意大利人中最微不足道的，我所做的与我有胆量做的相比简直不值一提，你嘴里要是再进一个字，我就叫你尝尝我的厉害。"另外我又说了一些威胁和辱骂他的话。

这个家伙吓得目瞪口呆，赶快把他的家当收拾收拾，然后就跑去找埃当普夫人，把我描绘得如同恶魔一般。埃当普夫人是我的死对头，就在国王面前把我丑化得比恶魔还像恶魔。她比那个仆人更能说，影响力也更大。后来我听说，国王陛下曾两次动怒，要采取严厉措施来惩罚我。但他儿子亨利王储，也就是现在的法兰西国王，曾当众受到过这个悍妇的侮辱，他就和姑姑纳瓦拉王后一起巧妙地护着我，结果国王对这件事一笑了之。这样，由于天主的帮助，我躲过了一场大灾大难。

26

我还以类似的方式对付另一个家伙，但没有把他家毁掉，只是把家具扔到门外了事。这一次，埃当普夫人就厚着脸皮对国王说：

"我相信过不了不久，这个魔鬼就要洗劫巴黎了。"

国王有些生气地回答说，我只不过是保护自己免受那些贱民的伤害，这些贱民妨碍我为国王效力，所以我那样做是完全正当的。

这个女人报复的欲望越来越强烈。她派人找来一个住在枫丹白露的画家，国王经常住在枫丹白露。这个画家来自意大利，是博洛尼亚人，人称"博洛尼亚"，其真名是弗朗切斯科·普里马蒂

乔①。埃当普夫人建议他把国王交给我的那个喷泉活儿从陛下手里
要回来，她会尽全力支持他，就此他们达成了共识。博洛尼亚欣
喜若狂，以为自己蛮有把握做好这件活儿，尽管这和他从事的并
不是一个行当。不过他非常擅长设计艺术，身边聚集了一大批工
匠，都是罗索培训出来的。罗索是我们佛罗伦萨的画家，绝对是
一位享有盛誉的艺术家。实际上这个博洛尼亚展现出来的才艺，
都是来自罗索那令人钦佩的风格，那时罗索已经去世了。

博洛尼亚的花言巧语，再加上埃当普夫人鼎力相助，两人昼
夜不停地在国王面前叨叨来叨叨去，夜里是埃当普夫人，白天是
博洛尼亚，终于把国王的心给说活了。最能让国王动心的，莫过
于他们串通一气说出来的这样一段话：

"神圣的陛下，您让本韦努托完成那十二尊银像，这怎么可能
呢？到现在他连一尊也没有做好。如果您让他承担如此重大的一
项工程，您就会不可避免地失去您想得到的其他东西，而您对这
些东西是朝思暮想，非常希望得到。就是一百个能工巧匠，也无
法完成这一个大能人揽到手里的这么多重要的活儿。我们可以明
显看出来，他特别喜欢干活儿，但正因为如此，陛下到头来会同
时失去他和他的杰作。"

他们善于抓住时机，在国王心情好的时候向他灌输这些理由，
终于说服国王答应了他们的请求。不过这个时候，国王既没有看
到博洛尼亚的设计，也没有看到他制作出来的模型。

---

① 弗朗切斯科·普里马蒂乔（1504—1570），博洛尼亚人，画家，雕塑家，建筑家，
是朱利奥·罗马诺培养出来的，与朱利奥·罗马诺一起在曼托瓦建造德尔泰宫。
1532年，曼托瓦公爵把他派到法兰西宫廷，在枫丹白露与佛罗伦萨人罗索一起
完成很多重要作品，先后为法兰西三位国王效力并受到器重，与罗索同为法兰西
风格主义之父和枫丹白露学派创始人。瓦萨里赞扬他对待其他艺术家很慷慨，更
像个贵族而不是艺人。†

27

　　就在这时，我从城堡里撵走的第二个房客在巴黎起诉我，谎称我撵他走时偷了他大量的财物。这场官司折磨得我苦不堪言，耗费了我大量时间，绝望之中我常想马上离开这个鬼地方。法国人喜欢通过起诉外国人来发大财，或者起诉他们认为不熟悉打官司程序的人。一旦他们发现能够从官司中得到好处，就马上想办法把官司转卖出去，有些人甚至把官司作为女儿的嫁妆，送给那些专门经营这一买卖的男人。他们还有一个陋习，那就是几乎所有的诺曼底人都作伪证，所以那些花了钱买通官司的人，马上就可以根据需要，雇四个或六个人作伪证。他们的对手要是不知道这个习惯，没有花钱雇同样多的伪证人，必定要输掉这场官司。

　　这样的事情都让我碰上了。这样破坏公正我认为是最不光彩的事情，就来到巴黎审判大厅为自己辩护。在这里我见到一位法官，是国王负责民事案件的助理，高高地坐在法官席上。这个人又高又胖，神情极为严肃，左右两边站着很多律师和辩护人。其他人一个接一个地进来，向法官解释案件。我还时常注意到，法官席旁边的那些律师都是一齐说话。看到这个非凡的人物，我仰慕不已，他简直就是普路托①的化身，一个接着一个地认真听着每个律师的谈话，然后一一回答，看上去学识渊博、足智多谋。我总是喜欢观看和体验各种技艺，所以我不会轻易错过这一场面，这在我看来简直不可思议。

　　审判大厅非常宽敞，里面有很多人，无关人员严禁入内，门是关闭的，有一个警卫把守着。有时候警卫为了阻止某个局外人

---

① 罗马神话中统治阴间的神。‡

进来，就大叫大嚷，声音淹没了法官所说的话。法官受到打扰以后，就气愤地转过身来训斥警卫。这种事发生了好几次，我注意到法官所说的每一句话。

有一次，两个绅士要挤进来观看审判，警卫用力挡住他们，这时法官抬高了嗓门儿，说出了下面这句我听得真真切切的话：

"安静，安静魔鬼，出去，安静。"

这句话在法语里是这样说的：Paix，paix，Satan，allez，paix。当时我的法语已经学得很好，听到这句话我就想起了但丁用它的意义，那时他和他老师维吉尔走进了地狱之门[①]。当时但丁和画家乔托一起在法兰西，尤其是在巴黎城，根据我刚才描述的情况，这个打官司的地方就是个地狱。但丁也懂法语，用了刚才说过的那句话，让我感到奇怪的是，还从来没有人这样理解过。这的确使我更加相信，评论家们让但丁说的那些话，实际上他本人根本就没有想到过[②]。

28

现在言归正传。律师们把法庭判决书交给了我。我一看没有其他办法来自救，只好求助于我带的那把大匕首，我总是喜欢佩带漂亮的武器。我攻击的第一个对象就是那个无端控诉我的原告。一天晚上，我重创了他的腿和胳膊，不过我非常小心，没有把他杀死，只是把他两条腿废了。然后我又找到那个买通官司的家伙，收拾了他一顿之后，他就洗手不干了。

---

① 但丁的原文为：Pape Satàn, pape Satàn aleppe! 参见但丁《神曲·地狱篇》第7章第一行，普路托刚看到但丁和维吉尔走向第四圈时说的话。‡
② 切利尼这样理解《神曲》里的这句话实在是牵强附会。但丁的原话像是一句咒语，并没有确切的含义，"aleppe"这个词就是但丁自己造的。而切利尼的解读没有一点咒语的意味，两句话的意思相差甚远。‡

我想答谢天主这一次和其他每一次的安排，并希望能摆脱烦恼，清静一些时候，就吩咐家里的年轻人，尤其是意大利人，一定要认真完成我给的任务，帮助我做完手头的活儿。这些活儿我很快就会完成，然后我就打算回到意大利，再也不想和这些法兰西无赖打交道了。好心的国王要是生我的气就会惩治我，这样的事情我干过多次，都是出于自卫。

我要说一说这些意大利人都有谁。第一个，也是我最喜欢的一个，就是那不勒斯王国塔利亚科佐的阿斯卡尼奥。第二个是罗马人帕戈洛，出身非常低贱，连亲生父亲是谁都不知道。这两人在罗马就跟着我，我一路上把他们带到这里来。另一个罗马人也是专门来投奔我的，他也叫帕戈洛，是马卡罗尼家一个破落贵族的儿子，艺术上才疏学浅，却是个优秀勇敢的剑客。还有个年轻人来自费拉拉，名叫巴尔托洛梅奥·基奥恰。

还有一个佛罗伦萨人，名叫帕戈洛·米切里[1]，他兄弟外号叫母猫，是个很能干的记账员，但为经营富商托马索·瓜达尼[2]的房地产而花了太多钱。母猫为我整理账本，账本上记的都是最笃信基督教教义的国王陛下和其他雇主的账目。

帕戈洛·米切里从他兄弟那里学会整理账本以后，就继续为我记账，我付给他的薪水相当优厚。据我判断，他像是一个很老实的小伙子，因为我发现他很虔诚，经常听见他小声唱赞美诗，手里拨弄着念珠喃喃祷告，就相信了他那佯装的德行。我把这个小伙子叫到一边，对他说：

"帕戈洛，我最亲爱的兄弟，你在我这里很受器重，而你以前

---

① 佛罗伦萨人，金匠，1543 年因为与切利尼的模特卡泰丽娜私通而被切利尼赶走。†

② 佛罗伦萨人，住在里昂，曾委托弗朗切斯科·萨尔维亚蒂画了一幅《圣多马的怀疑》并带到里昂，1547 年前后送给了里昂的佛罗伦萨人，现保存在卢浮宫。†

却无依无靠，另外你还是个佛罗伦萨人，所以我才信任你。我还发现你对神十分虔敬，我对此非常满意，也就更加信任你了。现在我求你帮帮我的忙，我不能像信任你一样信任其他人。我想让你密切注意两件最重要的事，这两件事一直让我放心不下。

"第一件，我让你看管好我的财产，不要让人偷走，你自己也不要乱动。第二件，你知道那个可怜的女孩卡泰丽娜，我主要是为了艺术而供养着她，我不能没有一个模特。但我是个男人，还要拿她在床上玩乐，所以她可能会为我生个一男半女。当然，我不想养另一个男人的野种，不想戴绿帽子受辱。如果家里有人胆敢打这个主意，一旦让我知道，我相信我会毫不犹豫地把奸夫淫妇统统杀掉。

"因此，亲爱的兄弟，我请你帮帮我，如果你发现有任何动静，就马上告诉我，我一定会把她、她娘和她勾引的野汉子送上绞刑架。但首先你自己要注意不要陷进去。"

这个无赖从头到脚画了一个大十字，并高声说道：

"神圣的耶稣啊！愿天主戒除我丝毫的邪念！首先，我没有沾染这样的恶习；其次，您以为我不知道您对我的大恩大德吗？"

他说这话时一副真诚的样子，我一听就信以为真。

29

这次谈话以后过了两天，节日到了，马蒂奥·德尔·纳扎罗先生①请我和工匠们到一个花园里去聚会。他也是意大利人，为国王效力，和我干的是同一行，具有卓越的艺术才能。

我准备好以后，让帕戈洛也和我们一起到外面玩一玩，在我

---

① 意大利维罗纳人，1517年前后到法兰西从事雕刻、制模和音乐工作，卒于1547年前后。†

看来，那场官司引起的烦恼已经消除。这个年轻人这样回答说：

"说句老实话，不留人看家会铸成大错。看看这里有多少金银宝石吧。我们住在一个盗贼横行的城市里，应该日夜保持警惕。我要一边看家、一边祷告，你们就放心去玩、去散心吧，下一次再找个人替我在这里看门就是了。"

我以为这下可以放心地走了，就带着帕戈洛、阿斯卡尼奥和基奥恰到了花园，在这里愉快地玩了大半天。

不过到了后半晌，太阳快落的时候，我逐渐起了疑心，想起了那个孽障佯装率真所说的那一番话。我骑上马，带上两个仆人回到了城堡，正好看见帕戈洛和那个小骚货卡泰丽娜在干丑事。我一进门，她那个拉皮条的法兰西老娘就尖叫起来：

"帕戈洛！卡泰丽娜！师傅回来啦！"

我看见两人魂不附体地过来了，身上的衣服凌乱不整，恍惚之中说话语无伦次，手脚不知所措，一看就知道是干了啥事。

我顿时就气炸了，拔出剑来要把他俩都杀掉。帕戈洛掉头就跑，那姑娘扑通一声跪到地上，尖叫着向天主求饶。盛怒之下我想先把男的干掉，但一下子没有赶上他，等到赶上他以后又转了念头，心里想还是把他俩都赶走算了。我干的暴行已经够多了，要是再把他杀掉，恐怕自己的性命也难保住。我就对帕戈洛说：

"你这个流氓，我要是从你行为和外表上亲眼看到我不得不信的东西，就会用这把剑把你的肚子扎成马蜂窝。快滚蛋吧，不要让我再看见你。你要是念'我父在天'，就去替圣朱利亚诺念吧①。"然后我就对那娘儿俩一顿拳脚相加，把她俩统统赶跑了。

---

① 典出薄伽丘《十日谈》里第二天的第二个故事。商人林纳多在一大早出门上路之前，先念"我父在天"，并为圣朱利亚诺的父母祝福，祈求路上平安无事，后来果然有了一场艳遇。传说圣朱利亚诺一开始误杀父母，后积德行善，最终成为旅行者的保护圣徒，‡

娘儿俩要报复，就决定控告我，并找一个诺曼底律师商量。这个诺曼底人点拨说，让卡泰丽娜指控我用意大利方式玩弄了她，也就是我鸡奸[①]了她。这个诺曼底人分析说：

"这个意大利人一听说你们指控了他，就会知道自己的处境有多么危险，马上就会给你们几百达克特现金堵你们的嘴，这一罪行在法兰西所受的惩罚非常可怕。"

这件事他们就这样定了。指控状递交上去以后，我收到法庭的一纸传票。

30

我越是想安宁，就越是被各种麻烦事困扰。这样天天受到各种各样的伤害，我就考虑这两条路到底该走哪一条：要么离开这里，让法兰西见鬼去，要么像我以前所做的那样一拼到底，看看天主会让我咋样。

我苦思冥想了好长时间，最后还是决定走为上策，我不敢再招惹是非，以免被送上绞架。我把一切都安排好，把不能带的东西统统扔掉，把较轻的物品捆好，我和仆人尽量都带上，但走的时候我还是非常伤心。

我把自己一个人关在一间小屋里。我的年轻助手都劝我走，我对他们说，还是先让我一个人安安静静地再考虑一下，尽管我认为他们的意见在很大程度上是正确的。以我的分析，我要是能免遭监禁并躲过这场灾难，我就能给国王写信解释这件事，向他说明这完全是我的仇人捣的鬼，他们出于妒忌而蓄意设下圈套陷害我。而且如上所述，我已经拿定主意走这一步。

---

① 当时所谓的"鸡奸"，指的是任何违反天主教规范的性行为。‡

就在我站起身要走的时候，一个神灵抓住我的肩膀让我转过身来，一个慷慨激昂的声音说道：

"本韦努托，大胆去做，一如既往，不必害怕！"

我一听马上就改变了整个计划，对我手下的意大利人说：

"带上你们最好的武器跟我来，不折不扣地执行我的命令，不要有其他想法，现在我决定出庭应诉。我要是离开巴黎，你们明天就会消失得无影无踪，所以听我的命令跟我走。"

一帮年轻人异口同声地说：

"我们在此靠您为生，只要我们还能活着，就听您使唤，就应该跟您走并帮助您。在这件事上，您比我们拿捏得准，只要您一走，您的仇人就会把我们都赶走。看看这里已经启动了多么伟大的工程吧，这些工程又是多么重要啊。没有您，我们就不知道该如何去完成，您的仇人就会说，您没有完成这些工程的眼光，是被这些工程吓跑的。"

他们还说了很多与这件事有很大关系的话。第一个使这批人鼓起勇气的是那个马卡罗尼家族的年轻人，他还从德意志人和法兰西人中间挑出一部分，他们都很支持我。一共有十个人。我下定决心一定要走这一步，不能让他们把我活着投入监狱。

我们来到负责刑事案件的法官面前，卡泰丽娜娘儿俩已经在这里了，我到的时候，她俩正和一个律师说笑。我挤进了大厅，毫无顾忌地喊着法官，他那肥硕的身躯坐在高高的法官席上，比旁人高出一大截。

法官一看见我，就摇着头威胁我，用低沉的声音说道：

"你名叫受欢迎（本韦努托），但这一次你就不受欢迎了。"

我明白他的意思，又一次大声说道：

"赶快处理我的案子，告诉我到这里有啥事。"

法官转身对卡泰丽娜说：

"卡泰丽娜，把你和本韦努托之间发生的事都说出来。"

卡泰丽娜回答说，我用意大利方式玩弄了她。法官转身对我说：

"你听见卡泰丽娜说的是啥了，本韦努托。"

我回答说："如果我用意大利方式和她亲近了，我只不过是想生个儿子，和你们法兰西人的做法一样。"

法官抗辩说："她的意思是你鸡奸她了。"

我反驳说，那根本就不是意大利方式，那肯定是法兰西方式，因为她知道得一清二楚，而我则一窍不通。我想让她解释清楚，我到底是咋样和她亲近的。

这个不要脸的婊子就胡编乱造了一通我对她干的龌龊事，说得不遮不掩，不厌其详。我让她把作证的话连续重复了三遍。

卡泰丽娜说完以后，我就高声叫道：

"法官大人，最笃信基督教教义的国王的助理，我请求您主持公道。我清楚地知道，根据最笃信基督教教义的国王陛下的法律，犯这种罪行的主动者和受动者都要被判处火刑而受死。这个女人已经承认了她的罪行，而我对她说的事一无所知。她那个拉皮条的老娘也在这里，她俩都犯了罪，都应该处以火刑[1]。我要求您主持公道。"

这些话我一遍又一遍地高声喊着，不停地要求把卡泰丽娜娘儿俩绑到火刑柱上。我还威胁法官说，他要是不把卡泰丽娜当着我的面投入监狱，我就马上禀报国王，告诉陛下他的刑事案件助理是如何冤枉我的。

看到我这样大吵大闹，他们就开始压低声音，而我的声音反而越来越高。那个小臭婊子哭了起来，她老娘也哭了，我又对法

---

[1] 切利尼的意思是女儿犯了鸡奸罪，她已经明确承认了，而母亲犯了作伪证罪。†

官喊道：

"火刑，火刑！把她们娘儿俩都绑到火刑柱上！"

那个法官席上的窝囊废一看势头不对，事情的进展偏离了他预定的轨道，就开始说软话，试图为女性的懦弱开脱。这时，我感到我已经在这场险恶的冲突中赢得了胜利，就咬牙切齿地说着威胁的话，得意扬扬地离开了法庭。

我本来非常愿意支付五百斯库多，只要不让我在法庭上露面就行。躲过这场风暴以后，我由衷地感谢天主，和我的年轻人一起高兴地回到了城堡。

31

说句老实话，如果说厄运，或者说是灾星存心要害一个人，其手段实在是太多了。所以，就在我以为已经走出了灾难的深渊，甚至希望灾星能让我安宁一阵子的时候，在我惊魂未定之际，厄运又同时设计了两个阴谋来害我。三天之内发生了两件事，每一次都让我陷入岌岌可危的境地。

其中一件事是这样的。我到枫丹白露去找国王商量事情，国王给我写了一封信，想让我制作模具，用来冲压他整个王国使用的硬币，并随信寄来了一些设计图样，说明他对这件事的想法，同时还放手让我根据自己的想法去制作。我就按照自己的构思，按照我这一行的艺术标准搞出了新的设计。

国王曾委托一个司库支付我的费用，此人是德拉·法阁下[①]。我到了枫丹白露以后，这个司库对我说：

"本韦努托，画家博洛尼亚已经接受国王的委托，准备制作那

[①] 雅克·德拉·法，1541 年担任弗朗索瓦一世的司库，直到 1545 年去世。现存文献显示，国王弗朗索瓦命他掌管切利尼等人在小内勒城堡制作的物品。†

个巨像^①了，国王以前交给你的所有活儿都已经收走，然后让我们转交给博洛尼亚了。我们都很气愤，感到你这个意大利老乡对你太不够意思了。那些活儿是根据你的模型和试画交给你的，而他从你手里把这些活儿夺走，只不过是埃当普夫人帮了他的忙。他把活儿接过来好几个月了，可是到现在也没有开始做的迹象。"

我大吃一惊，说："好奇怪啊，我咋不知道这事哩？"

这个司库就对我说，博洛尼亚对这件事一直藏藏掖掖，他也是费了很大劲儿才从国王手里把活儿要过来的，陛下并不愿意把活儿交给他，后来靠着埃当普夫人胡搅蛮缠，他才如愿以偿。

听到这话，我感到自己被出卖了，这真是天大的冤枉，我不辞劳瘁得到的活儿就这样被人窃走了，就决定动用武力做一件大事，腰里带上我那把好剑，马上就去找博洛尼亚。

博洛尼亚在屋里正忙着画画。他让仆人把我领进来，以伦巴第人的方式向我致以问候，并问是啥香风把我吹来了。我回答说：

"是最香的风，非常重要的风。"

他吩咐仆人把酒拿来，说：

"开始谈话以前先喝两杯，这是法兰西人的习惯。"

我回答说："弗朗切斯科先生，你要知道，我们要谈的这件事不需要事先喝酒，谈完以后也许我们会高兴地喝上一杯。"

然后我就这样和他讲起了道理，说：

"凡是自称为正人君子者，都会以自己的行为向别人证明自己是正人君子。要是反其道而行之，就会辱没正人君子的美誉。你知道，国王委托我制作那尊巨像，大家谈论这件事已经有十八个月了，不论是你还是其他人，都没有站出来对此表示过异议。我

---

① 即前面提到的战神玛尔斯像。†

凭借自己不懈的努力让国王陛下知道了我，国王看中了我的模型，然后把这件活儿交给了我。在这好几个月里，我从来没有听到有人说过二话，只是今天上午我才听说你得到了它，把它从我手里偷走了。我是靠自己表现出来的才能而得到了它，而你不过是凭着空口说白话，就把它从我手里夺走了。"

32

博洛尼亚回答说："本韦努托啊，所有人办事都是不择手段的。如果这是国王的意愿，你还有啥话可说？你只能是白费功夫，我已经把它拿到手了，它就是我的了。你想说啥只管说，我洗耳恭听。"

我回答说："我想让你知道，弗朗切斯科先生，我能说出很多无可争辩的话，这些话能让你相信，你所说的和使用的办事方法，在讲道理的人中间是行不通的。不过我想很快切入正题，几句话就能说完，注意领会我的意思，这很重要。"

他好像要离开座椅站起身来，因为他发现我脸色阴沉，五官扭曲。我对他说，还不到起身的时候，还是坐下来听我说为好。然后我又接着说：

"弗朗切斯科先生，你知道是我先接的活儿，一开始人人都能以适当方式对我这一权利质疑，而这一时间也早已过去。现在我告诉你，如果你做一个模型，我再做一个模型，除了那个已经做好的之外，这样我会感到很满意。然后我们各自拿着模型，平心静气地去见伟大的国王，这样谁能赢得最佳设计的荣誉，谁就理所当然地得到这件活儿。如果它落到你手里，你对我造成的巨大伤害将一笔勾销，我会求神为你赐福，因为你比我更适合承担一项如此浩大的工程。这样一言为定，我们就是朋友，否则就是仇人。天主永远主持正义，我也知道如何维护正义，我会告诉你你究竟犯了多大错误。"

弗朗切斯科先生回答说："这件活儿是我的，因为它已经给了我，我不想拿我已经到手的东西去冒险。"

我反驳道："弗朗切斯科先生，如果你不走公平合理的正道，我会给你指出另一条道，这条道就像你走的那条道一样，又险恶又令人不快。我明白地告诉你，我要是听见你再提一句我的那件活儿，我就马上要了你的命，像宰一条狗一样。我们既不是在罗马，也不是在博洛尼亚或佛罗伦萨，这里是一种截然不同的生活方式。我要是听说你向国王或其他任何人谈起这件活儿，就非把你杀掉不可。好好想一想你打算走哪条路，是我在前面提到的那条光明大道，还是我刚刚说过的这条穷途末路。"

博洛尼亚一时不知所措，我是想当场摊牌，不想往后拖。博洛尼亚想了一会儿，只是这么说：

"我要是行得正坐得端，就啥也不怕。"

我回答说："说得好，可你要是另行一套，就必定要害怕，因为这件事非同小可。"

说完，我就离开他那里去找国王。

我和国王陛下商量了一会儿铸造硬币的事，对此我们有不同看法。国王的顾问班子当时也在场，他们不住地劝国王要按法兰西样式来铸钱，以前他们都是这样铸的。我寸步不让，说陛下把我从意大利召来是要我干漂亮的活儿，他现在要是不让我这样干，我是不会服从的。这件事只好推到下一次再说，我又马上回巴黎了。

33

我刚刚下马，一个极为热衷于调嘴学舌的家伙就来找我，对我说帕戈洛·米切里为那个浪婊子卡泰丽娜娘儿俩买下一座房子，他老是往那里去，而且只要一提起我，就这样糟践我说：

"本韦努托让狐狸去看管葡萄，还以为我不会去吃！现在他自鸣得意，到处说大话，以为我害怕他。但是我现在腰里佩上了剑，佩上了匕首，我是想让他看看：我的兵刃和他的一样，也是不吃素的。而且我和他一样，也是佛罗伦萨人，是米切里家族的，可比他切利尼家强得太多了。"

这个无赖把这一番话说得活灵活现，我马上就感到一股狂热向我扑来。我说的狂热是真的狂热，不是简单的比喻。我要是不找个机会发泄出来，这一控制我的疯狂情绪就会置我于死地。

我吩咐那个费拉拉工匠基奥恰和我一起去，让一个仆人牵着马跟在后面。我们来到帕戈洛这个无耻之徒的家，我一看门半开着，就走了进去。我发现帕戈洛带着剑和匕首，正坐在一个大箱子上，搂着卡泰丽娜的脖子。我进去的时候，正听见他和她娘谈论着我。我推开门，拔出剑来用剑尖顶着他的咽喉，不容他想一想自己是不是也带着兵刃。我马上大叫道：

"卑鄙的懦夫！把灵魂交给天主吧，你就要死了。"

他瘫在那里一动不动，大叫了三遍："娘，娘，救命！"

我到这里本是来取他性命的，但我一听到这傻里傻气的呼喊，气就消了一半。我应该补充一句，我已安排基奥恰不要让卡泰丽娜娘儿俩离开屋，我打算先解决掉这个恶棍以后，再杀掉这俩破鞋。我一直用剑对着他的咽喉，不时地用剑尖扎他一下，嘴里说着吓唬他的话。但我发现他毫无自卫的表示，连一指头也不动，就不知道下一步该咋办了，我这样威胁他一点意义也没有。

最后我急中生智，先不要做得太绝，干脆让他俩结婚，仇以后再报也不晚。我拿定主意以后，就对他这样说：

"怕死鬼，把你手指上戴的那枚戒指取下来，你就娶她为妻吧。以后我会根据你的表现再收拾你。"

他马上回答说："只要你不杀我，叫我干啥都行。"

"那好，"我说，"把那枚戒指戴到她手上。"

我把剑尖从他的咽喉往后挪了一点，他就把戒指给她戴上，这样两人就结了婚。但我又说：

"这还不行。我要派人找俩法律文书，让怹俩的婚姻得到婚约的认可。"

我吩咐基奥恰去找文书，然后转身用法语对卡泰丽娜娘儿俩说道：

"法律文书和见证人就要来了。怹俩谁要是先把这件事捅出去，我马上就要她的命，而且把怹仨都杀掉。所以你们要当心，要把嘴闭严。"

我又用意大利语对帕戈洛说："你要是对我的提议有任何反对的表示，只要你一张嘴，我就给你来个透心凉，直扎得你的内脏都流到地上。"

他回答说："只要你答应不杀我就好，我啥都听你的。"

法律文书和见证人来了，一份形式有效、符合规定的婚约写好了，我的愤怒和身上的狂热也消失了。我把钱付给法律文书以后就走了。

第二天，博洛尼亚专程来到巴黎，并通过马蒂奥·德尔·纳扎罗找到了我。我去看他，他笑容满面地和我打招呼，求我把他当成好兄弟，说他再也不提那件活儿了，他明确承认我是对的。

34

如果我不承认在有些事上我做错了，世人就会认为咋横竖都是我有理，结果我做得对的地方人家也不相信了。所以，我承认如此奇特地报复帕戈洛·米切里是一个错误。事实上我要是相信他是那样软弱无能，就不会想出下面要讲的这个歪点子来糟践他了。

我让他娶了一个小浪婊子为妻以后感到还不满意，为了完成我的报复，我还把她请来做模特让我画她的像。每天我给她三十个苏[1]，让她摆出裸体姿势。她要求我先付钱，外加一顿美餐，我就出于报复与她交欢，羞辱她两口，让她丈夫戴了不知道多少顶绿帽子。我一连几个小时让她保持一种很不舒服的姿势，实在让她遭罪不轻。她越是难受，我越是高兴，因为她长得美，给我带来了很多荣誉。

后来，她发现我对待她的动机和她结婚以前不一样了，就非常生气地发牢骚，还以法兰西人的方式威胁我，大肆吹嘘她丈夫，当时她丈夫正效力于卡普阿最高执政官，也就是皮耶罗·斯特罗齐的兄弟[2]。她老是吹嘘她丈夫，我一听见她提起那个家伙就怒火满腔，但我还是强压怒火，为了艺术而忍了下来，心里想我很难再找到一个像她这样合适的模特了。我心里这样盘算着：

"我在报两种不同的仇。首先，她已经结婚了，我给她丈夫戴绿帽子可不是开玩笑，这比她当初背叛我要严重得多，那个时候

---

① 旧时法国的低值钱币，二十个苏等于一法郎。‡
② 莱昂内·斯特罗齐（1515—1554），菲利波·斯特罗齐的儿子，在克莱门特七世保护下，很早就担任卡普阿最高执政官。克莱门特死后，他成为法兰西军人，在地中海享有盛名。在解救锡耶纳摆脱美第奇统治的一次战役中阵亡。†

她不过是个小浪妞。这样，我把怨恨全都发泄到他身上，同时又让她长时间地摆出刁钻古怪的姿势活受罪，而我不仅能得到快乐，还能通过艺术而实现名利双收，到了这一步我还想要啥？"

我正这样算过来算过去，这个贱货变本加厉地狠说难听话，老是吹捧她丈夫，把我气得简直要发疯。我抓住她的头发在屋子里拖来拖去，对她一阵拳打脚踢，直把我累得没劲儿了才住手。谁也进不了房间来帮她。我痛打她一顿以后，她发誓再也不来找我了。

到了这个时候，我才第一次发觉我做错了事，我失去了一个极好的模特，也失去了赢得荣誉的机会。另外，我看到她浑身上下青一块紫一块，心里想，即便是我能把她劝回来，也要为她治疗，至少两个星期以后才能用她。

35

现在还说卡泰丽娜。我派一个老女仆帮她穿衣，她名叫鲁贝塔，心肠极为慈善。她给那个可怜的贱骨头送吃送喝，在她最重的伤口上擦一点牛油，剩下的油她俩就分着吃了。穿好衣服走的时候，卡泰丽娜辱骂和诅咒所有的意大利人，还辱骂收留这些意大利人的国王，眼里流着泪，嘴里嘟囔着回家去了。

毫无疑问，我第一次感到自己犯了大错。鲁贝塔这样责骂我说：

"你是个恶魔，这样残忍地虐待一个漂亮姑娘。"

我就为自己辩解，一五一十地向她讲述了卡泰丽娜娘儿俩在我家里干的龌龊事。鲁贝塔一听对我嗤之以鼻，说这种事何足挂齿——这不过是法兰西的风俗。她敢肯定，在法兰西，没有一个丈夫是不戴绿帽子的。

一听这话我大笑起来，然后我让鲁贝塔去看看卡泰丽娜咋样了，我还想雇她当模特来完成那件活儿。老太婆急忙打断我的话，说我不懂处世之道：

"只要天一亮，她自己就来了。你要是派人去叫她，或是你去看她，她就会摆架子，根本不往这里来。"

第二天早上，卡泰丽娜来到我家拼命地敲门，当时我在楼下，就跑了过去，想看看到底是个疯子还是家里的人。我一开门，这个野丫头就笑着扑了过来，搂住我的脖子就亲吻，问我还生不生她的气。

我说："不生气了！"

她回答说："给我弄点好吃的来。"

我准备了丰盛的早餐，和她在一张桌子上吃了起来，以此表示与她和好了。饭后我又让她做模特画她的像，中间我还是和她干风流快活的事。

后来，就在和前一天同样的时刻，她又惹恼了我，我照样揍了她一顿。这样有规律地一连几天故技重演，几乎没有多大变化。

在此期间，我的活儿也完成了，赢得了极大的荣誉。接着我开始准备用铜铸。这有一定难度，要是从艺术角度讲一讲这些困难，倒是蛮有意思的，但这要占去过多篇幅，我就不再讲了。反正活儿出来以后很漂亮，是人们所见到的一件杰出的铸造样本[①]，我这样说一句也就够了。

36

做这件活儿期间，我每天都抽出几个小时的时间，有时候制

---

① 毫无疑问，这就是那个弦月窗，《枫丹白露的仙女》的一部分，现存巴黎卢浮宫。†

作那个盐盒，有时候制作朱庇特像。做盐盒的人要比帮我做朱庇特像的人多得多，所以这时盐盒已经彻底完工了。

国王已经回到了巴黎，我去拜见他的时候就带上了做好的盐盒①。我在前面说过，盐盒呈椭圆形，大约有三分之二肘尺高，纯金制造，完全用凿刀雕刻而成。我在前面讲模型的时候，说过我是如何表现"海洋"和"陆地"的，他俩都坐在那里，腿交错着，就像我们见到的海湾和海角一样，所以，从比喻意义上来说，这一姿势是适当的。"海洋"右手拿着一杆三叉戟，左手里有一只精工制作的船，可以用来盛盐。

"海洋"下面是四匹海马，从马头到前蹄都和我们平常的马一样，而身体其余部分，也就是从中部往后则像一条鱼，几条尾巴美妙地交织在一起。这组雕像上面是坐着的"海洋"，其姿态高贵端庄，四周是多种鱼类和其他海洋生物。水由波浪来表示，并涂上了适当的颜色，极为漂亮。

我把"陆地"刻画成一个极为漂亮的妇女，她手拿丰饶角，和那个男像一样全裸。我在她左手里放了一个小神殿，爱奥尼亚风格，制作极为精巧，可用来盛胡椒。这个女像下面是地球上最漂亮的陆生生物，一部分石头上了彩，其余部分露出金子本色。

整个作品置于一个乌木底座上，厚度适当，但带有突出的飞檐，我在上面制作了四个金像，超过了半浮雕，分别代表"黑夜""白昼""黄昏""黎明"②。另外，在同一雕带上，我还制作了四个大小差不多的像，用来代表四种主要的风，部分地方上了彩，

① 这件作品完成于1543年，一直是法兰西国王的财产。1570年，查理九世把它送给了蒂罗尔大公斐迪南。†
② 切利尼的这四尊像参考了米开朗琪罗的四尊像，这些像存放在佛罗伦萨圣洛伦佐大教堂的美第奇小礼拜堂，切利尼在佛罗伦萨的时候肯定见过。†

其工艺制作出神入化、巧不可阶①。

我把这件作品拿给陛下看，他惊讶得大叫一声，目不转睛地盯着看。然后他让我把它还带回我家，他会在适当的时候告诉我咋处理。这样我就把它带了回去，马上派人去请我几位最好的朋友，大家在一起愉快地吃着饭，把盐盒放在餐桌中央，这样我们就成了首先用这个盐盒的人。

从此以后，我继续做那尊朱庇特银像，还有我说过的那件大容器，上面各种装饰物和人物像将其点缀得华丽多彩。

37

这时，画家博洛尼亚向国王提出建议，请陛下派他带着介绍信到罗马，去铸造最优秀的古代作品，也就是拉奥孔、克娄巴特拉、维纳斯、康茂德、吉卜赛少女和阿波罗②。说实话，这绝对是罗马最好的东西。他对国王说，一旦陛下看到这些杰作，就有资格批评设计艺术了，因为他所看到的由我们现代人制作的一切，与古代人完美的作品相比差得太远了。

国王接受了他的建议，并给了他所要的介绍信。这个畜生就走了，走上了一条倒霉的路。他没有实力和勇气用自己的作品与我抗衡，就采取十足的伦巴第方式，通过模仿古人作品来贬低我

① 这件稀世珍宝现藏于维也纳艺术史博物馆皇家珍宝室，是该馆的镇馆之宝。2003 年 5 月 11 日被盗，成为震惊世界的一大新闻，2006 年 1 月 21 日找回。‡
② 拉奥孔是一组著名的大理石群像，1506 年发现于罗马，现存梵蒂冈博物馆。克娄巴特拉实际上是一尊睡觉的克里特岛国王米诺斯的女儿阿里阿德涅，或是酒神巴克斯的女祭司，现存梵蒂冈。这里所说的维纳斯不是更著名的卡皮托利尼维纳斯，也不是美第奇维纳斯，而是梵蒂冈庇护-克莱门博物馆里的那一尊。康茂德是梵蒂冈博物馆里的一尊赫拉克勒斯像。吉卜赛少女可能是罗马鲍格才画廊藏品里的一尊黛安像。阿波罗是著名的贝尔韦代雷阿波罗像，1495 年在安齐奥出土。博洛尼亚提到的这几件作品，全都是文艺复兴时期发现的最著名的古典作品。†

的作品。这些人物像他铸造得确实很出色，却得到了一个与其愿望恰恰相反的结果，这件事我到适当的时候再说。

这时，我把那个一身骚气的卡泰丽娜彻底赶走了。那个不幸的年轻人，也就是她丈夫，也已经离开了巴黎。为了给枫丹白露最后润色，这件作品已经用铜铸造出来了，也为了制作两尊胜利女神像来填补弦月窗上方的两个角，我又雇了一个大约十五岁的穷女孩。她身材美极了，肤色浅黑，行为有点粗野，不大爱说话，动作麻利，眼睛里流露出忧郁的神色。由于这些特征，我给她起了个外号叫"黑村姑"，她真名叫让娜。我以她为模特，将枫丹白露铜像和那两尊胜利女神像做得完美无缺。

这姑娘是个地道的黄花闺女，我把她的肚子弄大了。她在1544 年 6 月 7 日十三点生下一个女孩，那一年我四十四岁。我为这个女儿取名为科斯坦扎，把她抱到洗礼盆边受洗的是圭多·圭迪先生，我最亲密的朋友，也是国王的御医，我在前面提到过他，他也是唯一的教父。按照法兰西人的习俗，教父只能有一个，教母可以有两个。其中一个教母是马达莱娜夫人，她是佛罗伦萨绅士、有才华的诗人路易吉·阿拉曼尼先生的妻子。另一个教母是里恰尔多·德尔·贝内先生的妻子，里恰尔多也是我们佛罗伦萨老乡，巴黎的一个大商人，其妻子是法兰西一华贵之家的女儿 [①]。

据我所知，这是我第一个孩子，我把她寄养到一个姨妈家里，给了这孩子足够的钱做嫁妆，以此来让她姨妈满意。从此以后，我和这闺女就再也没有来往。

---

① 阿拉曼尼的妻子是马达莱娜·博纳尤蒂，里恰尔多·德尔·贝内的妻子是珍妮·路安。切利尼的女儿科斯坦扎肯定死得早，甚至在切利尼离开巴黎之前就死了。†

38

我辛勤劳作，所有的活计都有了很大进展。朱庇特像将近完成，容器也快完成了，那扇门也开始显露出婉妙的风姿。

这时，国王来到了巴黎。我提到我女儿出生于1544年，但这时还是1543年，只不过出现了一个提到我女儿的机会，我就顺便提了一下，这样才不至于影响我叙述更重要的事情。

那么，我刚才说过，国王来到了巴黎，到达以后马上就来到我家。即将完成的活儿摆在那里，呈现出洋洋大观的景象，足以让国王大饱眼福。确实，伟大的国王从这些作品里得到的满足，绝不比那个为之付出了艰辛劳动的艺术家期望的少。

看到这些作品，国王突然想起费拉拉枢机主教一点也没有履行对我的许诺，无论是津贴还是其他，啥也没有给我。国王小声对海军总司令 [1] 说，费拉拉枢机主教在这件事上表现得很卑劣，啥都不给我，但国王打算亲自补偿我，他发现我寡言少语，眨眼之间就会不辞而别。

回到家里以后，陛下吃过午饭就告诉枢机主教，要他命令财政署的司库尽快支付给我七千金斯库多，根据情况分三期或四期支付，只要他把这件事办成就行。陛下还重复了如下的话：

"我把本韦努托交给你照管，你却把他忘得一干二净。"

枢机主教说，他非常乐意执行陛下的每一项命令。但他生性邪恶，还是让国王的愿望落了空。

当时战火正在蔓延，关于战争的传闻也越来越多，皇帝正率

---

[1] 克劳德·丹尼宝，1538年被任命为法兰西元帅，1543年成为海军总司令，直到1552年去世。†

领一支大军向巴黎进发①。枢机主教发现法兰西王国非常缺钱，有一天他就和国王开始谈起我来，说：

"神圣的陛下，为了您好，我没有把那一笔钱给本韦努托。首先，政府正急需钱用。其次，赠送这么一大笔钱，您就会更快地失去本韦努托，他觉得自己有钱了，就会把钱投资到意大利，一心血来潮就会毫不犹豫地扬长而去。所以，我认为陛下最好的办法，就是把您王国里的某样东西送给他，如果您想长期留他为您效力的话。"

国王觉得他的话有道理。国王确实缺钱，就同意了他的意见。不过陛下圣明，真不愧为一代明君，一眼就看出来枢机主教这样做是想献媚，根本不是像他说的那样为这个大国未雨绸缪。

39

我刚刚说过，国王陛下表面上同意了枢机主教的意见，但私下里却另有打算。他回到巴黎后的第二天，未经我请求就主动来到我家。我出门迎驾，领着他看了好几个房间，里面摆满了各种艺术品。我从不太重要的作品开始，先指着一批铜制品，他早就没有一下子看这么多东西了。我又带他去看朱庇特银像，当时已经接近完成，整个作品装饰得光彩夺目。说起来几年以前他曾经有一次大失所望，结果他觉得这件作品对他可能比对任何其他人而言都更加漂亮。

我说的是这么一回事。皇帝占领突尼斯以后，经由他姐夫弗

---

① 1544年6月，查理五世占领了卢森堡和佛兰德的一些城市，入侵香槟并威胁到巴黎，而英国军队正包围布伦。†

朗索瓦国王 ① 同意通过巴黎 ②，国王想送给他一件礼物，要配得上如此伟大的一位皇帝。这样想好以后，国王就命令制作一尊赫拉克勒斯银像，其大小正好和我做的朱庇特像一样。国王说，这尊赫拉克勒斯像是他所见到的最难看的艺术品，并向巴黎最优秀的工匠坦率地表明了这一看法，这些人吹嘘自己是世界上最能干的工匠，最适合做这种活儿，并对国王说谁也不可能做出更完美的银匠活儿了，同时坚决要求为他们的破烂活儿支付两千达克特。

由于这件事，国王看到我的活儿以后就断言，它的制作工艺超出了他最高的期望。于是他做出公正裁决，我这尊像的价值也是两千达克特。他说：

"我没有给那些人薪俸，切利尼则每年从我这里得到大约一千斯库多薪俸，所以他肯定会让我以两千金斯库多得到这件珍品，因为他还有薪俸。"

然后我让国王看了其他金银制品，还有为新接的活儿制作的各种模型。最后，就在他要离开的时候，我让他看了城堡草坪上的那尊巨像，这让他比刚才看任何一件作品时都要惊讶。他转身对海军总司令丹尼宝阁下说：

"费拉拉枢机主教没有给他提供任何经费，我们必须提供，尤其是他这个人不爱伸手要好处，我们就更应该提供，不要等他开口——反正我想给他很多好处。当然，他这样什么都不要，实际上是想让其优秀作品出来说话。所以，要记住让他得到第一个出现空缺的修道院，每年收入要达到两千斯库多。如果一个职位得不到这么多，就给他两个或者三个，反正让他得到两千斯库多就

---

① 1525 年，弗朗索瓦在帕维亚被查理的军队打败后，被迫娶了查理的大姐埃莉诺，当时她前夫葡萄牙国王已经去世。‡

② 1535 年，皇帝占领突尼斯，1540 年 1 月来到巴黎，佛罗伦萨人罗索和普里马蒂乔为此而建造了很多凯旋门，布置了很多装饰物。†

行，这对他来说结果都一样。"

当时我就站在旁边，国王这些话我听得一清二楚，我马上就对国王的这一厚礼表示感谢，好像我已经得到了一样。我对国王说，只要这一礼物到了我手里，我就再也不要其他薪俸，也不要任何种类的酬金，为陛下一直干到年老体衰、不能再干了为止。到那时，我希望能安静地休息，养我那疲惫的筋骨，以这份收入体面地安度余生，永世不忘我曾经效力于像陛下这样一位伟大的国王。

我这番话说完以后，国王笑容满面地朝我挥了挥手，说："那就一言为定。"

然后国王就走了，对在我这里看到的一切都感到极为满意。

40

埃当普夫人听说我工程进度良好，就加倍嫉恨我，心里这样说：

"现在是我统治着天下，像他这样一个凡夫俗子竟敢嘲弄我！"她挖空心思，使用种种手段来挑起事端陷害我。

就在这时，一个人与她不期而遇。这是一个享有盛名的酿酒匠，送给她一些保养皮肤效果极佳的香水，当时法兰西人对此还一无所知。埃当普夫人把这个家伙引荐给国王，他向国王表演了他的蒸馏方法，国王看了以后非常高兴。在表演过程中，他请求陛下把我城堡里的那个网球场送给他，另外还要一些小套间，据他说这些套间我并不需要。

圣明的国王一听这话，就猜出来谁在幕后策划这件事了，所以一句话也没有说。但埃当普夫人却施展了女人对付男人的拿手好戏，结果轻而易举地达到了目的。她发现国王很容易起性，在这个时候她无论要啥，国王都会答应。

这个酿酒匠在司库格罗利埃①的陪同下来了。格罗利埃是法国一个大贵族，意大利语讲得非常漂亮，一进我的城堡就用意大利语和我开玩笑。他看准机会对我说：

"我以国王的名义宣布，那个网球场归这个人所有，另外还有附属于网球场的那几个小套间。"

我回答说："这里的一切都属于神圣的国王，所以你本来可以更随便地进来，而这样和法律文书还有王室成员一起进来更像是欺骗，不像是执行一个伟大国王的命令。我对你说清楚，在我向国王投诉以前，我要按照陛下在几天以前命令我的方式捍卫我自己的权利。我要是见不到国王亲自签名盖章的委托证书，非把你安排的这个人扔到窗户外面不可。"

我说完这话，这个司库就骂骂咧咧地走了，我该干啥还是干啥，不过没有马上采取其他行动。然后我走向那几个法律文书，也就是安排那家伙接管网球场的那几个人，我和他们都很熟。他们对我解释说，这是个形式程序，的确是执行国王的命令，但又不是啥大不了的事情；我要是稍微抵挡一阵子，那家伙是不会在这里站住脚的。形式程序是王室条例和惯例，与服从国王毫无关系，所以我要是能把他撵走并不为错，不会有任何危险。

这一提示对我就足够了。第二天上午，我就开始动武，这件事虽然给我带来一些麻烦，但我觉得挺有意思。从此以后，每天我都用石头、长矛和火绳枪发起攻击，不过枪里没有放弹丸，然而这样制造出来的恐怖吓得谁也不敢再去帮我的对头了。后来我发现他抵抗力减弱，就破门而入，把这个家伙赶了出去，把他带来的所有东西都扔到了外面。

① 让·格罗利埃（1479—1565），财政主管，里昂人，艺术保护人，书籍和像章收藏家。†

然后我就去见国王，对他说我是完全遵照他的命令去自卫，打击任何企图妨碍我为他效力的人。国王听了付之一笑，给我写了新的特许状①，使我免遭进一步的骚扰。

41

与此同时，我的朱庇特银像已经完成，另外还有镀金垫座，我把垫座放在了一个木底座上。木底座只露出一点，几乎看不见，我用硬木做了四个小圆球嵌在里面，其大部分都藏在窝眼里，就像石弓的弹丸一样。球安放得极为精妙，连一个小孩也能轻而易举地推动银像，前后左右都可以移动。这样称心如意地安放好以后，我就带着银像去了枫丹白露，当时国王正住在这里。

这时，博洛尼亚把前面提到的铸像从罗马运回来了，这些像是他用铜精心铸造而成的。我对此一无所知，一是由于这件事他做得很诡秘，二是由于枫丹白露距离巴黎有四十多里，我不可能知道。

我问国王想让我把朱庇特像放在啥地方，埃当普夫人正好也在场，她就对国王说，再没有比他漂亮的画廊更合适的地方了。画廊就是我们托斯卡纳人所说的凉廊，说得更准确一些，应该是一个大走廊。它确实应该叫走廊，因为我们所说的凉廊是一边敞开的。这个走廊的长度要远超过一百步，里面挂着很多画，都是出自令人钦佩的罗索之手，他是我们佛罗伦萨的大师。这些画中间又摆放了各种各样的雕塑艺术品，有圆雕，有浅浮雕。走廊的宽度大约有十二步。

这时，博洛尼亚把他铸造的所有古代像都放到了这个画廊里，

---

① 这一文件保存至今，上面签署的日期是 1544 年 7 月 15 日。†

像是用铜铸造的，做工非常精湛，放在垫座上摆成一大排。我在前面说过，这些像都是根据罗马最好的古物仿制的。就在这同一个画廊里，我带来了我的朱庇特像①，一看到那精心设计的壮观摆设，我就对自己说：

"这就像受夹道击打一样②，希望天主保佑我。"

我把像尽我最大的能力摆放好，然后等着国王驾到。朱庇特用右手举着雷电，像是要把它扔出去，用左手拿着地球。在雷电的火焰中，我非常巧妙地采用了一个白蜡火炬。

埃当普夫人一直把国王拖到天黑，她是想做两件坏事之中的一件：要么是阻止国王来，要么是等到天黑以后破坏我作品的展出效果。但就像天主对其信徒做出的保证一样，结果恰恰与她的算计相反。天黑以后，我点亮了朱庇特手里的火炬，火炬高过了朱庇特头顶，光线从上面照射下来，将银像映衬得比白天还要好看得多。

国王终于来了。陪同他的有埃当普夫人、王储（现任国王）③夫妇、国王的姐夫纳瓦拉国王、女儿玛格丽特公主④，还有其他几个大贵族，埃当普夫人已指使他们说我的坏话。国王一驾到，我就让我徒弟阿斯卡尼奥把朱庇特像对着陛下推过去。银像四平八稳地缓缓向前移动，我灵巧的滚动设计得到了充分的报偿，缓缓地移动使银像看上去栩栩如生。那些古代像被抛在后面成为陪衬，

---

① 弗朗索瓦一世吩咐制作十二尊像，但切利尼只完成了这一尊，也找不到关于这尊像的其他信息，包括草图或模型。†

② 一种惩罚犯人的方式。两排军人手拿长矛，让囚犯从中间走过去，边走边打。这是文艺复兴文献里最引人注目的比喻之一，描写古人与现代人的比较。在切利尼看来，他的作品不仅能比得上古代作品，而且还能超过古代作品。†

③ 弗朗索瓦一世的儿子亨利二世死于 1559 年 7 月 10 日，由此推测切利尼写这一部分自传是在这一日期之前。†

④ 玛格丽特·德瓦卢瓦（1523—1574），弗朗索瓦一世的女儿，1559 年嫁给了萨伏依公爵埃马努埃莱·菲利贝托。†

我制作的像首先让人大饱眼福。国王马上惊叹道：

"这绝对是人们所见到的最漂亮的物品。我是个艺术爱好者，也能鉴赏，但我根本想象不出它百分之一的美。"

那些贵族的差事本来是要说我的坏话，这时也对我的作品赞不绝口。埃当普夫人无耻地说：

"你们都没有长眼睛！没有看见后面那些漂亮的古代铜像吗？艺术的真谛就在那里，不在这个现代的废物里。"

这时国王走上前去，其他人也跟了上去。他瞧了一眼那些铜像，由于光是从下面照过去的，看上去对铜像不利。国王感叹道：

"那些想贬损他的人实际上帮了他一个大忙，与这些漂亮的铸像一比较，便可以显示出他的作品在美和艺术方面具有无法估量的优势。本韦努托值得大赞特赞，他的作品不是仅仅比得上古代艺术品，而是超过了古代艺术品。"

埃当普夫人回答说，我的朱庇特像要是在白天看，要比在夜里看丑陋一千倍，而且还要考虑一个问题：我在银像上盖了一块纱布来遮丑。

她说的是一块薄纱布，我确实很讲究、很雅观地把它蒙在了银像的一个部位上面，目的是使银像显得更庄重。听她这么一说，我就把这块布揭掉了，露出了这位主神漂亮的生殖器官，然后恼火地把纱布撕得粉碎。

埃当普夫人以为我揭开银像的阳物是要侮辱她[1]。国王发现她愤然作色，而我在盛怒之下也要口出恶言，就马上用母语很明智地说了下面这段话：

"本韦努托，我禁止你讲话。只要你闭住嘴，你就会得到比你要求的多一千倍的财富。"

---

[1] 1545年1月29日，费拉拉大使给其主子费拉拉公爵写了一封信，证实切利尼的描述是真实的。†

既然不让我说话，我就愤怒地扭动了一下身子，这惹得埃当普夫人更恼火了，咬牙切齿地嘟囔起来。国王只好提前走了，不过他大声鼓励我说：

"我从意大利带来了人世间最伟大的人，他是一个全才。"

42

我把朱庇特像留在了那里，打算第二天早上离开。我上马之前得到了一千金斯库多，这包括我的薪俸和支出的钱。拿到这笔钱以后，我心满意足地返回了巴黎。

一到家高高兴兴地吃过饭，我就叫人把我全部的服装都拿出来，包括很多套丝绸衣服、上等皮衣，还有非常漂亮的布料。我从中选出一些作为礼物送给工匠，根据每个人的表现各有不同的赏赐，一直赏到女仆和马童，以鼓励他们尽心尽力地为我帮忙。

我体力得到恢复以后就全力以赴，开始制作那个巨大的玛尔斯像①，我已把它稳稳地安放在一个衔接良好的木框架上，在这上面放了一个精心塑造的石膏壳，大约有八分之一肘尺厚，用作巨像的肉。最后我做了大量单独的模子来组成巨像，打算依据艺术规则，以鸠尾形接合法把它们连在一起，这对我来说非常容易。

在这里我还要讲一件事，足以说明这个巨像到底有多大，同时也很滑稽可笑。

首先我要说明，我曾经下过命令，禁止所有从我手里领钱的男人把婊子带到我家，或带到我城堡境域内的任何地方，对这一条纪律我要求得极其严格。当时，小伙子阿斯卡尼奥爱上了一个很漂亮的姑娘，这姑娘也爱上了他。一天晚上，这姑娘乘其母亲

---

① 1546 年以后，再也没有听到过这尊像的任何消息。†

不备时溜了出来，找到阿斯卡尼奥以后就不愿意走了。小伙子也找不到地方藏她，最后急中生智，把她安置到这尊巨像里面，在巨像头部铺好一块地方，让她睡在里面。这个住所她占用了一段时间，夜里有时候他偷偷地带她出来。

这时，巨像的头部几乎已经完成，我没有把它盖住，放在那里让人家看，以此来满足一下虚荣心，实际上大半个巴黎都能看见。所以，邻居们喜欢爬到房顶上，成群的人专程来看这一奇观。

当时城里有个传说，说从古时候起，我的城堡里就有一个幽灵时常出没。我从来没有发现任何能证实这一说法的迹象，不过巴黎人都管这个幽灵叫莱莫尼奥·博雷奥①。那位姑娘在巨像头里逗留时在里面来回走动，免不了让人家从巨像眼窝里看到她。这样一些蠢人就说，那个幽灵钻进这尊巨像身体里去了，把它的眼和嘴都弄动了，好像它要开口说话一样，把很多人都吓跑了。有些人不信邪，过来看稀罕，结果也无法否认巨像的眼睛在闪动，只好宣称也相信里面有个幽灵。他们不知道里面确实有个幽灵，而且还有个血肉之躯哩。

43

这一段时间，我一直忙着把那扇漂亮的门拼合到一起。那些编年史作者才记述的内容，我不打算在这本自传里收录，所以就省略了皇帝及其大军的到来，省略了国王集合其全部军队之类的事情②。

发生这些事的时候，国王陛下就巴黎的应急设防问题征求我

---

① 据说十四世纪时腓力五世的妻子让娜王后在小内勒城堡里杀了不少人，因而名声不佳。†
② 1544 年 8 月底，帝国军队洗劫了离巴黎只有几里的一些城镇。†

的意见。他专程来到我家，领着我环城视察一遍。他发现我有一个周密计划，照此计划可以迅速筑工事来巩固城防，就明确下达命令，我的一切建议都要贯彻执行。国王还命令海军总司令叫居民们都听我调遣，否则国王会很不高兴。

这个海军总司令之所以得到任命，只是凭他得宠于埃当普夫人，根本不是凭自己的本事，他这个人可以说是一无所能。他被称作丹尼宝阁下，用我们意大利语来说就是达尼巴莱阁下，但法兰西人通常把这个音发得很像阿西诺·布埃阁下①，正儿八经是个畜生。这个畜生就去征求埃当普夫人的意见，埃当普夫人命他立即传唤吉罗拉莫·贝拉尔马托②。

吉罗拉莫是个技师，锡耶纳人，当时正在第厄普，离巴黎有一天多的路程。他马上就来了，用一种非常缓慢的办法开始修筑防御工事，迫使我放弃了这项工作。皇帝要是在这个时候发动进攻，要占领巴黎可以说是轻而易举。后来缔结和平条约的时候，人们确实都说埃当普夫人背叛了国王③，她比任何人都更多地参与了这件事。这件事我就不再多说了，它与我写自传毫无关系。

在此期间，我加紧组装那扇铜门，那个大容器也做好了，另外还有两件中等大小的器皿，是我用自己的银子制作的。这场灾难过后，国王来到巴黎稍事休息。

那个该死的女人④之所以来到世上，就是注定要把这个世界给毁掉的。她把我当成死敌，说明我还是一个颇为了不起的人物。

---

① 在意大利语里，"阿西诺"（Asino）是"驴"，"布埃"（Bue）是"牛"。‡
② 吉罗拉莫·贝拉尔马托（1493—1555），锡耶纳人，军事建筑师，宇宙学家，被逐出家乡以后来到法兰西，弗朗索瓦一世任命他为总工程师，勒阿弗尔港口就是他设计的。†
③ 一些历史学家认为，埃当普夫人嫉恨王储的情妇黛安·德普瓦捷，就故意放帝国军队过埃佩尔奈桥威胁巴黎，王储被打败，巴黎人开始逃往奥尔良，弗朗索瓦一世被迫接受了1544年9月18日签署的克雷皮条约，条件非常苛刻。†
④ 埃当普夫人。†

有一天，埃当普夫人与圣明的国王谈到了我，把我骂得狗血淋头。国王为了使她息怒，就发誓说以后再也不理我了，只当以前从来就不认识我。

费拉拉枢机主教有一个侍从名叫维拉，他马上就把这件事告诉了我，他听见国王亲口这样说。我一听心头火起，把工具和手头做的所有东西在屋子里乱扔一通，准备马上就离开法兰西，并立即去找国王。

国王吃过饭以后，我被领进一个房间，看见里面只有几个人陪着陛下。他看见我进来了，我就按君臣之礼拜见了他，他很有礼貌地向我笑着点了点头。我一看有门儿，就向他靠近了一点，当时几个人正让国王看几件我这一行的艺术品。我们谈了一会儿关于这方面的事，国王问我家里有没有啥值得看的好东西，又说我啥时候叫他，他就啥时候过去看。我回答说，有几样东西可以看，如果他愿意的话，马上就可以去。他让我先回家去，他随后就到。

44

我回到家里，等候着圣明的国王，他好像去向埃当普夫人辞行了。她问国王到哪儿去，说她想陪着他去。但国王一说要到哪儿去，她就说她不想陪他去，并央求国王给个面子，他自己也不要去。她再三恳求才动摇了国王的决心，结果这天国王没有来我家。

第二天上午，我在同一个时间去见陛下，他一见我的面就郑重其事地说，他打算马上就去我那里。他还是照例去向他亲爱的埃当普夫人辞行。这个女人一看横竖拦不住国王，就用她那张刀子嘴含沙射影地对我进行最恶毒的攻击，把我当成是法兰西国王的死敌。为了使她消气，圣明的国王回答说，他去的唯一目的就是痛骂我一顿，把我骂得失魂落魄。国王还以名誉担保，一定要这样骂我。

国王很快就来到我家，我领他看了楼下几个房间，我在这里已经把那扇大门拼接在一起了。国王一看就被迷住了，把他向埃当普夫人许诺要骂我的事抛在了脑后。但他临走之前，还是找了个机会训斥我一顿，他这样说道：

"有一件最重要的事情，本韦努托，即便是像你这样才华横溢的艺人也要牢记在心，那就是仅凭自己的力量，你是无法显露才华的。只有通过朕给予的机会，你才能逞英雄。现在你要顺服一些，不要那么傲慢、那么任性。我记得我明确地指示过你，让你给我做十二尊银像，我只要这么多。而你却选择了做盐盒、容器、头像、门，还有其他很多东西，简直把我搞糊涂了。你这是置我的愿望而不顾，一心要满足自己的愿望。如果你想这样继续下去，我马上就会让你明白，我要是按自己的方式办起事来是个什么样子。所以我向你讲清楚，你一定要服从我的命令，我让你做啥你就做啥。你要是一意孤行，必将碰得头破血流。"

国王说这番话的时候，他所有的侍从都在一旁洗耳恭听，看着他一会儿摇头，一会儿皱眉，一会儿挥一下这只手，一会儿挥一下那只手。因此，所有陪同人员都为我捏一把汗，而我则处之泰然，不露一点畏惧的神色。

45

等到国王结束了这一番说教，那是他向埃当普夫人承诺过的，我就单腿跪在地上，吻了他膝盖上面的外衣，然后这样说道：

"神圣的陛下，我承认您说得一点不错。而我要说的是，我一直都在为您效劳，一直都在执行您的命令，不分昼夜，尽心尽力。如果陛下觉得我言行不一，请您相信那不是本韦努托的过错，只能怪我的厄运或晦气，是这一厄运或晦气让我配不上为您效力，您是我有幸见到的这个世界上最伟大的君主。所以，我请求您宽恕我。

"不过，我记得陛下给我的银子只够做一尊像。我自己没有更多的银子可以用，就不能再制作其他像了。这样一来，我只好用做朱庇特像剩下的那一点银子做了这个容器，让陛下看看古人的庄重风格，此类东西也许您以前还从来没有见到过。

"至于那个盐盒，如果我没有记错的话，那是陛下有一次主动让我做的。当时您正谈论着拿来让您看的另外一个盐盒，我就给您看了一个模型，那是我在意大利做的，您自己马上就决定给我一千金斯库多用来做这件活儿，并对我的提议表示了感谢。另外我好像还记得，活儿做好拿给您看了以后，您对我更是大加赞扬。

"关于那扇门，我记得情况是这样：有一次我们偶然谈到这件事，您命令您的首席秘书维莱罗瓦阁下，维莱罗瓦阁下又把命令传达给了马尔马纳阁下和德拉·法阁下，大意是说这几位阁下都要保证我的工作顺利进行，让我得到必需的资金。没有这样的安排，我根本不可能凭一己之力来启动这么大一项工程。

"要说那些铜头像、朱庇特像垫座，还有其他诸如此类的东西，说实话是我自作主张铸造的那些头像，目的是想熟悉一下法兰西的土质，我是个外国人，事先对此一无所知。要是不先试验，我就无法动手铸造那些大件活儿。再说我做的那些垫座，我认为它们是铸像不可缺少的东西。所以，我做的一切都是为了达到最佳效果，一点也不违背您的意愿。

"当然，我塑那尊巨像是要满足我个人的愿望，甚至一直做到现在这个样子，都是由我自己出资支付费用，因为我觉得您是伟大的国王，我只是个无足轻重的艺人，我有义务塑一尊像，为您的荣誉，也为我的荣誉，这样的像古人从来都没有做过。

"最后，既然我已知晓天主认为我不配为您效力，不给予我这一荣誉，我恳求陛下不必考虑支付我劳动报酬，我只有一点小小的请求，那就是允许我离开您的王国。如果您俯允我的请求，我就回到意大利。我在这里为您效力时度过了愉快的时光，所以我要永远感谢天主和陛下。"

46

国王伸出双手，极有礼貌地把我扶了起来，说我应该继续为他效力，我所做的一切都是对的，他感到很满意。然后他转过身去，对身边的侍从们一字不差地这样说道：

"我坚信，如果天堂里有门的话，也不会比这扇门更漂亮了。"①

他把话说完了，说的都是好话，我再一次恭恭敬敬地谢过他，但还是继续请求他允许我离开，我的怒气还没有消下去。

国王觉得我在圣驾面前太逞性上脸了，就厉声命令我住嘴，一个字也不许说，否则我会后悔的。接着他又说，他想给我堆积如山的金子，并答应给我想要的条件；除了他让我做的活儿以外，在此期间我自己做的东西他也感到极为满意；从此以后我再也不会和他产生分歧了，因为他知道了我的脾气；而我也应该了解他的脾气，我的职责要求我这样做。

我回答说，我事事都感谢天主和陛下，然后我请他去看看巨像的进展情况。我陪他来到我家，我揭开了那尊像，他赞不绝

---

① 切利尼似乎是在重复米开朗琪罗说过的一句话。米开朗琪罗在佛罗伦萨的时候，仔细看了洛伦佐·吉贝尔蒂制作的洗礼堂门，看了之后说了这句话，收录在瓦萨里《艺术家列传·吉贝尔蒂传》里。†

口，觉得简直不可思议，马上命令秘书支付我为此而花费的一切，不管这个数目有多大，只要我亲笔写个收据就行。他走的时候这样说：

"Adieu，mon ami."（"再见，我的朋友。"）

这是君主不常说的话。

47

国王回到王宫以后，回想起我说过的一番话，有些话极为恭顺，还有些极其高傲，他听了非常生气。他把其中一些话对埃当普夫人又说了一遍，埃当普夫人由圣波洛阁下陪同。圣波洛阁下是法兰西的一个大贵族[1]，以前老是声称和我很要好。当然，在这种场合，他还是按法兰西人的方式，极为巧妙地表达了他的好意[2]。

事情是这样的。国王在一次长谈中抱怨说，他把我交给了费拉拉枢机主教监护，可枢机主教根本就没有考虑过我的事。国王觉得我没有离开法兰西王国并非枢机主教的功劳，所以他一定要把我交给一个比枢机主教更了解我的人，他不想再给我机会让我离开了。

听到这话，圣波洛阁下表示想承担这一任务，说如果国王把我交给他看管，他敢保证我绝对没有机会离开这个王国。国王回答说，他很满意，只要圣波洛能解释一下用什么办法能阻止我离开。

埃当普夫人阴沉着脸坐在一旁，圣波洛则威严地站着，拒不回答国王提出的这个问题。国王又问了一遍，圣波洛想拍埃当普夫人的马屁，就这样回答说：

---

[1] 弗朗索瓦·德波旁（1491—1545），圣波洛伯爵，埃斯图特维尔公爵，国王最要好的朋友之一，1525 年帕维亚战役失败后与国王一起被俘虏。†

[2] 切利尼一直看不起法兰西人，他这样说应该理解为讽刺。†

"我要把本韦努托吊死，这样他就可以永远留在您的王国了。"

埃当普夫人一听大笑起来，说我真该吊死。国王也陪着他们笑了笑，说他并不反对圣波洛把我吊死，只要能先找到一个在艺术上与我不相上下的人。虽然绝对不应该把我吊死，国王还是授予他全权。

一场唇枪舌剑就这样结束了，我安然无恙，真该赞美和感谢天主。

48

这时，国王已经与皇帝讲和，但与英国人的战事仍在进行，这些魔鬼一直闹得我们不得安宁①，所以陛下有别的事情需要料理而无暇玩乐。国王命令皮耶罗·斯特罗齐率领一些战舰到英国海域，即便是对这位伟大的指挥官来说，这也是一项很艰巨的任务。当时在战略战术上无人能和斯特罗齐相比，在不幸遭遇上也无人能和他相比。

一连几个月我都没有收到钱，也没有接到活儿。我只好解雇了所有工匠，只留了两个意大利人，我让他俩做两个大容器，用的是我自己的银子，这俩人不会做铜器活儿。

这两个容器做完以后，我就把它们带上来到阿尔让唐②，这座城属于纳瓦拉王后，离巴黎有好几天的路程。来到这个地方以后，我找到了国王，他有些不舒服，费拉拉枢机主教对陛下说我来了。国王听了以后没有回答，我不得不在这里苦等好几天。说实话，

---

① 1544 年 9 月 18 日缔结了克雷皮和平条约，弗朗索瓦一世和查理五世之间的战争结束。但皇帝的盟友英格兰国王亨利八世在占领布伦以后继续攻打法兰西，英法之间的和平一直到 1546 年 6 月 7 日签署坎普条约以后才实现。†

② 位于诺曼底，属于阿朗松公爵的领地。纳瓦拉的玛格丽特先嫁给了阿朗松公爵，公爵死后她就占有了这一封地，其中包括这座城。†

我一生中再也没有比这几天更难受的时候了。

几天以后，我终于在一天晚上见到了国王，把这两个漂亮的容器拿给他看。国王看了以后格外高兴，我看他心情很好，就求他开恩允许我回意大利一趟；我会把到期的七个月的薪俸留下来，等我要回程路费的时候再劳驾陛下付给我。我恳请陛下答应我这一要求，当时正是打仗的时候，不是铸像的时候；另外，陛下已经答应了画家博洛尼亚一个类似的请求，所以我斗胆恳请陛下对我也一视同仁。

我说这番话的时候，国王一直专心致志地看着那俩容器，有时也恶狠狠地瞪我一眼，不过我继续尽最大努力，求他答应我的请求。突然，我看见他气呼呼地从座位上站了起来，用意大利语对我说：

"本韦努托，你是个大傻瓜。把这俩容器带回巴黎，我想让它们镀上金。"

说完这话，国王起身就走了。

当时费拉拉枢机主教也在场，我走上前去求他再帮我一次忙，让我得到允许回到意大利，他已经帮了我一个大忙，把我从罗马监狱里解救出来，另外还帮了不少忙。

枢机主教回答说，他非常乐意尽最大努力帮我这个忙，我可以放心地把这件事交给他，如果我愿意走的话，马上就可以走，他会在国王面前尽力为我说话。

我对枢机主教说，我知道陛下把我交给他来保护，如果他允许，我马上就走，只要他打个招呼，我马上就回来。

枢机主教就让我回到巴黎等待八天，在此期间他会为我争取获得国王的批准；如果陛下不让我走，他会马上通知我；如果我没有收到不让走的信，那就意味着我可以放心地走了。

49

按照费拉拉枢机主教的吩咐，我回到了巴黎，为我那三件银器做了漂亮的盒子。二十天以后我就开始做准备，把三件容器装到一头骡子上。这头骡子是帕维亚主教借给我的，供我旅行到里昂，这时他又一次住进了我的城堡。

这样，我就在一个不幸的时刻上路了，与我同行的有伊波利托·贡扎加阁下，当时他领着国王的薪俸，为加莱奥托·德拉·米兰多拉伯爵效力，伯爵手下还有几位侍从也和我们一起走，另外还有我们的佛罗伦萨老乡列奥纳多·泰达尔迪[①]。

我让阿斯卡尼奥和帕戈洛看管我的城堡和所有财产，包括两件刚刚开始制作的小容器。我之所以把这俩容器留下来，是不想让这俩年轻人没有活儿干。我在巴黎的日子过得相当优裕，所以家里有很多值钱的家具，所有这些财物的价值超过一千五百斯库多。我对阿斯卡尼奥说，别忘了我给他的那么多好处，他一直是个毛头毛脑的小伙子，现在也该像个大人一样成熟了，所以我想让他留下来保护我所有的财产和荣誉。他要是听到那些法兰西畜生有任何动静，就马上告诉我，我会乘邮车从所在的任何地方飞奔而回，这不仅是履行我对国王的伟大义务，也是在捍卫我自己的荣誉。

阿斯卡尼奥假惺惺地流着眼泪回答说：

"我从来也没有见过比您更好的父亲，孝子应该为慈父做啥，

---

① 伊波利托·贡扎加是加莱奥托·德拉·米兰多拉的亲戚。泰达尔迪的具体情况不得而知，可能是巴尔托洛·迪·列奥纳多·泰达尔迪的儿子，美第奇家族的反对者。佛罗伦萨成为亲帝国的一个意大利盟邦之后，很多反美第奇的流亡者都住在法兰西。†

我就永远为您做啥。"

我把事情安排妥当以后就走了，陪同我的有一个仆人和一个法兰西小伙子。

刚过中午，国王的几位司库来到了我的城堡，他们绝对不是我的朋友。这帮无赖说我带走了国王的银子，并让圭多先生和帕维亚主教马上派人追回陛下的容器，否则他们自己就会派人去把容器要回来，同时还要狠狠地收拾我。

帕维亚主教和圭多先生吓坏了，其实没有必要那么害怕，他们立即就派那个逆贼阿斯卡尼奥搭上邮车去追我。

大约半夜时分，阿斯卡尼奥找到了我。我还没有睡着，翻来覆去地老想着几个令人不安的问题：我把财产交给谁了？把城堡交给谁了？厄运为啥这样催着我上路呢？但愿天主保佑，不让费拉拉枢机主教和埃当普夫人串通一气，埃当普夫人最惦记的事，就是让我失宠于圣明的国王。

50

我正这样心神不宁地左思右想时，听到了阿斯卡尼奥喊我的声音。我马上翻身下床，问他带来的是好消息还是坏消息，这个贼坯子回答说：

"我带来的是好消息。不过你要把那仨容器送回去，那几个无赖司库一直喊着'抓小偷！'所以帕维亚主教和圭多先生说你务必要把容器送回去。别的事你就不必挂念，只管放心走吧。"

我立即把那几个容器交给了他，其中有两个还是我自己的财产，另外还有银子和其他许多东西。

我原来打算把这些东西带到费拉拉枢机主教在里昂的修道院。有人指责我想把这几件容器带到意大利，但人人都知道，没有特别许可，是不可能将钱、金子或银子带出法兰西的。所以请想一想，三件大容器，再加上盛容器的盒子，将骡子身上装得满满的，这样我是不是能够通过国境！当然，这些东西很贵重，又很漂亮，我担心国王会去世，我上一次离开他的时候，他的健康状况非常糟糕。我自言自语道：

"要是国王有个三长两短，把这些东西交给枢机主教保管，起码不会丢。"

那么长话短说吧，我让骡子驮着容器和其他贵重东西回去了。第二天上午，我和前面提到的几个旅伴继续赶路，一路上禁不住伤心落泪。不过有时候我以天主安慰自己，向他祷告说：

"主啊，您明察秋毫！您知道，我这次旅行的目的只是救济我妹妹，救济她那六个可怜巴巴的闺女。她们是有父亲，但他已经很老了，挣的钱非常少，所以这几个姑娘很容易走上邪路。我这是在做一件善事，求我主给予帮助和忠告。"

这是我一路上仅有的娱乐活动。

有一天，离里昂还有一天的路程，时间已接近二十二点，天上响起了雷鸣声，我发现天空晴朗①。我骑着一匹快马，走在同伴前面一箭之遥的地方。雷声过后，天上又发出一声可怕的巨响，吓得我以为世界末日到了。我勒马停下来一会儿，天上下起了冰雹，连一滴水都没有。一开始冰雹比枪弹丸稍微大一点，打在身上相当疼。后来冰雹逐渐增大，一直增大到石弓弹丸一般。我的马吓得不敢往前走，我只好掉转马头，飞跑到我同伴那里，他们也吓得躲进了一片冷杉树林里。

这时，冰雹变得如同大柠檬。我开始吟唱"米泽里厄里"。我正对天主虔诚地祈祷，一个巨大的冰雹打断了一根粗松树枝，当

① E l'aria era bianchissima. 这也许应该译成"空中闪耀着电光"。歌德和我在上面译的一样。†

时我正躲在那棵树下面，我还以为树下面安全。另一阵冰雹击中了我的马头，差一点把马打晕过去。还有一个打中了我，但没有直接打在我身上，要不然我就没命了。

可怜的老人列奥纳多·泰达尔迪像我一样正跪在地上，这时也狠狠地挨了一下，顿时被打趴在地上。我一看树枝不顶事，必须另想办法，我就一边吟诵"米泽里厄里"，一边用斗篷包住头。我又喊列奥纳多，他正尖叫着求救："耶稣！耶稣！"他要是能救自己，耶稣就能救他了。我照顾他比照顾我自己还费劲。

冰雹肆虐了一阵子之后终于停了下来。我们一个个被打得青一块紫一块，这时就挣扎着爬上了马。在去投宿的路上，几个人相互展示着各自的伤痕和肿块。

走了大约一里，我们看到一幅难以形容的凄惨景象，比我们受的罪还要厉害。所有的树叶子都被撸了个精光，树枝被折断，地里躺着很多死去的牲畜，很多放牧人也丧了命。我们看到很多大冰雹，大得两只手都抓不住。这时我们才感到自己已是两世为人，真是多亏了我们对天主的祷告，多亏了"米泽里厄里"，光靠我们自己是不行的。

我们对天主千恩万谢，第二天来到了里昂，在里昂停留了八天①。八天以后，我们的体力和精神得到了恢复，接着又继续赶路，平安无事地过了山。

到了山那边，我买了一匹小马，我带的行李把我的马累得太狠了。

---

① 切利尼待在里昂一事被一封信证实。信由路易吉·阿拉曼尼的儿子写给佛罗伦萨的贝内代托·瓦尔基，时间是 1545 年 7 月 7 日。切利尼显然住在佛罗伦萨富商潘恰蒂基家里。†

51

到意大利一天以后，加莱奥托·德拉·米兰多拉伯爵赶上了我们。他是乘邮车来的，看见我们以后他下了车，对我说我不该离开法兰西，我不要再往前走了，如果我马上返回，我的事业会比以前更加兴旺。而我要是一意孤行，就等于向仇人缴械投降，给他们提供伤害我的机会。我要是马上回去，就能阻止他们的阴谋，我最信任的人正是欺骗我的人。

伯爵只说了这些，其他就不再多说了，不过这件事他知道得一清二楚：费拉拉枢机主教已经和那俩无赖勾搭在一起了，就是我留下来为我管理财产的那俩家伙。

伯爵再三叮嘱我，无论如何我也要回去，然后他就乘上邮车继续赶路，而我和同伴一起，还是决定往前走。我心里一直摇摆不定，有时候想尽快抵达佛罗伦萨，有时候又想回到法兰西。为了摆脱这种因为犹豫不决而产生的焦躁不安，我决定乘邮车尽快赶到佛罗伦萨。我没有和驿站长商量就坐上了车，执意要到佛罗伦萨去受熬煎。

我与伊波利托·贡扎加阁下分了手，他赶往米兰多拉，我则掉头去了帕尔马和皮亚琴察。在皮亚琴察的一条街上，我碰见了皮耶尔·路易吉公爵[①]，他盯着我的脸认出了我。我知道就是因为他，我才被监禁在罗马的圣天使城堡，受了那么多罪，所以我一看见他血就往上涌。但我已经躲不过去了，就决定上前拜见他。

我来到皮耶尔·路易吉公爵跟前时，他刚吃完饭站起来，陪

---

① 皮耶尔·路易吉·法尔内塞，教皇保罗三世的儿子，1545 年 9 月才被正式任命为帕尔马和皮亚琴察的统治者，切利尼在这里使用"公爵"头衔是因为他是卡斯特罗公爵。†

伴他的是兰迪家族的几名成员，这几个人后来把他谋害了 ①。我一到他跟前，他就以无比的尊重和热情接待了我，还趁机向在场的几个绅士说，在我这一行里我是世界上首屈一指的艺术家，还说我曾在罗马监狱里受到长期关押。然后他转身对我说：

"本韦努托，我为你的不幸遭遇感到非常悲痛，我也清楚地知道你是无辜的，但我对你爱莫能助。总而言之，那是我父亲想满足你一些仇人的要求，这些人对我父亲说你说了他的坏话，我相信根本就没有这回事，我确实对你的灾难感到非常难过。"

这些话他翻来覆去地说，还说了很多类似的话，看样子像是要我宽恕他似的。然后他询问了我为最笃信基督教教义的陛下所做的活儿，我向他详细介绍的时候，他在一旁洗耳恭听。接着他问我是不是愿意为他效力。我回答说，我以名誉担保不能这样做，不过我要是完成了那些已经为国王开始做的大批活儿，我倒是愿意离开任何君主，专为公爵大人效力。

由此我们可以看出，任何冤枉和伤害无辜者的人，都无法逃脱天主的神威和惩罚。皮耶尔·路易吉公爵等于是当着几个人的面向我请求宽恕，而这几个人不久以后就为我报了仇，为很多遭到他杀害的人报了仇。所以任何君主，不管他有多么伟大，都不要嘲笑天主的公道，就像我认识的一些人那样，这些人残酷地虐待了我，这些事情我到适当的时候再说。

我写这些事并不是庸俗地自吹自擂，我只不过是要答谢天主，是他老人家多次把我从困苦中解救出来。我平常遇到挫折时，也总是向他老人家诉说，求他老人家保护我，把我自己完全托付给他老人家。我每一次竭尽全力自救以后，如果我失去勇气而且力

---

① 皮耶尔·路易吉于 1547 年 9 月 10 日遇刺身亡，死于伯爵焦万弗朗切斯科·安格西奥拉和伯爵阿格斯蒂诺·兰迪参与的一项阴谋，策划这一阴谋者是米兰总督费兰特·贡扎加，其死因有他政治上的错误和糜烂的私生活。†

量衰微，天主的神力就会向我显现，就会突然惩罚那些无理伤害别人的人，惩罚那些忽视天主赋予其重要和光荣职责的人。

52

我回到旅店以后，发现皮耶尔·路易吉公爵给我送来了丰盛的佳肴美酒。我饱餐一顿之后，就上马向佛罗伦萨走去。

到了佛罗伦萨以后，我找到了妹妹及其六个女儿，最大的已到了结婚年龄，最小的还在吃奶。她丈夫由于城里的各种原因而失了业。一年多以前，我曾经送来一些宝石和在法兰西制作的金首饰，价值两千多达克特。这一次我又带来一些，价值大约一千斯库多。我给他们的补助是每个月四个金斯库多，可我发现他们还是经常变卖我制作的金饰品，得到了不少钱。我妹夫极为老实，他怕惹我生气，就把自己几乎所有的东西都当了出去，整天为利息发愁，而我的钱则一点也没有动，看来我接济他们的钱还不能满足她一家的需要①。由此我知道他是个非常诚实的人，就想多给他些钱，我离开佛罗伦萨以前，还打算为他几个女儿都做好安排。②

---

① 这一段的意思有些含糊不清。切利尼好像是说，他妹夫把切利尼交给他的珠宝卖了，但没有把收益花掉，而是把钱放着，然后因为钱不够花而被迫借债。†
② 为六个姑娘安排婚事，即便是对切利尼来说也绝非易事。其中两个外甥女先后出家当了修女，切利尼的妹夫拉法埃洛·塔西死于1545年，妹妹雷帕拉塔显然第三次结婚，嫁给了一个名叫保罗·保利尼的金匠，此人后来帮助切利尼制作珀尔修斯像。†

53

这时是 1545 年 8 月，佛罗伦萨公爵在波焦 – 阿卡亚诺[①]，这个地方离佛罗伦萨大约十里。我到这里来拜见他，唯一的目的是向他致意，一是因为我是佛罗伦萨公民，二是因为我的先辈都是美第奇家族的追随者，而且我在家族中是最喜爱这位公爵科西莫的人[②]。

我刚才说过，我去波焦的唯一目的是拜会公爵，根本没有打算留下来为他效力，而万能的天主却为我做出了这一安排。我被领进去以后，公爵最为友好地接待了我，然后他和公爵夫人[③]就问我为国王做了啥活儿，我十分乐意地详细回答了这些问题。

听完我的叙述，公爵回答说，这些他都听说了，我说的都是实话。接着他以同情的口吻对我说：

"如此伟大的杰作，只得到这么一点报酬！我亲爱的本韦努托，你要是愿意给我做点活儿，我给你的报酬和国王给的会大不一样，你心好，说起他来还这样感恩戴德。"

听他这么一说，我就向他讲了我欠国王陛下的人情，陛下先把我从那个魔窟般的监狱里解救出来，然后又给我提供条件，让我做一些了不起的活儿，这些活儿任何像我这样的艺术家都没有

① 科西莫一世于 1537 年成为公爵，1569 年成为大公。波焦 – 阿卡亚诺是一座重要别墅，由朱利亚诺·达·圣加洛为"高贵的"洛伦佐·德·美第奇建造，里面有很多重要的壁画和艺术品。†

② 切利尼在自传开头说他祖先与美第奇家族关系密切，这只不过是虚张声势，往自家脸上贴金而已。无论切利尼是否真的喜欢公爵科西莫，他肯定需要科西莫的资助，因为他已断了退路，回不到法兰西了。然而，科西莫与法兰西的敌人为友，很多反对美第奇的人都流亡到法兰西，公爵自然对切利尼的动机有所猜疑。†

③ 埃莱奥诺拉·迪·托莱多（1522—1562），那不勒斯总督的女儿，1539 年嫁给科西莫，生下多个女儿，与西班牙和皇帝建立了密切关系。布龙齐诺画有她的一幅肖像，保存在佛罗伦萨乌菲兹美术馆，因而使她流芳千古。†

机会做。

我说这话的时候，公爵大人在椅子上如坐针毡，看样子他不能容忍我把话说完。我收住话以后，他回答说：

"你要是有意为我效力，我对待你的方式会让你吃惊，只要你做的活儿能让我满意，当然我对此毫不怀疑。"

我是个不幸的无名小卒，年轻时就离开了佛罗伦萨，这时非常渴望向家乡这所杰出的学校①展示一下，我虽然不在这里，但除了该校并不太看重的这个艺术门类之外，我还擅长其他艺术。于是我就对公爵说，我愿意用大理石或铜为他塑一尊巨像，放置在他那漂亮的市政广场上②。

公爵回答说，他想先让我做一尊珀尔修斯③像试一试，他早就想要一个这样有永久价值的作品，就让我为他做个小模型。

我很高兴地接受了这个任务，几个星期以后就做好了模型，大约有一肘尺高，是用黄蜡做的，所有细节都经过精雕细刻。我是经过最详尽的研究后，用最精湛的技术做成的。

公爵回到了佛罗伦萨，但好几天以后我才有机会让他看我的模型。看样子他好像以前从来没有见过我，也没有和我说过话，

---

① 有些学者认为，切利尼所说的这所学校是指佛罗伦萨的"美术学校"，但这所学校是科西莫在1563年创建的，在切利尼回到佛罗伦萨多年之后。切利尼当然想让大家把他当成个真正的艺术家，不仅仅是个金匠，他凭借其雕塑作品最终跻身艺术家之列。切利尼死后，美术学校为他举行了隆重的葬礼，把他埋葬在佛罗伦萨专门安葬艺术家的报喜教堂。切利尼也可能指的是另一所学校，即1541年创建的佛罗伦萨学校，其成员包括布龙齐诺和米开朗琪罗。不过这所学校主要关注保护托斯卡纳语的纯洁性。最有可能的是，切利尼所说的学校只是指当时佛罗伦萨的艺术环境——世界上最有影响的绘画、雕塑和建筑学校之一。†

② 当时科西莫居住在"旧宫"，就在这个广场前面。1549年，科西莫买下了皮蒂宫，以后就成为其主要邸宅。科西莫之后的托斯卡纳大公也都住在皮蒂宫，现在是一座博物馆。‡

③ 希腊神话中的英雄，其业绩包括斩杀了相貌丑陋的墨杜萨，从海怪魔掌下救出了美丽的安德洛墨达。‡

这使我担心将来和这位大人打交道凶多吉少。不过后来有一天午饭后，我把模型拿到他的保管库①，他和公爵夫人在这里一起看了模型，另外还有宫廷里的几个侍从。他一见就非常高兴，对模型赞不绝口，这时我才感到他可能还懂一点艺术。他拿着模型再三玩味，越看越喜欢，然后这样说：

"我亲爱的本韦努托，你要是能把这个小模型放大以后做得同样完美，那将是广场上最漂亮的作品。"②

我回答说："大人，现在广场上已经竖立着伟大的多那太罗的作品，还有无与伦比的米开朗琪罗的作品，他俩是自古以来两位最伟大的人③。既然大人对我的模型④如此赞扬，我有信心用铜把它做得至少有三倍这么好。"

我这样一说引起很大争议。公爵表示这些事他很清楚，他知道能做成个啥样子。我回答说，我做出来的作品能回答这一问题，足以消除他的疑虑，我有绝对把握做得远远超过我对大人的承诺，但他要给我提供做活儿所需的资金，没有资金我就无法兑现这个承诺。

大人就吩咐我把要求写在一份申请书上，详细说明我所有的需求，他会让人一一照办。毫无疑问，我要是精明地用契约形式

---

① 这是个非常宽敞的地方，科西莫在里面保存有很多艺术品，也建有一间金匠作坊。†

② 切利尼和科西莫都知道，佛罗伦萨一些最重要、最有象征意义的雕塑作品就矗立在这个广场上，有多那太罗的犹滴像，还有米开朗琪罗的大卫像。但无论是犹滴的业绩还是大卫的业绩，都传递出共和的信息——弱者战胜强者，平民战胜当权者。而科西莫想要的珀尔修斯像则有所不同，它传递的是秩序和稳定的胜利，象征着他的家族战胜了共和的混乱状态。当然，切利尼愿意制作这尊像还因为想与多那太罗和米开朗琪罗一决高下，一旦成功就能确立自己作为天才艺术家的地位。†

③ 注意切利尼说他们是最伟大的"人"，不是最伟大的"艺术家"。†

④ 可能是现存于佛罗伦萨国立博物馆里的那个模型。切利尼肯定制作了好几个模型，既有蜡模型，也有铜模型。†

得到我干活儿所需要的一切，就不会惹那么大麻烦了，招惹这些是非都是我自己的错。

公爵也太想制作这件作品了，太愿意为此而发号施令了。但我没有看出来他办事更像个商人，不像个公爵，就非常坦率地和他打交道。我把他当成了公爵，没有把他当成商人①。

我把申请书递交了上去，他答应的条件极为慷慨。我在申请书上说：

"最尊贵的大人、我的保护人，任何有效的申请，我们之间涉及的任何契约，都不依据言语或文字。整个事情的关键，就是我要按照自己的承诺完成这件作品。如果我完成了，我相信最尊贵的大人不会忘记对我做出的许诺。"

看到我写的这份材料，公爵被我办事和说话的方式迷住了，他和公爵夫人开始对我恩宠有加。

54

我心急如焚地想开始干活儿，就对公爵大人说我需要一所房子，这所房子既可以用来安顿我自己，也可以在里面支炉子，既可以做泥活儿和铜活儿，也可以单独做金银活儿。我知道，他很清楚我在这个领域里能够多么得心应手地为他效力，所以我需要一些合适的房间来做这些活儿。

为了让公爵大人知道我是多么迫切地希望为他工作，我已经选好了一座合适的房子②，这座房子我很喜欢，房子所在的位置我

---

① 印成仿宋体的这两个短语在切利尼手稿里被擦掉了，第一个短语擦掉后又增添上"很想制作一件最重要的作品"。可能是支持美第奇的人或切利尼的亲戚擦掉的，害怕这样说会得罪佛罗伦萨的统治集团。†

② 位于现在的科隆纳路，以前叫作罗萨奥路。†

非常满意。在大人见到我的作品之前，我不想向他索要任何钱物，就拿出从法兰西带来的两颗宝石，以此来求他为我买那座房子，并让他保存着宝石，直到我凭自己的劳动成果把房子挣回来为止。

这两颗宝石是我的工匠按照我的设计镶嵌的，看起来非常漂亮。他仔细看了宝石以后，说了下面一番暖人心房的话，我听了以后产生了虚假的希望①：

"把你的宝石拿回去，本韦努托！我要的是你，不是宝石。你将免费得到房子。"

接着，他在我写的申请书下面签署一项命令，这份命令我一直保存在我的书信文件集里②。命令的内容如下：

> 把房子的事过问一下，谁是卖主，什么价格，孤想满足本韦努托的要求。

有了这一命令，我以为肯定能得到这所房子，我太相信我的作品一定能远远超过我的许诺了。

公爵大人把这一命令交给了他的总管家去执行。总管家是皮耶尔·弗朗切斯科·里乔君③，来自普拉托，曾经是公爵的老师。我就和这个蠢驴谈，向他讲了我的要求，这所房子临近一个果树林，我想在树林里建个作坊。

总管家马上把这件事交给了一个骨瘦如柴的工薪出纳员，此人名叫拉坦齐奥·戈里尼④。这个干瘪的矬子手伸出来像个蜘蛛，

---

① "虚假的"在切利尼手稿里被擦掉了，在右边添上了"美好的"，看来抄写员试图淡化对公爵的批评。†
② 切利尼的申请书和公爵的命令都保存在佛罗伦萨国立图书馆。†
③ 皮耶尔·弗朗切斯科·里乔君（约1490—1564），秘书，大教堂主监，公爵的总管家。†
④ 1543—1545年担任佛罗伦萨政府官员。†

说起话来像蚊子叫，动作麻利得像蜗牛爬。他总算在一个倒霉的时刻给我运来了石头、沙子和石灰，如果精打细算的话，大概够用来盖一个鸽子窝。

我一看事情进展得如此慢热，心就凉了半截，不过我安慰自己说：

"虽然开头不顺，但说不定会有好结局哩。"

我抱有一线希望还因为我注意到，公爵把好几千达克特都挥霍到一些丑陋无比的雕塑上了，这些东西都是由布阿乔·班迪内利这个畜生制作的。我打起精神，踢着拉坦齐奥·戈里尼的屁股让他动作快一点，就像催一个瞎侏儒赶一头瘸驴一样。

在这种困难的情况下，我动用自己的钱，不久就规划好了作坊地基，用火烧掉了地上的树和藤蔓。不过我还是按习惯办事，胆子大，还带点疯狂劲。

另一方面，我依靠着木匠塔索，他是我的好朋友，我让他为珀尔修斯像做一个木框。这个塔索是个最有才华的人，我认为他是木匠里面最优秀的。他生性乐观开朗，我啥时候去看他，他都是笑脸相迎，嘴里用假嗓子唱着歌。

我泄气泄了一大半的时候，从法兰西传来了消息，说我在那边的事情又出了岔子。在佛罗伦萨这边，我的保护人态度不冷不热，前景也不太妙。所以塔索唱的歌我至少都听完一半，然后和这位朋友一起高兴一阵子，尽可能驱散一些郁结在心头的愁云惨雾。

55

我把前面提到的所有事情安排就绪，为我的大工程积极准备着，一部分石灰甚至已经用完了。就在这时，我突然接到通知，要我去见总管家。

我在计时钟①大厅见到了总管家，当时公爵大人已吃过午饭。进去以后，我对总管家表示了相当的尊重，而他则对我冷若冰霜，板着脸问我是谁把我安排到那所房子里的，是谁授权让我在那里建房的，说我这样不知天高地厚让他感到非常惊奇。

我回答说，是公爵大人把我安排到那座房子里的，是大人您以公爵的名义对拉坦齐奥·戈里尼下的命令。我接着说：

"拉坦齐奥运来了石头、沙子和石灰，提供了我需要的东西，他说是您下令让他这样做的。"

我这样说完以后，这个畜生更为刻薄地对我起誓，说我还有我提到的那些人，谁都没有说实话。

我一听这话就恼了，对他说道：

"总管家啊，只要您使用的语言与您高贵的身份相称，我就尊敬您，对您说话时就像对公爵那样充满敬意。但你要是对我来另一套，我只能称呼你为皮耶尔·弗朗切斯科·里乔君②了。"

这个家伙气得看样子当场就要发疯，预示着上天注定要给他这一惩罚③。他先是骂了一通，然后又说我竟然以平等的口气和他说话，这让他感到非常吃惊。我顿时就上了火，大声说道：

"那好，你给我听好了，皮耶尔·弗朗切斯科·里乔君！我会告诉你和我平起平坐的都是啥人，和你平起平坐的又是啥人——你们这号人不过是教小孩学字母的村夫子而已！"

他一听这话脸就抽搐起来，又抬高了嗓门儿，用更难听的腔调把刚才说过的话又重复一遍。我也摆出了威胁的架势，用傲慢来对付他的傲慢，明白地对他说，像我这样的人可以和教皇、皇

---

① 著名的宇宙计时钟，1484 年前后由洛伦佐·德拉·沃尔帕亚为"高贵的"洛伦佐·德·美第奇制作，当时被认为是技术上的一个奇迹。†

② 按当时的习惯，"先生"（Messer）是对身份高于平民者的尊称，"君"（Ser）是对平民的称呼，"阁下"（Signore）是对贵族和重要人物的尊称。†

③ 据记载，里乔于 1553 年患上精神病。†

帝和伟大的国王在一起侃侃而谈，这样的人在世界上也许没有第二个，而像他这一号人，在任何一个门口都能碰见十来个。

听到这话，他一下子跳到厅里的一个窗座上，问我敢不敢把刚才说过的话再重复一遍。我又重复了一遍，而且火气更大，劲头更足，还说我不想再为公爵效力了，我要回到法兰西，我想啥时候回去就啥时候回去。

这个畜生一听就吓得呆若木鸡，面如土色一般。我怒气冲冲地走了，决定离开佛罗伦萨。我要是真的离开就好了！

我认为公爵大人肯定没有马上知道这火爆的一幕，因为我等了好几天也没有听到他任何动静。我再也不想佛罗伦萨了，除了关心我妹妹和我外甥女的事情如何安排之外，其他任何事情我都不再考虑。我准备用我带来的那点钱尽量把她们照顾好，然后就尽快回到法兰西，再也不踏进意大利一步。我这样想好以后，就不打算再向公爵或任何人辞行了，而是要尽快离开这里。

一天上午，总管家低三下四地主动派人把我请去。他还是照例先来一通长篇大论，我听了半天发现既没有条理，也没有文采，更没有内容，简直没头没尾。我只是大概猜出来，他自称是一个虔诚的基督徒，对任何人都没有恶意，并以公爵的名义问我愿意接受多少薪俸。

听到这话，我警惕地站在那里好一会儿没有回答，拿定主意不打算待在这里。他看我站着一声不吭，还算是机灵地插了一句：

"本韦努托啊，公爵希望你有个回话。我对你说的这番话，是代表公爵大人说的。"

我只好回答说，既然他代表公爵大人问话，我当然乐意回答。我让他告诉公爵大人，我的薪俸不能低于他在这里雇的任何一个艺术家。

总管家回答说："班迪内利一年的收入是二百斯库多。如果你对这个数目感到满意，你的薪俸就这样定了。"

我同意了这个条件，又说如果我做的活儿还有赏金，可以在活儿做好以后再给我，在这方面公爵大人有眼光，就让他看着办好了。

这样，我就违心地继续干起来，公爵一如既往地对我恩礼有加。

56

我经常收到来自法兰西的信件，那是我最忠实的朋友圭多·圭迪先生写的。不过信上说的都是好消息，阿斯卡尼奥也让我只管放心，如果有啥事的话，他会马上告诉我。

这时，国王听说我已经开始为佛罗伦萨公爵效力了。国王是世上最好的人，常这样问道："本韦努托为啥不回到朕这里来？"国王向我的俩工匠分别追问这件事，这俩人都回答说，我已经写信对他们说我在这里很好，他们认为我不想再回来为陛下效力了。

这些蛮横无理的话实际上根本就不是我说的，国王听说以后非常生气，说：

"本韦努托是无缘无故地走的，我不会再把他召回来，就让他待在那里吧！"

这样一来，这俩贼坏子正好达到了自己的目的。我要是回到法兰西的话，他们就会再次成为我手下的小工匠；而我要是不在那里，他们就会山中无老虎猴子称大王了，所以他们千方百计地阻止我回去。

57

　　当时我正建造作坊，用来制作珀尔修斯像，这段时间我常在一楼一个房间里干活儿。我在这里做了个石膏模型，其大小与要做的铜像一模一样，打算依照这个模型来铸造。但我发现这样做花费的时间更长，就决定再换个办法试试。

　　这时，我建成了一间非常简陋的作坊，一砖一砖砌成的，建得真是一塌糊涂，我一想起来就头痛。我开始制作墨杜萨①像，用铁做成了框架，然后我放上泥，泥塑好以后再烘干。

　　和我一起干的只有俩小伙计，其中有一个长得很漂亮，他娘是个婊子，名叫甘贝塔②。我用这个小伙子做模特，因为这门艺术唯一的教科书就是天生的人体。我不能一个人干所有的活儿，就四处寻找工匠来加快工程进度，但一个人也找不到。

　　实际上佛罗伦萨有人愿意到我这里干，但班迪内利不让他们来。他让我在很长一段时间内缺少帮手，然后对公爵说我想挖走他的工匠，我自己没本事制作这么大一尊像。我向公爵抱怨说，班迪内利这个畜生快把我给气死了，所以求公爵大人从工程队③里给我抽调一些工匠来。

　　公爵听了我的请求以后，就相信了班迪内利的谗言。我意识到以后，就决定一个人竭尽全力地干。工作量是巨大的，我必须日夜不停地使出浑身解数。

　　就在这时，我妹夫生了病，几天以后就去世了，把我还算年

---

① 又译"美杜莎"，希腊神话中可怕的戈耳贡三姐妹之一，相貌丑陋无比，看到她的人会立即变成石头，后被珀尔修斯斩首。‡

② 小伙计名叫琴乔，他母亲名叫玛格丽塔·迪·马利亚·迪·雅科波·达·博洛尼亚。†

③ 指"大教堂工程队"，负责维修佛罗伦萨大教堂的一个常设机构。†

轻的妹妹和六个大大小小的外甥女撇给了我。这是我在佛罗伦萨经历的第一次大磨难，成为这样一个不幸家庭的家长和保护人。

58

我担心出差错，当时庭院里堆了很多废物，就派人找来两个劳工清理。这两人来自老桥，一个是六十岁的老头儿，一个是十八岁的小伙子。

雇了他们大约三天以后，小伙子就对我说老头儿不想干，我最好把他打发走，他不但自己不想干，还不让小伙子干。他还说，要干的活儿就那么一点点，他自己就能干完，犯不着再把钱扔给别人。

这个年轻人名叫贝尔纳迪诺·曼内利尼[1]，来自穆杰洛。我看他这么喜欢干活儿，就问他愿不愿意跟着我做仆人，这样我们当场就说定了。他为我养马，管理庭院，不久又试着帮我在作坊里干活儿。他干得很成功，逐渐把这门手艺学得相当好，我从来也没有遇见过比他更好的助手。我决定在这个小伙子的帮助下完成整个工程，就对公爵说班迪内利撒谎，不用他的工匠我照样能干得很漂亮。

就在这时，我的后腰出了点小毛病，不能干重活儿，我就很高兴地待在公爵的保管库里，另外还有两个年轻的金匠。这俩人是詹帕戈洛·波吉尼和多梅尼科·波吉尼[2]，他们在我指导下制作

---

① 切利尼认为他身材长得很标致，就以他为模特来制作珀尔修斯像底座上的墨丘利。†

② 詹帕戈洛·波吉尼（1518—1582），宝石匠和石刻匠，一开始为科西莫一世效力，后来到马德里从事徽章制作，很受腓力二世的青睐。多梅尼科·波吉尼（1520—1590），徽章制作家和雕塑家，在佛罗伦萨的波波利花园制作不少雕像，担任教皇西克斯图斯五世的铸币局局长。†

了一个小金杯，上面刻有很多浅浮雕人像和其他漂亮装饰，是为公爵夫人制作的，供她喝水用。公爵大人又让我做了一个金腰带，我在上面装饰有宝石和精致的人面像，还有其他想象出来的漂亮东西①。公爵经常来到保管库，极有兴致地看我干活儿并和我谈话。

我的后腰好转以后，我就让人把泥弄来，为公爵大人塑了一尊半身像，比真人要大得多，是他来这里玩儿的时候我为他塑的②。公爵大人对这件作品非常满意，对我好得要命，再三求我搬到他邸宅里去干活儿，他要为我选宽敞的房间，支上炉子并配备好我需要的一切，他非常喜欢看艺术品的制作过程。

我回答说，这是不可能的，要是这样的话，我一百年也完不成任务③。

59

公爵夫人也对我格外彬彬有礼，她想让我为她一个人干活儿，把珀尔修斯像和其他活儿都扔到一边。面对这些接踵而来的空头许诺，我本人则很清醒。我心里明白，用不了多久，那害人的厄运就会给我带来新的灾难，我眼前一直浮现着我想干好事时铸成的大错。

我指的是法兰西的那一摊子事。对于我离开，国王咽不下这口气，但他还想让我回去，只要能让他保住面子就行。我觉得自己一点错也没有，不想求他原谅，要是低声下气地写封信的话，我的仇人就会以法兰西人的方式说我认错了，他们冤枉我的那些

---

① 切利尼做的这两件物品都丢失了。†
② 科西莫一世的半身铜像，身穿盔甲，威武漂亮，新古典主义风格，1548年5月20日之前完成，1557年竖立在埃尔巴岛费拉约港的要塞上面，一直到1781年。现存佛罗伦萨国立博物馆。†
③ 这样他要与公爵交谈，一点活儿也干不成。†

错事就证明是真的了。出于这一原因，我就保持尊严，以坚信自己有理的语气写信，这正是我那俩叛逆徒弟求之不得的。我给他俩写信夸耀说，我在自己老家深蒙公爵夫妇的恩遇，他们是佛罗伦萨至高无上的主人。这俩家伙一收到这样一封信就去找国王，缠着国王要我那座城堡，就像当初国王把城堡给我那样。

仁慈的国王明察秋毫，根本就不同意这俩贼坏子的无理要求，他已察觉到这两人的险恶用心。但国王想吊着他们的胃口，也想给我回来的机会，就让他一个司库以很生气的口吻给我写了一封信。这个司库名叫朱利亚诺·博纳科尔西，是个佛罗伦萨人。信的大意是，如果我想维护自己在法兰西一直享有的诚实名声，就应该在无缘无故地离开法兰西之后，详细说明自己为陛下所做的一切。

收到这封信以后我极为高兴，就是叫我自己写，也只能写成这个样子了。我坐下来写回信，整整写满了九张纸。在这封信里，我详细描述了我做的所有活儿，描述了做这些活儿时遇到的所有困难，还有做活儿所花费的一切款项。所有这些钱都是由两个文书和陛下的一个司库给我的，我可以拿出收款人开的所有收据，不论是货物收据还是劳务收据。这些钱我一个子儿也没有侵吞，做好的活儿我也没有得到任何报酬，我带到意大利的只有国王陛下对我的厚爱，只有他金口玉言对我的许诺。我还说：

"除了国王陛下命人给我的薪俸之外，我没有通过这些作品得到任何收入，而且仍然欠着我七百金斯库多，我不到回去的时候作路费用，这笔钱就不付给我。我知道，我的仇敌出于忌妒而玩弄阴谋陷害我，但我相信真相必定水落石出。我为最笃信基督教教义的国王陛下感到自豪，绝不会做出利令智昏的事来。我确实知道，我为陛下所做的要远远超出我的承诺。尽管答应给我的报酬还没有给，我仍然会一如既往地守正不挠、高风亮节，除此

之外毫无牵挂。如若陛下对此有丝毫怀疑，只要一声召唤我就会
肋生双翅，向陛下禀明我的所作所为，纵有生命危险也在所不惜。
但我注意到，现在众人视我如敝屣，我无心回去自寻烦恼，我知
道无论我身在何处，都不会缺衣少食。不过要是叫我回去，我随
时都会响应。"

　　这封信还包括很多值得国王注意的进一步的详情，而且很得
体地维护了我的面子。

　　信送出去以前，我把它拿给了公爵，他很有兴趣地看了一遍。
然后我就把它发往法兰西，寄给了费拉拉枢机主教。

60

　　大约在这个时候，公爵的珠宝经纪人贝尔纳多内·巴尔迪
尼从威尼斯带来了一颗大钻石，其重量超过三十五克拉。维托里
奥·兰迪的儿子安东尼奥·兰迪[1] 也想让公爵把这颗钻石买下来。

　　这颗钻石本来雕琢得有一个尖头，但没有产生这样的钻石应
该有的纯洁光泽，钻石主人就把尖头切掉了，实际上它既不适合
尖头，也不适合切平面[2]。

　　公爵非常喜欢宝石，但对宝石知之甚少，就向那个赖皮贝尔
纳多内表示想买这颗钻石。贝尔纳多内这厮想自己独享把钻石骗
卖给佛罗伦萨公爵的荣誉，就不让其伙伴安东尼奥·兰迪知道这
件事。

　　安东尼奥·兰迪从小就和我要好，他发现公爵很信任我，就

---

① 佛罗伦萨商人，作家，在佛罗伦萨学校讲课。创作有喜剧《康茂德》，1539 年
　科西莫结婚时上演，1566 年出版。1559—1560 年与切利尼有法律纠纷，1555
　年买走切利尼一颗宝石。†

② 意大利人将经过雕琢的钻石分为三类：有切平面的（in tavola）、有琢面的（a
　faccette）和有尖头的（in punta）。†

把我叫到一边，当时已接近中午，在新市场①一角，他对我这样说：

"本韦努托，公爵肯定会让你看一颗钻石，看样子他想买，你会看到那是颗大钻石。请帮忙做成这笔买卖，我可以告诉你，我要价一万七千斯库多。我敢肯定公爵会征求你的意见，你要是看他真心想买，就想办法让他买下来。"

安东尼奥表示，他很有信心以这个价钱卖掉那颗宝石。

我回答说，如果我见到这颗钻石，又有人征求我的意见，我就会根据自己的判断来表态，对钻石不抱任何偏见。

我在前面说过，公爵每天都到我们金匠作坊②里待几个小时。我和安东尼奥·兰迪的谈话过后大约一个星期，公爵在一天午饭后把那颗钻石拿给我看，根据安东尼奥·兰迪描述的特征，根据其形状和重量，我一眼就认出了它。

我已经说过，这颗钻石的水色③不是很好，因此尖头被切平了，所以我一看是这个样子，就不想让公爵买。不过公爵大人把钻石拿给我看的时候，我还是问他想让我说啥，因为珠宝匠为君主评估宝石很有蹊跷，君主购买宝石以后估价是一回事，购买以前估价是另一回事。

公爵回答说，他已经买过了，只是想听听我的意见。我还是想让他看出来我对这颗钻石评价不高。他让我看了宝石的边缘④有多美，我回答说，钻石的这个特征并不像他想象的那么美，那是由尖头被切掉而造成的。

公爵发现我说的是实话，就把脸拉得老长，让我好好估一估

---

① 在旧宫附近的卡利马拉路上。†
② 前面说过，公爵想让切利尼和波吉尼两兄弟到宫里干活儿，这肯定就是宫里的那个作坊。†
③ 指宝石的透明度和光泽度。‡
④ 实际上就是钻石切割以后的棱角和棱边。†

它值多少钱。我心里想，安东尼奥·兰迪对我说是一万七千斯库多，公爵买时可能最多不超过一万五千斯库多。所以，我发现我一说实话他就生气了，就决定让他继续蒙在鼓里。我把钻石递还给他，说：

"您大概花了一万八千斯库多。"

公爵一听"哇"地大叫一声，嘴张得像个瓢似的，大声说道：

"现在我才知道，你对这一行一窍不通！"

我反驳说："是您错了，大人。您考虑的是维护这颗钻石的身价，而我考虑的则是看出它的本相。请您起码要告诉我付了多少钱，这样我才能从大人的角度将它看个究竟。"

公爵站了起来，咧了一下嘴说：

"本韦努托，它花了我两万五千多斯库多。"

说完他就走了。

说这番话时，在场的有那俩金匠詹帕戈洛·波吉尼和多梅尼科·波吉尼。刺绣工巴基亚卡[1]正在邻近房间里干活儿，听到动静以后就跑了过来。我对他们说，我不想让公爵买这颗钻石，但如果是他想买，安东尼奥·兰迪在八天以前给我提供的价格是一万七千斯库多，我相信我能以一万五千甚至更低的价钱买到它。公爵显然是想维护钻石的身价，要不然安东尼奥·兰迪愿意以那个价格出手的时候，贝尔纳多内咋能这样厚颜无耻地要弄公爵大人呢？我们压根儿不敢想象竟然会有这种事，对公爵所谓的轻信他人也就付之一笑。

---

[1] 安东尼奥·乌贝蒂尼（1499—1572），当时著名的刺绣工。†

61

在此期间，我继续做着墨杜萨像。我做好了铁框架，在上面堆上泥，按照解剖结构做得分毫不差，只是比以后做的铜像大约瘦半寸。我把它烘干，又在表面涂上一层蜡，按我的想法把它完成了。公爵经常来观看，他老是担心我用铜铸不好，甚至想让我请个师傅替我铸。

公爵继续不断地对我的学识和才艺给予最高的评价，而他的总管家也毫不示弱，想方设法陷害我。这个总管家在宫廷里身居要职，有权指挥这座不幸而又倒霉的佛罗伦萨城①里的治安官和所有官员。请想一想，一个普拉托人，我的夙世冤家，一个制桶匠的儿子，世上最无知的呆子，竟然爬到了这样一个举足轻重的显要位置，只不过是因为他是科西莫·德·美第奇担任公爵以前的臭教师！我刚才说过，他一直处心积虑地要坏我的事。他发现我无懈可击，就想出另一个办法来害我。

他找到我徒弟琴乔的母亲甘贝塔。一个是险诈的村学究，一个是下贱的老娼妇，这一对狗男女串通起来设下一个圈套，要把我吓得滚出佛罗伦萨。甘贝塔施展其婊子伎俩，遵照那个狂妄的无赖教书匠和总管家的命令出来活动了。我还要补充一句，总管家还拉拢了治安官，一个博洛尼亚人，后来由于类似的阴谋活动而被公爵解职。

一个星期六的晚上，日落三个小时以后，甘贝塔和她儿子一起来到我家，对我说她把儿子关在家里好几天了，这是出于对我的关心。我回答说，因为我而把他关起来实在没有道理，我嘲笑

---

① 印成仿宋体的这个短语含蓄地批评了美第奇的统治，结果也和前面几处一样，在手稿里被同一个人擦掉了，然后增添上"这座城市"。†

了她的婊子伎俩，当着她的面对她儿子这样说：

"琴乔，你知道咱俩是不是干过丑事。"

琴乔流着泪回答道："没有！"

一听这话，他母亲摇着头对他吼道：

"你这个小流氓啊！你以为我不知道这档子事？"

她又转过身来，求我把小伙子藏在我家里，治安官正在追他，在我家以外的任何地方都会被抓住，但在我家里却没有人敢动他。

我回答说，我家里住着守寡的妹妹，还有她六个清白的女儿，我不想让任何外人到我家里去。甘贝塔又说，总管家已对治安官下了命令，无论如何也要把我抓起来；既然我不想藏匿她儿子，付给她一百斯库多抵账也可以；总管家是她老朋友，她想让他干啥他就干啥，这一点我可以放心，只要我拿出来一百斯库多现金就行。

这一欺诈行为气得我哇哇怒叫，我冲她吼道：

"滚蛋，你这个不要脸的婊子！要不是考虑到我在世上的名声，考虑到你这个倒霉儿子的清白无辜，我早就用腰里别着的这把匕首抹了你的脖子了，我已经有两三次握住匕首把子了。"

我嘴里说着，同时把手伸出来，噼里啪啦地搡了她一顿，然后把她娘儿俩赶到街上去了。

62

考虑到那个恶学究的阴谋和淫威，我想最好还是先躲一阵子，等他这股邪劲过去再说。第二天一大早，我给妹妹留下了价值将近两千斯库多的珠宝和其他物品，带着我的仆人贝尔纳迪诺，上马直奔威尼斯而去①。到了费拉拉以后，我给公爵大人写了一封信，说我虽然未经指派就走了，不用叫我自己还会回去的。

到了威尼斯，我想到厄运花样翻新地折磨我，但又感到自己毕竟安然无恙，就决定照例对它敬而远之。我这样一边考虑着自己的事情，一边逛着这座美丽富饶的城市，拜访了令人钦佩的画家提香②，拜访了优秀的雕塑家和建筑师雅科波·德尔·圣索维诺。雅科波是我们佛罗伦萨公民，被威尼斯执政团委以重任，我们年轻的时候在罗马和佛罗伦萨就相互认识。这两位天才人物极为友好地接待了我。

第二天，我碰见了洛伦齐诺·德·美第奇先生③，他马上拉住我的手，对我表示了最热烈的欢迎，我在佛罗伦萨为公爵亚历山德罗铸硬币时就和他认识，后来在巴黎为国王效力时又见过面。这时他旅居在朱利亚诺·博纳科尔西先生家里，由于到别处玩要冒最大的生命危险，他常到我住所里一待就是大半天④，观看我做那些大件活儿。

我刚刚说过，由于我们以前就认识，洛伦齐诺就拉着我的手，把我领到他的住所，在这里我见到了最高执政官德利·斯特罗齐⑤，也就是皮耶罗大人的兄弟。大家欢聚的时候，他们问我打算在威尼斯待多久，他们以为我打算返回法兰西。我对这些绅士说，

---

① 手稿里米凯莱·戈罗的儿子的笔迹到此结束，以下三页半不知是何人所写，再往下才是切利尼亲笔撰写。手稿背面弄脏了，所以有学者认为，自传的写作到这里中断了一段时间。第二个抄写者的笔迹也出现在切利尼的一些书信和备忘录里，所以他可能是切利尼的好友或亲戚，但身份一直无法确认。†

② 提香·韦切利奥（1490—1576），当时最伟大的画家，此时在威尼斯过着豪华的生活。切利尼在自传里只有这一次提到提香。†

③ 即谋杀公爵亚历山德罗的凶手，1548年又被科西莫雇的刺客暗杀。†

④ 切利尼一方面为科西莫效力，一方面又和科西莫要刺杀的人在一起玩而不考虑后果，这似乎令人难以置信。但切利尼在法兰西期间，也同样满不在乎地和佛罗伦萨流亡者在一起，这些流亡者也是科西莫的死敌。†

⑤ 莱昂内·斯特罗齐（1515—1554），效力于弗朗索瓦一世和亨利二世。†

我出于前面提到的原因而离开了佛罗伦萨，打算两三天以后就回去，继续为伟大的公爵效力。

一听这话，最高执政官大人和洛伦齐诺先生就转过身来，极为严厉地看着我，我感到非常害怕。他们对我说：

"你回到法兰西要比回到佛罗伦萨好得多，你在法兰西又有钱又有名。你要是回到佛罗伦萨，就会失去在法兰西得到的一切，除了烦恼之外将一无所获。"①

听到这话我没有回答，第二天我就不声不响地走了，还是向佛罗伦萨走去。

在此期间，陷害我的阴谋诡计紧锣密鼓地策划了一阵子，随后就泡了汤，我已经给公爵大人写了信，向他详细说明了我逃到威尼斯的原因。我去觐见公爵大人的时候没有任何客套，他像平常那样正言厉色地接待了我。这样僵持了一会儿之后，他开始对我露出笑脸，问我到哪里去了。我回答说，我的心一直没有离开大人一丝一毫，尽管一些重要原因迫使我出去游逛了一阵子。他的态度又缓和了一些，问了我有关威尼斯的情况，这样我们又谈了一段时间。最后他吩咐我继续干活儿，完成那个珀尔修斯像。

我兴高采烈地回到家里，安慰了家人，也就是我妹妹和她那六个女儿。这样我又开始干活了，而且下了最大的劲儿。

63

我铸的第一尊铜像就是公爵大人的半身像，其泥模型是我在患腰疼病的时候在金匠作坊里制作的。塑像完成以后我很满意，我制作这尊像的唯一目的就是用泥做试验，以便为浇铸铜像积累

---

① 切利尼提到科西莫一世是个伟大的君主时，还以为反对科西莫的人不会表示反感，这同样令人惊奇。†

经验。

我当然知道，令人钦佩的雕塑家多那太罗铸造过铜像，他浇铸时用的就是佛罗伦萨的泥土，但我感到他在制作时遇到了巨大困难。我认为问题出在土质上，所以我想在浇铸珀尔修斯像以前，先做一番试验。通过试验我发现土质没有问题，是多那太罗没有完全了解泥土的特点，我可以看得出来，他吃了很多苦头才把像铸出来。

出于这一原因，就像我在前面说过的那样，我对泥土进行了加工，发现很好用，就用这种泥土铸出了半身像。但我还没有建好炉子，就借用了铸钟匠扎诺比·迪·帕尼奥师傅①的炉子。

我一看半身像浇铸得轮廓鲜明、光洁利落，马上就在公爵为我建的作坊里支起了一个小炉子，是按我自己的想法设计的，就在公爵给我的这所房子里。炉子一支好，我就全力以赴地铸造墨杜萨像，也就是在珀尔修斯脚下缩成一团的那个女人。这是件极端困难的工作，我亮出了平生所学的全部招数，以免出差错。

用我这个小炉子搞的第一次浇铸极为成功，表面光洁异常，朋友们认为我不需要再润饰了。这种浇铸方式是一些德意志人和法兰西人发明的，他们吹嘘自己身怀绝技，铜像浇铸好以后可以不必润饰，这纯是胡说八道，铜像铸好以后一定要彻底检查一遍，再用锤子和凿子敲打，最优秀的古代艺术家就是这样做的，现代艺术家也在这样做——我是说那些懂得铜像制作的现代艺术家。

这次浇铸的结果使公爵大人极为满意，他多次到我作坊里来观看，给予我极大的鼓励。可是那个班迪内利老是在公爵耳边瞎嘀咕，他那强烈的忌妒心使大人相信，这尊像的一两个部件铸造成功算不了啥，我根本不可能将这么大的一件作品拼接到一起，

---

① 菲耶索莱的波蒂吉亚尼家族成员，其家族大多数人都是铸钟匠。这位工匠还帮助詹博洛尼亚在博洛尼亚铸造尼普顿喷泉。†

因为我干这一行是新手，大人应该当心，别把钱给糟蹋了。

你还别说，他这样叨叨来叨叨去，还真把公爵的耳朵给叨软了，结果我应该付给工匠的一部分工钱被削减了，我不得不去找公爵大发牢骚。一天上午，我到仆人路去拜访他，这样对他说：

"大人，我现在得不到完成任务所需要的钱了，我怀疑您已对我失去了信任。我再一次告诉您，我完全可以把这尊像做得比模型好三倍，就像我原来向您承诺的那样。"

64

我这一番话对公爵没起啥作用，这可以看得出来，他始终一言不发。我突然上了火，异常激动地继续对他说道：

"大人，说实话，这座城市一直都是造就最伟大的天才人物的学校。可是当一个人学到一些知识，也赢得了一些声誉，希望为故乡、为伟大的公爵增光添彩的时候，他还是到外地去工作为好。为证明此话正确，大人，我只需要向您提一下过去的多那太罗，提一下伟大的列奥纳多·达·芬奇，还有现在无与伦比的米开朗琪罗·博纳罗蒂，这些人您都知道，他们都以自己的天才为您增了光。因此，我也同样希望能像他们那样发挥作用，所以请大人也允许我离开。不过我还要提醒您，不要让班迪内利离开，而是要给他所需要的东西。他要是到外地去，他的无知和傲慢必将为我们最光荣的佛罗伦萨学校丢脸。请允许我离开这里吧，大人！到目前为止的劳动报酬我就不要了，只求大人高抬贵手。"

公爵大人看我态度坚决，就有些生气地转身对我说：

"本韦努托，你要是想完成塑像，就啥也不会缺。"

我向他表示了感谢，说我最大的愿望莫过于让那些眼馋的人看看，我完全有能力做好我承诺的活儿。我离开大人以后收到一点补助，但还是不够用，只好自掏腰包，这样工程进度就比蜗牛爬得稍微快一点。

我喜欢在晚上到公爵的保管库里去干点活儿，多梅尼科·波吉尼和詹帕戈洛兄弟俩在这里为公爵夫人做金杯，另外还有一根金腰带，这我在前面提到过。公爵大人还让我做一个垂饰的小模型，用来镶嵌贝尔纳多内和安东尼奥·兰迪让他买的那颗大钻石。我无论如何也不想干这件活儿，但公爵软缠硬磨，非让我干不可，这样一直干到天黑四个小时以后。他甚至还花言巧语地让我在白天干，但我坚决不同意，我相信这肯定会惹他生气。

一天晚上，我去得比平常晚了一些，公爵就说：

"你不受欢迎！"

我回答说："大人，那不是我的名字，我名叫'受欢迎'！但我想您是在开玩笑，所以就不再多说了。"

公爵回答说，他说的是正经话，根本不是开玩笑，我做事应该检点，他听说我仰仗着得宠于他而骗人，今天骗这个，明天骗那个。

一听这话，我就求他赏我个脸，说出一个我骗过的人来。他一听就火了，说：

"去吧，你拿了贝尔纳多内的东西，还不去还给他！这不，我说出来了一个。"

我回答说："大人，谢谢您，劳您大驾费神听我说几句。不错，贝尔纳多内借给我一台旧秤、两个铁砧、三把小铁锤。十五天以前，我就让他的工匠乔治·达·科尔托纳派人把这些东西拿回去，是乔治亲自来拿的。大人，如果您从任何人那里打听到消息，从我出生那天直到现在，说我曾经从任何人那里骗过任何东西，不论是在罗马或是在法兰西，如果这些指控能证明是真的，那大人无论怎么惩罚我都可以。"

公爵看我肝火正盛，就摆出一副稳重宽厚的架子对我说：

"这些指责说的不是清白无辜的人。如果事实正如你所说的那样，我还会一如既往地善待你。"

我回答说："我要告诉大人，贝尔纳多内这个人行为卑劣，所以我想问一下大人，那颗切掉尖头的大钻石到底花掉您多少钱，我想说明一下这个无赖为啥要让我丢丑。"

公爵回答说："那颗钻石花了我两万五千达克特。你为啥要问我这个问题？"

"大人，因为在某一天，在某一时刻，在新市场的一角，维托里奥·兰迪的儿子安东尼奥·兰迪让我和大人您谈成一笔交易，我一问他就说钻石的要价是一万六千达克特①。现在大人该知道钻石的价格是多少了。我说的是实话，多梅尼科·波吉尼君和詹帕戈洛兄弟俩就在这里，您可以问问他俩是真是假，当时我马上就向他俩说了这件事。

"从那以后，大人，我就再也没有提过这颗钻石，因为您说我不懂，我就以为您是在维护宝石的身价。我想告诉您，大人，我确实懂。至于人品，我认为我的诚实绝不亚于世上任何一个人，无论他是谁。我绝不会一下子侵吞您八千或一万达克特，而是会以自己的勤劳去挣来。我在大人手下当一名雕塑匠、金匠和铸币匠，要说叨登人家的私事——我绝不会干！我现在说这些是为自己辩护，绝对不是为了告发人要四分之一赏钱②。这件事我当着恁多正人君子的面说，是不想让大人相信贝尔纳多内的话。"

公爵一听这话就火冒三丈，当即派人去找贝尔纳多内，贝尔纳多内吓得一直逃到威尼斯，安东尼奥·兰迪也和他一起走了。兰迪对我说，他说的不是那颗钻石，而是另外一颗。他们到了威

① 切利尼忘记了，他在前面说的兰迪的要价是一万七千达克特。†
② 当时罪犯被人告发后要交罚款，告发者可以得到其中的四分之一作为奖赏。†

尼斯又回来了，我马上去找公爵，这样说道：

"大人，我对您说的是实话，贝尔纳多内说的他借给我工具的事是假的。您最好查证一下这件事，我马上就去找治安官。"

公爵回答说："本韦努托，做一个诚实的人，就像以前那样，你不必担心。"

这件事就这样烟消云散了，我再也没听见有人提过它。

我忙着加工这颗宝石，做好以后我拿给公爵夫人，她说她喜欢我镶嵌的样式，就像喜欢贝尔纳多内让她买的这颗钻石一样。她要我亲手将钻石别在她胸前，并给了我一根大别针，我用这枚别针将宝石别上，我走的时候深得她的好感。①

后来，我听说他们让人将宝石重新镶嵌一番，是一个德意志人或其他外国人，这是真是假我不敢断言。这都是贝尔纳多内出的馊主意，说把钻石镶嵌在一个不那么精巧的底座上会更好看一些。

65

我相信我在前面讲过，金匠多梅尼科和詹帕戈洛兄弟俩在公爵的保管库里做金器，活儿是由我设计的，上面有浅浮雕刻成的故事，还有其他漂亮的装饰图案。我常对公爵大人说：

"大人，如果您愿意支付几个工匠的工钱，我准备为您的铸币局制作硬币，还想做您的像章。我做这些是想和古人一争高低，希望能超过古人。当年我为教皇克莱门特制作过像章，后来我手艺又大有长进，现在我要是再做，肯定比以前强得多。我相信我做的硬币肯定会超过以前为公爵亚历山德罗所做的，而那些硬币

---

① 《自传》手稿从这里开始由切利尼亲笔撰写，直到最后结束。†

到现在还有口皆碑。同样，我还想为您做大件金银容器，我以前常为伟大的法兰西国王弗朗索瓦做这些东西，多亏了他为我提供的诸多便利条件，我一点也没有耽误制作巨像和其他作品。"

公爵回答说："你干吧，我会考虑的。"

但他从来没有给我提供任何设备，也没有提供任何资助。

有一天，公爵大人交给我好几磅银子，对我说：

"这是我的银矿①产的一些银子，拿去做个漂亮的银器。"

我不想耽误我的珀尔修斯像，但还想为公爵效劳，就把容器连同我的设计图和蜡模型，一并交给了一个名叫皮耶罗·迪·马蒂诺②的无赖，他也是个金匠。他从一开始就做得很拙劣，后来干脆不做了，结果我花的时间比我自己亲手做还要多。

过了几个月，皮耶罗没有做这件活儿，也没有叫工匠们做，我就叫他把活儿还给我。我费了很大周折才把银器要回来，剩下的银子也一并要了回来，他一开始就做得很糟糕，就像我前面说过的那样。公爵听到这一争执以后，就派人把容器和模型都要走了，但再也没有对我提过这件事，也没有说出个因由来。我再说一句也就够了：他把我的部分设计图辗转交给不少人做，有威尼斯人，也有其他地方的人，结果做得一塌糊涂。

公爵夫人不断催我为她做珠宝活儿。我经常对她说，每一个人，甚至整个意大利，都知道我是个杰出的金匠，但意大利还没有见过我在雕塑上有何作为。这一行当里有些愤怒的雕塑家嘲笑我，把我叫作雕塑新手。"现在我想让他们看看：我是个雕塑老手，只要天主能保佑我做好珀尔修斯像，然后放到公爵大人那个

---

① 科西莫在坎皮利亚和彼得拉桑塔开有银矿作为爱好，在开采中赔钱多、赚钱少，到十七世纪终于放弃。†

② 皮耶罗·斯皮格利亚蒂，佛罗伦萨金匠，活跃于 1545 年前后，第二年由于没有偿还一笔借款而被判有罪。†

宏伟的广场上来展示。"回到家里以后我就闭门不出，昼夜不停地干，也不在宫里露面了。

不过我还是想让公爵夫人保持对我的好感，就为她做了一些小银器，有小奶锅那么大，上面用最罕见的古代风格刻上了极为雅致的人面像。做好以后我拿给夫人看，她最为彬彬有礼地接待了我，偿还了我花费的金银。然后我求夫人转告公爵大人，我承担这么大的工程却只得到很少资助，我还求她提醒大人不要轻信班迪内利的谗言，那样会妨碍我完成珀尔修斯像。

我含着眼泪哭诉完以后，公爵夫人耸了耸肩，说：

"公爵心里非常清楚，他那个班迪内利一钱不值。"

66

这时我待在家里，轻易不到宫里去，一心赶制我的塑像，不得不自掏腰包支付工匠报酬。公爵曾命令拉坦齐奥·戈里尼给工匠们开了十八个月的工钱，后来他烦了，就停发了这笔钱。我就问拉坦齐奥为啥不再给钱了，他朝我挥了挥他那双蜘蛛一般的手，像蚊子一样尖叫着回答说：

"你为啥不完工？人家还以为你永远也干不完了呢。"

我马上愤怒地回答说："你真该死，那些胆敢认为我完不了工的人都该死，统统都要染上瘟疫！"

我垂头丧气地回到家里，对我那不幸的珀尔修斯像感到绝望，想起自己抛弃了在巴黎的富贵荣华，在贤明国王弗朗索瓦的保护下我应有尽有，而在这里却要啥没啥①，想到这里我哭了，好多次我都想一死了之。

有一次，我骑上我的一匹好马，往钱袋里装了一百斯库多，到菲耶索莱去看望我的一个私生子，我把他寄养在一个朋友家里，她是我一个工匠的妻子。到了她家里，我看到孩子身体挺好，就亲了他，心里非常难过。我走的时候他不让我走，用他那双小手紧紧抓住我号啕大哭。他只有两岁左右，没想到这么小的娃娃竟有这么悲痛。绝望之中我把心一横，要是碰见班迪内利，抓住他就把他摔死，他每天晚上都到他的一个农庄里去，农庄位于圣多梅尼科那边②。想到这里我一把甩开孩子，任凭他在那里呼天抢地。

我向佛罗伦萨走去，刚走到圣多梅尼科广场，班迪内利就从广场另一边过来了。我马上就决定开杀戒。但我来到他跟前一看，他没带武器，骑着一头半死不活的小骡子，看着就像驴一样，带着一个大约十岁的男孩。他一看见我就吓得面如死灰，浑身上下哆嗦不止。我马上觉得动武是很卑鄙的，就对他说：

"怕啥啦，脓包！打你我嫌弄脏了手。"

他怯生生地看着我，屁都不敢放一个。这时我开始冷静下来，感谢仁慈的天主阻止了我的一次可怕的暴力行为。杀气消散以后，我情绪开始好转，就对自己说：

"只要天主开恩，让我完成珀尔修斯像，我就能用它来制服我所有的仇敌，这比杀一个仇人出气要解恨得多。"

想着这个主意，我回到了家里。

---

① 据切利尼自己的说法，他在法兰西过的日子也并不是那么惬意。出于性格的原因，无论他走到哪里，都会与竞争对手和保护人闹矛盾。不过相比之下，切利尼从国王弗朗索瓦手里得到的资助，还是比从公爵科西莫手里得到的多，弗朗索瓦也比科西莫更可靠。†

② 瓦萨里在班迪内利传里说，班迪内利急于发财置业，就买了一座漂亮的农庄。他对切利尼从法兰西一回来就受宠感到妒忌，对这位竞争对手"一眨眼"就从金匠变成雕塑家感到迷惑不解。†

三天以后，噩耗传来，我那唯一的儿子被我朋友闷死了①，这给我带来了一生中最大的悲痛。不过我像往常一样跪在地上，含着眼泪答谢天主说：

"主啊，您给了我孩子，又把他带走了，我还是衷心感谢您做的一切。"

这一巨大的悲痛几乎使我丧失理智，但我还是像往常一样随遇而安，尽可能使自己适应新的情况。

67

大约在这个时候，一个小伙子辞掉了在班迪内利那里的工作，问我能不能给他找活儿干。他名叫弗朗切斯科，是铁匠马泰奥的儿子。我同意了，就安排他润饰墨杜萨像，这尊像已经铸好了。

两个星期以后，这个小伙子对我说他见到了师傅，也就是班迪内利，师傅让他转告我，说如果我想雕一尊石像，他会给我一块漂亮的石头。我马上回答说：

"对他说我愿意要。也许这块石头会成为他的墓碑，他老是找碴儿刺挠我，也不想想他在圣多梅尼科广场上遇到的巨大危险。告诉他，我一定要得到这块石头。我从来没有说过他，而这个畜生却一直不停地给我惹麻烦。我相信你是他派到我这里干活儿的，唯一的目的就是给他当眼线。去吧，告诉他我一定要得到这块石头，他不愿意给也得给，你一定不能空着手回来。"②

---

① 婴儿经常和大人睡在一张床上，所以经常被奶妈和其他成年人闷死。切利尼的这个儿子名叫雅科波·乔瓦尼，11 月 27 日由他的模特多萝蒂亚所生，1554 年 4 月获得合法身份。†

② 1546 年 6 月 23 日，切利尼写信索要大理石，以挖苦的口气说他在雕塑上只有班迪内利这么一个师傅，而且希望能在成就上超过师傅。†

68

　　我有好多天没有在宫里露面了。一天上午，我突然心血来潮，就到宫里去了，公爵差不多把饭吃完了。我听说那天上午公爵大人谈到了我，对我评价很高，尤其赞扬我镶嵌宝石技术高超。所以公爵夫人一看见我，就让斯福尔扎先生[1]把我叫过去。

　　我来到尊贵的夫人面前，她让我把一颗小尖头钻石镶嵌在一枚戒指上，说她会一直戴在手上。她把尺寸和宝石给了我，宝石价值大约一百斯库多，并让我赶快做。

　　公爵马上就和夫人商量这件事，对夫人说："毫无疑问，本韦努托以前在这门艺术上盖世无双，可现在他不干这一行了，我相信你要的这枚小戒指会给他带来太多麻烦。所以，我请你不要勉强他做这个小玩意儿了，这对他来说是个大难题，他长久不练，功夫都荒疏了。"

　　听到这话，我谢过公爵的好意，但求他允许我为夫人聊尽微力。我马上就动手干，没过几天就完成了。这枚戒指是戴在小指上的，所以我用圆雕刻出了四个儿童像和四个人面像，这些像组成了一个圆环。我还腾出地方做了一些上彩的水果和连接环，这样宝石和底座就连接得天衣无缝。我马上就把它拿给公爵夫人，她温文尔雅地对我说，我做得非常漂亮，她会赏赐我的。后来她把这枚戒指送给了腓力国王[2]。

　　从那以后，她不断给我安排活儿，不过很客气，所以我尽全

---

[1] 即斯福尔扎·阿尔梅尼，佩鲁贾人，公爵科西莫的管家。斯福尔扎向世子佛朗切斯科透露，说科西莫与埃莉奥诺拉·德利·阿尔比齐有奸情，二人还考虑结婚，1566年5月22日，科西莫在盛怒之下亲手把他杀死。埃莉奥诺拉·德利·阿尔比齐是公爵科西莫的情妇。†

[2] 西班牙国王腓力二世，查理五世的儿子，英格兰女王玛丽一世的丈夫。‡

力为她效劳，尽管我轻易不见她拿出钱来。只有天主知道我急需钱，我巴望着早日完成珀尔修斯像，还雇了一些年轻工匠，他们的工钱都是我自掏腰包支付的。

这时，我抛头露面的次数比前一段多了起来。

69

一个节日的午饭后，我进了宫，来到计时钟大厅，看到保管库的门敞开着。我朝里面走的时候，公爵喊了我，很友好地打了一声招呼说：

"欢迎！请看这个箱子，是帕莱斯特里纳家的斯特凡诺大人①送给我的。把它打开，看看里面是啥。"

我打开一看，便对公爵惊叫起来：

"大人，是一尊希腊石像，美得令人惊奇。我敢说，在我所见到的古代作品中，没有任何一个男孩像制作得如此漂亮，风格也比不上这个优美。如果大人允许，我想把它修复一下——头、胳膊和脚。我想添一只鹰，这样我们可以给小伙子命名为该尼墨得斯，当然，修补雕像对我没有啥好处，那是草包匠人干的活儿，他们会昧着良心干。不过，这位古代大师所展示的艺术水准非常了不起，我想帮帮他。"

看到雕像这么美，公爵也感到非常高兴，问了我很多问题，说：

"详细告诉我，本韦努托，这位古代大师的艺术才华让你这么推崇，那么他的才华究竟表现在哪儿？"

于是我就尽我的能力，向大人讲了雕像的残存部分所表现出

① 斯特凡诺·科隆纳，著名将领，先后在西班牙、法兰西和佛罗伦萨服役，1542年以后担任科西莫的中将，卒于1548年。†

来的工艺美、无懈可击的技术和罕见的风格①。就这些话题我讲了
很长时间,我发现公爵大人非常感兴趣,就讲得更加起劲了。

70

我正这样津津有味地向公爵讲着,一个侍从官从保管库里走
了出去,班迪内利也同时走了进来。公爵一看见他,脸就抽搐起
来,冷冰冰地问道:

"来此有何贵干?"

班迪内利没有回答,马上扫了一眼那个箱子,当时盖子开着,
雕像露了出来。他突然奸笑了一下,摇着头转身对公爵说:

"大人,这正好说明我经常对您说的一句话是正确的。您要知
道,古人根本不懂解剖学,所以他们的作品错误百出。"

我一句话也没有说,对他的话听而不闻,实际上我背着脸根
本就没有理他。

这个畜生巧舌如簧地瞎说完以后,公爵说道:

"本韦努托啊,这和你刚才的一番高谈阔论迥然不同。来为这
尊像说句话吧。"

公爵的盛情难却,我马上回答说:

"大人,您要记清楚,布阿乔·班迪内利这个人从头到脚都冒
坏水,他一直都是这么坏。所以,无论什么东西,哪怕是十全十
美,经他那双贼眼一溜,马上就变得一无是处。而我这个人只喜
爱美的东西,所以能够更清楚地看出真相来。我对大人说这尊像
好,只不过是说了句大实话。而班迪内利说这尊像不好,只是他
那坏透的身上流出来的一股坏水。"

---

① 切利尼修复的这一雕像现存佛罗伦萨国立博物馆。†

公爵站在那里听得心花怒放，班迪内利则神情沮丧，脸变得如丑八怪一般，他那张脸生来就丑陋无比，那一副寒碜相可想而知。

公爵突然转身走了。他穿过一楼几个房间，班迪内利在后面跟着。几个管家扯着我的斗篷，让我也跟了上去，我们就这样一起跟着公爵来到一个房间，公爵大人坐了下来，我和班迪内利分别站在他左右两侧。我闭口不言，聚集在周围的几个仆人都盯着班迪内利，小声地笑谈着我在楼上那个房间里说过的话。

这时，班迪内利开始发话：

"大人，我的赫拉克勒斯和卡科斯①揭幕的时候，我相信写我的十四行诗有一百多首，充满了无知小人对我的恶毒咒骂。"②

我回答说："大人，米开朗琪罗·博纳罗蒂为他的圣器室③揭幕的时候，人们看到了很多漂亮的雕像。在我们佛罗伦萨这所了不起的学校里，有才能的人物总是喜欢真实和美好的东西，所以他们发表了一百多首十四行诗，竞相赞美这些杰作。班迪内利的作品就应该受到他所说的人们的咒骂，米开朗琪罗的作品也应该受到人们的热情赞扬。"

我这一番话可把班迪内利气炸了，他转身对我吼道：

"还有你，你对我的作品有啥可说的？"

"你要是有耐心听下去，我就告诉你。"

---

① 班迪内利的这一作品于1534年4月安放到市政广场上。依照佛罗伦萨和罗马的习俗，要给新揭幕的塑像写诗或写评论，班迪内利的作品得到的并非都是赞扬。那块大理石本来是为米开朗琪罗准备的，米开朗琪罗想用它来塑一尊赫拉克勒斯像，与他的大卫像放在一起。但1525年克莱门特七世把石头交给了班迪内利，班迪内利于1530—1534年完成了这尊雕像。†

② 瓦萨里证实了这一说法。佛罗伦萨人极为愤怒是因为班迪内利从米开朗琪罗手里夺走了作品创作权，公爵亚历山德罗不得不监禁讽刺诗的作者。†

③ 新圣器室，在圣洛伦佐教堂，米开朗琪罗于1520—1534年在这里建造了美第奇陵墓小礼拜堂，但没有完工，1545年由他的助手装配完成并对公众展示。其中的作品包括美第奇家族两位君主的塑像，还有著名的"白昼，黑夜，黎明，黄昏"四尊塑像，对切利尼的盐盒和其他雕塑作品产生了重要影响。†

"你说吧。"他回答道。

公爵及其在场的随从都等着洗耳恭听。我就开始慷慨陈词：

"你要知道，指出你雕像的缺陷我会感到非常痛苦，不过我不打算谈我个人的感受，我只想概括一下最优秀的佛罗伦萨学校是如何评价的。"

这个畜生不住地说着难听话，一边说一边指手画脚，气得我越说越粗鲁，他要是规矩些我就不会这样说了。我说：

"那么，这所优秀的学校说，要是把你那赫拉克勒斯的头发剃掉，他的脑壳里就盛不下脑子了。大家说，很难看出来他那张脸究竟是人脸，还是狮子与牛混合成的杂种脸，脸与身体的动作也不协调，头和脖子连接得极为拙劣，一点艺术性也没有，再没有怎难看的东西了。

"大家说，他那懒散的双肩好像驴子驮鞍的前鞍桥，胸部和全身的肌肉不是根据人塑造的，而是根据靠在墙上竖立起来的一袋瓜设计的。腰也是这样，好像是根据一袋西葫芦设计塑造的。谁也说不清他那两条腿是怎么和那烂身子连在一起的。

"我们也看不出来他是靠哪条腿站着，或是靠哪条腿用力，更不像是靠双腿站着，才疏学浅的雕塑家有时候会这样处理。显然，他的躯体往前倾斜三分之一肘尺还要多。单凭这一点，就可以说是二把刀、三脚猫犯的最严重、最不可原谅的错误。

"至于胳膊，大家说两条胳膊往下耷拉着，一点风度也没有，显示不出一点真正的艺术才能，好像你从来也没有见过裸体模特一样。

"另外，赫拉克勒斯的右腿和卡科斯的右腿之间是一团肉，要是把他俩分开的话，不是一个人，而是两个人都在连接的地方缺腿肚。大家还说，赫拉克勒斯一只脚埋在地里，而另一只脚好像是放在烧红的煤块上。"

71

我这样——列举卡科斯像的可恶缺点，这个家伙可就受不住了。首先，我说的是实话；其次，我是当着公爵和在场所有人的面撕下了他的假面具。从表情和姿势上看，大家一开始感到吃惊，然后就相信我说的千真万确。这个可怜的家伙突然大叫起来：

"你血口喷人！为啥不说我的设计？"

我反驳道："优秀的设计者根本不会做出坏作品，所以我相信，你的设计图和你的雕像没啥两样。"

班迪内利看到公爵脸上眉飞色舞，其他旁观者也做出挖苦的动作，就摆出一副蛮不讲理的架势，把他那张丑陋无比的脸扭过来，对着我尖叫道：

"闭嘴，你这个鸡奸犯！"

听到这话公爵一皱眉，其他人则撅着嘴怒视着他。他当着众人的面侮辱我，差点没把我气疯。但我很快就恢复了理性，对他的话一笑置之：

"你这个疯子！这太不像话了。我真希望能懂得你提到的这种崇高艺术。我们在书上看到，朱庇特和该尼墨得斯在天堂里玩过[①]；在尘世间，一些最伟大的皇帝和国王也这样玩儿。而我不过是一介草民，对这一精彩的游戏既没有权利玩儿，也不知道咋样玩儿。"

我一说完，公爵和他的随从再也忍不住了，一个个笑得前仰后合。

您要知道，诸位看官，虽然我表面上喜眉笑眼，可肚子里肺

---

① 在西方神话中，朱庇特与该尼墨得斯被认为是一对同性恋者。‡

都要气炸了。您想想，一个最下贱的流氓，竟敢当着这么伟大的一位公爵的面来糟践我。但您还要知道，他糟践的是公爵而不是我，我要是不在御前，早就把他打死在地上了。

这个无赖一看大家一直笑个不停，就想改变话题，把大家的注意力转移开，不再笑话他，就这样说道：

"本韦努托这个家伙到处瞎吹，说我答应给他一块石头。"

我马上就打断了他的话："你说啥？不是你让弗朗切斯科对我说，我要是想做石像，你就给我一块石头吗？就是那个铁匠马泰奥的儿子，你作坊里的小伙计。石头我接受了，我要。"

他反驳道："放心吧，你永远也得不到那块石头。"

刚才他就侮辱了我，我还窝着一肚子火，这时我就失去了理智，忘记了这是在公爵面前，就怒火满腔地吼叫道：

"我明白地告诉你，你要是不把那块石头给我送到家里去，你就准备好下地狱吧。只要你还待在这个世上，我就非让你断了这口气不可。"

这时我才突然反应过来，我是在一位伟大的公爵面前，便谦恭地转过身去，对大人说：

"大人，一个人歪嘴，十个人嘴歪。这个人的疯狂行为一时把我气糊涂了，我冒犯了大人，忘乎所以了，我乞求您的宽恕。"

公爵对班迪内利说："你真的答应把石头给他了吗？"

班迪内利回答说是真的。公爵就对我说：

"到工程队里去选一块你满意的石头。"

我申辩说，他已经答应把石头送到我家了。我俩又说了一些不客气的话，我始终不答应以别的方式得到石头。

第二天上午，一块石头送到了我家。我问是谁送的，送石头的说是班迪内利，这正是他答应给我的那块石头。①

72

我马上就派人把石头搬进作坊，然后就开始凿。在粗凿期间，我又开始做个模型。但我已急不可待地要做石雕像，根本没有耐心按艺术的要求坐下来把模型做好。我很快就发现，这块石头敲打起来声音不正常，这使我常常后悔动手做这件活儿。不过我还是尽量做出来了——也就是阿波罗与雅辛托斯②，这件作品还在我作坊里没有完成③。

我这样忙着做石像的时候，公爵来到我家，常这样对我说：

"把你的铜像先放到一边，我想看你做这尊石像。"

我马上就拿起凿子和锤子，欢快地干了起来。公爵问我石像模型的情况，我回答说：

"公爵大人，这块石头已经破裂了，但我还是想用它雕出点东西来，所以我没能做好模型，不过我会继续做下去，能做个啥样是啥样。"

公爵派人火速赶到罗马，去弄一块希腊石头，以便让我修复那个古代的该尼墨得斯，就是因为这尊该尼墨得斯像，我才与班迪内利吵了一架。这块希腊石头运来以后，我觉得将它截断去做该尼墨得斯所缺少的头、胳膊和其他部位实在太可惜了，就另找了一块石头代替，而将这块希腊石头留着做那喀索斯④，为此我专

---

① 瓦萨里在其《班迪内利传》里证实了切利尼所说的这件事。但据瓦萨里的描述，班迪内利在这次唇枪舌剑中似乎并没有切利尼说的那样狼狈。†

② 这是希腊神话中的又一对同性恋者，后来雅辛托斯被阿波罗误杀。‡

③ 这件作品现存佛罗伦萨国立博物馆。†

④ 希腊神话中的美少年，因拒绝回声女神的求爱而受惩罚，让他爱上自己在水里的倒影，死后化为水仙花。‡

门做了一个小蜡模型。

我发现这块石头有两个洞，有四分之一肘尺深，足有两寸宽。这样我就得选择像的姿态，这可以从雕像上看出来，以此来避开那两个洞，结果像做好以后完全看不出来。但由于长年累月的风吹雨打，雨水已经从洞里渗透到石头内部，结果石头已经腐蚀了。

关于石头洞上方受腐蚀的程度，我在阿尔诺河发大水[①]的时候已经验证过了。当时河水漫进作坊，深达一肘尺半还要多。那喀索斯像放在一个木架子上，水把它冲倒了，石像从胸部上面摔成两半，我不得不把这两半连接起来。为了让断缝不被人看出来，我用花环将断缝盘绕起来，现在仍可以在像的胸部看到这一花环。[②]

我继续制作像的表面，利用日出之前的个把小时，有时候利用节日，这样才不耽误制作珀尔修斯像。

一天上午，我准备好几把小凿子开始制作那喀索斯像，一个很小的碎钢片飞进了我的右眼，深深地钻进瞳孔里取不出来了，我以为这只眼睛肯定要失明了。

几天以后，我派人请来了外科医生拉法埃洛·德·皮利师傅[③]。他弄来两只活鸽子，让我躺在一张桌子上。他抓住鸽子，用一把小刀在翅膀下面切开一根大血管，让血滴到我眼里。我顿时感到很舒服，两天以后碎片就出来了，也不感到疼了，视力大为好转。

离圣露西亚[④]节还有三天的时候，我用一枚法兰西斯库多赶制

[①] 1557 年 8 月的大洪水。†

[②] 此像现存佛罗伦萨国立博物馆，花环早已不见，但胸部上面的断缝清晰可见。†

[③] 佛罗伦萨人，活跃于 1550—1560 年。†

[④] 意大利锡拉库扎的处女殉教者，公元 304 年死于罗马皇帝的宗教迫害。据说她的眼睛非常美丽，再加上她的名字在拉丁语里就是"光明"的意思，后来被尊奉为眼睛的保护圣徒。到切利尼的时代，对她的崇拜已遍及整个意大利和西班牙。纪念她的节日在 12 月 13 日。‡

出一只金眼睛，让我一个外甥女把它奉献给圣露西亚，也就是我妹妹雷帕拉塔的一个女儿，当时大约十岁。在这个外甥女的陪伴下，我答谢了天主和圣露西亚。

在此之后很长一段时间，我没有做那喀索斯像，而是加紧赶制珀尔修斯像，其间遇到重重困难，我在前面已经提到过。我打算把这尊像完成，然后离开佛罗伦萨。

<h1 style="text-align:center">73</h1>

墨杜萨像浇铸得极为成功，这使我完成珀尔修斯的信心大增。蜡我已经涂好，我相信用铜浇铸出来以后，肯定可以和墨杜萨相媲美。蜡模型产生的效果实在太好了，公爵看了以后完全被它的美吸引。也许是别人对他说用金属铸造达不到同样效果，也许是他自己就是这样认为的，反正他往我家里来得比以前更勤了。

有一次，公爵对我说：

"本韦努托，这尊像用铜铸不成，这根本不符合艺术规律。"

公爵这句话让我感到椎心泣血一般，我回答说：

"大人，我知道您对我没有多少信心，我相信这是因为您轻信了我仇人对我的毁谤，要不然就是您根本不懂艺术。"

我刚说完这句话，他就插嘴说：

"我是个艺术鉴赏家，当然很懂艺术。"

我马上回答说："是的，您懂，但您像个艺术保护人，不像个艺术家。如果您像您想象的那样懂行的话，一看我铸出来的漂亮作品您就会信任我。

"第一个作品是您那尊巨大的半身铜像，您把它运到了埃尔巴。第二个是修复的该尼墨得斯石像，它给我带来了重重困难，我费了很多周折，比我从头再做一尊像还要难。第三个就是这尊墨杜萨像，就在大人您面前，这是我用铜铸造的，我在制作中显示出的功力和技术，要胜过从事这一艺术的任何前辈艺术家。

"大人请看！这个炉子完全是我建起来的，我用的方法和别人的大不一样。除了很多技术上的改进和精巧的装置以外，我还给它增加了两个金属出口，因为这尊像曲里拐弯，很难铸造，没有这两个出口，就不可能把像完美无缺地浇铸出来。正是由于我对方法和器具的真知灼见，这尊像才得以制作成功，这在所有同行看来都是不可能的。

"大人，我还想让您知道，我在法兰西的时候，在最令人钦佩的国王弗朗索瓦手下，我完成了很多伟大艰巨的工程。毫无疑问，唯一的原因就是那个圣明的国王给了我慷慨资助，给了我大批工匠供我使唤，因而使我勇气大增，我要多少工匠就给我多少，有时候雇工超过四十个，全部是我挑选的。正是出于这些原因，我才能在那么短的时间内，完成了那么多优秀作品。我说，大人，相信我吧，给我提供我需要的帮助吧，我相信我能够完成一件让您满意的作品。但您要是继续给我泼冷水，不给我提供必不可少的资助，不论是我还是世上活着的其他人，谁都无法完成有丝毫价值的作品。"

74

公爵尽量克制住自己而听我表白，站在一旁如芒刺在背，身子不停地转过来转过去。而我，不幸的我，绝望之中想起了在法兰西时的尊贵显达，不禁黯然神伤。公爵突然喊叫起来：

"行啦！本韦努托，告诉我，墨杜萨那漂亮的头，由珀尔修斯抓在手里高高地举着，怎么可能完美无缺地浇铸出来呢？"

我马上就回答说："请看，大人！如果您真像您声称的那样懂艺术，您就一点也不必为您说的那个漂亮的头担心，您倒是有足够的理由担心这只右脚，它是那么低，离别的部位又那么远。"

听到这话，公爵有些生气地突然转过身去，对几位侍从这样说：

"这个本韦努托就是这样自以为是，专门和别人作对。"

公爵又把脸扭过来，以近乎嘲笑的神情看着我，他几个侍从也亦步亦趋地加以效仿。公爵对我这样说道：

"把你的理由都说出来，我洗耳恭听，这样我才能相信你。"

我回答说："我提出的理由有足够的说服力，大人听了以后会完全信服。"我接着说道：

"您要知道，大人，火的本性是往上升，因此我向您保证，墨杜萨的头能完好地浇铸出来。但火自己不会往下降，我就要用艺术手段迫使它下降六肘尺，所以我以这个最基本的理由告诉您：脚不大可能浇铸出来。不过我可以把它修补出来，这很容易。"

公爵问道："你为啥不设计得让脚也能浇铸出来，就像浇铸头那样？"

我回答说："那我就要建一个大得多的炉子，管道就要像我的腿一样粗，这样熔化的金属就能靠自身重量降落到那个部位。现在我的管子到像的脚部有六肘尺，还没有两个指头粗，再改建又划不来，我在前面已经说过，我可以很容易地把缺的地方补出来。我估计模子浇满一大半以后，火凭借本性自然会往上升，这样珀尔修斯和墨杜萨的头就会很漂亮地浇铸出来，这一点您尽管放心。"

我就这样解释了我那令人信服的理由，另外又说了很多诸如此类的话，要把这些都写下来实在是太冗长乏味了。而公爵听了以后却摇摇头，连招呼也不打就走了。

75

这样陷入孤立无援的境地以后，我重新鼓起勇气，驱散了萦绕心头的忧愁，在此之前我一想起离开了法兰西，就常常后悔得泪如泉涌。我离开法兰西，回到亲爱的故乡佛罗伦萨，只不过是为了接济我那六个外甥女，但我发现这一善举已经成为我大灾大难的开端。不过我仍然相信，我的珀尔修斯像一旦完成，所有这些痛苦都将转化为齐天的洪福。

我抖起了精神，用我全部的体力和财力，将我剩下的那一点钱都拿出来，开始干了起来。首先，我从塞雷斯托里的松林里弄来几车松木，那里离卢波山①不远。松木还在路上的时候，我用泥盖在珀尔修斯像上面，以便使它及时风干，好几个月以前我就把泥准备好了。

做好泥膜（这是我们的行话）以后，我又用铁梁很仔细地将它围起来加固，然后开始用文火把蜡抽出来，蜡熔化以后从我做的很多通风管里流了出来。通风管越多，模子浇注得越好。蜡流完以后，我围着珀尔修斯像（也就是前面提到的模子）建了一个漏斗状的炉子。炉子是用砖垒的，垒时上面一块砖与下面一块交错开，这样就留出了很多孔眼让火透气。

然后我开始往里面放木柴，一点一点地放，让火一直烧了整整两天两夜。最后蜡全部流完了，模子也烘干了，我就开始挖坑来放模子。我严格按照这一行的艺术规律，做得一丝不苟。

坑挖好以后，我用绞车和粗绳索把模子抬到垂直位置，小心翼翼地把它吊到炉子上方一肘尺的地方，让它正好对着坑的中央。

---

① 距离佛罗伦萨大约二十五公里。†

接着我又轻轻地让它落到炉子底部，小心翼翼地放稳以确保安全。

这件难度很高的细活儿完成以后，我就开始用挖出来的土把它封起来，土一点一点地越堆越高，我就在适当的地方安放了通风管①，这是些陶制的小管子，恰似排水管一类的东西。

最后，我确信模子已经固定好，坑已经填住，通风管也安装完毕，我发现工匠们完全懂得我的方法，这种方法和干这一行的其他所有师傅使用的方法都不一样。我相信工匠们靠得住，就转身去照看炉子，我在里面堆了很多铜锭和其他铜料。这些铜块是按照艺术规律堆放的，也就是一块一块摞的时候留出空隙，让火可以从中间穿过去，这样铜锭就会更快地受热熔化。

最后，我信心十足地下令点燃炉子。松木柴堆了起来，一方面木柴里有松脂，另一方面我的设计通风良好，炉子的燃烧情况极佳，我不得不来回跑动着照看它，累得我难以承受，但我迫使自己使出浑身解数。更糟糕的是作坊着了火，我们担心房顶会塌下来砸到我们头上。在作坊另一边朝向果树林的地方，天又下起了雨，大风从林子里不停地往里吹，明显降低了炉子的温度。

我与这种恶劣的环境搏斗了好几个小时，我这强壮的身体已经掏出了十二分的劲儿，最后我实在受不住了，一阵最为剧烈的高烧突然向我袭来，我不得不回去躺倒在床上。我很不情愿地离开现场上了床，转向那些协助我的人，一共有十几个，包括铸工师傅、手工匠、乡下人和我自己的学徒工，其中有穆杰洛的贝尔纳迪诺·曼内利尼，他跟着我当徒弟有好几年了。我对这些人交代一番以后，又对贝尔纳迪诺说：

"我亲爱的贝尔纳迪诺，你要注意遵守我教给你的规则，动作

---

① 这些通风管被插进了切利尼所说的泥膜里。通风管有两个作用：一个作用是让蜡流出来，这样可以为熔化的金属腾出空间；另一个作用是让空气从泥膜里排出去，以便让熔化的金属顺利进入。†

一定要迅速，金属很快就要熔化了。你不能出一点差错，那些可以依赖的人很快就会把管道准备好，你可以很容易地用这对铁钩把那俩塞子顶回去，我相信模子能奇迹般地浇铸好。[①] 我感到病得比以往任何一次都要厉害，我相信再过几个小时我就没命了。”

我就这样绝望地离开了他们，然后上了床。

76

我一上床，就命令几个仆人给作坊里所有的人送酒饭，还对他们说：

“我活不到明天了。”

他们都鼓励我，说我的病会好的，我只不过是劳累过度而已。我躺在床上与高烧搏斗了两个小时，总是觉得体温还在升高，嘴里不停地喊着：

“我不行了。”

我有一个女仆照管着全家，她是菲奥雷·达·卡斯泰尔·德尔·里奥夫人，又能干心肠又好[②]。她不停地骂我没出息，自己吓唬自己，同时又精心照顾我。她很坚强，但看到我身心遭受的巨大痛苦，也禁不住伤心落泪，不过她尽可能背过脸去，不让我看见。

[①] 这句话里有几个术语需要解释。"管道"（canali）是一种流槽，可供熔化的金属从炉子里流到模子里；"铁钩"（mandriani）是一端带有弯钩的长杆，用来部分或全部打开炉口的"塞子"（spine），以便让熔化的金属由管道进入模子。金属流进模子以后进入了外模子（tonaca，即切利尼所说的"泥模"）与内模胆（anima）之间的空隙，正好填满原来蜡所占据的空间。正如切利尼所说，蜡是用文火加热后取出来的。模子（forma）由两部分组成：一部分是使铜像成型的外壳（即"泥模"），另一部分是实心的圆形内胆，放在外壳里面并与其保持一定距离，可用来控制金属的流入。†

[②] 切利尼写于1561年的一份备忘录里说，这个女人后来被当作小偷赶走了。†

我正这样受煎熬的时候，看到一个人进了我的房间，身子拧成了几道弯，像个大写的"S"。他说话声音凄切哀怆，像是安慰一个判了死刑的人一样。他对我这样说：

"本韦努托啊！你的像毁坏了，已经没有挽救的希望了。"

一听到这个可怜虫的哀鸣，我就发出一声嚎叫，连九霄云外也能听得到。我从床上跳了起来，抓起衣服就开始穿。女仆，我的伙计，还有每一个过来帮我的人，都遭到我一顿拳打脚踢，我不住地哀号着：

"逆贼啊！红眼狼！这是背叛，是故意伤害！我向天主发誓，一定要刨根问底，我死以前一定要让世人看看，我做的事能让所有人目瞪口呆。"

我穿好衣服以后，气急败坏地朝作坊跑过去。刚才我走的时候，大家还情绪高涨，这时却站在那里垂头丧气，一个个如木雕泥塑一般。我一到作坊劈头就说：

"都给我站好！听我说！都怨你们不听我的话，现在我来和你们一起干，一定要服从我，谁也不准违抗我的命令，在这种情况下我需要的是手，是耳朵，不是嘴。"

我说完这番话，亚历山德罗·拉斯特里卡蒂师傅①打破沉默，说：

"你要当心，本韦努托，你干的这件事不符合艺术规律，无论如何都不会成功的。"

听到这话，我转过身去，发了疯似的对着他，眼睛里露出凶光，吓得他和所有人都异口同声地说：

"好啦！您下命令吧！您说啥我们都听，只要让我们活命就行。"

---

① 雕塑家，和其兄弟扎诺比一起帮助切利尼铸造了墨杜萨和珀尔修斯像。兄弟二人也时常为科西莫一世效力。1564 年，亚历山德罗在米开朗琪罗的送葬行列里发挥重要作用，扮演了一个"声誉"角色。†

我心里想，他们之所以说这些好听话，恐怕是以为我很快就会一头栽死在地上。

我马上就去检查炉子，发现金属都凝固了，这种事故就是我们所说的"结块"了。我让两个工匠到路那边的屠户卡普雷塔家，把放在那里的一堆幼栎木柴抱过来，这些木柴在那里堆放一年多了，是吉内夫拉夫人送给我的，就是那个卡普雷塔的老婆。

第一捆柴火一到，我就把它填到炉栅下面的灰坑里。这种栎木柴烧起来比其他任何柴火着得都旺。出于这个原因，在需要文火的地方，比如说铸炮厂，人们就选用桤木或松木。

柴火一点着，嗬！在熊熊大火的烘烤下，结的硬块逐渐颤动、发光、冒火花！同时我不停地摇动管道，又派人到房顶去灭火，由于炉火不断增大，房上的火也大了起来。在朝向果树林的一侧，我还让人竖起木板，把毯子和布悬挂起来，以挡住外面的风雨。

77

我采取这些措施防范几种祸患的时候，一会儿对这个人吼一声，一会儿对那个人吼一声：

"把这个东西拿到这里，把那个东西拿到那里！"

在这紧要关头，大家看到结的硬块开始熔化，就在我指挥下凝聚成一条心，一个人干着三个人的活儿。我命人拿来半锭白镴①，大约六十磅重，把它扔到炉子里面结的硬块上。用这种方法，再加上堆积木柴和搅动，一会儿用火钳搅，一会儿用铁棍搅，凝固的硬块很快就熔化了。

终于起死回生了，那些臭硬的笨蛋工匠们失算了，我浑身又

---

① 一种以锡为主的锡铅合金。‡

来了劲头，什么高烧的痛苦，什么对死亡的恐惧，统统被抛到了九霄云外。

就在这时，突然发生了一次爆炸，伴随着一道巨大的火光，好像是在我们面前打了一个霹雳。我们个个吓得毛骨悚然，我甚至比别人还要害怕。响声和闪光消失以后，大家开始大眼瞪小眼。我发现炉顶被炸飞了，铜汁从里面冒着泡往外溢，我马上把模子口打开，同时顶开挡住铜汁的两个塞子。但我发现铜汁流得比正常情况下慢，原因大概是大火耗尽了里面的低值合金①。我马上派人找来了我所有的白镴盘、碗和碟子，大约有二百磅重，我一个一个地把它们放在管道前面，一部分直接扔进了炉子里。

这一招果然灵验，人人都会看到铜完全处于液化状态，并开始流入模子。大家喜气洋洋，一个个对我俯首帖耳，七手八脚地给我帮忙，而我则是东一头西一头地一会儿下命令，一会儿亲自下手，大声喊着：

"主啊！您以无边的神力起死回生，又在荣耀中升入天堂！"

这样不大一会儿，模子就流满了。我一看大功告成，就双膝跪在地上，衷心地向天主表示感谢。

一切都料理完毕以后，我转向一条破板凳上放着的一盘沙拉，狼吞虎咽地吃了起来，并和大家一起把酒言欢。

然后我就美不滋儿地上了床，这时离天亮还有两个小时，我酣然入睡，好像根本没有生病一样。

好心的女管家不等我吩咐，就给我做好了一只肥鸡。我在早饭时分起床以后，她乐呵呵地把鸡端过来，对我这样说：

"噢！这就是那个要死要活的人吗？说实在话，我认为肯定是昨天晚上你暴跳如雷、好像是魔鬼附体的时候，对我们一顿拳打

---

① 俗称贱金属，其作用是把塑像里最重要的金属凝聚在一起。†

脚踢，结果把那要命的高烧给吓跑了！高烧也害怕挨打，就像人一样！"

家里所有的仆人也都从担惊受怕和繁重的劳动中解脱出来，马上出去购买陶制碗碟，用来顶替我扔进炉子里的白镴碗碟，大家聚在一起兴高采烈地吃饭。这顿饭我吃得是这么高兴，胃口又这么好，这在我一生中还是第一次，以前从来没有过。

吃过饭以后，给我帮忙的人都过来看我。大家相互表示祝贺，为我们的成功感谢天主，嘴里不停地说他们真是开了眼，其他师傅认为不可能的事，都让他们看到了，同时也学会了。我也感到沾沾自喜，认为自己还真有两把刷子，就信口自夸一番。我从腰包里掏出钱来分给大家，人人都感到心满意足。

再说皮耶尔·弗朗切斯科·里乔先生，也就是那个恶魔、我的死敌、公爵的总管家，这家伙不遗余力地打探我的工程进展情况。我一直怀疑有两个工匠导致金属结了硬块，这俩家伙对总管家说我不是个凡人，肯定是个不得了的魔鬼，竟然完成了我这一行不可能完成的事，另外还有很多了不起的事，这些事就连魔鬼也干不了。

这俩家伙将整个事情大肆夸张，可能是想为自己开脱责任。总管家马上就给公爵写信禀报，公爵当时正在比萨，而信写得比他俩讲的内容更加神乎其神。

78

铸像冷却了整整两天以后，我开始慢慢地把它揭开。我首先看到墨杜萨的头，发现浇铸得极为漂亮，这多亏了那些通风管，正像我对公爵说过的那样，火的本性是往上升。再往下揭，我看到另一个头，也就是珀尔修斯的头，浇铸得丝毫也不逊色，这让我大为惊奇，因为一看就知道，它比墨杜萨的头要低得多。模子口开在了珀尔修斯头上面和肩膀旁边，我发现炉子里所有的铜汁都流到了珀尔修斯头上，管道口连一点铜汁也没有剩下，铸像头部完整无缺，真是个奇迹。惊喜之余，我好像看见天主的手在安排着一切，控制着一切。

我兴致勃勃地继续往下揭，发现各个部位都浇铸得十全十美，最后揭到铸像站立的右脚，脚后跟浇铸得很好，再往下揭，我发现整个脚好像是完好无缺的。我一方面感到高兴，但另一方面又感到有些遗憾，因为我对公爵说脚浇铸不好。

不过我全部揭完以后才发现，这只脚的脚趾没有浇铸出来，连脚趾上面那一小部分也没有浇铸出来，这只脚就缺了大约一半。当然，我还要再费点功夫把它修补出来，但我还是感到很高兴，这样我就可以向公爵证明我对自己的业务是多么熟悉。实际上脚浇铸得比我预期的好得太多了，其原因就是出了那么多事以后，铜汁比艺术规则要求的更热一些。另一个原因是我被迫用白镴杯子和盘子来补充合金，这一招我认为以前还从来没有人用过。

我确信已经大功告成，就急忙赶到比萨，在这里找到了公爵。他极有礼貌地接待了我，公爵夫人对我也是如此。尽管总管家已经把整个经过告诉了他们，但听了我亲口讲述以后，他们认为我的成就比总管家讲的还要了不起，还要令人惊奇。我讲到珀尔修斯的脚，说那个部位浇铸得有缺陷，正像我以前向大人预料的那样，我看见他脸上露出惊异的神情，然后又向夫人讲了我是如何事先预料到这一点的。

我看到公爵夫妇对我这么好，就请求公爵大人允许我到罗马去。他极为爽快地答应了我的请求，并嘱咐我尽快回来完成珀尔修斯像，同时给我写了介绍信，让我交给他的大使阿韦拉尔多·塞里斯托里 ①。这时朱利奥·德·蒙蒂 ② 刚当选教皇没有几年。

79

离家以前，我指示工匠们按我教给他们的方法继续干。

我这次出门的原因如下。我为安东尼奥的儿子宾多·阿尔托维蒂制作了一尊和真人同样大小的半身铜像 ③，并把铜像运到罗马交给了他。宾多·阿尔托维蒂把铜像摆放在书房里，里面还摆放着很多古董和其他艺术品。但这间书房并不是为摆放塑像或画作而设计的，因为窗户太低了，这样塑像和画作就正对着光线，其效果就比正常采光时差远了。

有一天，宾多正站在门口，雕塑家米开朗琪罗·博纳罗蒂碰巧从那里路过，宾多就请米开朗琪罗赏光进来到书房里看看。米开朗琪罗进了屋，四下里一打量，说：

"是哪位大师把你的像制作得这么好？你要知道，这尊像在我看来毫不亚于那些古董，甚至超过了那些古董，虽然古董里面也有一些漂亮的东西可看。假如这些窗户再高一些而不是这么低的话，你的藏品看起来效果会更好，你这尊像就是放在这么多优秀作品中间，也会引人注目。"

米开朗琪罗从宾多家里走了以后，很客气地给我写了一封信，

---

① 1537 年担任公爵科西莫驻查理五世宫廷大使，1550—1564 年担任驻罗马教廷大使。†

② 乔瓦尼·马利亚·乔基·德尔·蒙特·圣索维诺（1487—1555），1550 年当选为教皇，称尤利乌斯三世，科西莫的盟友，重要的艺术保护人。委托很多建筑师在罗马建造朱利奥别墅，如瓦萨里、阿拉曼尼、维尼奥拉、米开朗琪罗。†

③ 这是切利尼用古代风格制作的第二尊铜像，第一尊是公爵科西莫的铜像。切利尼何时让阿尔托维蒂摆姿势为他塑像不得而知。我们没有查到 1539—1550 年切利尼在罗马的确切记载，也没有查到切利尼回到佛罗伦萨以后阿尔托维蒂在佛罗伦萨的确切记载。†

信里这样说：

"我亲爱的本韦努托，好多年来您一直是我所知道的最伟大的金匠，而现在我还会认为您是位同样伟大的雕塑家。我要告诉您：宾多·阿尔托维蒂先生让我看了他的半身铜像，他对我说那是您制作的。我对这件作品感到非常喜欢，但让我遗憾的是，它摆放的地方光线太糟糕了。如果光照合适的话，它就会显露出一件优秀作品的本色。"① 这封信充满了对我最热情洋溢的赞美。

我动身去罗马以前，把这封信拿给公爵看，公爵以浓厚的兴趣看了这封信，然后对我说：

"本韦努托，如果你能给米开朗琪罗写信，劝他回到佛罗伦萨，我会让他成为四十八人团② 成员。"

我就写了一封热情洋溢的信③，以公爵的名义向他许诺得比授权于我的多一百倍。我怕有啥不妥的地方，就在封信以前把它拿给公爵过目，对公爵大人这样说：

"大人，也许我给他许诺得太多了。"

公爵回答说："米开朗琪罗应该得到比你的许诺还要多的东西，这些许诺我一定会兑现。"

这封信寄出去以后，米开朗琪罗一直没有回信，我可以看出来公爵对他非常生气。

---

① 米开朗琪罗于 1552 年写信给切利尼，赞扬这尊半身像，但语气要比切利尼讲述的克制一些。†

② 佛罗伦萨共和国被推翻以后，教皇克莱门特七世于 1532 年设立了三个委员会，四十八人团是其中之一，职能相当于参议院。†

③ 此信一直保存至今，落款是 1559 年 3 月 14 日。信里说，整个佛罗伦萨都欢迎米开朗琪罗回到家乡来，尤其是最伟大的公爵，但米开朗琪罗一直没有回来。†

80

我到罗马以后，就住在宾多·阿尔托维蒂家里。他马上就对我说，铜像他让米开朗琪罗看了，米开朗琪罗对铜像大加赞扬，就此话题我们进行了详谈。

我要讲一讲制作这尊像的原因。宾多手里有我的一千二百金斯库多，后来他以自己的名义，把这笔钱连同他自己的四千斯库多一起借给了公爵，一共借出去了五千斯库多，而我则得到了我那笔钱的利息[①]。这就引出了我为他制作铜像的事。他看到半身像的蜡模型以后，派他一个文书给我送来了五十金斯库多，这个文书名叫朱利亚诺·帕卡利君。我不想要这笔钱，就让送钱的人把它退还给了宾多，后来我对宾多说：

"你拿着这笔钱去投资，让我收利息就行了，这样我可以得点好处。"

这一次我们算账的时候，我发现他对我很不友好，不像以往那样对我热情相待，而是摆出一副冷冰冰的架势。他虽然留我住在他家，但没有露过笑脸，一天到晚闷闷不乐。不过我们还是很快就算清了账。我为他制作的像，包括铜在内，不再向他要钱。我们还商定，我在有生之年把钱存在他那里，利息是百分之

[①] 这句话的意思有点模糊不清。这有两个可能：一是阿尔托维蒂借给公爵五千二百斯库多；二是借给公爵五千斯库多，但阿尔托维蒂只出了三千八百斯库多，另外一千二百斯库多是切利尼的。†

十五^①。

81

我先去吻教皇的脚。我正与教皇说着话，公爵的大使阿韦拉尔多·塞里斯托里先生来了。我已经向教皇提了一些建议，我相信很容易和他达成协议，我在佛罗伦萨遇到了巨大的困难，很想回到罗马来。但我很快就发现，这位大使把我的事给搅黄了。

然后我去拜访米开朗琪罗·博纳罗蒂，又向他说了一遍那封信的内容，这封信是我以公爵的名义从佛罗伦萨写给他的。米开朗琪罗回答说，他受雇建造圣彼得大教堂^②，无法离开罗马。我回答说，一旦他做好模型，就可以把活儿交给乌尔比诺^③去干，乌尔比诺能毫发不爽地执行他的命令。我还代表公爵承诺了很多好处。

米开朗琪罗马上瞪了我一眼，以嘲笑的语气对我说：

"你呢？你对他还怪满意吗？"

虽然我回答说我极为满意，公爵对我非常好，但看样子他基本上知道我的苦衷，所以他回答说很难离开罗马。

我又说，他要是能回到老家，日子会过得更好，那里的统治者是一位以主持公道而著称的公爵，是世界上最伟大的爱好艺术和知识的君主。

---

① 这份合同一直保存至今，落款日期是 1552 年 4 月 9 日。这一利息明显偏高。阿尔托维蒂把一大笔钱借给了法兰西国王亨利二世，利息是百分之十六。以当时的行情，百分之二十五到三十被认为是高利贷利率。切利尼对其保护人的敌意让人吃惊，但也许有经济原因。阿尔托维蒂支持反美第奇的阴谋分子，失败后其财产被公爵科西莫没收，1554 年就不再付给切利尼了，切利尼就向佛罗伦萨政府上诉。艺术家与其保护人做生意很容易闹得不愉快，这又是一个例子，尤其是像切利尼和阿尔托维蒂这样精明的人。†

② 米开朗琪罗从 1546 年开始负责这项工程。†

③ 弗朗切斯科·迪·贝尔纳迪诺·达马多雷，人称"乌尔比诺"，卒于 1555 年，米开朗琪罗写了一首十四行诗悼念他。†

我在前面说过，他有一个来自乌尔比诺的年轻人，跟着他已经有好多年了，看样子是他的贴身仆从和管家而不是别的，这一点很明显，因为他对艺术一窍不通。我以很多充足的理由劝得米开朗琪罗一时无话可说的时候，他突然转向乌尔比诺，好像是询问乌尔比诺对这件事有啥看法。乌尔比诺马上土里土气地大声叫道："我永远也不离开我师傅米开朗琪罗，除非我扒了他的皮，或者他扒了我的皮。"

听到这傻里傻气的话我苦笑了一下，没有再说告别的话，垂着头耸了耸肩，转身就走了。

82

我与宾多·阿尔托维蒂做了一笔倒霉的交易，半身铜像白扔给他了，本钱也落到了他手里，一辈子也要不回来了，这让我看清了商人的信誉是个啥玩意儿，于是就没精打采地回到了佛罗伦萨。

我马上进宫去拜见公爵，他正在里夫雷迪桥那边的城堡[①]。我在宫里碰见了总管家皮耶尔·弗朗切斯科·里乔先生，我像往常那样凑上去向他打招呼的时候，他突然无比惊讶地说：

"啊，你回来啦？"

他又同样惊讶地拍拍手说："公爵在城堡！"然后转身就走了。我大惑不解，不知道这个畜生为啥这样阴阳怪气地对待我。

我马上就去了城堡，进了公爵所在的庭园。我老远就看见了他，但他一看见我就露出吃惊的样子，并示意让我走开。我本以为他会像我去罗马以前那样对待我，甚至比那时对我还要好，但

---

① 美第奇家的别墅，离佛罗伦萨大约六公里。†

一看他对我这样无理，就非常伤心地回到了佛罗伦萨。

我继续做着塑像，急于把它完成。我一边干一边绞尽脑汁，想着公爵为啥突然换了一副嘴脸。斯福尔扎先生，还有公爵身边的其他几个近臣，全都莫名其妙地看着我，我就问斯福尔扎先生到底是咋回事，斯福尔扎先生只是皮笑肉不笑地说了句：

"本韦努托，要一门心思做个老实人，不要操闲心。"

几天以后，我找到一个机会去见公爵，他不冷不热地接待了我，问我在罗马做了些啥。我尽量维持着谈话，向他讲了我为宾多·阿尔托维蒂做的那尊半身像，还有后来发生的一切，他显然很认真地听着。我又详细讲了米开朗琪罗·博纳罗蒂的事，他一听不大高兴，但说到乌尔比诺关于扒皮的蠢话，他大笑起来，然后说道：

"这么说，受罪的必定是他！"

然后我就告辞了。

毫无疑问，总管家皮耶尔·弗朗切斯科君肯定在公爵面前说了我的坏话，但没有达到目的。这是因为热爱真理的天主保护着我，让我避开了一场可怕的灾难，就像他以前所做的那样。我希望天主继续保护我，直到我生命尽头，无论我人生道路上有多少艰难险阻。所以，我以大无畏的精神勇往直前，完全依靠天主的神力给予我的支持。命运女神或灾星的攻击也吓不倒我，只要我一直蒙受天主的圣恩！

83

各位看官请您注意，一件非常可怕的事情发生了。

我竭尽全力去完成塑像，晚上我就到公爵的保管库，帮助那里的几个金匠为公爵大人干活儿。实际上他们做的大部分活儿，都是我给他们设计的。我发现公爵喜欢看我们干活儿，也喜欢和我谈话，所以觉得白天到那里去几趟也不错。

有一天，我正在保管库，公爵像往常一样来了，而且很高兴，他知道我也在这里。他一来就和我谈了起来，谈到很多有趣的话题，我也谈了我的看法。他听得眉开眼笑，对我比以往任何时候都更加客气。

突然，他一个秘书进来了，到他耳边嘀咕了几句。肯定是一件大事，因为公爵马上就站了起来，和秘书一起到了另一间屋子。

这时，公爵夫人派一个侍从来察看公爵的动向，侍从回去禀报说：

"公爵正和本韦努托在一起有说有笑，心情非常好。"

夫人一听，马上就来到保管库，一看公爵不在，就在我们旁边坐了下来。她先看了一会儿我们干活儿，然后极为温文尔雅地转向我，让我看一条大珍珠项链①，珍珠非常漂亮，极为罕见。她问我觉得项链咋样，我说实在是非常漂亮。然后她这样对我说：

"我想让公爵给我买下来，所以，亲爱的本韦努托，我求你在公爵面前尽可能地赞美它。"

听到这话，我以极为尊敬的语气向夫人吐露了实情：

"夫人，我还以为这个项链已经属于您了呢，那我就啥话也不说了。既然我知道它还没有属于您，我就想说一说，不，我就有责任说一说，最尊贵的夫人，那就是我凭借成熟的职业经验，发现这些珍珠有很多严重缺陷。出于这个原因，我绝对不会让您买。"

夫人回答说："商人的要价是六千斯库多，要不是你说的那点毛病，项链的价值要超过一万两千斯库多。"

---

① 乌菲兹美术馆里存有布龙齐诺画的一幅公爵夫人像，上面画的项链可能就是这一条。†

我回答说："即便是这条项链完美无缺，我也不会劝别人出五千斯库多以上的价钱去买它，因为珍珠不是宝石，只不过是水生物的骨头 ①，时间一长就会失去光泽。而钻石、红宝石、绿宝石、蓝宝石则永远不会变色，这四种是宝石，宝石才值得买。"

我说完这话，夫人已有几分不悦。她对我说：

"我想要这串珍珠，所以请你拿给公爵看看，把它夸赞一番，能夸多好就夸多好，即便是说几句瞎话也不要紧，只当是为我帮忙，这对你有好处。"

我这个人从来都是最好说实话，最恨说瞎话。但我不想得罪这么尊贵的一位公爵夫人，迫于无奈，我就违心地拿着这串该死的珍珠，来到公爵所在的那间屋。

公爵一看见我就说："噢，本韦努托，到这儿有啥事？"

我拿出那串珍珠，说："大人，我来让您看一串最漂亮的珍珠项链，论质量属于极品，最能配得上大人。我简直不敢相信，一共八十颗珍珠，一个项链上竟然串了这么多，居然还如此漂亮，所以我建议您把它买下来，这是真正的稀世珍品。"

公爵马上回答说："我不愿意买。这些珍珠并不像你说的那么好，我见过这个项链，我看不上它。"

我接着说："原谅我，大人！在稀有和美的程度上，这些珍珠超过任何项链上的珠子。"

公爵夫人已经上了楼，站在门后一字不漏地听着我说。嗬，我花说柳说，把这串珍珠吹得天花乱坠，比我上面描写的还要好上一千倍。

这时，公爵转过身来，和颜悦色地对我说：

"噢，亲爱的本韦努托，我知道你对这些事情有良好的判断

---

① 这是切利尼时代人们的普遍看法。†

力。如果这些珍珠真像你说的那样稀奇，我会毫不犹豫地买下来，或是为了使夫人高兴，或是为了占有珍珠，我总是需要这些东西，既为了夫人，更为了我那些儿女①。"

听他这么一说，我觉得既然已经说了瞎话，那就大胆地说下去吧。我尽量把瞎话说得像实话一样，以便让公爵相信，我以为夫人会在适当的时候给我酬报，事成之后我可以得到二百多斯库多的佣金，夫人曾表示给我这么多。但我决定分文不要，以免惹祸上身，这样公爵就不会认为我是见钱眼开才这么做的。

公爵大人又一次以最客气的语气对我说：

"我知道，在这些事情上你是最高明的鉴赏家，你要是像我一直信任的那样诚实，就把实话说出来吧。"

我顿时眼圈红了，涌出了满眼的泪水，说：

"大人，我要是对您说了实话，就会成为夫人的死敌，这将迫使我离开佛罗伦萨，我的仇人马上就会糟践珀尔修斯像，而我已经向大人最高贵的学校宣称这是一件杰作。情况既然是这样，我就把自己托付给大人您了。"

84

公爵这才恍然大悟，知道我刚才说的那一番话似乎是被人逼出来的，于是就回答说：

"你要是信任我，就啥也不要怕。"

我又说："哎呀，大人啊！不让夫人知道，这怎么可能呢？"

公爵举起手，信誓旦旦地说：

"请放心，你说的话我一定守口如瓶！"

---

① 科西莫需要用这些珠宝来还债、举办婚礼或用作国礼。†

立下这君子协定以后，我马上就把有关珍珠的实情告诉了他，也就是说，这些珍珠的价值不超过两千斯库多。

公爵夫人以为我们不谈了，因为这时我们尽量压低了声音，她就走上前来，这样说道：

"大人，请您开恩为我买下这个项链，我非常喜欢，您的本韦努托也说过，他从来没有见过更漂亮的一串珍珠。"

公爵回答说："我不想买。"

"大人，您为啥不满足我的心愿，把项链买下来？"

"我不想把钱白白扔掉。"

夫人又说："钱您怎么能白扔掉呢？您这么器重本韦努托，他已经告诉了我，三千多斯库多就是个便宜价。"

公爵说："我的夫人！本韦努托已经对我说了，我要是买了这个项链就等于把钱白扔了，这些珍珠既不圆，大小也不一，而且很多还褪了色。你要是不信就看看这里！看看那里！考虑一下这个，再想想那个。这个项链根本就不是我要的东西。"

听了这一番话，公爵夫人恶狠狠地瞪了我一眼，朝我威胁性地点了一下头就退了出去。一看她这架势，我就恨不得马上离开意大利，永远不再回来。但我的珀尔修斯像即将完成，在没有向公众展示以前我不愿意走。不过我让每个人都想一想，我的处境又是何等困窘！

公爵当着我的面对门卫下了命令，无论我啥时候到宫里去，他们都要让我进入他的房间，或到他所在的任何地方去找他。公爵夫人也对门卫下了命令，只要我在宫门前一露脸就把我赶走。所以只要我一去，这些家伙马上就到门外把我赶走，同时还小心地不让公爵发现。如果公爵先看见我，不等这些混蛋赶我，他就喊我进去，或是招招手叫我进去。

这时，公爵夫人派人把经纪人贝尔纳多内叫来了。夫人以前经常向我抱怨这个家伙，说他懒惰无比，是个窝囊废，一点用处也没有。这时夫人又找他帮忙，就像在此之前找我一样。贝尔纳多内回答说：

"夫人，把这件事交给我吧。"

这个大无赖就拿着项链去见公爵。

公爵一看见他就叫他滚开。但这个痞子扯着他那破嗓子，像驴叫一样地这样说道：

"我亲爱的大人啊，看在天主分上，为可怜的夫人买下这串项链吧，她想这串项链就要想死了，没有它夫人实在活不下去了。"

这个家伙有一搭没一搭地说了一大堆不着边际的废话，气得公爵再也忍不住了，就冲他喊道：

"滚开，要不然你就把腮帮子鼓起来，让我扇一巴掌！"

这个恶棍很清楚他为啥来。他要是鼓起腮帮子，或是唱一首"漂亮的弗兰切斯卡"①，公爵就会把项链买下来，这样他就能得到夫人的青睐，也能得到一笔佣金，这一数目高达几百斯库多。结果他硬是把腮帮子鼓了起来，公爵劈脸就扇了他几巴掌，而且为了把他赶走，下手还格外重。

这几记耳光扇得嘎嘣脆，不仅把脸扇红了，而且眼泪还流了出来。虽然脸上火辣辣地疼，这个赖皮鬼还这样说：

"看！大人，您有这样一个忠实奴仆，坐得正站得直，甘愿忍辱含垢，只要可怜的夫人满意就行。"

公爵烦透了这个无耻的流氓，也许是为了补偿他扇的这几巴掌，也许是为了满足夫人的愿望，他随时都想满足夫人，就突然大声说道：

"滚蛋，你这该死的家伙！去把项链买下来吧。只要夫人高

----

① 当时很流行的一首民歌。†

兴，让我干啥都行。"

从这件事上我们可以看出，邪恶的命运女神是如何迁怒于一个正直无辜的人，不要脸的命运女神是如何偏袒一个可耻的无赖。我完全失去了夫人的恩宠，这也足以让我失去公爵的恩宠，而那个恶棍却得到了一大笔佣金，也得到了公爵夫妇的垂青。所以，在这个世界上，光靠诚实和有才能是根本不行的。

85

大约在这个时候，锡耶纳战争爆发了①。公爵想加固佛罗伦萨的城防，就把各个城门分配给了他手下的建筑师和雕塑家。我分到了普拉托大门和通向阿尔诺河的小门，这个小门在通往磨坊的路上，附近是草地。骑士班迪内利分到了圣弗雷迪亚诺门。帕斯夸利诺·丹科纳分到了圣皮耶尔·加托里尼门。木雕艺人朱利亚诺·迪·巴乔·达尼奥洛分到了圣乔治门。另一个木雕艺人安东尼奥·帕尔蒂奇诺分到了圣尼科洛门。雕塑家弗朗切斯科·达·圣加洛，人称"马尔戈拉"，分到了圣十字门。焦万·巴

---

① 1552 年，锡耶纳在皮耶罗·斯特罗齐率领的法兰西军队的援助下，在法兰西国王亨利二世和反美第奇流亡者的援助下，起义攻打与科西莫结盟的帝国军队。马尔恰诺战役中，法兰西和锡耶纳一方战败，科西莫包围了锡耶纳，1555 年 4 月 12 日锡耶纳投降，战争结束。1557 年，腓力二世将锡耶纳割让给科西莫的托斯卡纳大公国。锡耶纳的灭亡标志着意大利半岛文艺复兴共和主义的真正终结，除了威尼斯共和国之外。†

蒂斯塔，人称"塔索"，分到了平蒂门①。其他堡垒和大门也分给了各个不同的技师，这些人的名字我已经想不起来了，而且和我的描述也没有多大关系。

当然，公爵在任何时候都是个很有才能的人，亲自到全城各处巡视，仔细检查完以后拿定了主意，就派人把工薪出纳员拉坦齐奥·戈里尼叫来。这个人在某种程度上是个业余军事建筑师，公爵大人就让他设计各个城门的防御设施，给我们每个人都送来了各个城门的设计图纸。

我仔细看了给我的设计图以后，发现在很多细节上有问题，甚至是完全错误的，就马上拿着图纸去找公爵。我刚想指出这些毛病，公爵就打断了我的话，生气地对我说：

"本韦努托，要说制作雕像，我马上就给你让位，可要说搞城市设防，我看你得给我让位。就按我给你的设计图执行去吧。"

听了他的豪言壮语，我慢条斯理地说：

"大人，即便在我的雕塑艺术方面，您也给过我教海，我们常在这一学科上交换意见。要说您的城防问题，大人也不妨屈尊听我几句，这件事可要比制作雕像重要得多。如果您允许我和您一起探讨这一问题，您就能更好地教导我如何为您效力。"

他听我说话这么客气，就与我一起商量设计问题。我清楚地向大人证明了他的设计方法不对，他听了以后说：

---

① 文艺复兴后期，意大利几乎所有主要城市四周都有用以防御的城墙，到十六世纪基本上都拆除了。佛罗伦萨保存至今的几扇城门通向普拉托、圣弗雷迪亚诺、圣乔治、圣十字。切利尼提到的几个人值得注意。帕斯夸利诺·丹科纳，雕塑家，十六世纪中期活跃于佛罗伦萨。朱利亚诺·巴廖内（1491—1555），巴乔·巴廖内的儿子，最后取代父亲担任大教堂工程队的建筑师。安东尼奥·帕尔蒂奇诺被瓦萨里赞誉为罕见的木雕大师，1536 年查理五世进入佛罗伦萨时布置环境。弗朗切斯科·达·圣加洛（1494—1576），朱利亚诺·达·圣加洛的儿子，擅长修筑军事防御工事，1543 年担任大教堂工程队队长。1529—1530 年围城期间，米开朗琪罗逃离佛罗伦萨，弗朗切斯科接替他成为城防技师。据档案记载，切利尼等人修筑工事每月得到十斯库多的报酬。†

"那你就自己去搞个设计吧，完了让我看看咋样。"

根据加固那俩城门的正确原则，我搞了两个设计方案，然后拿给公爵大人看，他终于搞清楚哪个正确哪个错误了，然后高兴地说：

"去按你的方法做吧，我感到很满意。"

这样我就全力以赴地干了起来。

86

守卫普拉托门的有一个伦巴第军官，是个凶狠的彪形大汉，说话粗俗不堪，其傲慢与其无知极为般配。这个家伙马上就问我在这里干啥。我很有礼貌地拿出我的设计图，费尽了口舌向他解释我的意图。这个畜生头摇得像拨浪鼓似的，支撑身体的腿来回倒换着，用手不停地捻着他那浓密的八字胡，一再把帽子往下一拉盖住眼，对我吼叫道：

"去屎吧！你真该死！啰唆了半天我啥也不懂。"

这个畜生快把我烦死了，我说：

"那你就不用管了，我懂。"

然后就转身去办我的事。这个家伙开始伸着头威胁我，把左手放在剑柄上，把剑头翘起来一点，说：

"喂！师傅，是不是想和我过两招？"

这个家伙激怒了我，我极为生气地扭回头喊道：

"在你身上穿个窟窿，要比在城门上建堡垒还省事哩。"

我俩都立即去抓剑，但没有拔出来，很多诚实的人就跑了过来，包括佛罗伦萨公民和一些官员。大部分人都指责那个军官，说他错了，我要是想收拾他真够他受的，这事要是传到公爵耳朵里，他才要倒霉哩。这样他只好去办自己的事了，我也开始建我

466   切利尼自传

的堡垒。

这里建堡垒的事情安排妥当以后，我又到阿尔诺河畔的小门，在这里见到一个来自切塞纳的军官，是我认识的最有教养、最有礼貌的军人。看样子他就像一个温顺的大姑娘，但在需要的时候，就能成为世界上最勇敢、最残忍的士兵①。

这个可爱的小伙子聚精会神地看着我干活儿，直把我看得很不好意思。我看他想了解个究竟，就很客气地向他讲了我的设计。我这样说也就够了：我俩一个比一个客气，结果我建的这个堡垒比那一个强得太多了。

这两个堡垒将近建成的时候，皮耶罗·斯特罗齐的军队发动了突然进攻，普拉托周围的村民吓得纷纷弃家而逃，大车小车地拉着各自的家当蜂拥进城，那场面真是人如潮涌、车马盈门，闹腾得就像翻了天一般。

我吩咐守城门的士兵严加提防，免得像都灵城门那样发生骚乱②，吊闸到该用的时候就用不成，肯定会压在一辆马车顶上。那个当军官的大个子畜生听到我的话以后就骂我，我就和他对骂起来，结果闹得比上一次还要厉害得多，幸亏人们把我俩拉开了。

堡垒建好以后，我得到了一二十个斯库多，这是我没有想到的，因而格外高兴。然后我就非常高兴地继续制作珀尔修斯像。

---

① 此人身份不明。可能是乔瓦尼·马西尼，卒于1587年前后，参加过锡耶纳战争，1565年经科西莫提名，担任圣斯特凡诺骑士团团长。†
② 1543年2月，法兰西士兵占领都灵期间，帝国指挥官派一些士兵藏在装有稻草的六辆马车里试图混进城去。阴谋败露以后，吊闸落在马车上，入侵的士兵遭到攻击。†

87

这时候①②，阿雷佐附近的乡村地区发现了一些古代文物，其中有一件是喀迈拉③，就是宫殿大厅附近房间里的那个铜狮子。与喀迈拉同时发现的还有一些小塑像，也是铜的，上面覆盖着土和锈，个个都是缺胳膊少腿，或者是没有头。

公爵在空闲时，喜欢用金匠的小凿子亲自清理这些小塑像。有一次，我因事去找他，我们谈话的时候，他递给我一把小锤子，让我用锤去敲他手里拿着的凿子，这样就把像上面的土和锈除掉了。

这样我们度过了几个晚上，后来公爵让我修复这些塑像。他对这些小玩意儿着了迷，叫我白天也去干，我要是去晚了，他就派人去叫我。我时常向公爵大人解释，说我要是在白天丢下珀尔修斯像不管，就会出现几个恶果。第一个，也是最让我担心的，就是公爵见我花了这么长时间制作这尊像，他自己就会感到腻烦，后来他确实感到腻烦了④。第二个，我要是一走，我那几个工匠就会在两个方面来捣蛋：一是毁坏作品，二是磨洋工。出于这些原因，公爵同意我在二十四点以后再到宫里去。

这时，我逐渐平息了公爵的怒气，我每天晚上去找他，他都对我宠爱有加。大约在这个时候，狮子街附近正在建造新房子⑤，公爵就想住到宫里一处更为僻静的地方，他在新建的住所里为自

---

① 很可能是1544年年初。†

② 这个注不大可靠。这时珀尔修斯像已接近完工，而1544年切利尼还在法兰西，时间相差太远。窃以为1554年年初应该更可信，这正是珀尔修斯像接近完工的时候。‡

③ 公元前五世纪时的一尊伊特鲁里亚铜像，现藏于佛罗伦萨考古博物馆。喀迈拉是希腊神话里生有狮头、羊身和龙尾的怪兽，像龙一样喷火。†

④ 制作珀尔修斯像前后用了九年时间（1545—1554）。‡

⑤ 狮子从很早的时候起就一直放在旧宫里。†

己装修了一个小房间，并让我从保管库进去。我得悄悄地从大厅走廊穿过保管库，再走过几个小房间，最后来到这个最隐秘的房间。

不过几天以后，公爵夫人就不让我这样走了，她把我要经过的所有房门都上了锁，结果我每天晚上进宫的时候都要等好长时间，夫人占着我要穿过去的前厅做她自己的事。她身体不太好[①]，我每次来都给她带来不便。出于这个或其他原因，她对我非常反感，根本不想看见我。虽然有诸多不便和烦恼，我还是继续到宫里去。

公爵为此明确下达了命令，只要我一敲门立马就开，我想到哪里都通行无阻。结果有一次，我悄无声息地突然走进一间密室，正好在一个很不方便的时刻撞见了夫人。她马上大发雷霆，可把我吓坏了。她老是这样对我说：

"你啥时候能修复好那些小塑像？实话对你说，你这样没完没了地进进出出，真让我受够了。"

我好声好气地回答说：

"夫人，我唯一的女主人，我唯一的愿望就是忠心耿耿地为您效力，对您言听计从。公爵交给我的这些活儿很多，需要好几个月才能完成，所以请您告诉我，最尊贵的夫人，您是不是不想再让我到这里来了。如果是这样的话，那我就不来了，无论是谁去叫我也不来。就是公爵大人亲自派人去叫，我也会说我有病了，绝不再来打扰了。"

夫人回答说："我不是不让你来，也不是不让你服从公爵，我只是觉得你的活儿好像永远也干不完了似的。"

不知道公爵是不是听说了这件事，也不知道是不是有其他原

---

① 她死于 1562 年 9 月 18 日，在这几年以后。†

因，他还是一如既往，快到二十四点的时候必定派人去叫我，送信的听差总是这样说：

"注意，不要忘了来，公爵在等你。"

就这样，我连续去了好几个晚上，还是像以前那样不方便。其中有一次，我像平常那样去了，公爵大概正和夫人谈论私事，他极为愤怒地转身看着我。我吓坏了，想马上离开，但公爵喊住了我：

"进来，本韦努托朋友，去办你的事，我过一会儿就去找你。"

我正往前走，加尔齐亚殿下[①]扯住了我的斗篷，这时他还是个娃娃，很天真地跟我玩了起来。公爵一看很高兴，说：

"看，我这孩子跟你多么合得来！"

88

我清理这些小玩意儿的时候，世子、乔瓦尼殿下、斐迪南殿下[②]和加尔齐亚殿下每天晚上都在我身边乱转悠，只要公爵眼睛一离开，他们就捉弄我。我求他们看在天主分上安静一会儿，他们回答说：

"我们做不到。"

我对他们说："做不到就不能硬让人家做！那你们就随便吧！继续闹下去吧！"

公爵和夫人都大笑起来。

---

① 加尔齐亚殿下（1547—1562），科西莫和埃莱奥诺拉的第四个孩子，英年早逝。切利尼在这里见到他时，他大约六岁或七岁。†

② 世子是头生，弗朗切斯科殿下（1541—1587），1574年继承科西莫担任托斯卡纳大公，其女儿马利亚后来嫁给了法兰西国王亨利四世，将法兰西王室与佛罗伦萨联系起来。乔瓦尼殿下（1543—1562），1560年被任命为枢机主教，次年担任比萨大主教。斐迪南殿下（1549—1609），1563年被任命为枢机主教，1587年继承兄长弗朗切斯科担任托斯卡纳大公。†

还有一天晚上，我完成了珀尔修斯底座上的四个小铜像，也就是朱庇特、墨丘利、密涅瓦、珀尔修斯的母亲达那厄，小珀尔修斯坐在母亲脚旁①。我让人把这几尊像运到我晚上干活儿的那个房间里，把它们摆成一排，稍高于人的视线，产生一种很漂亮的效果。

公爵听说以后，就比平时提前来了。给公爵报信的人肯定高估了铜像的价值，用了"远远超过了古代作品"之类的字眼，公爵夫妇就愉快地谈论着我的作品走了进来。我马上起身上前迎驾，公爵举起右手，以名副其实的王侯风范和我打招呼，可以看见他手里拿着一根极为漂亮的梨树枝。

"拿着吧，本韦努托！"公爵说，"把这棵梨树种在你家的庭园里。"

听到这话，我高兴地挥了一下手，说：

"噢，大人，您当真让我把树种在我家的庭园里？"

"是的，"他又说了一遍，"就种在你家的那个庭园里，那是你家。你明白我的意思吗？"②

我以大礼谢过公爵，同时也谢过夫人。

随后他俩都坐在铜像前面，用了两个多小时专门谈论这几件漂亮的作品。夫人显得异常兴奋，说：

"这些像这么精美，我不想安放在底座上，再摆到广场上，那太可惜了，在那里会被弄坏的。我想让你把这些像摆放到我一个房间里，这是考虑到它们独特的艺术价值，值得摆放在房间里。"

我以很多充足的理由反对这一安排，但她坚决不让我放在底座上，我就一直等到第二天，大约二十二点的时候进了宫。我发现公爵夫妇已经骑马出去了，而且底座已经准备好了，我就让人

---

① 现在底座上的是仿制品，原作被保存在佛罗伦萨国立博物馆。†
② 公爵的意思是把这所房子作为礼物送给切利尼，他可以永远住在这里干活儿。†

把几尊铜像拿下来，马上焊接到预定的位置上。

嗨！夫人知道了以后就别提有多生气了，要不是公爵极力护着我，我必定会遇到大麻烦。上一次因为珍珠的事她已经生了一次气，这一次我又因为铜像惹了她，所以她就做出安排，让公爵放弃了那一点娱乐活动。所以我就不再到宫里去了，我又像以前那样，只要一进宫，就会遇到重重阻碍。

89

我回到了凉廊[1]，我已经让人把珀尔修斯像运到了这里。我继续对它进行最后的润饰，还是面临着那些老问题，也就是缺钱，另外还有数不清的横生枝节，其中一半就足以吓倒一个铁打的汉子，但我还是一如既往地锲而不舍。

一天上午，我在圣皮耶罗－斯凯拉焦教堂[2]望过弥撒以后，贝尔纳多内从我跟前走了过去，也就是那个经纪人，一个不入流的金匠，一个靠着公爵的面子当上铸币局局长的家伙。这头污秽肮脏的猪刚走出教堂门，就放了四个响屁，声音之大在圣米尼亚托[3]都能听见。我大声说道：

"嗬！你这头猪，胆小鬼，蠢驴！是你这个无耻的家伙放的吗？"

说着我就跑着找棍，他马上就躲进铸币局里。我站在自己门口，让一个小伙计站在外面盯着，只要那头猪从铸币局里一出来，就让这个伙计给我打招呼[4]。

---

① 位于佛罗伦萨市政广场，切利尼的珀尔修斯像仍然矗立在这里。†
② 旧宫旁边一座古老的教堂，1561 年由于建造乌菲兹建筑群而被瓦萨里拆除。†
③ 一座罗马风格的大教堂，坐落在阿尔诺河南面一座小山上，俯瞰着佛罗伦萨。†
④ 铸币局位于凉廊后面，珀尔修斯像四周的挡板就在附近。†

我等了很长时间，有点不耐烦了，火气也慢慢消下去了。然后我想，一旦打起来后果难以预料，这样可能招惹大祸，就决定另想办法报仇。

这件事发生在圣乔瓦尼节之前一两天。我写了四行诗，把它贴在教堂一角，人们常到这里拉屎撒尿。这首诗的内容如下：

> 这里埋葬的是贝尔纳多内，
> 他是猪密探经纪人和窃贼，
> 潘多拉传给他所有的邪恶，
> 他接着再传给布阿乔之辈。①

这件事和这首诗都传到了宫里，公爵夫妇都感到非常可笑。这个家伙自己还蒙在鼓里的时候，成群结队的人都停下脚步看这首诗，看完后就纵声大笑。人们都往铸币局方向看，都用眼睛盯着贝尔纳多内，他儿子布阿乔师傅就看出了蹊跷，然后愤怒地把那首诗撕了下来。贝尔纳多内咬着大拇指②，尖叫着发出一种可怕的威胁声，声音是从鼻子里出来的，引来很多人看热闹。

90

公爵听说整个珀尔修斯像已经完工，可以公开展示了，有一天他就前去观看，明显表现出非常满意的样子，随后转身对陪伴他的几个侍从说：

"这尊像在我们看来是很不错，但还要得到公众的喜爱才行。

---

① 切利尼一般用"布阿乔"指班迪内利，这里指的是贝尔纳多内的儿子布阿乔·巴尔迪尼，公爵科西莫的医生，佛罗伦萨劳伦蒂安图书馆馆长。†
② 咬大拇指表示向别人挑战。†

所以，本韦努托，在你最后润饰一遍以前，我想让你看在我的面子上，把靠广场一侧的部分支架拆除，看选在哪一天快到中午的时候，这样可以听听大家都说些啥。毫无疑问，把像完全暴露在光天化日之下，其效果就和在这个围栏里大不一样。"

听到这话，我极为谦恭地回答说：

"您可以放心，大人，那样看起来会比现在好一倍。难道大人忘记了那一次看到它的情景了吗？在我家的庭园里，在那一大片空地上，它看起来是何等的威风凛凛！结果班迪内利从无辜婴儿园①过来看，尽管他生性邪恶，还是不得不赞扬它，要知道，他这个人一辈子也没有说过任何东西或任何人的好话！我发现大人太轻信他了。"

一听这话，公爵冷笑了一声，但随后又十分和气地说：

"照我说的做，本韦努托，就算是让我高兴高兴。"

公爵走了以后，我命人把掩蔽物移走。但七零八碎的东西还缺得不少，如金子、颜色和其他需要最后修整的地方，我气得嘟嘟噜噜地发着牢骚，咒骂着那个倒霉的日子，我就在那一天回到了佛罗伦萨。我离开法兰西所受到的损失是巨大的，是无可弥补的，这一点我再清楚不过了。另外我还看得出来，跟着这位公爵和保护人在佛罗伦萨，想飞黄腾达连门儿都没有。从开始到中间一直到结束，我办的每一件事都疙疙瘩瘩。我就这样憋着一肚子气，第二天把像揭开了。

也是老天有眼，我把像一揭开，就引来一片欢呼赞美之声，这给了我不小的安慰。人们一个劲儿地在门柱周围贴十四行诗，我给像作最后润饰的时候，用布帘把门挡住了。我相信在像揭开之后的几个小时里，人们钉上去的十四行诗足有二十多首，每一

———————————

① 一家著名的育婴堂。†

首都对塑像推崇备至。后来我又把像挡住以后，每天仍有人献十四行诗，另外还有拉丁语和希腊语诗作。当时正值比萨大学放假，最优秀的教师和学生都竞相写诗，看谁对它赞美得最好。

但最让我感到满意、最让我感到有望得到公爵支持的，是那些艺术家（也就是雕塑家和画家）也加入了这一竞相赞美的行列。我最看重的是那位杰出的画家雅科波·蓬托尔莫[1]所写的赞美诗，更看重他的高足布龙齐诺[2]的大作。布龙齐诺对仅仅公布他的诗作已经感到不满足，还派他徒弟山德里诺[3]专程把诗送到我家，对我的塑像咏赞有加，夸奖其风格高雅无比。仅凭这一点我就感到，这么多年的苦我总算没有白吃。后来我又把像挡住了，继续对它进行修整。

91

珀尔修斯像短暂的亮相，受到佛罗伦萨学校的一片赞扬。公爵对此知道得一清二楚，但他还是这样说道：

"本韦努托尝到了一些甜头，这将激励他更快更勤奋地圆满完成任务，我对此深感欣慰。但等到珀尔修斯像彻底完工，把幕完全揭开以后，人们从各个角度去观看，就别再指望公众还会夸赞它了。与此相反，塑像所有的缺陷都会暴露无遗，连实际上没有的缺陷也会扣到它头上，所以要让他思想上有所准备。"

这正是班迪内利在公爵耳边嘀咕的话，他引证了安德烈

① 雅科波·卡鲁奇（1494—1556），人称"蓬托尔莫"，佛罗伦萨风格主义创始人之一，可能是他那个时代最优秀的画家，大部分作品保存至今。†
② 阿尼奥洛·迪·科西莫·迪·马利亚诺·阿洛里（1503—1572），人称"布龙齐诺"，蓬托尔莫的学生，美第奇家族的宫廷画师，也是诗人，写有两首赞美珀尔修斯像的十四行诗，一直保存至今。†
③ 亚历山德罗·阿洛里（1535—1607），布龙齐诺的义子和学生，也是美第奇家族的宫廷画师。†

亚·德尔·韦罗基奥①的作品，就是那尊漂亮的基督和圣多马铜像，在奥尔萨米凯莱正面。班迪内利还提到其他很多像，甚至还狂妄地攻击了天才的米开朗琪罗·博纳罗蒂那尊了不起的大卫像，指责这尊像只有从正面看才好看。他还提到自己的赫拉克勒斯和卡科斯像，提到那些铺天盖地的十四行诗，这些诗都是讽刺他那两尊像的，他还辱骂了佛罗伦萨人。

公爵太相信班迪内利的话了，班迪内利就戳捣着公爵说出这番话来，公爵肯定相信珀尔修斯像八成也是这样，那个红眼狼班迪内利从来就没有停止过煽阴风点鬼火。

有一次，那个赖种经纪人贝尔纳多内也在场，为了给班迪内利帮腔，贝尔纳多内就对公爵说：

"您要知道，大人，制作大像和制作小像根本就不是一码事。我不否认，在制作小像方面他是行家里手。但您很快就会看到，他制作大像非栽跟头不可。"

除了这些谗言之外，贝尔纳多内还哩哩啰啰地说了一大堆，其细作本相暴露无遗，可以说是谎话连篇。

92

谢天谢地，整个珀尔修斯像终于全部完成了。一个星期四的早上，我把它展现在公众面前②。太阳还没有完全露出来，人们就从四面八方聚集过来，人数之多真是语言难以形容，大家众口一

---

① 亚·德尔·韦罗基奥（1435—1488），列奥纳多的老师，1466—1483 年塑造了佛罗伦萨奥尔萨米凯莱教堂正面的那尊"圣多马的怀疑"。†
② 实际上是星期五早上，1554 年 4 月 27 日。†

词，竟相用最美的语言来赞美珀尔修斯像①。

公爵站在宫殿二楼的一个矮窗户旁，正好在大门上方，在这里半遮半掩地听着人们对塑像的议论。听了好几个小时以后，他心花怒放地站了起来，转身对侍从斯福尔扎先生说：

"斯福尔扎，去找本韦努托，向他转达我的话，就说他给我带来的欣喜远远超出了我的预料。还说我要重赏他，赏得会让他吃惊，所以让他沉住气。"

果然，斯福尔扎先生给我带来了这个好消息，给了我极大的安慰。这一天我心里乐开了花，一是由于从公爵那里传来了喜讯，二是由于人们不停地给我指着塑像，说这个细部如何漂亮，那个细部如何新颖。

这些人里面有两位绅士，是西西里总督②派到公爵这里来办公事的。这两位可爱的先生在广场上碰见了我，我从这里路过的时候，有人对他们说这个人就是本韦努托，他俩就发了疯似的追了上来，把帽子拿在手里，一本正经地演说一番，那个客套劲儿就是对付教皇也绰绰有余。

我向他们点了一下头，极为谦卑地应酬一番③。与此同时，他们嘴里不停地说着赞美话，最后我求他们行行好，和我一起离开广场，因为这时人们都过来看我，比看珀尔修斯像看得还要仔细。后来他们客气地邀请我到西西里去，并答应提供足以让我满意的条件。他们对我说，焦万·阿尼奥洛·德·塞尔维修士④为他们建

---

① 切利尼有点夸张，至少有阿方索·德·帕齐的一首诗抨击这尊像，说它的身躯像个老人，而两条腿却像个年轻姑娘。但切利尼的这一杰作经受住了时间的检验，有人认为在文艺复兴时期所有的雕塑作品中，珀尔修斯像名列第二，仅次于米开朗琪罗的大卫像。†

② 胡安·德·维加阁下，1547—1557 年担任西班牙驻西西里总督。†

③ 切利尼表现出谦卑的情况在其自传里很少出现。†

④ 乔瓦尼·安吉洛·达·蒙托索里（1507—1563），安德烈亚·费鲁齐和米开朗琪罗的学生，其主要作品是 1547 至 1557 年建在墨西拿的两个喷泉。†

了一个喷泉，上面装饰有大量人物像，其质量虽然比不上珀尔修斯像，但作者得到的报酬却十分优厚。

我不想再听他们说下去了，就对他们说：

"你们的话让我感到惊讶，这分明是要我背弃公爵，而他是世上最伟大的艺术保护人。我现在是在自己老家，这里是各门艺术和知识的著名学校。我要是财迷心窍的话，就会待在法兰西为伟大的国王弗朗索瓦效力了，他每年给我的生活费是一千金斯库多，另外还付给我干活儿的所有工钱，所以我在那里每年可收入四千多金斯库多，我把四年的劳动成果都留在了巴黎。"

这样我就打断了他们的恭维，谢过他们对我的高度赞扬，这确实是对艺术家艰辛劳动的最好报答。我对他俩说，他们给了我极大的鼓舞，所以我希望几年以后再拿出一件优秀作品来，让我们著名的佛罗伦萨学校更加满意。

这两位绅士还想接茬儿再恭维一番，我连忙把帽子往上一提，向他们深深地鞠了一躬，就这样和他们告别了。

93

又过了两天，人们的赞誉之声与日俱增，我决定去拜见公爵大人。公爵满面春风地对我说：

"本韦努托，你让我感到十分满意，我答应要赏得你感到惊讶，而且我还要告诉你，我不打算拖过明天。"

听到这最受欢迎的承诺，我整个身心一下子转向天主，真诚地向他老人家表示感谢。我走到公爵身边，吻了他的长袍，高兴得几乎流出泪来。我又对他说道：

"我荣耀的公爵大人啊，真正的、最慷慨的艺术爱好者，艺术工作者的知心人！我请求大人您开恩，先给我八天时间，让我去答谢天主，只有我才知道自己受了多大的苦，是我真诚的信仰才感动了天主帮助我的。为了对这次和其他很多次奇迹般的援助表示感谢，我想出门朝圣八天，一直不停地答谢神圣的天主，他从来都不会拒绝帮助那些真心向他求助的人。"

公爵问我想到哪里去，我回答说：

"明天上午我想去瓦隆布罗萨，从那里到卡马尔多利和埃尔莫，然后继续前往巴尼－迪－圣马利亚，甚至到塞斯蒂莱，我听说那里有漂亮的古代文物可看。然后我就从圣弗朗切斯科－德拉－阿尔韦尼亚返回，再一次谢过天主之后，我就高兴地回来为您效力①。"

公爵马上热情地回答说：

"去去就回，你真让我感到高兴。不要忘了给我写上几句话提醒我，其他的事你就不用管了。"

当天我就写了四行诗，感谢大人对我的恩惠，然后把它交给了斯福尔扎先生，斯福尔扎先生又代我交到了公爵手里。公爵拿起来看了看，又递给了斯福尔扎先生，说：

"记住，每天都拿给我看看，要是本韦努托回来后发现我没有为他办事，我相信他会要了我的命。"

公爵一直笑个不停，吩咐不要忘了提醒他。

当天晚上，斯福尔扎先生就把这些话一五一十地讲给我听。他还笑着对我说，公爵给予我偌大的恩惠，真让他感到惊讶。他还高兴地说：

"去吧，本韦努托，快去快回，我真是羡慕你。"

---

① 这里提到的几个地方都在托斯卡纳，有修道院，有隐居处，均为著名的朝圣地。†

94

为了答谢天主，我离开了佛罗伦萨，一路上不停地唱着赞美他老人家的圣歌和祷文。我心情极为愉快，当时正是初夏时节，天气晴和，我走在以前从来没有到过的乡间，这里的风景真是美极了。

我带了一个年轻工匠当向导，他来自巴尼奥，名叫切萨雷①。我沾了他的光，受到他父亲及其全家最盛情的款待。他家里有一位七十多岁的老人，谈吐十分风雅。这位老人是切萨雷的伯父，职业是外科医生，也涉猎炼金术。这个大好人让我看了巴尼奥的金银矿，还让我看了乡间很多有趣的东西，所以我在这里玩得极为开心。

后来我俩已经很近乎了，他也能信任我了，有一天他对我说：

"有一件事让我担心，我不能不对你说，要是公爵大人能注意到的话，可能对他有好处。情况是这样：卡马尔多利附近有一个山口，防守十分薄弱，皮耶罗·斯特罗齐不但可以安然通过，而且可以直捣波皮村，不会遇到任何抵抗。"②

老人家对口头讲述还不满意，又从口袋里掏出一张纸，在上面画出了整个地区的地图，这样危险的严重性一看地图便一目了然。

我拿起地图马上就离开了巴尼奥，经由普拉托－马尼奥和圣弗朗切斯科－德拉－阿尔韦尼亚飞奔回家。到了佛罗伦萨，我只

① 切萨雷·迪·尼科洛·迪·马利亚诺·德·费代里吉，卒于 1560 年，雕塑家，和切利尼一起完成珀尔修斯像的底座，后来去了米兰并死在那里。†
② 切利尼在手稿边缘处写道："这事发生在皮耶罗率领军队到锡耶纳的时候。" 1554 年 7 月 14 日，皮耶罗·斯特罗齐来到瓦尔蒂扎纳河谷，洗劫了佛罗伦萨周围美第奇家的领地，也洗劫了阿雷佐。†

停下来脱掉马靴，然后就匆匆进了宫。

我正好在修道院附近见到了公爵，他正从大法官邸宅^①旁过来。他一看见我就很有礼貌地向我致意，并有些吃惊地说：

"你咋回来得恁快？我至少会等你八天的。"

我回答说："我是回来为您效力的，要不然我会很乐意在可爱的乡间多待上几天。"

"那么，有啥好消息吗？"他说。

我回答说："大人，我要向您透露一件非常重要的事情。"

我跟着公爵进了宫，到宫里以后，他悄悄地带我来到一个房间，只有我们俩。我向他讲述了整个事情，并让他看了那张小地图，他看了以后好像很高兴。我对他说，应该马上采取措施。他站在那里考虑了一会儿，然后对我说：

"我可以告诉你，我们已经和乌尔比诺公爵^②谈妥了，由他来把守这个山口。但你不要对外人说。"

然后他又对我表达了很多好意，我就回家去了。

95

第二天，我又去见公爵，交谈了几句以后，他乐呵呵地对我说：

"明天，明天一定，我是说办你的事，你就放心吧。"

我相信他说话一定算数，就焦急地等待着第二天的到来。

这一天总算盼到了，我就进了宫。世上的事情总是这样，坏

---

① 现在是佛罗伦萨国立博物馆。†
② 圭多巴尔多·德拉·罗韦雷（1514—1574），威尼斯和教皇军指挥官，也是个有思想的艺术保护人。†

消息比好消息传得快。公爵的秘书雅科波·圭迪先生 ① 歪着嘴，用很傲慢的腔调喊了我一声，身子硬得像一根棍似的，对我这样说道：

"公爵说，他想让你给珀尔修斯像开个价。"

我一下子惊得目瞪口呆，但我很快就回答说，我不习惯给自己的作品定价，两天以前大人也不是这样许诺的。

这个家伙马上抬高了嗓门儿，毫不含糊地以公爵的名义下令，让我说出我想要多少钱，要不然公爵大人会很不高兴。

在此之前，我看公爵对我谦恭有礼，觉得能从他手里得到一笔可观的报酬，而且更重要的是，我觉得完全赢得了他的恩宠，因为我从来没有向他要过其他东西，只求得到他的宠爱。可他现在这样对待我，完全出乎我的意料，所以我大为震怒，尤其是让这个阴毒的癫蛤蟆这样对我发号施令，更让我受不了。我气得大声嚷叫起来，说公爵就是给我一万斯库多也不足以报答我，我要是早知道会落到这样一个讨价还价的地步，就绝不会留在这里了。这个蛮横的家伙一听这话就开始骂我，我就和他对骂起来。

第二天，我去拜见公爵的时候，公爵向我招了招手。我走到他跟前，他生气地叫嚷道：

"用一万达克特可以建城市和宫殿。"

我马上回答说："大人，您要是想找会建城市和宫殿的人太容易了，这样的人比比皆是，但谁有本事制作像珀尔修斯这样的塑像？这样的人恐怕在世界上您一个也找不到。"

说完这话，我转身就走了。

几天以后，公爵夫人派人去叫我，劝我委托她来解决我和公

---

① 沃尔泰拉人，神学家，科西莫的秘书，1561 年担任彭纳主教。受教皇庇护四世委派参加了塔兰托宗教会议，卒于 1582 年。他与班迪内利有书信往来，从中可以看出他对切利尼并不友好。†

爵的过节。她夸口说，她能把这件事处理好，肯定能让我满意。听到她良言相劝，我回答说，除了公爵的恩典以外，我从来没有为我的劳动成果索要过任何报偿，而大人也承诺会给予我隆恩。自从我为两位大人效力的第一天起，我就把这些话说透了，没有必要再让二位大人操心了。我又说，如果大人给我一个克拉齐亚①作为报酬，我就感到很满意了，只要他不让我失宠就行。

听到这话，夫人露出一丝微笑，说：

"本韦努托，照我说的做，这对你有好处。"说完她就转身走了。

我以为这样说软话是最佳对策，但结果证明这样说最糟糕。公爵夫人以前虽然生过我的气，可她办起事来倒也是蛮大方的。

96

大约在这个时候，我与吉罗拉莫·德利·阿尔比齐②交往甚密，他是公爵的国民军军需官，有一天他对我说：

"我说本韦努托啊，把你和公爵的那点麻烦事解决了不是挺好嘛。我向你保证，只要你信任我，我就能把这件事摆平，我这可不是随便乱说的。公爵现在真生气了，为这事你肯定要倒霉。这件事我就说这么多，不能全抖搂完。"

要说也是，上次和公爵夫人谈过话以后，有个人——这家伙很可能是个无赖——对我说他听见公爵这样说：

---

① 科西莫铸造的一种小面值托斯卡纳硬币，大约相当于一个便士。†
② 卒于1555年，美第奇家族的忠实追随者，科西莫母亲的堂兄弟，不过其家族一贯反对美第奇政权的崛起。1529年因政见而被逐出佛罗伦萨，1530年美第奇统治复辟后返回，担任一些重要职务。据说他毒死了他最要好的朋友、当时最伟大的历史学家弗朗切斯科·圭恰迪尼。†

"谁只要给我两个夸特里尼①，我就把那个珀尔修斯像扔出去，这样所有分歧都解决了。"

听到这话我感到很担心，就委托吉罗拉莫·德利·阿尔比齐安排与公爵协商。我对他说，只要让我继续得到公爵的恩典，咋办都行。

这个勇敢的人很懂军事，尤其善于指挥国民军，这些人绝大部分都是乡巴佬。但他不喜欢雕塑艺术，在这方面一窍不通，结果他对公爵这样说：

"大人，本韦努托把他的事交给我了，他让我把他托付给您。"

公爵回答说："我也愿意把这事交给你，服从你的裁决。"

吉罗拉莫就起草了一份协议，看样子挺像回事。他在协议里给了我很大面子，决定让公爵付给我三千五百金斯库多。这笔钱不应被看作是对这样一件杰作应有的报偿，只不过是一笔生活费而已，反正欠我的钱就这样清偿了。协议里还有很多诸如此类的话，基本意思就是确定这个价钱②。

公爵十分高兴地签署了这份协议书，而我则如冷水浇头一般。公爵夫人听说以后这样说道：

"那个可怜虫要是把这件事交给我就好了，我会给他五千金斯库多。"

有一天，我进宫的时候，公爵夫人又当着阿拉曼诺·萨尔维亚蒂先生③的面，把这话又说了一遍，然后嘲笑了我，说我倒霉真是活该。

---

① 当时一种面值很小的硬币。‡
② 1554 年 9 月 2 日，阿尔比齐给公爵写了一封信，确定了切利尼的报价，公爵当天回复表示接受这一提议。不过切利尼显然不满意，认为除了生活费之外，还应该给他制作塑像的费用。1557 年 9 月 25 日，切利尼在另一份备忘录里对阿尔比齐的裁决表示不满，说阿尔比齐是个"生活在下层"的人。†
③ 公爵科西莫的舅舅，枢机主教乔瓦尼·萨尔维亚蒂的兄弟，显然是个游手好闲的人。†

公爵下了命令，每月付给我一百金斯库多，直到付清那笔款项为止，这样过了好几个月。后来，负责办这件事的安东尼奥·德·诺比利先生[①]只给我五十斯库多，再往后只给我二十五斯库多，有时候干脆一点也不给了。

我一看账结得这样拖拖拉拉，就心平气和地问安东尼奥先生，请他说明为啥不把账给我结清。他回答得也同样客气，但我觉得他把心里话泄露得太多了。还是请明白人来评判吧。他对我说，他没有按时付给我钱的唯一原因是宫里缺钱，但他许诺一旦有了钱，就还清剩下的欠款。然后他又说：

"苍天在上！我要是不付清你的钱，就是个十足的无赖！"

听他这样说我有点吃惊，但我还是相信他有了钱以后就会付给我。可是，后来我发现完全不是这样一回事。我发现钱财遭到侵占，就对他大发脾气，说了很多气话，提醒他别忘了他说过的话，要是不付给我钱是个啥玩意儿。可惜他死了，直到现在还欠着我五百金斯库多，现在已经快到1566年年底了[②]。

另外，我薪俸中还有一笔欠款，我觉得这笔钱他们不打算再还了，差不多过去三年了也没有给我。碰巧公爵生了重病，一连四十八个小时没有小便。他看到医生回天乏术，感到自己八成要归天了，就命令仆人偿还所有债务。我就这样得到了这笔钱，但珀尔修斯的那一笔却一直没有见到。

---

① 1553—1562年担任公爵财政署的总审计官。†
② 当时佛罗伦萨人的历法特殊，以3月25日为新年开端，这一天传统上认为是耶稣道成肉身的日子。这一历法从十世纪一直沿用到1749年，随后改成以1月1日为新年开端，与大多数欧洲国家保持一致了。所以，切利尼说的这个日期很可能是1567年2月。†

97

那个倒霉的珀尔修斯像我真不想再提了，但与此有关的一件事极为离奇，我想接茬儿说说，这件事我是不能漏掉的，所以我要退回去一段时间，以便让我的叙述保持连贯。

当时我对公爵夫人说，我掌控不了的事情，我就不能再说啥了，我已经对公爵说过，无论他给我啥我都愿意接受。我以为这样说是最佳对策，可以得到公爵的恩宠，对他俯首帖耳可以使他消气。几天以前，公爵和阿尔比齐达成了协议，公爵表现出了对我不满的迹象，原因是我向公爵大人抱怨，说有些人对我太不像话，干的事太缺德，这些人有阿方索·奎斯泰利先生，有财政署的雅科波·波尔韦里诺先生，还有沃尔泰拉的焦万巴蒂斯塔·布兰迪尼君，尤其是最后这个小子最可恶①。我言辞激烈地陈述理由，公爵一听就大发雷霆，怒气冲冲地说道：

"这件事和你的珀尔修斯像完全一样，那尊像你张口就要一万斯库多，你这是让钱给迷住心窍了。我要让行家对这尊像估估价，然后再按这一估价付给你钱。"

听到这话，我回答得有点鲁莽，同时还带着气，这样和伟大的君主打交道总是不合适的。我是这样回答的：

"哼，现在佛罗伦萨没有一个人能制作这尊塑像，咋能估出它的真正价值呢？"

公爵一听火气更大了，说了很多气话，其中有这么一句：

---

① 奎斯泰利，米兰多拉人，财政审计员。雅科波·波尔韦里诺，公爵的大臣，1548 年因为提出一项法律而闻名，将反美第奇叛乱者的家庭财产没收。布兰迪尼是一名官员。这几个人为何纠缠切利尼不得而知，但可能和公爵给他的那座房子有关。如果真是这样，公爵对切利尼说话不算数可就不止一次了。†

"现在佛罗伦萨就有一个人，他不但能制作这样的像，而且更有能力评判它。"

他指的是圣雅科波骑士班迪内利。我回答说：

"大人，您给我提供了条件，让我在世界上最伟大的学校里制作了一件重要而难度又最大的艺术品，大家对它的赞美超过了在这所学校里揭幕的任何一件作品。

"最让我引以为豪的，是那些既懂设计艺术又从事设计艺术者的赞美，尤其是画家布龙齐诺，他写了四首十四行诗，用最典雅、最华丽的辞藻对我褒奖有加。也许就是他的表率作用，才引来全城一片欢腾。而且我还要说，如果布龙齐诺从事的是雕塑而不是绘画，他可能知道如何去做。

"我还要告诉公爵大人，我师傅米开朗琪罗·博纳罗蒂如果还年轻，也可能会制作出这样一尊像来，而他付出的努力也绝不会比我少。可他现在已经很老了①，肯定干不了这么重的活儿了。所以，我有足够的理由这样说：世上无人能够完成我的珀尔修斯像。

"另外，我的作品已经得到了我在这个世界上所能期望的最高度的赞美，尤其是大人您不仅自己表示满意，而且对它的夸赞要远远超过任何人。这样一来，我还想要更高、更体面的奖赏吗？我可以毫不含糊地说，您再拿钱也不能给我锦上添花了，任何金钱也抵不上您的夸赞，我得到的报酬已经太多了，为此我向大人表示由衷的感谢。"

公爵回答说："你心里恐怕不是这样想的，你以为我没有足够的钱给你。我告诉你，我付给你的钱要超过塑像的价值。"

我回话说："我并没有想要大人的任何报偿，佛罗伦萨学校认可了我，这对我来说已经足够了。有了这样的认可，我准备马

---

① 当时米开朗琪罗已年近八十，比切利尼大二十五岁。‡

上就走，您给我的那座房子我再也不去了，也永不踏进佛罗伦萨一步。"

当时我们正在圣费利奇塔教堂[1]附近，大人正要回到宫里去。听到这些气话以后，公爵突然转身对我怒吼道：

"你不要走，你千万不要走！"

我有些害怕，就陪着公爵大人进了宫。到了宫里，公爵派人去找比萨大主教巴尔托利尼[2]，又叫来潘多尔福·德拉·斯图法先生[3]，让他们以公爵的名义找到布阿乔·班迪内利，请班迪内利仔细看看珀尔修斯像，然后给这尊像估估价，公爵想按公道的价格付给我报酬。

这两个大好人马上就找到了班迪内利，执行了公爵的命令。班迪内利回答说，他已经仔细看过那尊像了，很清楚它的价值，但他以前和我有过节，所以无论如何也不会插手我的事。这两个绅士就对他说：

"公爵命令我们告诉你，命你一定要为那尊像估价，否则公爵会非常生气。你要是想用两到三天的时间来仔细斟酌，那就请你自便，然后告诉我们价值多少钱。"

班迪内利回答说，他已经仔细看过了，他不能违抗公爵的命令，这尊塑像制作得精美绝伦，他认为价值可达一万六千金斯库多，甚至比这还要高。

这两位大好人马上把班迪内利的话禀报给了公爵，公爵一听气得要死。这俩人还把这话对我说了。我回答说，无论如何我也

---

① 位于旧宫和皮蒂宫之间，离老桥不远。†

② 奥诺弗里奥·巴尔托利尼（约1501—1556），佛罗伦萨人，1518年被教皇利奥十世任命为比萨大主教。1527年洗劫罗马期间，他和教皇克莱门特七世一起被困在圣天使城堡，后作为人质被帝国军队扣押。†

③ 多年担任法兰西太子妃凯瑟琳·德·美第奇的侍酒者，被怀疑向公爵科西莫传递法兰西外交和军事情报而入监几年，获释后即返回佛罗伦萨，受到热烈欢迎，1561年被任命为元老院议员，1568年去世。†

不会接受班迪内利的赞扬，这个坏蛋谁的坏话都说。

我这句话传到了公爵耳朵里，这就是公爵夫人让我把这件事交给她的原因。

我说的这些全是实情。我只想补充一句，我当时真该让夫人过问这事，那样的话我很快就能把钱拿到手，而且拿到的钱还会更多。

98

公爵派他的法律案卷主事官莱利奥·托雷洛先生[①]给我传话，说公爵想让我为圣母百花大教堂的唱经楼四周制作一些浅浮雕铜像。说起来这个唱经楼是班迪内利建造的，我当然不想去费劲儿美化他的臭作品。

实际上这座唱经楼并不是班迪内利设计的，他对建筑一窍不通。设计者是朱利亚诺，其父亲是木雕艺人巴乔·达尼奥洛，就是毁坏了穹顶的那个人[②]。反正这么说吧，唱经楼没有显示出作者的任何才华。出于这两个原因，我决定无论如何也不接这个活儿，不过我很谦恭地对公爵说，他让我干啥我就干啥。公爵就吩咐圣母百花大教堂工程委员会，让他们与我达成一项协议，公爵每年只给我津贴二百斯库多，其余的一切由工程委员会出资提供。

我找到工程委员会，他们向我转达了公爵的旨意。我觉得对这些人说话可以更放得开，就向他们解释说，用铜像表现这么多

---

① 莱利奥·托雷洛（1489—1576），法诺人，法学家，文学家，1539 年被科西莫任命为法律案卷主事官，1546 年担任科西莫的首席秘书。1571 年被大公弗朗切斯科一世任命为元老院议员。他与科西莫的很多官员不一样，享有诚实正直的名声。†

② 巴乔·巴廖尼（1462—1543），人称"巴乔·达尼奥洛"，建筑师，木雕艺人，修改了布鲁内莱斯基的穹顶设计，米开朗琪罗说它看起来像个"蟋蟀笼子"。†

故事要花费一笔巨款，而这笔钱等于是白白扔掉了。我摆出一大堆理由，他们听了连连点头。

首先，我说，整个唱经楼的布局错误百出：不合比例、工艺差、不方便、不好看、设计糟糕。其次，浅浮雕像位置太低，在人的正常视线以下，那将成为狗撒尿的地方，一天到晚臊气熏天。出于这些原因，我明确表示不愿意干。

但我又不想虚度一生中的黄金岁月，不想失去为公爵大人效力的机会，而是愿意忠心耿耿地满足他、服从他，我就提出以下建议：如果公爵想利用我的才能，他可以把圣母百花大教堂的中门交给我，这一工程建好后会很招眼，会给公爵带来更大的荣耀。我可以立下字据，这扇门如果我建造得比不上圣乔瓦尼洗礼堂里最漂亮的门①，我就不要分文报酬。一旦我如约完成，公爵大人可以请人为它估价，我愿意接受比同行评估少一千斯库多的报酬。

工程委员会的成员们对这个建议非常满意，马上就向公爵禀报，其中有皮耶罗·萨尔维亚蒂②，他以为公爵对这个建议会感到满意，但结果恰恰相反。公爵回答说，我老是与他对我的要求背道而驰。公爵没有做出任何决定，皮耶罗只好空手而回。

我一听说这件事，马上就去找公爵，他一看见我就有些不高兴。不过我求他屈尊听我说明来意，他回答说可以。我就从头说起，用滴水不漏的论据，向他说明了整个事情的真相，告诉他这只不过是旷费钱财而已。

为了让公爵消气，我说如果他不愿意让我建门，无论如何也

---

① 切利尼打算和洛伦佐·吉贝尔蒂一比高低。吉贝尔蒂（1378—1455），可能是历史上最伟大的制作铜门的艺术大师，1401 年经过竞争，开始建造圣母百花大教堂前面圣乔瓦尼洗礼堂的门，1452 年完成。吉贝尔蒂建造的这些门极为漂亮，被米开朗琪罗称为"天堂之门"，这一评价得到大多数人认可。†

② 皮耶罗·迪·阿拉曼诺·萨尔维亚蒂（1504—1564），一开始为共和派，反对美第奇家族，后来成为公爵科西莫一世的坚定支持者，1553 年被公爵任命为元老院议员。†

要给唱经楼建两个讲道坛，这是两项大工程，能给大人增光添彩。我还说，我愿意制作一些浅浮雕铜像，另外还有很多装饰。

我就这样让公爵冷静了下来，他命我去制作模型。我做了好几个模型，很费了一番周折。其中一个有八个镶板，制作技巧要比其余的高得多，而且在我看来也更适用。

我把模型带到宫里好几次，公爵就让保管库主管切萨雷先生给我传话，让我把模型留在宫里。公爵看过模型以后，我发现他选中了那个最不好看的。

有一天，公爵派人去找我。在谈论模型的时候，我摆出了很多理由，说明为啥八镶板的更合适，看起来也更漂亮。公爵回答说，他想让我做成四边形，他更喜欢这种形状，又兴致勃勃地说了一大通。与此同时，我也不失时机地竭力为艺术辩护。

唉，公爵要是知道我说的是实话就好了！可他还是一意孤行。又过了好长一段时间，我一直没有听到有关这件事的只言片语。

99

大约在这个时候[1]，准备用来制作尼普顿的那块巨石运来了。巨石是先沿着阿尔诺河，再到格里韦河[2]，然后在波焦－阿卡亚诺上岸，沿着这一坦途运到了佛罗伦萨。

---

[1] 切利尼在这一部分描述的事件实际上发生在 1559 年，前面一章所说的事发生在 1555 年，中间隔了四年。在此期间，在那块巨石运来之前，切利尼至少两次遭到监禁。1556 年 8 月入监是因为殴打了金匠乔瓦尼·迪·洛伦佐，切利尼用棍把乔瓦尼的骨头打得露了出来，交纳一笔保证金后获释，共入监四十六天。1557 年年初再次入监，有人指控他和徒弟费兰特·达·蒙特普齐亚诺搞同性恋达五年。最初的判决是监禁四年，向公爵求情后减刑，改为四年软禁在家。在此之前还有几次指控他搞同性恋，所以这一段时间他避而不提就不令人奇怪了。†

[2] 切利尼在这里出了点差错，格里韦是条不通航的小河。看来这里应该是翁布罗内河，不是格里韦河。†

　　我到波焦－阿卡亚诺去看了这块石头。我已经了解清楚了，公爵夫人通过她的特殊影响，把巨石交给了骑士班迪内利。我到那里去不是因为妒忌班迪内利，而是可怜那块不幸的石头。请各位注意，无论任何东西，只要它注定要触霉头，你越是想挽救它，它越是倒霉得厉害。这块石头就是这样，到了巴尔托洛梅奥·阿曼纳蒂[1]手里就倒了霉。关于这个人，我会在适当的地方揭开他的真面目。我仔细看了这块极为漂亮的石头，测量了它各个方位的尺寸，回到佛罗伦萨以后，我就根据其比例做了几个小模型。

　　然后我就去了波焦－阿卡亚诺，公爵夫妇和世子正待在这里。他们都在吃饭，公爵夫妇在一间小餐室里，我就和世子谈了起来。我们谈了好长时间，隔壁房间里的公爵听到了我的声音，就赏光派人叫我。

　　我来到公爵夫妇面前，夫人十分文雅地和我打了招呼。谈话开始以后，我把话题逐渐引到我见到的那块非常漂亮的大石头上。我接着说道，他们的前辈通过鼓励最有才华的艺术家参与竞争，这样才使伟大的佛罗伦萨学校取得了如此辉煌的成就。那个漂亮的穹顶，圣乔瓦尼洗礼堂最漂亮的门[2]，还有很多漂亮的教堂和塑像，都是这样通过竞争制作出来的，这些作品使这座城市在艺术上鹤立鸡群，超过了自古代以来世人所取得的任何成就。

　　夫人一听就有些不快，说她很清楚我的意思，让我再也不要

---

① 巴尔托洛梅奥·迪·安东尼奥·阿曼纳蒂（1511—1592），塞蒂尼亚诺人，米开朗琪罗的学生，建造了皮蒂宫的庭院，设计了波波利花园，1557年洪水过后重建了米开朗琪罗设计的圣三一桥。1565年12月，尼普顿巨像被放置在旧宫前面市政广场上的一个喷泉里，庆祝弗朗切斯科·德·美第奇结婚。他于1555年从罗马回到佛罗伦萨，深受科西莫青睐，成为班迪内利的竞争对手。切利尼所描述的争夺尼普顿像制作权的情形，与瓦萨里在《班迪内利传》里的描述基本上是一致的。†

② 1418年，菲利波·布鲁内莱斯基在竞争中胜出，建造了圣母百花大教堂的圆顶。1402年，吉贝尔蒂在竞争中击败布鲁内莱斯基，制作了圣乔瓦尼洗礼堂的第二扇门。†

在她面前提起那块石头，她不喜欢听。我回答说：

"这么说，您是不想让我担当二位大人的代理人，不想让我尽力保证别人能更好地为您效劳了？您仔细考虑一下吧，夫人。如果二位大人觉得通过竞争来挑选尼普顿模型的方式合适，尽管您已决定把石头交给班迪内利，这也会促使他为了自己的名誉而拿出更过硬的本领，制作出一个漂亮的模型来。班迪内利要是知道自己没有竞争对手，就不会那么卖力了。这样一来，二位大人就会得到更好的服务，就不会让这所优秀的学校感到沮丧，您就会看到谁做得最好，我的意思是谁能在这门高雅艺术中出人头地，您也能向世人证明自己真正热爱艺术、懂艺术。"

夫人气愤地对我说，我已经让她失去了耐心，她想把石头交给班迪内利，又说：

"问问公爵吧，他也想把这块石头交给班迪内利。"

夫人说完以后，沉默了半天的公爵开始发话：

"二十年以前，我专门让人从采石场给班迪内利采了这块漂亮的石头，所以我打算把它送给班迪内利，这块石头就是他的。"

我马上转过身去，对公爵这样说：

"大人，请您劳神听我说几句。"

公爵让我把想说的话都说出来，他会洗耳恭听。于是我就说：

"您还记得，大人，班迪内利制作了赫拉克勒斯和卡科斯像，而那块石头本来是为无与伦比的米开朗琪罗·博纳罗蒂开采的。米开朗琪罗已经制作了一个参孙①和其他四个人物的模型，这本来会成为世界上最优秀的作品。但班迪内利只用这块石头雕出来两个人物，而且都是粗制滥造，看上去再没有那么难受的了。

"所以，说起那块漂亮的石头被糟蹋成这个样子，我们这所

————————
① 《圣经·士师记》里提到的一个大力士。‡

优秀的学校仍然感到愤愤不平。我相信，人们足足张贴了一千多首十四行诗，骂他这件拙劣的作品，我相信大人对这件事仍记忆犹新。所以，大人，那些负责安排工程的人冥顽不灵，把那块石头从米开朗琪罗手里夺走，然后交给了班迪内利，而石头本来是为米开朗琪罗开采的，结果毁在了班迪内利手里，我们大家都看到了。

"既然如此，大人，虽然这块更漂亮的石头已经属于班迪内利了，但您还能容忍他随意践踏吗？为啥不把石头交给一个有才能的艺术家，让石头物尽其用呢？大人，请您安排每一个愿意参与的人都制作一个模型，然后把这些模型拿出来向整个学校展示，这样您就能够听到这所学校说些什么，大人您慧眼识珠，必定能挑选出最好的来。这样一来，您就不会白费钱财，也不会使艺术家们泄气，这些艺术家在当今世界上超群绝伦，是为大人光耀门庭的翘楚豪杰。"

公爵极为耐心地听着，然后从座位上站了起来，转身对我说：

"去吧，本韦努托，做个模型，把那块漂亮的石头挣回来。你说的全是实话，我完全承认。"①

夫人不忿儿地把头往后一仰，嘴里嘟囔着一些气话，到底是啥意思我也没有听清楚。我恭敬地向他们鞠了一躬，然后就回到了佛罗伦萨，心急火燎地开始动手做模型。

100

公爵回到佛罗伦萨以后，事先没有通知我就来到我家。我

---

① 到1560年2月班迪内利死的时候，共有五个雕塑家参与竞争制作尼普顿像。佛罗伦萨是个竞争激烈的城市，尤其是对于艺术家来说。†

让他看了两个小模型，设计得不一样①。他对两个都很满意，但更喜欢其中的一个，让我认真完成他喜欢的那一个，说这样对我有好处。

这时，公爵已经看过了班迪内利和其他雕塑家的设计，但据他身边的很多侍臣说，他最称道的还是我这一个。

和这件事有关的很多大事值得注意，我要提的是下面这件事。圣菲奥雷枢机主教②来到佛罗伦萨，公爵把他领到波焦-阿卡亚诺。枢机主教在路上看到了那块石头，对它称赞不已，就问公爵打算把它交给哪位雕塑家，公爵马上回答说：

"交给我的朋友本韦努托，他为这块石头做好了一个漂亮模型。"这句话由好几个值得信任的人对我说了。

听到公爵的话以后，我去找公爵夫人，给她带去了几件小金饰品，她看到后极为高兴。然后她问我手头有啥活儿，我回答说：

"夫人，我出于兴趣干了一件活儿，是一件最难做的活儿，用最白的大理石雕刻的基督像，然后固定在一个最黑的大理石十字架上，大小相当于一个高个子男人。"

她马上问我做它干啥用，我回答说：

"您要知道，夫人，就是给我两千金达克特我也不卖，它做起来极为费力，我认为以前谁也没有做过类似的活儿，我做它也没有受任何一位大人委托，我担心做不好会丢人现眼。石头是我自己出钱买的，我又找了个年轻人帮我干，他在我手下已经有大约两年了。连买石头带做支撑它的铁框架，再加上支付工钱，我已经花掉了三百多金斯库多。所以，给我两千金斯库多我也不会卖。但如果您能赏光，帮我一个谁也无话可说的忙，我就会很高兴地

---

① 这两个模型在切利尼死后的财产目录里提到过，但后来就不见了。†
② 圭多·阿斯卡尼奥·斯福尔扎，1560 年教皇庇护四世指控他把枢机主教帽子送给了公爵科西莫的二儿子乔瓦尼，当时乔瓦尼在十五到十六岁之间。†

把它送给您。我提出的要求是：对于公爵命人为那块巨石所制作的几个尼普顿模型，您不要发表赞成或反对意见。"

夫人非常生气地回答说："这么说，你是看不起我的帮助或反对喽？"

"恰恰相反，夫人，我太看重您的意见了，要不然我为啥要送给您价值两千达克特的礼物呢？但我对自己的模型充满信心，我为它花费了大量心血，一看就知道其作者受过良好训练，所以我相信能赢得胜利，即便是和伟大的米开朗琪罗·博纳罗蒂竞争我也不怕，我全部的知识都是从他那里学来的，不是从别人那里学的。如果米开朗琪罗能做个模型，我会感到更加高兴。米开朗琪罗博学多才，而其他人才疏学浅。与令我崇敬的师傅竞争能让我学到很多东西，与其他人竞争则啥也学不到。"

我说完以后，夫人有些不悦地站了起来，然后我就回去了，全力制作我的模型。

模型做好以后，公爵前来观看，还带来了两个使节，一个是费拉拉公爵派来的，另一个是卢卡执政团派来的[1]。他们看了模型以后都很喜欢，公爵对这两位使节说：

"说实在话，本韦努托应该得到这块石头。"

这两人给了我最高的赞誉，尤其是那个卢卡使节，他是个学识渊博的人。我与他们拉开了一定距离，这样他们可以随便交换意见。但我听到赞扬话以后，就走上前去对公爵说：

"大人，现在您可以再检验一次：命令每一个愿意参与的人做一个泥模型，和将来用石头做的一般大小，这样您就可以更好地评判应该把活儿交给谁。而且我还可以告诉您，即便是您没有把石头交给那个应该得到它的雕塑家，您伤害的也不是他，而是您

---

① 分别是费拉拉骑士科尼格拉诺和卢卡的吉罗拉莫·卢凯西尼。†

自己，因为您既受到了损失，也蒙受了耻辱。另一方面，如果您把石头交给了应该得到它的人，您首先就能得到巨大的荣誉，您的钱财就会用到该用的地方，艺术家们也会继续相信您喜爱艺术，是真懂艺术。"

我刚说完这番话，公爵就耸了耸肩。他要走的时候，卢卡使节对他说：

"大人，您这个本韦努托真是厉害！"

公爵回答说："他比你想象的还要厉害得多，他要是不惹厉害就好了，如果不厉害的话，他就会拥有很多现在还没有的东西。"

这个使节后来把这些话都一五一十地对我说了，他训斥了我，要我以后不能再这个样子了。我对他说，我是真心希望公爵大人好，我是他忠实的仆人，但我不会溜须拍马。

几个星期以后，班迪内利死了[①]。人们认为，他除了生活放纵以外，眼看着要失去那块石头让他恼羞成怒，这是他的主要死因。

101

班迪内利听到我正忙于做耶稣苦像的消息，就像我在前面说过的那样，他马上就找到一块石头，制作一尊哀悼基督像[②]，这尊像可以在报喜教堂里看到。

我把我做的耶稣苦像送给了新圣马利亚教堂，用来支撑这尊像的铁夹子也固定到了墙上。我只要求允许我在耶稣像下面修一

---

① 班迪内利死于 1560 年 2 月 7 日，享年七十二岁。据瓦萨里说，班迪内利为家人留下了很多土地、房屋和钱，为世人留下了很多雕塑作品和优秀的绘画。†

② 班迪内利这尊像表现的是死去的耶稣倒在尼哥底母的左膝上（1554—1560），存放在佛罗伦萨报喜教堂原属于帕齐家的一座小礼拜堂里。1559 年，这座小礼拜堂被分配给班迪内利，供他将来建造陵墓。班迪内利和切利尼被埋在同一座教堂，也是有趣的巧合，这两个人一辈子势不两立。不过切利尼和其他艺术家被埋在圣路加协会小礼拜堂，这是属于佛罗伦萨艺术家的协会。†

座墓，我死以后就埋到里面。教士们对我说，不请示他们的工程委员会就不允许我修墓。我回答说：

"好兄弟啊，安放我那尊漂亮的耶稣苦像时，你们为啥不先问一问工程委员会呢？没有经过工程委员会允许，你们就让我先安上夹子和其他装置了。"

出于这个原因，我不想再把我艰苦劳动的成果送给新圣马利亚教堂了，尽管教堂管理人员后来向我要耶稣苦像。我马上就去找报喜教堂，向他们讲了赠送耶稣苦像的条件，和向新圣马利亚教堂提出的条件一样，报喜教堂那些好心的教士们一听，马上一致同意让我把像放到他们那里，并让我根据自己的心愿建造坟墓，建成啥样都行。

班迪内利听说这件事以后，就加紧制作他的哀悼基督像，并恳求公爵夫人把属于帕齐家的那座小礼拜堂送给他。他费了一番周折以后得到了这座小礼拜堂，得到以后就匆忙竖起他的哀悼基督像，到他死的时候这尊雕像也没有彻底完工。

公爵夫人说，班迪内利活着的时候她保护了他，他死了以后她还要保护他。尽管他已经死了，我也永远别想得到那块石头。后来，经纪人贝尔纳多内有一次在乡下碰见了我，对我说公爵夫人已经把那块石头送人了。我回答说：

"不幸的石头啊！在班迪内利手里它肯定要倒霉，而到了阿曼纳蒂手里，它的命运更要糟糕一百倍！"

这时，我已经接到公爵让我做泥模型的命令，模型大小相当于那块石头雕成像以后的尺寸。他还为我提供了木料和泥，在珀尔修斯像所在的凉廊搭起了一个围屏，并给我雇了一个工匠。我全力以赴地干着，根据我的精心安排建起了木框架，也差不多做好了，根本不管能不能在石头上做它，我知道夫人已决定不让我得到石头，所以我也不去管它。我只想愉快地干活儿，希望我完成以后夫人看了能幡然悔悟，让她认识到对不起那块石头，也对不起她自己，她毕竟是个聪明人，后来我确实看出来了[①]。

佛兰芒人乔瓦尼[②]在圣十字修道院也做了个模型。佩鲁贾的温曾齐奥·丹蒂[③]在奥塔维亚诺·德·美第奇先生家里做了另一个。第三个模型是莫斯基诺的儿子[④]在比萨做的，第四个是巴尔托洛梅奥·阿曼纳蒂在凉廊做的。凉廊被一分为二，我俩各占一半，我把我那一半围了起来。头部我已经大致规划好，最后开始定型时，公爵从宫里出来了，画家小乔治[⑤]把他领到阿曼纳蒂的工棚，小乔治已经在这里和阿曼纳蒂及其工匠们一起干了好几天了。公爵看阿曼纳蒂的模型时，我听说他好像不太满意。小乔治在一旁搬唇弄舌地给公爵灌迷魂汤，公爵还是摇了摇头，转身对詹斯特凡诺先生[⑥]说：

"去问问本韦努托，看看他那尊巨像做得如何，是不是可以让我们一饱眼福了。"

詹斯特凡诺先生很得体地向我转达了公爵的旨意。他还对我说，我要是觉得还不到看的时候，就只管这样说，因为公爵知道

---

① 1570 年，切利尼在一封信里说，公爵夫人看到切利尼制作的耶稣苦像那么漂亮，就对自己的做法感到后悔，决定再给切利尼一块石头让他做，但计划还没有落实就死了。†

② 乔瓦尼·詹博洛尼亚（1529—1608），十六世纪末期最重要的雕塑家之一，其重要作品有博洛尼亚的尼普顿喷泉，佛罗伦萨市政广场上的科西莫一世骑马像，凉廊上的"抢夺萨宾妇女"，佛罗伦萨国立博物馆里的"墨丘利"。†

③ 温曾齐奥·丹蒂（1530—1576），佩鲁贾人，雕塑家和金匠，为公爵科西莫效力。†

④ 不是儿子西莫内，而是父亲弗朗切斯科·迪·西莫内·莫斯卡·德拉·佩科雷，人称"莫斯基诺"，一个不知名的艺术家。†

⑤ 即乔治·瓦萨里，积极帮助其门徒阿曼纳蒂竞争尼普顿像的制作权，为此切利尼永远没有原谅他。瓦萨里对切利尼也非常反感，在其巨著《艺术家列传》里根本就没有为切利尼立传。这一遗漏不能由缺乏信息来解释，他对切利尼及其作品都很熟悉，肯定知道珀尔修斯像是当时最优秀的杰作之一。†

⑥ 詹斯特凡诺·阿利，罗马人，科西莫最信任的管家之一，经常被公爵派到罗马购买古文物。†

我承担这么大的工程基本上没有帮手。我回答说，我恭候公爵大人大驾光临，尽管我的模型进展还不大，但公爵悟性好，很容易想象出完成以后的样子。

这位绅士就把我的话告诉了公爵，公爵高兴地过来了。他一走进围场看到我的模型，就露出极为满意的样子。他绕着模型转了一周，在四个观察位置上都停了一下，和最老到的行家所做的一模一样。随后，他用点头和赞成的手势来表示他很满意，但只说了这么一句：

"本韦努托，你只要在外面再抹一层灰泥就行了。"

然后他转过身去，对侍从赞扬我的作品说：

"我在他家里见到的那个小模型就让我感到很满意，没想到这一个更胜一筹。"

102

天主宰制万物为我们造福，我是说为那些承认并信仰他的人造福，天主永远会保护这些人。按照天主的旨意，大约在这个时候，一个来自维基奥的臭小子找上门来。他叫皮耶尔马利亚·丹泰里戈利，外号斯比耶塔①，是个牧羊人，和医生圭多·圭迪先生，也就是现在的佩夏市长是近亲，所以我就想听听他要说啥。

这个家伙想把他的一座农庄卖给我，期限是我的有生之年。农庄我不想去看，我只想完成我的尼普顿模型，另外我也不需要看，斯比耶塔只卖给我农庄的收益②，他算出的这些收益包括多少

---

① 皮耶尔马利亚·迪·韦斯帕夏诺·里奇·丹泰里戈利，维基奥人。维基奥是穆杰洛的一个小镇，离佛罗伦萨大约三十公里。"斯比耶塔"这个外号显然是指其性格油滑。†

② 切利尼的意思是斯比耶塔继续经营农庄，但把其年度收益付给切利尼。†

蒲式耳的小麦，多少酒、油、谷物、栗子，还有其他收益。

我自己估算了一下，按当时的行情，这些东西加起来一共价值一百多金斯库多，而我付给他六百五十斯库多，这包括缴给政府的税①。结果，他留下一份亲笔写的交易备忘录，大意是在我有生之年，他将一直为我提供那么多收入。农庄我根本就不想去看，但我还是尽可能问了问斯比耶塔及其兄弟菲利波君的情况，看看其家境是否殷实，我是否有安全保障。很多认识他们的人都向我保证说，我是绝对有保障的。

双方商定以后，我们请来了商业法庭的文书皮耶尔·弗朗切斯科·贝托尔迪君，一开始我就把斯比耶塔写的备忘录交给了他，里面写有斯比耶塔答应给我的一切，我以为这些内容都能写进契约里。但这个起草契约的文书只顾想着斯比耶塔提出的二十二个条件，结果忘记把卖主答应给我的东西写进契约里了，反正我是这样判断的。文书写着，我继续干着活儿。他写了几个小时，我把尼普顿大半个头部也做好了。

契约签字盖章以后，斯比耶塔开始对我大献殷勤，我也对他投桃报李。他送给我山羊、乳酪、鸡、鲜凝乳和各种水果，直送得我感到不好意思。为了报答他的好意，只要他一到佛罗伦萨，我就把他从旅店里拉到我家里住，很多次都有一些亲戚陪着他，这些亲戚也一并过来。

有一次，斯比耶塔开玩笑似的对我说，我买了农庄以后已经过去那么多个星期了，咋不把事务都交给工匠，我也好抽出三天的时间去看看，这也太不够意思了。

斯比耶塔的甜言蜜语迷住了我，我就在一个倒霉的时刻去看他。到他家以后，他待我如上宾，服侍我的那个周到劲儿就甭提

---

① 这份契约保存至今，签署的日期是 1560 年 6 月 26 日。这种契约是为农户提供现金，同时又避开了取缔高利贷的法律。†

了，就是公爵见了也得眼热，他老婆甚至比他对我还要热情。就这样我们一直打得火热，直到他和他兄弟菲利波君的阴谋酝酿成熟。

103

与此同时，我并没有停止制作尼普顿像，已经做得大致有个眉目了。我用了一种非常好的方法，这种方法以前根本就没有人用过，甚至就没有人知道。所以，尽管我知道我得不到那块石头，原因我已经说过了，我还是希望能尽快把它完成，然后放在广场上展览，只不过是图个自己高兴。

这是个温暖宜人的季节，再加上那俩无赖待我那么好，我决定到特雷斯皮亚诺我的乡间别墅去①。这是个星期三，连续两天都是节日。中午我美餐了一顿，二十点以后我就到了维基奥，在城门口碰见了菲利波君，看样子他好像知道我要去。他对我胁肩谄笑、曲意逢迎，把我领到斯比耶塔家，在家里见到了这个小子的骚婆娘，她也搂住我亲个没完。我给了这个女人一顶质地最好的草帽，她说她从来也没有见过这么漂亮的草帽。直到这时，斯比耶塔仍然没有露面。

天色将晚的时候，大家一起坐下来高兴地吃饭。随后他们给我安排了一间寝室，里面布置一新，我睡觉的那张床干净得一尘不染，我俩仆人也根据其身份受到了同样好的款待。

第二天，我起床以后又受到同样的礼遇。我去看我的农庄，感到相当满意，我收到了很多小麦和其他粮食。回到维基奥以后，那个神父菲利波君对我说：

---

① 这座别墅距离佛罗伦萨大约八公里，在去博洛尼亚的方向，1548 年 10 月 26 日由切利尼购买，1556 年他又在这里置了地。†

"本韦努托，不要担心。你在这里虽然没有见到对你承诺的一切，但你只管放心好了，农庄会为你赢利的，和你打交道的都是老实人。顺便对你说一句，我们已经把那个干活儿的打发走了，他不是个东西。"

他说的这个干活儿的名叫马利亚诺·罗塞利，这个人经常对我说：

"你要当心，到头来你就会知道，我们中间到底谁最坏。"

说这话的时候，这个乡巴佬心怀鬼胎似的讥笑着，猛地一甩头，像是在说："只要到那里去看看，你就知道是咋回事了。"

听到这话，我心里有点发毛，但万万没想到会发生我后来遇到的事。农庄离维基奥有两里远，我从农庄回来朝阿尔皮①去的时候碰见了神父，他像往常一样客气地等着我。我们一起坐下来吃饭，饭不算丰盛，但确实精美。

饭后，我绕着维基奥散散步，市场刚刚开市，我发现所有人都瞪着眼睛看着我，好像看个怪物一样。在这些人里面，最能引起我注意的是一个老先生，他在维基奥已经住好多年了，老伴儿烘面包在这里卖。他在大约一里远的地方有一份不错的产业，但他喜欢这里的生活方式，在维基奥镇住在一座属于我的房子里，这座房子是和农庄一起交给我的，农庄名叫"喷泉农庄"。老先生对我说：

"我住着你的房子，到时候就付给你房租。你要是想提前要，我保证照办。你放心，我绝对不会和你争长论短。"

说这话的时候，我发现他目不转睛地盯着我，就有些心神不宁地问他：

"乔瓦尼朋友，请你告诉我，你为啥老是这样看着我？"

---

① 亚平宁山上的牧场。†

他回答说："我很愿意告诉你，只要你答应不说出来是我对你说的，我把你当成是一个可以信赖的人。"

我答应他以后，他接着说：

"你要知道，那个卑鄙的神父菲利波君不久以前到处吹嘘，说他哥斯比耶塔精明，把农庄卖给了一个老人，买主可以终生享有农庄，但他连今年都活不到头。你是和一帮泼皮无赖混到一起了，所以你要多多保重，要提高警惕，你需要这样做。我不想再多说了。"

104

我在市场散步的时候，碰见了焦万巴蒂斯塔·圣蒂尼，我俩都被那个神父领回去吃晚饭。我在前面说过，我们吃饭是在二十点，我对他们说晚上我打算回到特雷斯皮亚诺，所以吃饭提前了。他们赶忙把一切都准备好，斯比耶塔的老婆忙前忙后，在场的还有个家伙名叫切基诺·布蒂，和他们是一伙儿的。

沙拉拌好以后，我们开始入座，那个邪恶的神父令人作呕地龇着牙，奸笑一声说道：

"请各位原谅，我要失陪了，我哥斯比耶塔有一件重要事情需要我去处理。他不在家，我不得不替他撑门面。"

我们都想留住他，但都拗不过他，他走了以后我们就开始吃饭。

大家共享了几盘沙拉以后，他们开始上煮熟的肉，每个人都有一碗。圣蒂尼坐在桌子对面，他对我说：

"你有没有注意到，他们给你的这个碗和其他人的碗不一样？你以前见过更漂亮的碗吗？"

我回答说，我没有注意。他还要我去请斯比耶塔的老婆坐下来和我们一起吃，她一直和那个切基诺·布蒂东一头西一头地忙乎得出奇。最后我硬是把那个女人叫来了，她抱怨说：

"你不喜欢我做的饭，你看你吃得这么少。"

我一再夸她做饭做得好，说我还从来没有吃得这么开心过，从来也没有吃过更好吃的饭。最后我对她说，我已经吃饱了。我根本就没有想过她为啥这样死劝活劝地让我多吃。

吃过饭已经是二十一点多了，我急着要在当晚赶回特雷斯皮亚诺，以便第二天上午能回到凉廊，继续干我的活儿。我谢过女主人，告别了大家就走了。

我走了还没有三里，就感到胃里像火烧一样，疼得我好像走了一千年才到特雷斯皮亚诺。按照天主的意愿，我在天黑以后到了这里，但异常艰难。我直接去了别墅，然后就上了床。夜里我根本就睡不着，肠子一直咕噜咕噜地响，不得不三番五次地起来解大便。

天亮以后，我感到肛门火辣辣地疼，就转过身来看看是咋回事，结果发现衣服上有血。我马上意识到吃了有毒的东西，就忖量着到底是吃了啥玩意儿。我回忆着斯比耶塔的老婆在我面前摆放的盘子、碗和碟子，这些东西和别人的都不一样。我想到那个邪恶的神父、斯比耶塔的兄弟忙乎了半天服侍我以后，却不愿意和我们一起吃饭。我还想起来那个神父说，他哥斯比耶塔做了一笔好生意，把农庄卖给了一个终生可以享有它的老人，而这个老人却活不到年底，这些话是乔瓦尼·萨尔代拉对我说的。

把这些线索综合起来考虑，我断定他们肯定让我吃了微量的升汞[①]，就投放在味道配得很不错的调味汁里，因为吃了升汞会产

---

① 这种毒品的致死量是一克左右，能引起嘴里发热、肚子痛、呕吐、溃烂、腹泻带血等症状，影响中枢神经系统，导致脉搏微弱、浅呼吸或呼吸衰竭，也可能导致肾衰竭。†

生的一切症状我都有。我现在吃饭的时候除了放盐以外，很少放调味汁或佐料，但这一次我吃了两小口调味汁，它的味道实在是美极了。再一想，我又想起了斯比耶塔的老婆千方百计地哄着我去吃调味汁。因此我敢肯定，他们就在调味汁里给我放了升汞。

105

我虽然病得很厉害，还是硬撑着去凉廊制作我的巨像。但几天以后我就招架不住了，只好上了床。

公爵夫人一听说我病了，马上就把那块倒霉的石头交给巴尔托洛梅奥·阿曼纳蒂去制作。阿曼纳蒂通过××先生给我捎口信，说我可以随便处置我的模型了，他已经得到了那块石头。这位××先生是巴尔托洛梅奥·阿曼纳蒂妻子的一个情人，心肠好，办事又谨慎，因而最受宠，阿曼纳蒂就处处为他提供方便。[①]

关于这个话题有很多话可说，但我不想学他师傅班迪内利，班迪内利在争论中老是说些与我们的职业无关的话[②]。我这样说一句也就够了：我对阿曼纳蒂的信使说，这个结果我早就料到了，命运女神帮了他大忙真是瞎了眼，就让他使出吃奶的劲儿拼命干活去感恩戴德吧。

这些日子我一直懊丧地躺在床上，照料我的是最杰出的医生弗朗切斯科·达·蒙特瓦尔基师傅。和他在一起的拉法埃洛·德·皮利师傅负责外科治疗，这时升汞已经把肠子腐蚀坏了，害得我不停地拉肚子。

---

① 在手稿里，这位先生的名字已经擦得无法辨认了，也就是阿曼纳蒂妻子的所谓情人。印成仿宋体的这句话也擦掉了，但还能辨认出来。切利尼为什么擦掉很难说，也许是对损害阿曼纳蒂妻子的名誉感到后悔。阿曼纳蒂妻子的品行无可挑剔，切利尼甚至与她互赠过彼特拉克十四行诗。†
② 比如说切利尼是鸡奸犯。†

　　弗朗切斯科师傅发现毒药的劲儿已经过去了，实际上它的量还不足以制服我那健壮的身体。有一天，弗朗切斯科师傅对我说：

　　"本韦努托，答谢天主吧，你已经赢了。不必担心，那些流氓害不了你，我能把你治好。"

　　拉法埃洛师傅也插话说：

　　"这是人们所听说的治疗得最为出色，也是治疗难度最大的病例之一。我可以告诉你，本韦努托，你吃下去了一口升汞。"

　　弗朗切斯科师傅一听就打断了他的话，说：

　　"可能是某种毒虫。"

　　我回答说："我知道那是啥毒，也知道是谁下的毒。"

　　这时大家都默默无语。

　　他们为我治疗了六个多月，我调养了一年多才恢复生命的活力。

106

　　这时，公爵到锡耶纳去欢庆胜利①，几个月以前阿曼纳蒂就到那里去建凯旋门了。阿曼纳蒂的一个私生子留在了凉廊，把我盖尼普顿模型的布揭掉了。模型还没有做好，我就一直用布盖着。

　　我知道以后，马上就向公爵的儿子弗朗切斯科殿下投诉，殿下对我很友好。我对殿下说，我的塑像还没有完工，但有人把布揭开了，要是已经完工的话，我一点都不会在乎。

　　殿下威胁性地把头往后一仰，说：

　　"本韦努托，不要介意有人揭开了你的像，那些人不过是自讨苦吃。你要是想让我去把它盖住，我马上就去。"

----

① 这一天是 1560 年 10 月 28 日。†

殿下又说了我很多好话，当时在场的有很多贵族，我就恳请殿下给我必要的资助来把它完成，说我打算把这尊像和那个小模型一起送给殿下。

殿下回答说，他非常愿意接受这两件礼物，还会给我提供我要求的一切设施。

你还别说，这点小恩小惠让我获益匪浅，实际上它救了我一命。我突然受到这么多灾祸的打击，感到元气大伤，而这一点小小的鼓励又使我产生了生存的希望。

107

这时，我从斯比耶塔手里买到喷泉农庄已经有一年了。除了那次他们企图毒杀我，还有数不清的敲竹杠行为以外，我还发现农庄的产出还不及原来许诺的一半。不过我手里有契约，还有斯比耶塔亲笔写的报单，他当着证人的面承诺支付我上面提到的年度收益，我就拿着这些证据去找司法署。

这时，阿方索·奎斯泰利先生还在世，并担任着财政大臣，还是司法署法官，其他法官还有阿韦拉尔多·塞里斯托里和费代里戈·德·里奇[1]。司法署法官的名字我已经记不全了，还有一个亚历山德里家族的人。我只说一句也就够了：这些法官都是达官显贵。

我向法官们陈述了我的事由，他们众口一词地裁决：斯比耶塔应该归还我的钱，唯有费代里戈·德·里奇不同意，他当时正雇用着那个斯比耶塔。其他法官全都十分遗憾地对我说，费代里戈·德·里奇不让他们处理这件事。尤其是阿韦拉尔多·塞里斯

---

[1] 卒于 1572 年，1532 年当选为元老院议员后暴富，科西莫的心腹之一。†

托里等人，还有亚历山德里，为这件事大闹了一场，但费代里戈设法把事情一直拖到法官们任期结束。

一天上午，塞里斯托里在报喜堂广场上碰见了我，一点也不顾忌周围的人，大声叫道：

"费代里戈·德·里奇的势力大得很，我们所有人加在一起也顶不过他，你只好吃哑巴亏了，我们实在是无能为力。"

这件事我就不想再说了，再说就会冒犯国家最高当局。我只说一句也就够了：一个富翁从中作梗，我受到了巨大的冤枉，只不过是因为他雇用着那个羊倌。

108

这时，公爵正在利沃尔诺，我到那里去找他，只不过是向他请求辞职。当时我感到身体正在恢复，而我又无事可做，这样白白浪费时间而不能从事艺术，我感到非常痛苦。

我打定主意以后，就到利沃尔诺找到了公爵，他格外有礼貌地接待了我。我在这里待了好几天，每天都和大人一起骑马外出，有足够的时间想说啥就说啥，公爵习惯从利沃尔诺骑出去四里远，沿着海滨一直到他正在建的一个小堡垒。他不喜欢一大群人打扰他，只让我和他交谈。

有一次，我发现他对我非常客气，就谈起了斯比耶塔的事，也就是皮耶尔马利亚·丹泰里戈利。我说：

"大人，我想向您讲一件非常离奇的事，然后您就会明白我为啥没有完成在凉廊制作的那个尼普顿泥模型了。您要知道，我从斯比耶塔手里买下了一个可以终生享有的农庄。"

长话短说吧，我向公爵详细讲述整个事情的经过，说的全是实话，一点也没有掺假。说到下毒的时候，我说我这个仆人要是在大人眼里还算合格的话，他就不应该惩罚斯比耶塔或那些下毒的人，而是应该奖赏他们，因为他们下的毒不足以致命，倒是正好够用来清洗我肠胃里那些要命的黏稠东西，给肠胃消消炎。

"那毒药，"我说，"效果真好，我没有服用以前，也许只能再活三四年，而服了以后我相信能为我祛病强身，至少延长寿命二十年。对于这一福分，我要最衷心地感谢天主，这证明我有时候听人说的一句俗话千真万确：歪打正着。"

公爵聚精会神地听着我的故事走了两里多，只说了这么一句："哼，流氓！"最后我说我还真得感谢他们，然后就转到其他更轻松愉快的话题上去了。

我一直等待着时机，发现公爵心情很好，就请他高抬贵手放我走，这样才不至于浪费掉这几年的时光，这年头我还能继续干活儿。至于欠我的珀尔修斯像的款，公爵大人想啥时候还我都行。这是我说的大意，实际上我还说了很多好话，表达了我对公爵大人的感激之情。我说了半天以后他一言不发，反而表现出很生气的样子。

第二天，公爵最主要的大臣之一巴尔托洛梅奥·孔奇诺先生[1]碰见了我，带着一点盛气凌人的样子对我说：

"公爵让我告诉你，你要是想走的话他也不拦你，要是想干活儿就会给你找活儿干，但愿你能把这些活儿都干完。"

我回答说，我最大的愿望就是干活儿，尤其是愿意为公爵大人干，不愿为其他人干，无论是教皇也好，皇帝也好，还是国王也好。我宁愿挣公爵一个便士，也不愿挣别人一个达克特。孔奇诺先生说：

"如果你是这个意思，你和公爵的事就这样说定了，别的话就

---

[1] 农民的儿子，担任托斯卡纳刑事法庭文书以后积累了大量财富，科西莫的心腹，最后晋升为伯爵。†

不必再说了。那你就回佛罗伦萨吧，不必担心，请你相信公爵对你的好意。"

这样我又回到了佛罗伦萨[①]。

109

我一到佛罗伦萨，金线织造工拉法埃洛·斯凯吉亚就来找我，这样对我说：

"亲爱的本韦努托，我想解决你和皮耶尔马利亚·斯比耶塔的纠纷。"

我回答说，我俩的事除了司法署以外谁也解决不了，现在这一届司法署里，斯比耶塔不要再指望费代里戈·德·里奇给他撑腰了，这个家伙为了几只肥羊的贿赂，既不顾忌天主，也不顾忌他自己的尊严，竟然支持这样一件不光彩的事，去亵渎神圣的正义。

我说完这番话以后，拉法埃洛一再好声好气地说，安安生生地吃一只小鸟，要比拼命争抢一只肥鸡划算得多，你打得头破血流，最后吃到了肥鸡又能如何？他还提醒我说，打官司犹如老牛拉破车，磨蹭起来没完没了，我有那功夫去做件漂亮的艺术品该有多好哩，又有名又有利。

你还别说，我一听就觉得这是大实话，便开始聆听他的高论。我们很快就谈妥了：在我有生之年，斯比耶塔租我那座农庄，每年付给我租金七十金斯库多。

但到签契约的时候，斯比耶塔不干了，契约是由马泰奥·达·法尔加诺的儿子乔瓦尼君起草的。斯比耶塔说，按这个

---

① 1561 年 4 月 13 日，切利尼写了一份申请书请求辞职，公爵批示同意，说他从不强留任何人为自己效力。†

期限租，缴纳的税最高。他并不是要反悔，而是说最好把租期定
为五年，期限到了以后再续租。他承诺一定会续租，绝对不会再
打官司，他那个泼皮神父兄弟也做出了类似的承诺，结果租期就
定为五年。

110

我虽然想谈一谈别的话题，把这几个势利小人的龌龊事先放
一放，但我还是要讲一下五年契约到期后发生的事。

期限一到，这俩混蛋就出尔反尔，说他们要把农庄归还给我，
不想再租下去了。我当然表示不满，他们就煞有介事地摊开契约
堵我的嘴，这样偷奸耍滑，我是一点办法也没有。事情到了这一
步，我就对他们说，佛罗伦萨有公爵和世子，他们是不会容忍有
人在这里如此含冤受屈的。

这一威胁还真见效，吓得他们马上就把拉法埃洛·斯凯吉亚
派到我这里，就是起草第一份契约的那个家伙。他们表示不愿意
再支付给我七十斯库多租金，就像过去五年那样。我回答说，一
个子儿也不能少。拉法埃洛就过来对我说：

"本韦努托，你知道我是站在你这一边的，那俩人已经把这件
事完全交给我了。"

拉法埃洛就让我看了一份写有这样内容的文件，上面有他们
的亲笔签名。我不知道他和那俩家伙是近亲，而以为这样安排我
完全可以接受，就把这件事毫无保留地托付给了他。

8 月的一个晚上，日落大约半个小时以后，这个令人难以捉摸
的家伙来找我，嘴皮子磨了半天，迫使我当场就写好契约。他这
样做是因为他心里明白，要是等到第二天，他的骗术就不灵了。

契约就这样起草好了，其大意是在我有生之年，他们要付给

我六十五斯库多硬币①，每年分两次付清。

我极力表示反对，不愿意接受这不公平的待遇，但一点用也没有，拉法埃洛亮出了我的亲笔签名，结果人人都说我的不是。他还一再说他都是为我好，一直都是站在我这一边的。法律文书也好，听说这件事的任何人也好，谁都不知道他是那俩无赖的亲戚，他们都说是我不对。我只好忍气吞声地知白守黑，我要做的也就是得过且过吧。

这件事过去不久，也就是在 1566 年 12 月，我又犯了另一个错误。我花了二百斯库多硬币，从他们手里买下了半个波焦农庄，也就是从斯比耶塔手里，紧挨着我的第一座喷泉农庄。我们商定的条件是我给他们租借权，三年以后归还。我是出于好意才这么做的。

我要是把他们干的屃血事都摆出来，恐怕再说半天也说不完。我想把一切都托付给天主，他老人家一直保护着我免遭毒手。

111

我的耶稣苦像做好以后，我觉得应该把它抬高到地面以上几肘尺，这要比摆放在地面上效果更好。摆放在地面上也不错，但抬高以后要好看得多，我感到非常满意。这样我就把它摆了出来，谁想看谁看。

按照天主的意愿，公爵夫妇听说了这件事。他们从比萨回来以后突然来到我家，宫里所有的贵族都陪着，唯一目的是看看耶稣苦像。众人大饱眼福，公爵和夫人都赞不绝口，所有贵族和随从也都交口称誉。

① 切利尼以前收到的租金应该是金子，现在改为硬币或记账货币，按与黄金等值的银子结算。†

我一看他们对我的作品这么满意，就最为谦恭地向他们表示感谢，说要不是他们拒绝给我那块做尼普顿的石头，我绝对不会去承担这么艰巨的一项工程，以前任何一个雕塑家也没有做过类似的活儿。

"当然，"我接着说，"这尊耶稣苦像花去了我好长时间，我付出的艰苦努力超过了以往任何一件作品，但这花得值，尤其是现在两位大人对它这么抬举，更是花得值。我再也找不到比两位大人更配得上拥有它的人了，所以我很高兴地把它作为礼物送给您。"①

这样说完以后，我恳求他们在离开以前，赏光到我家一楼去一趟。他们欣然同意，马上就起身离开了作坊，一进屋就看见了我做的尼普顿和喷泉小模型，公爵夫人以前还没有见到过。她看到以后惊叫起来，那个神情真是用语言难以描述，然后她转身对公爵说：

"我敢以生命担保，在我想象中它绝对没有十分之一这么美！"

公爵不止一次地对她说：

"噢，我没有对你说过吗？"

就这个话题他们俩又交谈了很长时间，对我赞美有加。

随后夫人把我叫过去，说了很多赞美的话，而我听起来像是对我道歉一样，她这样说基本上就是请我原谅。她又对我说，她想让我根据自己的喜好，去采一块石头做这件活儿。

听到她这一番好话，我回答说，如果二位大人愿意给我提供必要的资助，我会很高兴地看在他俩分上承担这一艰巨工程。公

---

① 耶稣苦像完成于1562年，公爵夫人不愿意将它作为礼物而收下。1565年，公爵以一千五百金斯库多买了下来，把它存放在皮蒂宫。1576年，大公弗朗切斯科一世把它送给了西班牙国王腓力二世，腓力把它放在了马德里附近的埃斯科里亚尔博物馆，在这里一直保存至今。†

爵马上回答说：

"本韦努托，你会得到你要求的所有资助，另外我本人还会给你更多，其价值要远远超过你的要求。"

说完这些好话以后他们就走了，我感到非常满意。

112

好多个星期过去了，没有人再说起我的事，把我整个给撂在一边了。我忧心如焚，感到这事八成又黄了。

大约在这个时候，法兰西王后①派巴乔·德尔·贝内先生来找公爵借钱，公爵就慷慨解囊，反正大家都是这么说的。我和巴乔·德尔·贝内先生是很要好的朋友，这次在佛罗伦萨重逢，我俩都感到非常高兴。

谈话中，贝内先生讲了公爵大人对他的盛情美意，又问我手头有啥大作，我就一五一十地向他讲了尼普顿巨像和喷泉的事，还有公爵夫人对我的伤害。听到这话，贝内先生以法兰西王后的名义对我说，王后急于完成她丈夫亨利二世的墓碑，又说达尼埃洛·达·沃尔泰拉②承担了一个骑马的大铜像，但承诺完工的时间已经过去了，而且那座墓还需要大量的豪华装饰物。我要是愿意回到法兰西住进我的城堡，王后会为我提供我要求的一切资助，只要我答应为她效力。

我对巴乔先生说，我要征得公爵的同意才行，公爵大人要是

---

① 王后为凯瑟琳·德·美第奇（1519—1589），当时在法兰西摄政，1559 年后为亨利二世的遗孀、查理九世的母亲。†

② 达尼埃洛·德·里恰尔代利·迪·沃尔泰拉（约 1509—1566），画家，雕塑家，师从索多马，米开朗琪罗的追随者，他铸造的铜马放置在亨利二世的陵墓上。不过其外号"做马裤的人"最为有名，他奉教皇之命为西斯廷教堂米开朗琪罗《末日审判》里的裸体男女添加上衣服，把裸体遮盖起来。†

答应的话，我就会很乐意地回到法兰西。贝内先生兴奋地回答说：

"那我们就可以一起回去了！"

他以为这件事就算说定了。

第二天在与公爵谈话的时候，巴乔先生提到了我，说公爵大人要是同意的话，王后愿意让我为她效力。听到这一请求，公爵马上回答说：

"本韦努托确实是个了不起的人物，这举世皆知，但目前他不想再干了。"

然后他们就转谈别的话题。

第二天，我去看望巴乔先生，他把谈话内容都告诉了我。我一听就憋不住了，大声叫道：

"天哪！公爵大人啥也不给我做，而我做成了世界上最难做的活儿之一，花掉了两百多斯库多，而这点钱是我从牙缝里挤出来的！哼，只要公爵大人让我干，我啥活儿干不出来？我对你说句大实话，他对我太不公正了！"

这位好心的绅士把我说的话都告诉了公爵。公爵对巴乔先生说，他是在开玩笑，他想留着我为他自己效力，把我气得不止一次想不辞而别。但王后害怕得罪公爵，也就不再提这件事了。结果我仍然待在这里，感到很不满意。

113

大约在这个时候，公爵外出了，宫里所有的人都陪着他，还有他几个儿子，除了世子之外，世子在西班牙①。

他们穿过锡耶纳的沼泽地，从这条路到了比萨。沼泽地里冒

---

① 1562年5月，世子弗朗切斯科离开佛罗伦萨到西班牙从事国事访问，1563年6月才返回。†

出来的毒气首先侵袭了枢机主教，几天以后就像得了瘟疫似的发
起烧来，病没多久便一命呜呼①。他是公爵的心肝宝贝，又漂亮又
善良，他的去世深深触动了每一个人。

我等了好几天，等到他们泪干了以后，就动身去了比萨。②

《切利尼自传》的手稿到此结束

---

① 1562 年 11 月 21 日，枢机主教乔瓦尼·德·美第奇死于罗西尼亚诺。他两个弟
弟加尔齐亚和斐迪南也病了，1562 年 12 月 6 日加尔齐亚死于比萨。1562 年 12
月 18 日，公爵夫人埃莱奥诺拉也死了。毫无疑问，一个家庭里突然死了这么
多人，让人怀疑是不是中了毒。但公爵科西莫在写给儿子弗朗切斯科的信里说
是死于流感，这一解释更为可靠，当时弗朗切斯科在西班牙宫廷。当然，意大
利的沼泽地对健康极为不利，疟疾在这里一直肆虐到二十世纪。†
② 《切利尼自传》写到 1562 年突然结束，但切利尼一直活到 1571 年 2 月 13 日，
其生涯的最后九年在自传里付诸阙如。这几年对他来说并不愉快，失宠于科西
莫，经常生病，完成的主要作品没有几件。没有大作完成，干脆就不说了。他
在最后几年完成一部雕塑和金饰艺术专著，1568 年出版，还写了一些诗。切利
尼在提到一个旅行目的地时戛然而止，让读者联想到其作品与流浪汉小说有很
多相似之处。†

后记：1562 年以后切利尼的生平述略

《切利尼自传》突然在历史学家们认为是一个重要关口的地方戛然而止。不用说，佛罗伦萨编年史的学者们都知道，1562 年秋天，枢机主教德·美第奇在比萨沼泽地里打猎时，突然有些神秘地死去了。紧接着，加尔齐亚·德·美第奇殿下几天以后也在比萨溘然长逝。

据人们普遍的说法，枢机主教在一次争吵中，受到了他兄弟加尔齐亚的致命伤害，他们的父亲，也就是大公，在狂怒之下又将加尔齐亚杀害。稍后不久，大公夫人埃莱奥诺拉也与世长辞。据认为，她既不是死于丧子的悲伤，也不是死于自身疾病，而是死于对家庭内讧的极端恐惧。

要说三个人都是自然死亡，似乎令人有点怀疑，切利尼突然停止叙述这些事情，就充分说明了这一点。不过令人遗憾的是，他没有讲述对比萨的访问。他与大公一家一直保持着密切关系，这给了他很多机会来了解一些私事的真相。毫无疑问，他很可能要描述的大公一家的痛苦，肯定会给我们留下极为深刻的印象。

按照佛罗伦萨旧历法，切利尼死于 1570 年。若按照现代历法，则是死于 1571 年。所以，他的《自传》完成以后，他又活了九年多。他在这几年的事迹，可以从其私人备忘录，从他写给美第奇公爵和佛罗伦萨执政团的申请书，从提到他的一些官方文件中略见一斑。

不知何故，他在自传里没有提 1562 年以前他在佛罗伦萨经历的一些重要事件。这些事件也要在这里提一下。

1554 年年底，他被册封为佛罗伦萨贵族。1556 年他两次入狱，罪名不详，但从他的一些诗歌和申请书来看，起码有一次是被指控为伤风败俗[①]。1558 年 6 月 2 日，他第一次削发为僧，但并没有正式成为修士。

1560 年，他解脱了预誓的束缚，大约四年以后与一位妇女结了婚。据他的备忘录记载，她名叫皮耶拉·迪·萨尔瓦多雷·帕里吉，可能就是浇铸珀尔修斯像时对他十分亲切的那个人，1559 年他看望斯比耶塔回来以后生病期间，也应该是得到她的护理。不过，这样验明她的身份并没有多大把握。据说他有四个儿子和四个女儿。

1559 年，切利尼因为一次慷慨的施舍行为而卷入一系列纠纷之中，这件事也值得简要地提一下。

有个妇女名叫多罗泰亚，长期为切利尼当模特，是多梅尼科·帕里吉的妻子。她丈夫姓斯普塔塞尼，是个窝囊废，由于与人吵架而被监禁在斯廷凯，一家人陷入极度贫困之中。7 月 8 日，切利尼将多罗泰亚和她儿子安东尼奥、女儿玛格丽塔领到他自己家。他供养着这一家人，同时还支付斯普塔塞尼在狱中的伙食费，直到 12 月 25 日出狱为止。

切利尼对这一家人的好意并没有到此为止。十一个月以后，也就是到了 1560 年 11 月，他收养了那个男孩安东尼奥·斯普塔塞尼，给他起名叫努蒂诺（"本韦努蒂诺"的昵称），成年后转让给他一笔钱，共一千斯库多，条件是他要从事雕塑业。

没想到这孩子又笨脾气又坏，非常令人头疼。切利尼认为他

---

① 即同性恋。‡

是一块不可雕琢的朽木，将来百事不成，唯一的出路就是当修士，当时屡教不改的游手好闲者和没有出息的人，只有这一个归宿。努蒂诺被送到农齐亚塔的圣方济各修道院，在这里当了见习修士，取名为拉坦齐奥，好像并没有起誓正式出家。切利尼仍然像父亲一样对他行使监护权，他很操心的一件事，就是不让这孩子接触他父亲那帮狐群狗党。

这个无用的家伙在比萨住了几年。但在 1569 年之前不久，孩子的父母一起回到佛罗伦萨，对他儿子学做修士大为不满，竭力破坏切利尼为拉坦齐奥的未来做出的安排。切利尼不让拉坦齐奥去看望父亲。这个见习修士不服从命令，于是在 1569 年初春，切利尼正式剥夺了他作为养子的名分，以后就不再管他了。

但切利尼想摆脱这几个缠手的被保护人还真是不容易。1570 年，多梅尼科·斯普塔塞尼对切利尼提起诉讼，迫使他抚养那个年轻人（现在我们还要再称他为安东尼奥），并要求得到其养父的一部分财产。被告输了这场官司。1570 年 6 月 2 日，切利尼被判抚养安东尼奥。

切利尼对这一判决不服，就去找大公。从对他上诉书的复文中可以看出，他的财产最终并没有落到安东尼奥·斯普塔塞尼手里，但切利尼还是要在有生之年，每年付给这个年轻人一笔补助金。

在这件事的整个过程中，切利尼一点也没有丧失名誉，也没有任何迹象显示安东尼奥·斯普塔塞尼被认为是切利尼的私生子。与此相反，在 1570 年 6 月 2 日对他不利的判决书中，那个年轻人被描述为 "figliuolo suo adottivo e legittimo e naturale di Domenico d'Antonio Sputasenni di Firenze" [1]。所以我们有理由相信，切利尼

---

① "他所收养的是佛罗伦萨多梅尼科·安东尼奥·斯普塔塞尼合法的亲生儿子。" ‡

与斯普塔塞尼一家的纠葛，纯是由他的古道热肠所引起的 ①。切利尼的这一举动，与他对待妹妹和外甥女的骨肉之情是一样的，就是为了她们切利尼才决定离开弗朗索瓦国王，这是他复杂的性格中柔心弱骨的一面。

1561 年 3 月（新历），切利尼得到了大公赠送给他的一座房子，这座房子在蔷薇丛路上。科西莫·德·美第奇称赞他是"一位无与伦比的青铜铸造艺术家和雕塑家"。这些赞誉之词证明，切利尼这时备受其保护人的青睐。这座赠送的房子后来由一份正式契约加以确认，将来还可以由后嗣继承，契约上签署的日期是1563 年 2 月 5 日（新历）。

在切利尼一生最后十年中，和他有关的文件显示，他经常就欠他的珀尔修斯像和其他艺术品的报酬与大公打官司。从这些文件中可以看出，不知是因为他本人对艺术的荒疏，还是因为他那高贵的保护人对他睨而视之，总而言之他不再被雇来承担重要工程了。从这些文件中还可以看出，他与佛罗伦萨的金匠从事投机买卖，还投资购买了一些土地。自从 1559—1560 年那场病以后，他的身体再也没有强壮起来，再加上家务拖累和岁月不饶人，最终导致他中止了艺术活动。

1564 年 3 月 16 日，佛罗伦萨人在圣十字大教堂为米开朗琪罗·博纳罗蒂准备隆重的葬礼，切利尼和阿曼纳蒂一起当选为雕塑艺术代表，布龙齐诺和瓦萨里当选为绘画艺术代表。瓦萨里在其《米开朗琪罗传》中说，切利尼由于身体不好而没有参加葬礼，这对于一个极为真诚地热爱意大利最后一位艺术大师的人来说，无疑是一件憾事。

切利尼在晚年患有多种疾病，其中最严重、最持久的恐怕就

---

① 值得一提的是，1565 年以前，切利尼娶的那个女人也姓斯普塔塞尼。——西蒙兹注

是痛风。1570 年 12 月 18 日，他口述了最后一份遗嘱，在此之前的四年中，他立了好几份遗嘱。后来他又先后在 1571 年 1 月 12 日、2 月 3 日和 2 月 6 日对遗嘱进行了补充，并于 2 月 13 日撒手尘寰。15 日，他被隆重地安葬在报喜教堂。葬礼上，有人发表演说来赞美和纪念他的一生和作品，赞美他那非凡的体质和性格。

约翰·艾丁顿·西蒙兹

本书主要根据以下两个版本译出：

1. *The Autobiography of Benvenuto Cellini*, Translated by John Addington Symonds, New York: P. F. Collier & Son Company, 1910;

2. *Benvenuto Cellini*: *My life*, A new translation by Julia Conaway Bondanella and Peter Bondanella, Oxford: Oxford University Press, 2000.

同时参考了 *The Autobiography of Benvenuto Cellini*, Translated and with an Introduction by George Bull, London: Penguin Group, 1998。